黄道周

学术思想与文学研究

陈良武◎著

人民出版社

序　言

陈良武君于2009年从漳州师范学院中文系（即今闽南师范大学文学院）考入扬州大学，随我攻读古代文学博士学位。当时他的系主任胡金望先生是我的老友，热情推荐，多有褒奖，因此我俩也多了一份情缘。我们共同研讨，教学相长，一起度过了紧张而又充实的三年，他的博士学位论文《黄道周学术思想与文学研究》获得了评阅老师和答辩委员会的较高评价。后来，经过认真修订和完善，此论文又列入了闽南师范大学专项出版资助项目。我曾应邀参加了项目结项审查，注意到新的文本较之早先的博士论文，改写了黄道周文学史观一节，补充了一些新材料，许多地方的表述体现了新认识与新理解。我更欣赏的是他的学术态度：一丝不苟，认真严谨，精益求精，力求深刻。此书即将出版，良武君索序于我，乐于承命。

研究者对研究对象的选择具有十分重要的意义。黄道周是晚明学术的领袖人物、隆武朝内阁首辅大臣，后竟以老迈书生，自请募兵，出师北伐，兵败被俘，英勇就义。这在中国文学史、中国学术史上都是极为特殊的，至今令人感佩、肃然起敬。良武君以黄道周为研究对象，既得地利之便，更重要的是这个选题具有地域性与全局性相统一的意义：黄道周不仅是闽南漳浦人，他更是晚明学术的殿军，通过对他的研究，我们可以更加深切地认识黄道周的学术贡献和学术地位，也可以更加清

晰地把握晚明至清初学术思想的整体发展脉络。以此为基本立场，我与良武君讨论，以黄道周的学术思想、文学思想及其关系为研究重点，通过较为深入的个案研究，丰富、充实对于晚明学术史和文学史的认识。现在看来，良武君较好地实现了这个目标。我个人理解和体会，其特色与贡献主要在以下三点。

十分重视文献材料的搜集、辨析与运用。我一贯要求学生对于研究对象要构建两个文献资料库：一是研究对象的基本资料库，二是古今研究成果的基本资料库。对于作家研究，必须兼及“全人”：通读其全部著述，在此基础上再进行局部的、领域性的、单部著作的研究。良武君勤勉好学，很好地完成了这些任务。阅读广博，四库、丛刻、史志、杂著等，力所能及，几无缺漏；资料采集，走南闯北，不辞辛劳，爬罗剔抉，精心考辨。他发现了一些新材料，特别是新发现了一些黄道周佚文，如文中所引《古文备体奇钞序》等；寻访到了一些稀见文献，如上图所藏天启刻本《天启壬戌科进士同年序齿录》《天启二年壬戌科进士履历》等；一些新材料可补史阙，如所论黄道周师承薛士彦，又如第二章第三节《阳明之学在闽南的传播及其对黄道周的影响》，即对黄宗羲《明儒学案》中关于王学在闽南传播的描述有所修正、多有补益，等等。至于文献之辨析与运用，则可以《刘招》、断碑砚两篇考论为代表。

十分重视问题的研讨。一篇博士学位论文，总要解决一些学术问题，尤以能够在严谨论证基础上提出新观点、新思想为优。因此，提出问题、论证问题、解决问题，往往是考量一篇博士论文或一部学术著作的显著指标。良武君的此文，多以问题为核心，围绕问题布局，甚至以问题为章节。这样做的风险是整篇的逻辑体系可能不够严密，好处却是摆脱了体系性、逻辑性的框架束缚，体现出“避熟就生”的基本特点，即有意识回避已有较为丰富和深入的研究成果、自己又暂时缺乏深刻认识的一些领域，专门针对学术界尚且存在的、自己又有独到研究心得的问题，提出并解决之，质朴坚实，步步生花。如第二章《黄道周学术思

想渊源考论》，这既是研讨黄道周学术思想的应有之义，更为重要的是对古今学者关于黄道周思想渊源论述的系统性回应，故不避篇幅之长、节数之多，细密严谨，详加考论，其中兼采汉学、宋学，协调朱学、王学，融通西学、东学，在广博的学术视野下，以扎实、丰富的文献论证，构成了一个坚实、新颖的学术性解答。

十分重视历史发展脉络的梳理。一个作家、一部著作、一种文学现象，尽管可能内涵丰富、特点鲜明，但都是历史发展长链当中的一个环节，是历史发展脉络中的一个特定的点，其生成必须考察社会文化生态，其特色也必须在历史比较中显现。黄道周是晚明大家，也当作这样的梳理，这样就可能将个案性的学术研究置于中国学术史的宏大视野之中。从学术史考察，从折中朱、王之学到黄道周，到以其友张溥、弟子陈子龙为代表的晚明实学，再到黄宗羲及清初学术思想的历史反思主潮，黄道周的历史贡献就相当清楚了。黄道周的文学思想从属于学术思想，也具有鲜明的时代特色，大抵原道宗经、修身立德的古文思想承继儒家传统，条畅任气、优柔抒情的小品文创作则明显受到归有光以来的时风浸润，经世致用思想和骚体赋创作又影响后世。如此，黄道周的文学思想与创作在文学史上确为一个重要节点。

当然，学术是不断发展进步的，因此相对而言，任何研究都只是阶段性成果，故所谓“遗憾”之说是永远成立的。黄道周是晚明大家，其学术思想博大精深。良武君主要采用重点突破的方法，择其要点而深入分析、严密论证，但由于受到攻读古代文学专业博士学位的限制，特别是以有限的读博时间面对浩繁的研究材料，当然要做出一些选择与限定，因此就研究对象而言，尚有许多进一步深入研讨的学术空间。如黄道周是《易》学象数派的代表人物，其《易》学思想实为其整个学术思想的基础；又如黄道周是《孝经》学大家，《孝经集传》是其最负盛名的解经之作。尽管在这些方面已经出现了一些成果，但从兼及“全人”再到具体领域的研究，仍需要更为深刻地认识黄道周的整体学术思想，

需要加强对其《易》学、《孝经》学等方面著述的研究。也就是说，黄道周研究这个课题容量丰富深厚，还有许多领域可以展开，有许多方面可以进一步深入，良有用武之地。这也正是我期待于良武君的。

谨为序。

许建中

2015 年 9 月 20 日

目　录

下编 黄道周文学研究

绪　论

第一节　研究现状

黄道周（1585—1646年），字幼玄，一字螭若、细遵、幼平，号石斋，漳浦铜山（今福建东山县）人，故又称“黄漳浦”。天启二年（1622年）登进士，为庶常，授翰林编修，与修国史实录。启、祯二朝累官至詹事府少詹事。弘光元年，为礼部尚书，协理詹事府事。弘光败亡，黄道周于福州拥立隆武帝，任首辅，为吏、兵二部尚书武英殿大学士。后募兵北上抗清，兵败被俘，殉国于金陵，赠文明伯，谥忠烈。黄道周“通籍二十载，历俸未三年”，[①] 但持正守节，不谐流俗，堪为一代完节之臣，故乾隆赞其“立朝守正，风节凛然”，“以身殉国，不愧一代完人”，[②] 并改谥忠端。

黄道周为明季著名学者，自幼苦学，一生讲学、著述不辍，理学、经学、诗文、书画成就卓然自成一家，在明清之际影响极大，评价颇高。其讲学，“凡天文、地志、经史、百家之说，无不随问阐发”；[③] 其

① 黄道周：《感恩疏》，《明漳浦黄忠端公全集》（以下简称《黄漳浦集》）卷三，道光十年刊本。

② 《乾隆四十一年十一月十七日谕文》，《黄漳浦集》卷首。

③ 《四库全书》研究所整理：《钦定四库全书总目》（整理本），中华书局1997年版，第1231页。

著述，“文章雄伟，博丽而劲正，文如其诗，诗如其字，字如其人。虽为理学，经学亦然”。[①] 正因为如此，徐霞客称其为“字画为馆阁第一，文章为国朝第一，人品为海宇第一，其学问直接周、孔，为古今第一”。[②]

明清两代，黄道周生前与身后评述者众多，但基本上只是只言片语的评点式论断，缺乏全面的梳理与深入的论述。20 世纪 90 年代及本世纪初，在黄道周家乡曾由其宗族发起举办过两次黄道周学术研讨会，会后分别出版了论文集，但从所收录的文章看，多是停留在黄道周生平、节操等事实的描述上，少有学术性的研究。[③] 可以说，整个 20 世纪，学术界对黄道周的关注和研究程度与其地位和影响是极不相称的。[④]

一、关于黄道周生平与著述的研究

黄道周殉节金陵后，时人为其作传记者颇多，但大多是着眼于其道德、气节，少及其学术，更遑论其文学。今人对黄道周生平及著述情况的研究，成就最高当属侯真平先生。侯真平先生在与其师娄曾泉共

---

① 邵懿辰：《题黄忠端公〈謇骚〉卷》，《半岩庐遗集》卷二，续修四库全书影光绪戊申三月刊本。

② 徐宏祖著，褚绍唐、吴应春整理：《徐霞客游记》，上海古籍出版社 1987 年版，第 879 页。

③ 这两次会议的情况可以参阅孙英龙主编：《黄道周研究文集》，福建教育出版社 1997 年版；黄剑岚主编：《黄道周学术研讨会论文集》，崇文书局 2006 年版。

④ 在书稿撰写过程中，“首届海峡两岸黄道周学术研讨会”于 2011 年 6 月 13 日在福建东山举行，来自中国台湾、香港地区以及内地众多高校和研究机构的专家学者 70 多人参加了此次会议。此次会议由国家图书馆、福建省文化厅、漳州市人民政府、厦门大学国学院联合主办，东山县人民政府与漳州城市职业学院联合承办。会议收到代表提交的论文 77 篇，论述内容涉及黄道周易学、文学、思想、书画等各个方面。此次会议对扩大黄道周的影响和黄道周研究的深入开展具有一定的推进作用。（本书研究现状综述中不包括这次会议提交的论文。会议论文详情参见郑晨寅：《首届海峡两岸黄道周学术研讨会综述》，《闽台文化交流》2011 年第 2 期）

同校点的《黄道周年谱》[1] 中附录了19篇黄道周传记（包括《明史》本传）。这些传记作者多亲历了家国沦丧、江山异色的剧变，因而在为黄道周作传的同时寄寓了自己的人生感慨。其中，黄道周同乡好友黄景昉撰于清顺治七年（1650年）的《黄道周志传》成书最早，距黄道周就义仅四年。传中所记多据日常见闻，颇为可信，遂为后来谱传所本。另据侯真平先生在《黄道周年谱》中考证，黄道周年谱历来著录凡六种：洪思《黄子年谱》、庄起俦《漳浦黄先生年谱》、清郑亦邹《黄石斋年谱》、清黄玉璘《黄忠烈公年谱》、清庄亨阳《黄忠端公年谱》、清金光耀《先儒黄子年谱集成》。侯真平校点本对这六种年谱均有考述，可资参考。侯真平另有《黄道周纪年著述书画考》，该书以翔实的史料考证了黄道周字号、亲族、纪年（内容包括历年生活、政治活动、学术活动、诗文创作等）、著述、书画作品的年份及相关人事，为深入研究黄道周提供了诸多线索。[2]

此外，曾进兴《黄道周在漳史迹新考述略》[3] 一文将文献梳理和田野调查相结合，考察了黄道周在漳州留下的众多史迹。这种研究，不仅有助于对黄道周的生平研究以及黄道周遗迹的保护与开发，而且对黄道周的宣传有较强的现实意义。

除了上述专门性的研究外，近年的一些博、硕士论文中也有涉及黄道周生平、交游等内容的，如刘萍萍《黄文焕〈陶诗析义〉研究》（首都师范大学2007年博士学位论文）、高明《陈继儒研究：历史与文献》（复旦大学2008年博士学位论文）、张凤英《李世熊：一个明遗民的世界》（厦门大学2008年硕士学位论文）等。张凤英论文以黄道周弟子李世熊为研究对象，虽是一篇硕士论文，但自有其价值。该文在论述李世熊“生命轨迹的调整与选择”一节时，追述了李世熊与黄道周交游

① 洪思等撰，侯真平、娄曾泉校点：《黄道周年谱附传记》，福建人民出版社1999年版。
② 侯真平：《黄道周纪年著述书画考》，厦门大学出版社1995年版。
③ 曾进兴：《黄道周在漳史迹新考述略》，《漳州职业技术学院学报》2010年第1期。

的具体经过，其中着重叙述了黄道周出关抗清前后两人的书信往来，揭示了黄道周之于李世熊生命轨迹的影响。

黄道周著述宏富，但散佚严重，以至清人有“平生著述半晦没”① 的咏叹。虽然如此，但传世作品的数量还是极为惊人。仅以四库系列丛书的收录为例，《四库全书》收录有黄道周《易象正》16卷、《洪范明义》6卷首1卷末1卷、《月令明义》4卷首1卷、《表记集传》1卷附《春秋表记问业》1卷、《坊记经传》2卷附《坊记春秋问业》1卷、《缁衣集传》4卷、《儒行集传》2卷、《孝经集传》4卷、《三易洞玑》16卷、《榕坛问业》18卷，凡10种；《四库全书存目丛书》收录有《春秋揆略》1卷、《新镌绣像旁批详注总断广百将传》20卷（黄道周注断，周亮辅增补）、《西曹秋思》1卷（黄道周、叶廷秀、董养河狱中倡和诗集）；《四库禁毁书丛刊》收录有《群书典汇》14卷（黄道周辑评）、《博物典汇》20卷；《续修四库全书》收录有《孝经赞义》1卷、《博物典汇》20卷（重收）、《黄石斋先生文集》13卷、《咏业近集》4卷、《焦桐山诗集》2卷、《焦桐山文集》1卷、《明诚堂诗集》2卷、《浩然堂诗集》1卷。此外，尚有不少著述散见于国内各大图书馆，如北京师范大学图书馆藏有《黄石斋先生大涤函书》6卷，山东省图书馆藏有洪思考证、柯阴集解的《黄子录》66卷（详参《中国古籍善本书目》）。

关于黄道周著述的具体情况，侯真平先生在其《黄道周纪年著述书画考》中对黄道周的著述存没、版本等考述甚详。该书分上、下两册，上册详考黄道周的字号、亲族、纪年，下册详考黄道周的著述版本、书法作品、绘画作品。在下册的“著述版本考”中，该书分《易》类、《尚书》类、《诗经》类、《周礼》类、《礼记》类、《春秋》类、《孝经》类、乐律类、问业类、史学类、制艺类、时论类、奏疏类、诗赋类、书

① 张际亮：《黄石斋先生先茔篆碑拓本歌为陈熙台广文作》，《思伯子堂诗集》卷六，清刻本。

法理论类、尺牍类、类别待考类凡18类，对黄道周各类著述的版本、存没等做了详尽的考察。同时，该书对后人整理的黄道周别集，如洪思《石斋十二书》《黄子录》《黄子外录》《黄子讲问》以及陈寿祺编《黄漳浦集》等19种，都做了详细考证。

该书也有个别失察之处，如该书将《人帖》作为黄道周“诗赋类”之一种加以考察，认为“《人帖》收有黄道周的诗作，或许是黄道周诗作的专集。而且，以陈寿祺手头的资料而言，《人帖》所收当不仅这11首诗；其中或是孤本文献，或有参订它书之用”，“今下落不明”。这种看法并不准确。实际上，《人帖》并非黄道周诗作的专集，而是清代两江总督铁保委托时任苏州知府的周谔收集宋代以降范仲淹、文天祥、于谦、杨涟、高攀龙、周顺昌、熊廷弼、史可法、陈子龙、侯峒曾、文震孟等忠臣义士的手稿、血疏、墨迹而成的石刻丛帖，其中有黄道周的32首诗作。《人帖》完成于嘉庆十一年（1806年），因其标榜“以人为帖”，故称为《人帖》。《人帖》今尚镶嵌于苏州文庙东廊壁间，日本学者河内利治先生在“明清书法史国际学术研讨会”上曾提交《〈人帖〉中黄道周的诗和书》①一文，对此进行了专门研究。陈寿祺编《黄漳浦集》中有多首诗歌注有“《人帖》有此二章”“亦见《人帖》”“从《人帖》录”之类的注语，亦如其“从《大涤函书》改正”“见《浙中倪黄合刻帖》”之类注语一样，只是标明其当时收集这些诗歌的来源。虽然如此，但侯真平先生在黄道周研究中“导夫先路”的开拓之功当不可埋没。

就黄道周诗文集的整理而言，以清代陈寿祺编、其子陈乔枞刊印之《黄漳浦集》为最全，但目前尚无理想的完全整理本。台湾大通书局选编标点有《黄漳浦文选》，1987年出版，属《台湾文献丛刊》之一种。该选本所选的黄道周奏疏、笺、表、函札、诏、制、序、记、碑、

① 华人德等主编：《明清书法史国际学术研讨会论文集》，上海古籍出版社2008年版，第182—190页。

传及墓志之文均出自《黄漳浦集》，凡6卷，仅及原书十分之一强。虽是一选本，且标点亦偶有讹误，但毕竟在黄道周诗文的标点方面做了不少工作，因而对黄道周研究具有一定的参考价值。漳浦县博物馆曾以道光十年刻本和1920年铅印本为底本，重新编印、出版了《黄漳浦文集》① 五十卷。此集标点仅限于诗歌部分，文则未加点断，且错误不少，终使人不能卒读而引以为憾。虽然如此，但整理者表彰乡贤的良苦用心和付出的艰辛则令人敬佩。

二、关于黄道周学术思想的研究

参照侯真平的考证，结合著者自己的文献检索，大体可知历代研究黄道周学术思想的主要有黄宗羲《明儒学案》《钦定四库全书总目》、20世纪40年代容肇祖《明代思想史》②、20世纪80年代侯外庐主编《宋明理学史》③、衷尔矩《黄道周与刘宗周哲学思想比较》④、20世纪90年代高令印《闽学概论》⑤、廖名春等《周易研究史》⑥ 以及后来陈来《黄道周的生平与思想》⑦ 等。

黄道周一生学问深湛，朱彝尊引黄宗羲语谓“漳海之学如武库无所不备，而尤邃于《易》”。⑧ 由于其《易》学思想古奥深邃，研究者罕有问津，能专攻者更几乎没有。此方面相关成果中，廖名春等《周易研究史·明清的象数派宋易》认为在明清象数派宋易的著作中，影响最大的仅有来知德、黄道周、方以智。伊世同实地考察、精测了黄道周故居

① 黄道周撰，陈寿祺编，王文径主编点校：《黄漳浦文集》，国际华文出版社2006年版。
② 容肇祖：《明代思想史》，上海开明书店1941年版。
③ 侯外庐、邱汉生、张岂之主编：《宋明理学史》（下），人民出版社1997年版。
④ 衷尔矩：《黄道周与刘宗周哲学思想比较》，《社会科学》1989年第5期。
⑤ 高令印、蒋步荣：《闽学概论》，香港易通出版社1990年版。
⑥ 廖名春等：《周易研究史》，湖南出版社1991年版。
⑦ 陈来：《黄道周的生平与思想》，《国学研究》（第十一卷），北京大学出版社2003年版。
⑧ 朱彝尊：《经义考》卷六十三，文渊阁四库全书本。

中的“天地盘”，撰成《石斋天地盘考释——以〈易〉理历数释天解地的教学实案》一文，认为“天地盘”的衡间图与我国古代《周髀算经》的衡间图关系密切，反映了黄道周“独此一家”的学术创作。① 翟奎凤的博士论文是以黄道周的易学思想为主要研究内容，已有若干篇文章见诸期刊，主要有《黄道周“天方图”与“天方盘”考释》②《黄道周论〈周易〉与天文历算》③《黄道周〈易象正〉的成书、版本及崇祯本的发现》④ 等。郑晨寅《史官意识与智谏范式——黄道周奏疏用〈易〉论析》梳理了黄道周奏疏中用《易》的情况，认为这体现了黄道周浓厚的史官意识，其中蕴含着《易》——智——讽谏的传统范式。⑤

黄道周行本忠孝，极为重视《孝经》，为后人留下了《孝经集传》等7部《孝经》类注疏。于浴贤《论黄道周孝道观的民本意义》发掘了黄道周孝道理论爱民、恤民的民本内涵和事君从“义”的反封建专制的开明精神。⑥ 郑晨寅《黄道周孝悌行实考》⑦《黄道周与〈孝经〉的历史遇合》⑧ 则探讨了黄道周对《孝经》的接受与践履。

侯外庐主编《宋明理学史》列专章全面论述了黄道周的理学思想，内容涉及黄道周的理学倾向、自然观、《易》学思想、“格物致知”论、道德修养论、人性论等方面，揭示了黄道周理学思想中不同于传统理学

---

① 伊世同：《石斋天地盘考释——以〈易〉理历数释天解地的教学实案》，《黄道周学术研讨会论文集》，崇文书局2006年版。

② 翟奎凤：《黄道周“天方图”与“天方盘”考释》，《周易研究》2008年第6期。

③ 翟奎凤：《黄道周论〈周易〉与天文历算》，《周易研究》2009年第6期。

④ 翟奎凤：《黄道周〈易象正〉的成书、版本及崇祯本的发现》，《吉林大学社会科学学报》2010年第4期。论文撰写、修改过程中，翟奎凤博士论文《以易测天——黄道周易学思想研究》于2012年由中国社会科学出版社正式出版。

⑤ 郑晨寅：《史官意识与智谏范式——黄道周奏疏用〈易〉论析》，《集美大学学报》（哲学社会科学版）2010年第4期。

⑥ 于浴贤：《论黄道周孝道观的民本意义》，《泉州师范学院学报》（社会科学版）2010年第3期。

⑦ 郑晨寅：《黄道周孝悌行实考》，《闽台文化交流》2010年第2期。

⑧ 郑晨寅：《黄道周与〈孝经〉的历史遇合》，《孝感学院学报》2010年第5期。

的部分，认为这种矛盾现象“反映了晚明理学走向衰落的情况”。[①] 容肇祖《明代思想史》谓“黄道周出自闽南，所受朱熹余风遗泽，感化不少，又惩王派末流以虚谈为见性明心之弊，故重践履及躬行”。[②] 陈来《黄道周的生平与思想》在分析了黄道周的思想后认为，黄道周“既不是王学，又不是严格意义的理学家，而是比较倾向于朱子学格物论的独立思想家”，肯定其思想“包含了其对晚明政治、社会、学术问题的思考和回应，值得进一步深入研究”。高令印《闽学概论》认为，黄道周的思想受王学影响较大，虽“上承朱熹学说，但又有所创新”。方彦寿、林振礼《黄道周“明诚”论的哲学意蕴》揭示了黄道周“明诚”论和会朱、陆，杂糅朱、王的思想特色。[③] 以上研究虽然看到了黄道周学术思想的特殊性，但都未深入探究其中的原因，更缺乏黄道周学术思想渊源的考论。

此外，石美莹《从〈懿畜前编〉的成书谈黄道周的史学观》以黄道周史学著述《懿畜前编》为研究对象，在与《三国志》《晋书》《新唐书》《旧唐书》《宋史》等史书的对比中，研究了《懿畜前编》一书的撰述背景、体例，论述了黄道周的史学观。[④]

三、关于黄道周文学思想与创作的研究

虽然黄道周“古文不循《史》、《汉》、八家，诗歌不步汉魏唐宋，而博奥黝深，雕镂古健，风骨成一家”，[⑤] 但未见后人专门性的研究。就

---

① 侯外庐、邱汉生、张岂之主编：《宋明理学史》（下），人民出版社 1997 年版，第 643—666 页。

② 容肇祖：《明代思想史》，上海开明书店 1941 年版，第 317 页。

③ 方彦寿、林振礼：《黄道周“明诚”论的哲学意蕴》，《泉州师范学院学报》（社会科学版）2010 年第 3 期。

④ 石美莹：《从〈懿畜前编〉的成书谈黄道周的史学观》，《福建教育学院学报》2009 年第 5 期。

⑤ 蔡世远：《黄道周传》，《二希堂文集》卷六，文渊阁四库全书本。

笔者目力所及，此项研究目前所见主要有两类：其一，关于黄道周诗文评述最早散见于明清别集、诗话之中，如蔡世远《二希堂文集》、朱彝尊《静志居诗话》、郑方坤《全闽诗话》、林昌彝《射鹰楼诗话》等，但多为辗转相因，无复创新；其二，因黄道周在晚明的广泛影响，其交游极广，因此，今人在对黄道周同时代作家的研究中往往会涉及黄道周诗文创作等文学活动。后者因其重点不在黄道周，因而其中涉及黄道周的部分多为平面的介绍，既不全面，又乏深度，不足以揭示黄道周文学活动的成就和影响。

例如，沈云迪《明代福建作家研究》（上海师范大学 2008 年硕士学位论文）第十四章“明晚期其他作家”涉及黄道周诗歌创作，谓“黄道周是明代一位具有强烈现实精神和时代意识的作家”，但极其简略。该文除却关于黄道周生平及著述资料扼要介绍外，具体涉及黄道周诗歌创作的只有寥寥数行而已。李圣华《晚明诗歌研究》（苏州大学 2001 年博士学位论文）将黄道周置于东林诗人群体之中加以考察，引述了蔡世远、张溥等的评论，未做展开，着墨不多。其他如李新《陈子龙诗文创作与文学思想》（南开大学 2009 年博士学位论文）、莫真宝《张溥文学思想研究》（首都师范大学 2008 年博士学位论文）、陆岩军《张溥研究》（复旦大学 2008 年博士学位论文）等均有所涉及。

博士论文中，值得关注的是贺国强《近代宋诗派研究》（苏州大学 2006 年博士学位论文）。该文辟有“闽派宗宋诗风源流”一节，专门论述了闽地宗宋诗风形成的历史，其中特别以黄道周为例论述了其对于闽地宋诗派形成的影响。但是，因为其并非以黄道周为主要研究对象，故文章未能结合黄道周本人的相关论述做更深入的展开。

期刊文章中关于黄道周文学研究的有两类值得关注：一是关于黄道周诗歌研究的文章，二是关于黄道周骚体赋研究的文章。前者以于浴贤的《忧患的诗魂——黄道周诗歌评述之一》为代表。该文从黄道周诗歌题材内容的角度入手，分析认为黄道周的诗歌具有浓烈的忧患之情，读

来使人感到一股沉甸甸的郁愤、感伤直逼而来，这形成了黄道周诗歌特有的思想内涵、情感色彩。① 后者主要有于浴贤的《论黄道周骚体赋》②《黄道周〈续离骚〉〈续招魂〉新探》③ 以及郑晨寅的《论黄道周拟骚之作》④。《论黄道周骚体赋》一文认为，从体制形式上看，黄道周的骚体赋有模拟有创新，既有鲜明的屈骚风格，又有黄子的创作个性；从情感内容看，黄子的仿骚作品，既代屈原立言，又为自我写心，是黄道周自我形象的写照，表现了浓郁的屈骚情结。《黄道周〈续离骚〉〈续招魂〉新探》认为，黄道周《续离骚》《续招魂》在艺术形式上承屈骚而来，其题材内容虽是以孝子事亲之情取代屈骚忠臣事君之志，但在黄道周忠孝一体的孝道观下，其以孝子比照忠臣、以孝子事亲比照忠臣事君与屈骚具有内在的一致性。郑晨寅《论黄道周拟骚之作》则主要对黄道周骚体赋做了全景式的观照。此外，于浴贤《辞赋文学与文化学探微》⑤ 设立《黄道周赋评述》《论黄道周骚体赋》等专门章节，研究了黄道周的赋作。其中，作者结合黄道周《平一赋》《闻雷赋》《梁山锋山赋》《洞庭赋》等散体赋作，论述了黄道周“达则兼济天下”“穷亦不忘世事”的思想，分析了黄道周散体赋“形式灵活，富有故事情节”“诸体交融，富有变化”“哲理性强，学者味浓”的特色。

除了以上专门研究的论著之外，黄道周的一些诗文作品因其独特的魅力而被某些作品选集作为篇目选入。例如，杨光治编注《历代绝命诗选析》，选注了黄道周《发婺源》三首之一；⑥ 潘人和主编《儒道释诗

① 于浴贤：《忧患的诗魂——黄道周诗歌评述之一》，《漳州师范学院学报》（哲学社会科学版）1996 年第 1 期。

② 于浴贤：《论黄道周骚体赋》，《漳州师范学院学报》（哲学社会科学版）2009 年第 1 期。

③ 于浴贤：《黄道周〈续离骚〉〈续招魂〉新探》，《泉州师范学院学报》（社会科学版）2011 年第 5 期。

④ 郑晨寅：《论黄道周拟骚之作》，《中州学刊》2012 年第 2 期。

⑤ 于浴贤：《辞赋文学与文化学探微》，中国社会科学出版社 2010 年版，第 173—194 页。

⑥ 杨光治编注：《历代绝命诗选析》，百花文艺出版社 1996 年版，第 118 页。

汇赏》，选录了黄道周《松柏诗》；[①] 刘夜烽、徐传礼编选《黄山诗选》，选注了黄道周《辞黄山（有序）》四首之三。[②] 这些选集选录黄道周的诗作，从一个侧面显现出黄道周诗歌的影响。

从以上综述可以看出，就目前所发表的成果来看，黄道周的文学理论与散文创作尚无人涉及，其大量创作骚体赋作品的原因也无人进行深入探讨，这将是本文所要重点解决的问题之一。

四、关于黄道周书法、音乐的艺术研究

黄道周在书法、音乐等艺术方面均有不俗的造诣和独到的见解，在中国艺术史上影响颇大。因此，学界较早对黄道周展开专门研究的主要集中在这个方面。如周睿《对徐渭和黄道周书法创新的重新阐释》[③]、殷娜《论明末书学创新与黄道周的书学实践》（四川大学 2005 年硕士学位论文）、赖晓云《从黄道周书〈孝经〉论其书法艺术》（台湾大学艺术史研究所 2004 年硕士学位论文）、王维《从〈声无哀乐辩〉与〈声无哀乐论〉的比较中看黄道周音乐美学思想》等。王维认为，黄道周的《声无哀乐辩》，从声之本体、声的审美标准、声情关系、声之功用等方面对嵇康的《声无哀乐论》进行反驳，从中可以看出黄道周试图用儒家的中庸之道来调节声与情的复杂关系，并极力排斥嵇康的美学思想。不仅如此，黄道周的音乐美学思想，也折射出晚明社会变迁对于当时文人思想的影响。[④] 黄道周精于《诗经》，研究和了解黄道周的音乐美学思想，有助于对其《诗经》学的研究。

从以上综述可以看出，黄道周正渐受关注，黄道周研究正在渐次

---

① 潘人和主编：《儒道释诗汇赏 · 儒诗卷》，海峡文艺出版社 1996 年版，第 238—239 页。

② 刘夜烽、徐传礼选注：《黄山诗选》，安徽人民出版社 1983 年版，第 115 页。

③ 周睿：《对徐渭和黄道周书法创新的重新阐释》，《贵州大学学报》（社会科学版）2004 年第 2 期。

④ 王维：《从〈声无哀乐辩〉与〈声无哀乐论〉的比较中看黄道周音乐美学思想》，《星海音乐学院学报》2009 年第 4 期。

展开。① 总的来说，目前对黄道周的研究虽然各方面都有涉及，但多处于零散而缺乏系统的状态，有必要进一步拓展与深化。这正是本论题所需要特别关注的。

第二节　研究对象与研究方法

一、研究对象

黄道周学贯古今，举凡经学、理学、文学无不卓然一家，因而，一篇博士论文是根本无法涵盖其所有方面的。因此，本论题仅选取黄道周的学术思想和文学为主要研究对象，具体涉及以下几个方面：

第一，黄道周学术思想研究。

黄道周的学术成就是多方面的，要在一篇博士论文中对黄道周学术思想做全面展开是极不现实的。因此，此部分拟集中讨论以下两个问题。

1. 黄道周学术思想渊源考论

历代学者对黄道周的学术虽有所评述，但对其学术渊源却多语焉不详。清人或谓其专宗朱子，或谓其私淑阳明，或谓其自为一家。黄宗羲《明儒学案》虽然以梳理有明一代儒家学者学术思想，“分其宗旨，别其源流”为宗，但对黄道周的学术渊源并未做出全面考察和明晰判断，只是将其归入《诸儒学案》之中。本文拟结合闽地学术传统、晚明学术现状、区域文化互动以及晚明中学、西学交汇等因素，以最大限度

① 除了前面所注“首届海峡两岸黄道周学术研讨会”外，在书稿撰写过程中又有若干关于黄道周研究的文章发表，如夏德靠的《黄道周〈诗表〉的诗学观及其意义》(《安徽理工大学学报》(社会科学版) 2012 年第 3 期)、郑晨寅的《黄道周的讲学活动及其时代意义》(《集美大学学报》(哲学社会科学版) 2012 年第 4 期) 和《依违于仁义与功利之间——论明末大儒黄道周对管仲的接受之变迁》(《管子学刊》2012 年第 3 期) 等，显示出黄道周研究正逐渐为学界所重视的趋势。

地厘清黄道周学术思想的渊源，揭示其学术思想在晚明学术转型期中所呈现出的和合会通、淹博广通、以务世用的特点。

2. 黄道周《诗经》学研究

本部分拟以黄道周《诗经》学为中心，采取以点带面的方法，透视黄道周学术思想的成就与意义。

从科举角度而言，参加科举的黄道周所专之经为《诗》，后更为会试中《诗经》一房的同考官；从其著述情况而论，其关于《诗经》的专门论著有《诗表》《诗揆》《诗序正》《诗晷正》《与孟长民说〈诗序〉》等，山居讲学及著述中论及《诗经》处则更多。由于其独特的学术背景和学术追求，使得其《诗经》学显现出较为独特的一面。其中，兼取今、古文《诗》学，且“与三《易》相表里”，以考其治乱，推其运候是其《诗经》学一大特色。所有这一切，均表现出黄道周强烈的通经致用的学术追求。

第二，黄道周的文学研究。

黄道周虽未专攻文学，但在其著述中亦屡有论述，且极有见地。此部分研究拟考虑三大问题。

1. 黄道周的古文理论与古文创作

此部分主要从三个方面展开：

（1）黄道周体用结合的古文理论：就文章之体而论，文章之体和文章之义均备于六经，黄道周主张要以六经挽救晚明颓靡的文风；就论文章之用而言，黄道周主张恢复和发扬经世致用的文学观，主张文学创作应当本于仁义，切当世用，以发挥文学的经世作用。

（2）黄道周论作家修养：黄道周特别重视作家的修养和人才的培养，认为要写出体用兼备的好文章首要在于修身立德，其次要读书知言，泛滥经史，旁及百家。只有这样，才可以下笔千言而通达闳肆。

（3）黄道周的古文创作：黄道周的古文“不规规于《史》、《汉》、欧、曾，取法在先秦，而精神自与《史》、《汉》、欧、曾相合，自是天

壤之奇气”。[①] 其创作体裁、题材多样，既有议政论学、理足气沛的论说文，又有表彰忠孝、叙议结合的纪传文，以及别具一格的书牍小品。此一部分拟对黄道周的古文作品做分类考察，以揭示其古文的特点和成就，并为对其文学理论的论述提供支撑。

2. 黄道周的文学史观

黄道周幼承庭训，读史很早。步入仕途后，又参与修撰实录。因此，黄道周具有对史官身份的高度认同和伴随而来的史官意识的自觉。与此相联系，黄道周提出了“诗能兼史”的观点，并且将时代盛衰和文学兴废联系起来以考察文学的发展。

3. 黄道周骚体赋研究

黄道周创作了大量的赋篇，仅《黄漳浦集》卷36集中收录的骚体赋作品就有《謇骚》(九篇)、《续招魂》(三章)、《续离骚》(两章)、《九绎》(十一章)、《九盭》(十一章)、《九诉》(九章)、《刘招》《丛骚》(十五章)、《续〈天问〉》等九篇六十二章，数量之多实属罕见。黄道周生于衰世，报国之志与现实窘境的矛盾所激起的悲愤都通过其骚赋作品得以宣泄，因而具有“古今同慨”的艺术感染力。此部分拟在分析影响黄道周创作骚体赋原因的基础上，结合晚明动荡的社会现实和黄道周的个人遭际来对其部分作品进行解读，揭示其骚体赋作品的抒情特色和主旨倾向。

需要说明的是，本书未设专门章节讨论黄道周的诗学主张与诗歌创作，而是将对其诗歌研究的相关内容有机地放置在其文学理论、文学史观（例如尊唐、崇宋）等问题的研究之中。这样安排，更便于在学术史、文学史演进的背景下全面而清晰地揭示黄道周的文学思想及其影响。

---

① 黄宗羲评，黄百家录：《明文海评语汇辑》，《黄宗羲全集》（第十一册），浙江古籍出版社2012年版，第100页。

二、研究方法

本论题拟通过上述几个方面的研究，以发掘黄道周作为明末最后一个大儒的经学、文学成就，揭示其在社会变革期间对于学术转型的贡献。主要的研究方法如下：

1. 文献学的方法：文献是基础，必须给予充分的重视。研究过程中，必须广泛地占有文献，准确地解读文献，必须严格遵循“论从史出”的原则，一切论断均应来自文献本身，力戒牵强附会的主观臆测。由此观之，目前的写作计划亦可能会不断得到修正。黄道周的著述尚未整理，研究的过程中尤应小心，力避“硬伤”。

2. 文史哲贯通的方法：黄道周不是严格意义上的作家，他首先是一个学者，或者说是一个学者型的作家。准确把握黄道周，必须打破学科界限，努力打通文史哲，这是在黄道周研究中应首先确立的观念。

3. 历史和逻辑相结合的方法：如前所述，在研究与写作过程中应力避平面化的描述，而应该时时将黄道周置于学术史、文学史的发展长河中加以考察，最终展现给世人的应该是一个立体化的黄道周，其学术地位与价值也应在此过程中得以明确。这里，既要考虑到历史本身的发展因素，亦要考虑到学术自身内在的逻辑进程，要将二者在黄道周的学术实践中统一起来，从而获得某种程度的突破。

上　编

黄道周学术思想研究

第一章 晚明学术概述

第一节 明代学术思想概述

中国古代学术是以儒学为中心的。儒学发展到宋代，开始以一种新的表现形态出现，这就是讲求心性之学的新儒学，也即理学。这种新儒学以儒学为主干，同时融合了释、老的思想资源，将汉、唐以来重五经注疏的学术传统转而变为以探求“四书”义理、重视身心性命修养的道德形而上学体系。因此，此处讨论明代学术主要着眼于从明代理学展开。

关于明代儒学发展的脉络，《明史·儒林传》这样分析：

原夫明初诸儒，皆朱子门人之支流余裔，师承有自，矩矱秩然。曹端、胡居仁笃践履，谨绳墨，守儒先之正传，无敢改错。学术之分，则自陈献章、王守仁始。宗献章者曰江门之学，孤行独诣，其传不远。宗守仁者曰姚江之学，别立宗旨，显与朱子背驰，门徒遍天下，流传逾百年，其教大行，其弊滋甚。嘉、隆而后，笃信程、朱，不迁异说者，无复几人矣。要之，有明诸儒，衍伊、洛之绪言，探性命之奥旨，锱铢或爽，遂启岐趋，袭谬承讹，指归弥远。至专门经训授受源流，则二百七十余年间，未闻以此名家者。经学非汉、唐之精专，性理袭宋、

元之糟粕，论者谓科举盛而儒术微，殆其然乎。①

以清人的立场，明代学术一向被认为成就不高，此段“要之”以下之论可见其大概。虽然如此，《明史》对于有明一代儒学发展脉络的描述还是基本符合事实的。朱明王朝建立后，开始着手思想文化的重建。通过执政者的提倡，尤其是永乐年间三部“大全”（《五经大全》《四书大全》《性理大全》）的颁布，确立了程朱理学作为官方意识形态而独尊的地位，故有“明初诸儒，皆朱子门人之支流余裔，师承有自，矩矱秩然”之论。

关于明代儒学发展所呈现出的这种状况，高攀龙论述道：

即位之初，首立太学，拜许存仁为祭酒，以司教化。存仁为先儒许谦之孙，谦承朱熹正学，而存仁承上命以为教，一宗朱氏之学，令学者非五经、四书不读，非濂、洛、关、闽之学不讲，而天下翕然向风矣。我成祖文皇帝益张而大之，命儒臣辑五经、四书大全，而传注一以濂、洛、关、闽为主，自汉儒以下，取其同而删其异，别以诸儒之书，类为性理全书，同颁布天下。……迨今二百余年以来，庠序之所教，制科之所取，一禀于是。②

高攀龙基于自己的学术立场和所处时代的要求，强调程朱之学的地位和影响，不仅称明初“一宗朱氏之学”，而且认为这种影响一直延续至自己生活的时代，时间长达“二百余年”，几乎贯穿明王朝始终。但考诸明代儒学发展的实际情形，“一宗朱氏之学”的状况自王学兴起即逐渐开始发生了变化。明代中叶，王学兴起，其教大行于天下，辗转流传逾

① 张廷玉等：《儒林传》，《明史》卷二百八十二，中华书局 1974 年版，第 7222 页。

② （明）高攀龙：《崇正学辟异说疏》，《高子遗书》卷七，文渊阁四库全书本。

百年，以致“门徒遍天下”，“嘉、隆而后，笃信程、朱，不迁异说者，无复几人矣”。

实际上，《明史》编著者和高攀龙囿于其各自的学术立场，都没有注意到这样一个事实，即自王学兴起，明代儒学遂开始了朱学、王学势力此消彼长、交互作用的时期。由于其内在学理上的关联，二者相互作用的结果，直接导致了晚明程朱、陆王调和的趋势。

关于朱、王两家交互竞胜的情形以及明代学术的演变线索，《钦定四库全书总目》曾言：

朱、陆二派，在宋已分。洎乎明代弘治以前，则朱胜陆。久而患朱学之拘。正德以后则朱、陆争诟，隆庆以后则陆竟胜朱。又久而厌陆学之放，则仍伸（浙、粤本作“申”）朱而绌陆。讲学之士亦各随风气，以投时好。是编（按：指清代朱泽沄《朱子圣学考略》）详叙朱子为学始末，以攻金溪、姚江之说。盖泽沄生于国初，正象山道弊，鹿洞教兴之日也。①

台湾著名学者韦政通先生据此认为，明代学术思想的发展略可分为四期：(1) 述朱期，代表人物为方孝孺、薛瑄、吴与弼、娄谅、胡居仁；(2) 朱王对抗期，此期王学初兴，罗钦顺、陈建崇朱抑王；(3) 王学盛期，主要有浙中、江右、泰州三派；(4) 申朱绌王期。②

从韦政通先生的分析看，明代中、晚期学术的发展就是在朱、王两家此消彼长的矛盾运动中进行的。韦政通先生认为，从明中叶到清初的百余年间，宗王诸派（浙中、江右、泰州）、东林的思想运动、黄道周的调和朱王以及蕺山（刘宗周）对王学的改造，“不论是崇王、抑朱、

① 《四库全书》研究所整理：《钦定四库全书总目》（整理本），中华书局 1997 年版，第 1276 页。

② 韦政通：《中国思想史》，上海书店出版社 2003 年版，第 877—878 页。

调和、改造，大抵仍处于朱、王的阴影之下”。①

明代儒学本承宋、元而来，朱、陆调和之论，实际上早已有之。仅就明代而言，明初就已出现此种端倪。明初儒者吴与弼论学以“涵养性情”为要旨，其思想中即已蕴涵着分化的种子。其弟子陈献章则加以发挥，主张“为学须从静坐中养出个端倪来”，② 明代心学实滥觞于此。吴与弼再传弟子夏尚朴则主张“尊德性又要道问学”，已显调和朱、陆之痕迹。王阳明《朱子晚年定论》之作同样体现了其调和、折中的愿望。

这种试图调和的态度，在中、晚明许多学者的著述中都有表现。例如，唐顺之之子唐鹤征③ 撰有《宪世编》六卷，此书胪列众儒言行，以发明心性之学为务。在唐鹤征所列诸儒中，自孔子及其弟子以下，既有周敦颐、二程、张载、邵雍、杨时、朱熹、张栻，又有陆九渊、陈献章、王守仁、王艮、罗洪先、唐顺之、罗汝芳、王时槐，表现出其“主于牵朱就陆，合两派而一之”④ 的论学宗旨，可谓主张朱、陆和合之又一证据。

以黄宗羲而言，其《明儒学案》着力梳理有明一代各家学术观点，以“分源别派，使其宗旨历然”为学术追求。黄宗羲虽以王学为其论学之标准，但并未囿于门户之见，而是以一种较为客观的态度和包容的学术胸襟对其他学派亦做了实事求是的评述，并且同样表现出其调和朱、王对立的努力。黄宗羲的这种调和思想，其渊源来自其师刘宗周。⑤ 黄

---

① 韦政通：《中国思想史》，上海书店出版社 2003 年版，第 876—877 页。

② 黄宗羲著，沈芝盈点校：《明儒学案》，中华书局 2008 年版，第 85 页。

③ 唐鹤征，字符卿，号凝庵，江苏常州人。鹤征为唐顺之之子，隆庆五年进士，选礼部主事，历官至太常寺少卿。以博学闻，著有《宪世编》六卷，《周易象义》四卷等。

④ 《四库全书》研究所整理：《钦定四库全书总目》（整理本），中华书局 1997 年版，第 1262 页。

⑤ 参阅侯外庐、邱汉生、张岂之主编：《宋明理学史》（下），人民出版社 1997 年版，第 783 页。

宗羲一方面高度赞扬了王阳明之说“震霆启寐，烈耀破迷，自孔、孟以来，未有若此之深切著明者也”，认为其思想“与朱子之说，不无抵牾”；另一方面，则又谓“二先生所最吃紧处，皆不越慎独一关，则所谓因明至诚，以进于圣人之道，一也”。[①] 迨至晚明，这种调和趋势则更明显，并且因时代的触发而逐渐转向重视经验知识和经世思想。[②]

第二节 晚明学术与学风

由前面的论述可知，进入晚明，明代学术开始进入转型时期。此时，王学风靡天下的局面又逐渐为朱学所替代，空谈心性的学风逐渐为笃实的学风所取代。从明清学术史的发展来看，由晚明至入清之后的几十年，学术是一大发展时期，亦是一转捩时期。梁启超曾云：“这一百年是我们学术史最有价值时代，除却第一期——孔孟生时，像是没有别个时代比得上他。”[③]

依据梁启超的分法，中国两千年来思想界的历史可以分为六期，依政治的区别，第六期从 1644 年满清入关开始，而从文化史的角度看，则要向前延伸二十年，即朱明王朝的最后二十年。这是第六期的“黎明时代”。[④] 这种划分中的第六期实际同学术界所谓的明末清初大体相当。当然，学术史所言的晚明往往是从万历开始至明亡的。梁启超说：

自明中叶，姚江学派，披靡天下，一代气节，蔚为史光，理想缤纷，度越前古。顾其敝也，摭拾口头禅，转相奖借，谈空说有，与实际应用

① 黄宗羲著，沈芝盈点校：《明儒学案》，中华书局 2008 年版，第 7 页。

② 韦政通：《 中国思想史》，上海书店出版社 2003 年版，第 881—882 页。

③ 梁启超：《明清之交中国思想界及其代表人物》，《饮冰室文集点校》，云南教育出版社 2001 年版，第 3110 页。

④ 梁启超：《明清之交中国思想界及其代表人物》，《饮冰室文集点校》，云南教育出版社 2001 年版，第 3105—3106 页。

益相远，横流恣肆，非直无益于国，而且蔑以自淑。逮晚明刘（宗周）蕺山证人一派，已几于王学革命矣。及明之既亡，而学风亦因以一变。①

这一段话分析了晚明“摭拾口头禅，转相奖借，谈空说有”的远离实际之用的心学向清初朴学转变的原因，揭示了其发展的历史趋势。这种趋势，自明中叶开始萌发，晚明达到高潮，进入清代最终完成，学风为之一变。

梁启超列举了晚明各派学术的代表人物十二类二十四个人，其中首列的就是黄道周、刘宗周。梁氏谓黄、刘二人“虽然尊崇理学，却都带点修正色彩。道周提倡象数之学，用他自己特别的论理学推论事物。宗周对于实践道德学，最为切实谨严。这两位都是在前期的理学家中有他的新立场，人格的壮烈，尤令人敬仰。”②

晚明学术发展过程中的这种转向，是与当时的历史背景息息相关的，是基于拯救国运的需要而发生的。对于因“与实际应用益相远”而“无益于国”的学术，即以王守仁而言，其表现亦较强烈。王守仁不仅对“时君世主亦皆昏迷颠倒于其说，而终身从事于无用之虚文”③之现实大加挞伐，而且自己本人亦建立了赫赫事功。

无疑，一个时代学术之演变都是因缘而起的，其演变过程中所带来的学风变化往往是由两方面因素所决定的：一是内部之因，即其学术本身的内在发展逻辑，二是外部之缘，即社会政治经济的发展与变革的需要。学术思想固然是时代的反映，但没有学术自身的反动是无法发展的。学术自身的内在逻辑演进在外部因素的催化作用之下，渐渐变化，乃至蜕变，而呈现出新的时代面貌。晚明学术的发展，也是由这两方面

① 梁启超：《论中国学术思想变迁之大势》，上海古籍出版社 2001 年版，第 100—101 页。

② 梁启超：《明清之交中国思想界及其代表人物》，《饮冰室文集点校》，云南教育出版社 2001 年版，第 3107 页。

③ 王守仁：《传习录》，《王阳明全集》，上海古籍出版社 1992 年版，第 56 页。

所决定的：一方面，如前所述，王学兴起后，朱、王之学交互斗争，儒学内部的矛盾运动，推动着学术的发展；另一方面，晚明之际，社会正处于“天崩地解”之前夜，整个社会呈现出“山雨欲来风满楼”之势，救亡图存的需要要求学术上做出回应，要求摒弃空谈无用之学，崇尚笃实有为之学。此外，晚明经济、文化的发展，尤其是江浙一带人文鼎盛，人才荟萃，学术交流频繁，包括西学在内的各种思想相互激荡，这也为学术转型提供了良好的社会思想文化基础。这样，内外结合，多种因素共同作用，晚明学术的转型进程大大加快，学风也为之一变。可见，晚明学术的这种转型是中国传统学术因应晚明社会现实要求的内在演进逻辑使然。从学术发展史看，这个转型过程从晚明发其端，至入清之后几十年最终完成。① 之后，理学逐渐式微，朴学盛极一时。

对此，谢国桢先生曾评论说：

> 明末清初的学者，有先秦诸子百家争鸣的风格，有东汉党锢坚贞的气节，摆在历史的进程上有与他们并驾齐驱的局势，起着承前启后、推陈出新的作用。②

晚明学者以东汉党锢般坚贞的气节和先秦诸子所具有的救世热情，反思明代学术得失，寻找济世之良术，推动了晚明学术的转型和学风的改变。黄道周的学术活动正处于晚明学术转型这一学术语境之下，因此，研究黄道周的学术渊源，揭示其学术思想所呈现出来的特点，可以收到以点带面之效果。

---

① 梁启超所云“一百年”系指“以一六四四年清朝兴起的时候为中心，上溯二十年，下衍八十年”，正与学术界所谓的明末清初基本一致。学术界所谓“晚明”一般指万历元年（1573 年）至崇祯十七年（1644 年），约合 70 年。黄道周（1585—1646）的主要学术活动正在晚明这个阶段。

② 谢国桢：《明末清初的学风》，上海书店出版社 2006 年版，第 1—2 页。

第二章　黄道周学术思想渊源考论

关于黄道周的传记材料颇多，各种史书、方志、明清文人别集中多有著述，其中仅题名为“传”的就有多种。如前文所述，仅侯真平、娄曾泉校点的《黄道周年谱》中就附录了多达19篇的黄道周传记（这尚不是全部）。研读这些传记，不无遗憾地发现，在如此多的材料中，比较详细论述黄道周学术思想渊源的几乎没有。即使偶尔论及其学术，也多语焉不详，往往以寥寥数语略加评述而已。究其原因，一是黄道周纲常大义、殉国节操的道德光芒掩盖了其学术思想的成就，从而转移了评论者的注意力；二是这些为黄道周作传者，其撰述的宗旨本身并不在于表彰黄道周的学术，而是以道德价值为评述的标准，是以弘扬黄道周的道德节操为追求的。即使以黄宗羲《明儒学案》而言，黄氏虽然以梳理有明一代儒家学者的学术思想为宗，但对黄道周的学术渊源也未做出明晰判断，只是将其归入《诸儒学案》之中。

但是，任何一个人乃至一个时代的学术思想都不是凭空产生的，一定有其产生的社会背景和思想渊源，只是这种渊源因为种种原因而或显或隐罢了。黄道周学问淹博，其学术思想具有多元的特点，而这种多元源自其学问的多源。本章拟对其学术思想的渊源做一番考辨。通过探究黄道周学术思想的渊源与特点，对了解晚明学术与学风无疑具有窥一斑而知全豹之效。

第一节　历代关于黄道周学术思想的评述

在正式考辨黄道周学术思想的渊源之前，有必要对诸多材料中出现的历代关于黄道周学术思想的评述做一检讨。虽然这些评述零散而不成系统，但可以为下一步考述黄道周学术思想的渊源提供一个参照系。同时，这些不成系统的评述，恰好可以从另一个侧面说明了黄道周学术思想的多元和复杂。

一、古人评述

黄道周一生主要精力在于学术和讲学活动，从其现存著述来看，凡经传、史学、理学、诗文、书画等无不精进，故黄宗羲谓其如“森森武库，霜寒日耀”。① 黄道周的博赡多闻，在其讲问记录《榕坛问业》中得到了最集中的体现。四库馆臣评价道：

> 书内所论凡天文、地志、经史、百家之说，无不随问阐发，不尽作性命空谈。盖由其博洽精研，靡所不究，故能有叩必竭，响应不穷。虽词意间涉深奥，而指归可识，不同于禅门机括，幻窅无归。先儒语录每以陈因迂腐，为博学之士所轻。道周此编，可以一雪斯诮矣。②

《榕坛问业》凡十八卷，所记为崇祯七年（1634 年）五月至崇祯八年（1635 年）仲冬黄道周家居讲学时师生问答之语。据《黄道周年谱》可知，崇祯五年（1632 年），道周削籍归山守墓。越二年（1634 年），

① 黄宗羲：《传是楼藏书记》，《黄宗羲全集》（第十册），浙江古籍出版社 2012 年版，第 135 页。

② 《四库全书》研究所整理：《钦定四库全书总目》（整理本），中华书局 1997 年版，第 1231 页。

入漳州讲学于芝山正学堂（亦称榕坛），至乙亥（1635 年）冬，因以原官召用始结束。从《榕坛问业》所记述的问答内容看，“天文、地志、经史、百家之说，无不随问阐发”，诚可以一雪论者对明人语录“陈因迂腐”之讥诮。

有明一代学术，自王学兴起之后，朱、王之争遂起，或谓王学空疏，或谓朱学支离；或以程朱为宗，或以陆王为要。每论学者，动辄将其区分阵营。对此，《钦定四库全书总目》在为《洛闽源流录》所作的提要中说：

自明以来，讲学者酿为朋党，百计相倾。王守仁作《朱子晚年定论》，程敏政作《道一编》，欲援朱子以附陆氏，论者讥其舞文。张烈作《王学质疑》，熊赐履作《闲道录》，又诋斥陆、王，几不使居于人类，论者亦讥其好胜。虽各以卫道为名，而本意所在，天下得而窥之也。①

在这种以学术为朋党的情形中，明清以来，关于黄道周的学术思想属性亦是纷乱淆然，歧义较多。概而言之，有朱学之论，有王学之说，有调和程朱、陆王之议，更有“前后无授受，独名一家”②之谈。迄至今日，依然是莫衷一是。

主张黄道周学术以朱子为宗的，以道光五年（1825 年）礼部议奏黄道周从祀文庙时的论定为代表，其论曰：

宗周以诚意为主而归功于慎独，能阐王守仁之绪言而救其流弊；道周以致知为宗而止宿于至善，确守朱熹之道脉而独溯宗传。③

① 《四库全书》研究所整理：《钦定四库全书总目》（整理本），中华书局 1997 年版，第 877—878 页。

② 查慎行：《得树楼杂钞》卷三，民国适园丛书本，第 22 页。

③ 黄道周著，陈寿祺编：《黄漳浦集》卷首，道光十年刊本。

由于学术背景的缘故，清廷礼部诸臣的奏议认为黄道周能“确守朱熹之道脉而独溯宗传”，肯定了其朱子学的立场。四库馆臣在《榕坛问业》提要中也说：“其大旨以致知、明善为宗，大约左袒考亭，而益加骏厉。”① 但是，黄道周的弟子却不这样看。在黄道周众多弟子中，其及门弟子洪思自少年时代就跟从其父洪京榜（字尊光）随侍黄道周。洪思年少老成，举止恭敬，深受黄道周器重。黄道周金陵殉节后，洪思历尽艰辛，又以一己之力四处奔走，收集黄道周的文章。不仅如此，洪思还曾经著述《敬身录》《洪图六经》等，以发扬其师的学问，可谓对其师的学问极为熟悉。因此，洪思关于乃师的学术评价最值得重视。检点黄道周的各种著述，亦可印证洪思的评述最为精当。

黄子学善朱子，素不喜文成良知之说者。②

黄子之学大则周、孔，小则伊、孟，亦不尽宗考亭。往在浙江讲堂时，与诸生复说《易》象、《诗》、《书》、《春秋》、《礼》、《乐》新故异同之致，不能不与元晦抵牾。③

从洪思的论述看，世人动辄称黄道周学宗朱熹，但他认为黄道周的学术虽“善朱子”，而且不喜欢王守仁的良知之说，但并不一味盲目推崇朱熹，而是时有与其相抵牾之处。

以为黄道周学术为阳明之学正传的，以清代张夏之论为典型。其《洛闽源流录》论曰：

黄道周，字幼玄，福建漳浦人，不详其师友渊源。其论学大指不

① 《四库全书》研究所整理：《钦定四库全书总目》（整理本），中华书局 1997 年版，第 1231 页。

② 洪思：《王文成公集序·按语》，《黄漳浦集》卷二十一。

③ 洪思：《王文成公集序·按语》，《黄漳浦集》卷二十一。

离闽宗，而尝言欲为姚江刮垢磨光，则又自凿一户牖者也。自少耐攻苦，尚气节，为文典奥，原本经术……言极切直……犯颜谏诤，不少退沮，旁观者莫不战栗，直声震天下……论者谓其“三黜不辞剖心，一生强半庐墓，国亡与亡，实为一代完节之臣”……①

这段论述颇值得注意。观其所论，张夏一方面说“不详其师友渊源”，另一方面说其论学宗旨不离朱子之闽学，但又要为阳明之学“刮垢磨光”，从而自开一种境界。由此论述，张夏似在肯定黄道周兼取朱、王之学而独具一格。但在记述黄道周生平与著述后，张夏所下的按语曰：“右三卷通录王学皆近正与得正者也。”

《洛闽源流录》，凡十九卷，成书于康熙壬戌（1682年）。从张夏著述的立场看，该书“取有明一代讲学之儒，分别其门户”，“大指阐洛、闽之绪而力辟新会、余姚之说”。② 张夏撰写此书虽以程、朱之派为主，但为显示自己无学术门户之偏，“于陆氏之派亦节取所长”，③ 其用心之苦可见一斑。从全书的编次看，“右三卷”指十五、十六、十七三卷，黄道周的传记正在十七卷末，可见张夏还是认为黄道周属于“王学皆近正与得正者也”。

清人蔡世远在其为黄道周所作的传记中，对这位家乡先贤推崇备至，其传末论曰：

道周学贯天人，行本忠孝，入则言朝，出则守墓，讲学著书，清修自饬，金陵一节，堪为殿后矣……论学宗旨，于程朱精微未能洞彻，

① （清）张夏：《洛闽源流录》卷十七，清康熙二十一年黄昌衢彝叙堂刻本。

② 《四库全书》研究所整理：《钦定四库全书总目》（整理本），中华书局1997年版，第877页。

③ 《四库全书》研究所整理：《钦定四库全书总目》（整理本），中华书局1997年版，第878页。

要非可以博杂讥之；天文历数，推验无差，几与康节、季通[①]相伯仲。他若论列人才，敷陈军国大政，其吕献可、李伯纪之流欤？晚乃自收成局，以文信国终焉。呜呼！可不谓奇人、完人者乎？[②]

蔡世远对黄道周的评价不可谓不高，称其“学贯天人”，举凡文章、道学、经济、气节，“直欲兼之”。这里，蔡世远一方面肯定黄道周学问的淹博，另一方面认为正是“博杂”使黄道周在理学上未能洞彻程朱之学的精微。换言之，在蔡世远看来，黄道周的理学不能算醇正的朱学。

二、今人认识

关于黄道周的学术思想渊源及其属性，今人在不同的场合也有评述。就其主流来看，一般论及黄道周学术时，多持一种较为宽容的立场，基本能够摒弃意气之争而较为客观地加以评述。一方面，他们看到并承认黄道周受朱子之学的影响，另一方面，又以为黄道周的学术思想并不是纯粹的朱子之学。例如，容肇祖先生认为，“黄道周出自闽南，所受朱熹的遗风余泽，感化不少”。[③]仅仅说其受朱熹遗风余泽影响，未遽然断言其为朱子之学还是为阳明之学。今人的论述中，以陈来先生和侯外庐先生等最为全面。陈来先生曾撰专文论述黄道周的生平与思想，他认为，“黄道周在朱子与陆王之间，更多倾向于朱子，但他的学术与朱子和明代的朱子学仍有较大差别，他对陆王学派的态度也与明代的朱子学家们有很大不同”。因此，“黄道周与明代大多数有名的思想家不同，他既不是王学，也不是严格意义的理学家，而是比较倾向于朱

① 蔡元定（1135—1198），字季通，建阳（今属福建）人，南宋著名学者。有“朱门领袖”“闽学干城”之誉，学者称西山先生。

② 蔡世远：《黄道周传》，《二希堂文集》卷六，文渊阁四库全书本。

③ 容肇祖：《明代思想史》，上海开明书店1941年版，第317页。

子格物论的独立思想家”。①

侯外庐先生等主编的《宋明理学史》中，辟有专章论述黄道周的理学思想，最后有一段总结性的议论：

> 作为明末儒学大师之一的黄道周，他的思想体系是复杂的。一方面，他在自然观、认识论上，均提出了与理学相背离的观点。特别是他的《易》学思想，强调治《易》要“推明天地，本于自然”，要摆正理、象、数三者的关系，提出要贯彻“实测”精神的新观点。另一方面，他的《易》学却又被神秘主义色彩极为浓厚的象数学所桎梏。他的“修己以敬”的道德修养论和天性皆“善”的人性论，与许多理学家的观点基本是一致的，这一矛盾现象反映了晚明理学走向衰颓的情况。②

该书是以马克思主义为思想方法来进行理学史研究的成果。编著者首先看到了黄道周思想体系的复杂，肯定了其注重“实测”的科学精神，然后一分为二地指出了黄道周理学思想中的矛盾，并且认为这种矛盾恰好反映了理学走向衰落的趋势。

晚明时期，社会正孕育着巨变。这是一个社会转折时期，其表现不仅是政治上即将到来的明清鼎革，也有学术上各种思想的激荡交汇。主张理学自晚明开始逐渐式微是没有问题的，但是不能简单地将黄道周学术思想中的矛盾作为理学衰败的标志。这需要具体分析。笔者认为，黄道周学术思想中矛盾的存在，正反映了伴随着社会转折而来的学术上的转型，体现了在学术转型之中黄道周学术思想所显现出的会通和创新的特征。对此，有学者认为：

① 陈来：《黄道周的生平与思想》，《国学研究》（第十一卷），北京大学出版社2003年版，第87—121页。

② 侯外庐、邱汉生、张岂之主编：《宋明理学史》（下），人民出版社1997年版，第666页。

黄道周受王学的较大影响，亦有象数学思想，其朱子学思想是不纯正的，他提出“天命为理，气数为数”的命题……他不同意朱熹分天地之性和气质之性。他认为，气有清浊，质有敏锐，自是气质，不关性上事……黄道周认为，任何人都不能生而知之，都是学而知之、习而知之，通过格物就能知理。黄道周的思想上承朱熹学说，但又有所创新。①

综合古今学人对黄道周学术思想的评价来看，虽然着眼点不同，但有几点是一致的：第一，黄道周学术思想的“博”是古今共识；第二，争论的焦点都集中在其思想性质的归属，或者主张黄道周专宗朱子，或者认为其以王学为归，或者主张其调停、折中在朱、王之间。这些争论，之所以历经数百年未有定论，一个重要原因在于论述者都忽视了对影响黄道周学术思想形成因素的全面分析。有些学者虽然注意到其中的某些因素，但因为考察不够全面而导致结论的偏颇。黄道周学术思想的会通和创新渊源有自，既与其学术成长经历密不可分，又是其以开放的心态广泛吸纳各种思想资源的必然结果。只有从黄道周所处的历史语境和学术语境出发，全面考察与揭示影响其学术思想形成的因素，才可能避免以偏概全之弊。

第二节　朱子过化及其对黄道周的影响

一、朱子过化，泽被闽漳

朱熹是宋代理学的集大成者，其一生学术活动的地域主要在闽地，理学史上所谓的“濂、洛、关、闽”的“闽学”之谓正源于此。因此，

① 高令印、蒋步荣：《闽学概论》，香港易通出版社 1990 年版，第 123—124 页。

自南宋后，闽地学者们多喜言“朱子过化”之语。从朱熹在闽地的具体活动区域来看，虽然其主要学术活动区域在闽北，但其首次出仕即在距漳州不远的同安为主簿，后更为漳州知州一年，可以说其足迹亦遍布闽南。朱熹在闽南的仕宦经历和学术活动对闽南世风、士风的影响极大，因此，称地处闽南的漳州为朱子“过化之乡”应属当之无愧。

绍兴二十一年（1151 年），年仅二十二岁的朱熹以左迪功郎除泉州同安县主簿，两年后五月开始赴任，七月到达同安任上，任县主簿兼主县学。此时，朱熹虽然年轻，其理学思想也尚处于形成之中，但已经显现出对圣人之学的兴趣。在同安，朱熹曾亲为县学生讲《论语》，作《论语课会说》。不仅如此，朱熹在同安期间，尝“选邑秀民充弟子员，日与讲说圣贤修己治人之道，禁女妇之为僧道者”，[①] 开始进行化民成俗的教化之业。在同安任上，朱熹曾于绍兴二十四年（1154 年）“秋冬奉檄往漳州龙溪县、长泰县一带按事”，并留下了《登罗汉峰》《登面山亭》《双髻峰》等吟咏。[②] 可见，年轻时候的朱熹就已经在漳州留下了足迹。

淳熙十六年（1189 年）十一月，朱熹知漳州，并于次年（绍熙元年，1190 年）四月抵达漳州任上。当时，漳州教化不行，“民未知礼”，“其俗尤崇尚释氏之教，男女聚僧庐为传经会，女不嫁者私为庵舍以居”。[③] 针对这种情况，朱熹知漳期间，竭力主张“节民力，易风俗”，积极致力于传播儒教、敦厚风俗的活动，以“复此邦忠厚醇朴之俗，革比年顽嚣偷薄之风，少安病守闵恻惭惧之心”。[④]

朱熹在漳期间，虽然也致力于正经界、蠲横赋等政治活动，但其

---

① 脱脱等：《宋史》，中华书局 1977 年版，第 12751—12752 页。

② 束景南：《朱熹年谱长编》，华东师范大学出版社 2001 年版，第 185 页。

③ 王懋竑著，何忠礼校：《朱熹年谱》，中华书局 1998 年版，第 203 页。

④ 朱熹著，郭齐、尹波点校：《朱熹集》（卷 100），四川教育出版社 1996 年版，第 5093—5095 页。

知漳的最大成就无疑还是在于力行教化、移风易俗方面。对于朱熹在漳州的教化之功，其弟子陈淳记载道：

先生在临漳，首尾仅及一朝，以南陬敝陋之俗，骤承道德正大之化，始虽有欣然慕，而亦有愕然疑，哗然毁者。越半年后，人心方肃然以定。僚属厉志节而不敢恣所欲，仕族奉绳检而不敢干以私，胥徒易虑而不敢行奸，豪滑敛踪而不敢冒法。平时习浮屠为传经礼塔朝岳之会者，在皆为之屏息。平时附鬼为妖，迎游于街衢而掠抄于闾巷，亦皆相视敛戢，不敢辄举。良家子女从空门者，各闭精庐，或复人道之常。四境狗偷之民，亦望风奔遁，改复生业。[1]

陈淳这段话描述了朱熹在漳州一年教化之后所出现的情形，其中可能有溢美的成分，但至少从一定程度上说明了朱熹在漳州的影响。这种影响可能在现实性上不一定完全如陈淳所说，但至少漳州士人心目中的确是这样认为的。

四百年后，黄道周同乡好友张燮[2]在《清漳风俗考》中描绘了朱熹在漳州施行教化的巨大影响：

迨乎考亭作牧，嘉与所部兴化，名教、经术递为沾染，余风流韵，盖岁迴犹有存者，则大儒建标之力也……士从单门起家以为常，至后来

① 黎靖德辑，王星贤点校：《朱子语类》（卷106），中华书局1986年版，第2653—2654页。

② 张燮（1573—1640），字绍和，号汰沃、海滨逸史，漳州龙溪人，万历二十二年甲午（1594年）举人。燮性情洒落，不急宦达，一生以家居著述为务，留下著述近千卷。其中，所著《东西洋考》是考察我国航海史以及与东南亚诸国贸易关系史的重要文献。张燮生年，多以为1574年，此从陈庆元先生考证的结果，为1573年。《漳州府志》《龙溪县志》均有传。陈庆元先生《张燮著述考》（《漳州师范学院学报》2010年第4期）对其家世、著述等考述甚详，可资参考。

骏快又多自童牙学作馨语，琴书图籍，较有远志，前此未有也，此士风之盛也。①

类似的，清初漳浦籍著名学者蔡世远②也曾撰文极力称赞朱熹的过化之功，其文云：

溯自初唐辟疆，闽漳始为屏翰之重地。迨及紫阳过化滨海，上媲邹鲁之名邦。户口田畴每日增而日盛，声名文物或代废而代兴。③

宋理宗淳祐元年（1241年），周、二程、张、朱五子从祀孔庙。“自此之后，国无异论，士无异习”，“自元迄明，宗仰专师，风同道一”。④受朱熹过化的影响，加之朱子学的官方地位，自元至明，程朱之学在闽南生生不息，代有人出。对此，闽南历代学者多引以为豪，在各自的著述中屡屡论及。根据李光地之孙李清馥的《闽中理学渊源考》等文献，可以粗略梳理出程朱之学在闽地师友授受的传承脉络。在《闽中理学渊源考》中，李清馥辟有“朱子漳州门人并交友”和“清漳诸先生学派”两节，对朱子之学在闽南的传播脉络做了梳理。其分别按曰：

闽中自道南以来，泉、漳学者未甚显著，至清漳又闽之益南矣。

---

① 张燮：《清漳风俗考》，（光绪）《漳州府志》（中国地方志集成本），上海书店出版社2000年版，第1113页。

② 蔡世远（1682—1733），字闻之，号梁村，福建漳浦人。因世居漳浦梁山，学者称为“梁山先生”。康熙四十八年（1709年）进士，雍正年间理学名臣。蔡世远家世代业儒，其祖父蔡而熤为黄道周门人。蔡世远学识渊博，精程朱之学，曾受张伯行之聘主持福州鳌峰书院。有《二希堂文集》《古文雅正》等传世。（蔡世远生卒年有多种说法，此取赫治清《蔡世远生卒年》（《中国史研究》1996年第4期）观点。）

③ 蔡世远：《征修漳州府志启》，《二希堂文集》卷十一，文渊阁四库全书本。

④ （清）李清馥著，徐公喜、管正平、周明华点校：《闽中理学渊源考》，凤凰出版社2011年版，第238页。

靖康中，高氏登、黄氏硕、杨氏汝南皆以名儒直节称。至朱子守郡，教化大明，风俗一变，而北溪、东湖诸贤皆以夙学后先抠衣升堂，然则斯郡兹时其人文初开之始乎？大贤之泽，百世其昌，虽莅政仅及一期，而遗风余桀于今犹未艾也。寻学脉者，能无慨系于兹邦。①

清漳为闽山川之极南，清淑之气钟焉。自朱子过化之后，王东湖、陈北溪亲承旨授，讲习而丕振之，始焉崇尚佛老，即变为礼乐之区，故朱子有“五百年逃墨归儒”之语也。元代，明卿诸贤一时斌斌儒林之选，其隐身岩穴，或以荐举而膺师儒之任者比比矣。②

蔡世远《重修漳州府志序》曰：

维漳建郡始于唐初，僻陋濒海，然山水峭冽，郁积雄奇。有宋朱文公莅郡以后，陈北溪、王东湖两先生亲承其统绪，道术既一，礼法大明。胜朝陈剩夫、蔡鹤峰诸贤又起而赓续之。沿及明季，周忠愍、黄石斋、何黄如诸公气节文章尤岿然为天下望。流风余韵，至今犹存。③

蔡世远在《月湖书院碑记》中又记曰：

邑忝号名区，自高东溪倡学于前，陈剩夫、黄石斋继起于后，彬雅为闽中最。④

综合以上文献可知，朱熹之后，其“遗教漳人遵之如金科玉律越

① （清）李清馥著，徐公喜、管正平、周明华点校：《闽中理学渊源考》，凤凰出版社2011年版，第317页。

② （清）李清馥著，徐公喜、管正平、周明华点校：《闽中理学渊源考》，凤凰出版社2011年版，第492页。

③ 蔡世远：《重修漳州府志序》，《二希堂文集》卷一，文渊阁四库全书本。

④ 蔡世远：《月湖书院碑记》，《二希堂文集》卷五，文渊阁四库全书本。

几百载”。受其教化，漳州家弦户诵，儒学大盛，儒者辈出。略而言之，陈淳（字安卿，号北溪先生）、王遇（字子合，号东湖先生）之后，元代较为著名者有林弼之父林广发（字明卿）、王吉才、黄元渊（字君翊）、林弼之师周佑（字于一）等。至明代则有陈真晟（字剩夫，号漳南布衣）、周瑛（字梁石，号翠渠）、蔡烈（字文继，号鹤峰）等先后继起，余波相沿，倡教东南海陬。迨至晚明，又有黄道周及其好友何楷等接踵前贤。

在这些学者中，陈真晟“以主一为要”，“能脱去词章功利之习”；蔡烈“其学一宗程朱，以穷理力行为实，主敬为要”。① 他们学宗朱熹，都是典型的朱子之学的传人。因此，《漳州府志》论曰：“自安卿师紫阳，倡道海滨，至明而大儒继起，或渊源相接，或羽翼互持，清漳之学于斯为盛矣。”② 明代程朱之学在漳州的传承大体可见。

二、少习程朱，长时讲习

朱子之学在南宋理宗朝始钦定为官方哲学，之后，历元入明，经朱明政权的推动，朱子的地位愈加稳固。对此，黄宗羲曾云：“有明学术，从前习熟先儒之成说，未尝反身理会，推见至隐，所谓‘此亦一述朱，彼亦一述朱’耳。”③。这种“此亦一述朱，彼亦一述朱”的情形，朱彝尊论述得更具体：

> 世之治举业者，以“四书”为先务，视“六经”可缓。以言《诗》、《易》，非朱子之传义弗敢道也；以言《礼》，非朱子之《家礼》弗敢行也；推是而言《尚书》，言《春秋》，非朱子所授，则朱子所与

① （光绪）《漳州府志》（中国地方志集成本），上海书店出版社 2000 年版，第 628—629 页。

② （光绪）《漳州府志》（中国地方志集成本），上海书店出版社 2000 年版，第 629 页。

③ 黄宗羲著，沈芝盈点校：《明儒学案》，中华书局 2008 年版，第 178 页。

也。道德之一莫逾此时矣。然杜其聪明，见者无仁智之殊，论者少异同之辨，习者莫有温故知新之义，不能无敝焉。顾科举行之久矣，言不合朱子，率鸣鼓百面攻之。①

由朱彝尊的论述可知，朱子之学在明代地位的确立与巩固，与科举的兴盛关涉极大。对此，学术界基本没有异议。具体到闽地而言，由于闽地是朱子学术活动的主要区域，因此其影响更为显著，前文所述漳州士人对朱子学的推崇以及对朱子过化之功的肯定即为其明证。

黄道周生活在朱子之学昌盛的闽地，自小浸淫其中，其受影响之深可以想见。这种影响首先来自其家庭。

黄道周祖籍莆田，②“其先从莆阳徙居铜海”。铜海即铜山所（今福建东山），为明代镇海卫下辖的千户所，洪武年间所设，是当时拱卫海疆的前哨。黄道周先人徙居铜山，其原因历来无人论及。考诸进士同年序齿录、进士履历等进士题名录类文献，可以清楚地发现，黄道周家实为军籍，其先徙居铜山，当为迁发戍守海疆，其后人因此定居、繁衍于此。

黄道周于天启二年（1622年）登进士第，为第二甲第七十三名。对此，《天启壬戌科进士同年序齿录》记载道：

黄道周，福建漳州府镇海卫军籍。廪生，字幼亥③，号石斋。治《诗经》。行二，乙未年二月初九日生。戊午乡试七名，会试二百十二名，廷试二甲七十三名。刑部观政。改翰林庶吉士，甲子，授编修。曾祖宗德。祖世懋。父嘉卿，赠文林郎。母陈氏，封孺人。慈侍下。兄道

① 朱彝尊：《道传录序》，《曝书亭集》卷三十五，四部丛刊本。

② 正因为祖籍莆田，故黄道周论及莆田时辄以“吾莆”称之。例如，黄道周在《春秋郑氏传序》（《黄漳浦集》卷二十一）中曾云：“吾莆来彦，有郑牧仲、许不毁，皆邃于经史，有遗世独立、著论不朽之思。”

③ 黄道周，字幼玄。此处当为“玄”字之误。

隆。弟□□。娶林氏，赠孺人。”①

又，《天启二年壬戌科进士履历》载：

黄道周，福建……漳州府八人……黄道周，石斋。《诗》二房，乙未二月初九日生。镇海人。乡七名，会二百十二名，二甲七十三名。刑部政。改庶吉士。甲子，授编修，管纂修。庚午，浙江主考。庚午，升右中允。乙亥，补原职。丁丑，同考。升左谕德掌司经局。丁丑，升詹事，纂修玉牒。戊寅，讲官。本年，降。甲戌，布政司都事。庚辰，革职。壬午，除原职，升少詹，卒。②

科举时代的同年序齿录、进士履历是类似于今天的个人档案记录，是当时明代官方的人事档案，内容涉及中第者的姓名、出生时间、排行、籍贯、家世、履历、所专经典等，进士履历更记述了入仕后的为官经历。此类文献所记述的当不会有误，可以看作研究科举人物个人及其家世的第一手资料。通过这两份进士题名录文献，黄道周的家世、生平、入仕后的为官经历等信息简洁而又准确地呈现在后人面前。这些记录，既可以与史志、年谱、传记等文献记载相印证，又可以对这些记载做一定的补充。在上述两份文献记录中，最值得关注的是关于黄道周军籍的记录。了解了其军籍身份，黄道周生平和思想研究中诸如“其先从莆阳徙居铜海”原因之类的问题都可以得到一个合理的解释。

黄道周在自述其家史时曾云：

世宗初年，倭寇沸乱，伯父早卒，仲父又远出，季父尚稚在襁中，

① 《天启壬戌科进士同年序齿录》，上海图书馆藏明天启刻本。

② 《天启二年壬戌科进士履历》，国家图书馆藏明天启刻本。

父年方十八，当事勒军卫治兵，编户三丁取一，即良家子无免者。父当行……归，颇喜任侠，时训练族人，以田畴、逢萌自命。神宗初年，天下升平，乃焚所为钤韬书，抑事儒生。①

《漳州府志》亦记载：

漳浦黄嘉卿，石斋先生父也。家贫，从外氏受学，研精于《性理》与朱子《纲目》，善擘窠大书。嘉靖倭乱，军卫编民户出兵，嘉卿年方十八，以大户从督造战舰。猝值卒叛。嘉卿拔剑斫两卒……生平颇喜任侠，有黄季布之誉。晚乃焚所为钤韬书，从事□者。②

从上述记述可知，黄道周父亲好任侠，曾有被征的经历，喜读兵书，后“乃折节为儒家”，③ 这些记述，一方面可以进一步佐证黄道周家的军籍身份，另一方面可以看到其父亲已有通过读书改换门庭的意识。

虽然明代户籍控制“终明世，于军籍最严”，④ 但明代科举并不拒绝军籍子弟参加。有学者统计《明清进士题名碑录索引》后得出结论，明代进士“军籍 5439 人，还有军匠 35、弓兵 2、军灶、军盐 7、军民 1 人等 9 种名色共 168 人”。⑤ 祖籍莆田，生于漳州镇海卫的周瑛即为由科举而得脱军籍。

从上引文献可知，黄道周隶属军籍，而军籍为世袭，其子弟必须一边屯耕，一边备战，其父亲就曾有过被征的经历。相对于其他种户籍而言，军籍地位并不高，而且压力大，危险系数也高。黄道周父亲自己

① 黄道周：《乞言自序状》，《黄漳浦集》卷七。

② （光绪）《漳州府志》（中国地方志集成本），上海书店出版社 2000 年版，第 1175 页。

③ 陈寿祺：《黄道周传》，侯真平、娄曾泉校点：《黄道周年谱附传记》，福建人民出版社 1999 年版，第 231 页。

④ 张廷玉等：《兵四》，《明史》卷九十二，中华书局 1974 年版，第 2258 页。

⑤ 吴建华：《科举制下进士的社会结构和社会流动》，《苏州大学学报》1994 年第 1 期。

先是折节读书，后更督促黄道周读书，这固然有崇尚学问的一面，但未尝没有改换门楣的现实考虑。[①]

可以设想，在当时科举盛行的大环境中，黄嘉卿当然希望能够通过读书、科举以获得某种改变，因此，其所读之书正是当时科举所规定必读的程朱之学。多年后，黄道周追叙自己家世，也曾云：

父讳季，字嘉卿，以字行。家既贫，从外祖受学，研精于《性理》书与朱子《纲目》，善擘窠大书。[②]

但是，这种努力在黄嘉卿自身并不顺利，他终其一生“困儒冠”。[③]正因为如此，黄嘉卿对黄道周要求甚严，不但督促其读书，而且要求所读之书也是科举所提倡的程朱之学。据《漳州府志》记载：

（嘉卿）顾家所藏箧中籍中久漫漶不可读。一日入郡，买《性理》、《纲目》诸书，装毕，使人舁篮輂前行，自执盖随其后。安顿道旁，必端拱侍立。或怪问之，答曰：“此圣贤精神，天下性命所系，安敢不敬乎？”其居家，时时以此书教子，故石斋卒成大儒云。[④]

此类记述不少，黄道周好友黄景昉作《黄道周志传》曰：

公生而狗齐英敏，甫成童，博极群书，数千言立就。青原公惧其

---

① 重视孝道的黄道周其后来的许多行为，例如父亲去世之后的哀恸、《乞言自序状》中的自责等，都或多或少可以从中得到解释。此外，闽中各地，以莆田文教最盛，士子远较闽地其他地区为多。其父重视黄道周早年读书的选择，盖亦与此相关。

② 黄道周：《乞言自序状》，《黄漳浦集》卷七。

③ 黄景昉：《黄道周志传》，侯真平、娄曾泉校点：《黄道周年谱附传记》，福建人民出版社 1999 年版，第 118 页。

④ （光绪）《漳州府志》（中国地方志集成本），上海书店出版社 2000 年版，第 1175 页。

轶也，为置《性理》、《鉴纲》案头，未浃旬翻阅殆尽。[①]

黄景昉所作《黄道周志传》为最早的黄道周传记，因其为黄道周好友，故其文所记可信度很高，遂后来为黄道周作传及编写年谱者所本。例如陈寿祺《黄道周传》谓其父“好性理书与《通鉴纲目》”，有任侠名，“以田畴、逢萌自命。已乃折节为儒家，入郡市书以授道周”。[②]庄起俦撰《漳浦黄先生年谱》亦云：

青原公以事至会城，置《通鉴纲目》，躬负以归，手为点定。先生昕夕研阅，便知忠良邪正之辨，人治王道之大。[③]

《资治通鉴纲目》是朱熹因司马光《资治通鉴》《资治通鉴目录》《资治通鉴举要历》以及胡安国《资治通鉴举要补遗》等书而作的一部著作，之所以名为“纲目”，是因为其书仿照《春秋》《左传》的经、传体例，“纲”仿《春秋》，“目”仿《左传》，“大书以提要，而分注以备言”。[④]换言之，即以大字概述事件，是为“纲”，再用小字以分注的方式详细叙述事件的细节，是为“目”。纵观全书，可以发现朱熹撰述的目的绝不仅仅是其在该书《序例》中所言之“姑以私便检阅，自备遗忘而已”，而是具有“岁周于上而天道明矣，统正于下而人道定矣。大纲概举，而鉴戒昭矣；众目毕张，而几微著”[⑤]的追求。正因为如此，故四

① 黄景昉：《黄道周志传》，明计六奇《明季南略》，中华书局 1984 年版，第 315 页。

② 陈寿祺：《黄道周传》，侯真平、娄曾泉校点：《黄道周年谱附传记》，福建人民出版社 1999 年版，第 231 页。

③ 庄起俦：《漳浦黄先生年谱》，侯真平、娄曾泉校点：《黄道周年谱附传记》，福建人民出版社 1999 年版，第 48 页。

④ 朱熹撰，朱杰人、严佐之、刘永翔主编：《朱子全书》（第 8 册），上海古籍出版社、安徽教育出版社 2002 年版，第 21 页。

⑤ 朱熹撰，朱杰人、严佐之、刘永翔主编：《朱子全书》（第 8 册），上海古籍出版社、安徽教育出版社 2002 年版，第 22 页。

库馆臣称“《通鉴纲目》亦《春秋》之义也”。①

正因为朱熹撰《纲目》过程中有意识地仿效春秋笔法，是出于明天道，定人道，明正统，严分正闰，明辨纲常伦理的现实考量，故其影响深远，后人评价极高。弘治年间，福建莆田人黄仲昭②评价道：“朱子因司马文正公所辑《资治通鉴》而修《纲目》，盖仿吾夫子《春秋》之法也。其事固因历代之所记载，而所以定其是非，以垂鉴戒者，亦何莫而非尧、舜、禹、汤、文、武之道乎！读史而不从事于斯，则虽贯穿今古而无或遗，则亦不免为玩物丧志，其于修己治人之道亦奚补哉！”正因为如此，黄仲昭在提督江西学政时，“为学者定读书之法”，而欲读史“则欲其熟观《纲目》，以端其本”。③ 黄道周友人陈继儒则认为该书具有“正人心，植世教，有助于治道者”的价值，故“后之学者，志存经济，于是求之足矣”。④

明了以上内容，即可以明白黄道周父亲督促黄道周读此书的原因。黄道周幼年在父亲的亲自教授和严格督促下学习《纲目》，深受其影响。崇祯十五年（1642 年）夏，黄道周应冯梦龙之请，不仅为其所著《纲鉴统一》一书撰写序言，而且手定其书。⑤ 在序言中，黄道周高度评价

---

① 《四库全书》研究所整理：《钦定四库全书总目》（整理本），中华书局 1997 年版，第 1428 页。

② 黄仲昭，名潜，以字行，学者称未轩先生，莆田人。成化二年（1466 年）进士，授翰林院编修，累官至江西提学佥事，事迹具《明史》本传。仲昭属意著述，尤致力于方志的编纂，《八闽通志》《延平府志》《邵武府志》《南平县志》《兴化府志》皆所编录（据《四库全书总目提要》之《文轩文集》“提要”语）。另有《未轩文集》传世。黄仲昭曾在江西提学签事任上汇刻《资治通鉴纲目》，并于卷末附有其所撰《书新刻〈资治通鉴纲目〉后》，后序中记述了其汇刻该书的基本情况（参见严文儒：《〈资治通鉴纲目〉明代刻本考详》，《古籍研究》2001 年第 1 期）。

③ 黄仲昭：《黄仲昭合注后序》，《御批资治通鉴纲目》卷首下，文渊阁四库全书本。此后序原本附于黄仲昭汇刻本卷末。

④ 陈继儒：《明初刻本资治通鉴纲目题跋》，朱熹撰，朱杰人、严佐之、刘永翔主编：《朱子全书》（第 11 册），上海古籍出版社、安徽教育出版社 2002 年版，第 3506 页。

⑤ 高洪钧编著：《冯梦龙集笺注》，天津古籍出版社 2006 年版，第 43 页。

了朱熹的《纲目》：

紫阳授《春秋》之法，因为《纲目》一书，系日系月，书名书地，斥偏隅之僭称，明正统之有属，褒贬予夺，断断无少错贷。于是天下凛然于君臣父子，与夫邪正是非不关，厥功伟矣。①

一个人早年所受的教育会影响其一生，尤其对其人生观、价值观取向的形成具有重要影响。纵观中国历史，古代许多卓有建树的人物，其成就的取得大多与其早年所受到的家庭教育和父母的熏陶相关。古今中外都很重视早期教育，在早期教育中，家庭教育无疑占有极为重要的地位。在中国，家庭教育的重要性早就为人们所知晓，不仅远在《诗经》时代就有“中原有菽，庶民采之。螟蛉有子，蜾蠃负之。教诲尔子，式榖似之”② 的说法，后来更有颜之推《颜氏家训》、司马光《家范》、朱熹《童蒙须知》等论述家庭教育的专门著作。《礼记》一书中也记载有大量关于儿童早期教育重要性、途径、方法、阶段性等问题的论述，将这些问题编入《礼记》，本身就足以体现中国古人对儿童早期教育的重视。在国外，英国哲学家洛克认为，儿童的心智易于引导就像水性易于引导一样，他曾说：“我们幼小的时候得到的印象，哪怕极其微小、几乎觉察不到，都会对一生产生长久而深远的影响；正如江河的源泉，水性柔和，稍用一点人力就能将它引向别处，使河流的方向发生根本的改变；只要最初从根源上这么引导一下，河流就有了不同的趋向，最后流到十分遥远的地方去了。”③

① 黄道周：《纲鉴统一序》，高洪钧编著：《冯梦龙集笺注》，天津古籍出版社 2006 年版，第 38 页。此文为《黄漳浦集》所未收之佚文。

② 《诗经・小雅・小宛》，毛亨传，郑玄笺，孔颖达疏，龚抗云等整理：《毛诗正义》，北京大学出版社 1999 年版，第 744 页。

③ ［英］约翰・洛克著，徐诚、杨汉麟译：《教育漫话》，河北人民出版社 1998 年版，第 3 页。

从黄道周早期的成长来看，不仅父亲黄嘉卿对其要求极为严格，而且其母亲也是如此。黄道周母亲陈氏，其父为“后山陈公，五世为诸生，虽贫不徙业”。受其影响，其“母通《四书》及诸小部史”。对于母亲的教育，黄道周曾追忆道：

每见儿曹懒不读书，辄废食，叹曰：“生既不作圣贤，已是恨事，何况废学?”……常云：“女子不纺绩，男子不诗书，坐得一钱者，便是辱人贱行。”①

正是基于上述原因，黄道周弟子洪思才有“父青原公，母陈，皆通经史，深明忠孝大义，而教之有法，故黄子之学起于漳海之滨”②之言。

早年严格的家庭教育对于黄道周一生产生了巨大影响。从黄道周一生的行事和学术活动看，其强调正统观念、严夷夏之防的思想乃至历史观念无不与早年父亲的教导息息相关。正是因为父亲的引导，黄道周深受朱熹影响。后来，黄道周极为重视家庭教育，即使在狱中也屡次致书兄长、妻子、侄儿等，强调孩子的教育，其中定有其切身的体会在内。

由上可知，黄道周幼承庭训，自幼生长在朱子之学的氛围中，因此对朱子之学极为推崇。崇祯十五年（1642年），出狱后的黄道周赴戍所途中，第三次在大涤书院讲学，并著有《大涤书院三记》。其中，有这样一段话：

然而元晦醇邃矣。由子静之言，简确直捷，可省诸探索之苦，然

① 黄道周：《乞言自序状》，《黄漳浦集》卷七。

② 洪思《黄子传》，侯真平、娄曾泉校点：《黄道周年谱附传记》，福建人民出版社1999年版，第126页。

而弊也易。由仆之言，静观微悟，可以开物成务，然而弊也支。由元晦之言，拾级循墙，高者不造顶无归，深者不眩崖惊坠。由其道，百世无弊，则必元晦也。①

黄道周认为，朱熹之学最为醇粹高明，既无陆九渊之言的“易”，又无自己之言的“支”。因此，遵从朱子之道，可以百世而无弊。

崇祯十六年（1643年）五月间，邺山书院的营建正式开始。黄道周《与善堂记》记曰：“诸生于邺山，凡构三堂，而神堂先成。”这里的“三堂”指“与善堂”“三近堂”“乐性堂”。其中，神堂即“与善堂”，内祀奉朱熹以下诸位乡贤。黄道周《与善堂记》：

与善堂，即邺山神堂也，以栖先圣贤，谓之神堂。……神堂前楹别祀晦翁，从以安卿、直卿、东湖、东溪、剩夫、翠渠、白石、鹤峰（陈淳、黄榦、王遇、高登、陈真晟、周瑛、林魁、蔡烈），为九先生；其内楹，置列圣贤见闻知之位，下列颜、曾、思、孟、濂溪、明道、横渠、尧夫（颜渊、曾参、孔伋、孟子、周敦颐、程颢、张载、邵雍）。凡宾客至者，皆先诣神堂谒先圣贤毕，乃诣三近、乐性二堂礼也。

从与善堂所祀奉的先贤看，或为朱熹弟子，如陈淳、黄榦，或为宗朱子之学者，均为朱子一脉。所有来邺山书院的宾客，首先必须到与善堂拜谒这些先贤。这既可见朱子之学在漳州的影响，也可以看出黄道周心目中朱子之学的分量。黄道周一生讲学不辍，无论是在漳州还是在大涤书院，朱子之学都是其与众弟子反复讲论的内容。以其在榕坛的讲学为例，《榕坛问业》中多次论及朱子之学，仅“晦翁”一语的出现频率就达到46次之多。可见，朱子之学的确是其讲习的重要内容。

① 黄道周：《大涤书院三记》，《黄漳浦集》卷二十四。

第三节　阳明之学在闽南的传播及其对黄道周的影响

一般认为，闽地是朱子学的发祥地，闽南又是朱熹的过化之地，士人受朱子影响极深，多服膺朱子，故王学在闽南的传播较他处为难。黄宗羲《明儒学案》在王门诸学案中，虽辟有“闽粤王门学案”一节，但其所录者也多为粤地揭阳、罗浮学者，而“闽中自子莘（马明衡）以外无著者焉”。不仅如此，从黄宗羲的记述看，王门学案中的唯一一位闽地学者马明衡是莆田人，而并非闽南人。其文曰：

> 闽中自子莘以外无著者焉。马明衡字子莘，莆人也。父思聪，死宸濠之乱。子莘立志勇猛，与郑善夫为古文。阳明曰：“草木之花千叶者无实，其花繁者其实鲜。”嘉靖三年，以御史谏上隆兴国而薄昭圣为非礼，下狱削籍归。①

但是，真实的情形是，“阳明先生之学，有泰州、龙溪而风行天下”，② 以闽南之僻远亦不能免。《明儒学案》虽然著录闽地王门学人仅马明衡一人，但并不等于阳明之学在闽地湮没无闻。具体到闽南而言，也是如此。阳明之学之于闽南的影响，主要是通过王守仁在闽南从事军事活动时的讲学、闽南学人的外出游学、王学门人在闽南的游宦与谪戍等途径进行的。王学在闽南的传播，对于晚明闽南乃至整个闽地士人的学术思想均产生了深远的影响，黄道周就是其中的最为著名者。

鉴于之前学者对此论述较少，而此内容之于黄道周学术思想影响较大，故此处将用较多的篇幅来加以展开。这种展开，一方面可以梳理

① 黄宗羲著，沈芝盈点校：《明儒学案》，中华书局 2008 年版，第 655 页。
② 黄宗羲著，沈芝盈点校：《明儒学案》，中华书局 2008 年版，第 703 页。

出阳明之学在闽地传播的实际情况，另一方面可以更加清晰地彰显黄道周所受阳明之学的影响。

一、阳明平寇，施教漳南

闽地，尤其是闽南，不仅是朱熹的过化之地，实际上也是王阳明的过化之地。对这一点，向来论者甚少。据王守仁年谱载，正德十一年（1516年）九月，王守仁升都察院左佥都御史，巡抚南赣、汀、漳等处。当时，汀、漳各郡盗寇蜂起，呼啸山林，气焰方炽，地方官吏束手无策。因此，王守仁次年正月甫一抵赣，即行十家牌法，征选民兵，以讨盗贼。二月荡平漳寇，四月班师，五月上《添设平和县治疏》，奏请朝廷新设平和县（即今漳州平和县），"设县治以敷政教，以息寇贼"。新的县治取名平和，"取其寇平而民和也"。① 王守仁认为：

> 盖盗贼之患，譬诸病人，兴师征讨者，针药攻治之方；建县抚辑者，饮食调摄之道；徒恃攻治，而不务调摄，则病不旋踵，后虽扁鹊、仓公，无所施其术也。②

可见，王守仁疏请新设县治，其目的就是要通过实行治理和教化加强对僻远山地的控制，防患于未然，以永绝盗寇之患。

在军事活动和政治活动中，因深感"破山中贼易，破心中贼难"③，故正德十三年（1518年）于军事进剿的同时，王守仁在赣、闽、粤交

---

① （康熙）《平和县志》（中国地方志集成本），上海书店出版社2000年版，第33页。

② 王守仁撰，吴光等编校：《王阳明全集》，上海古籍出版社1992年版，第1242页。

③ 王守仁正德十二年（1517年）《与杨仕德、薛尚谦》云："某向在横水，尝寄书仕德云：'破山中贼易，破心中贼难。'区区翦除鼠窃，何足为异？"（《王阳明全集》，第168页）结合作于正德十三年（1518年）三月的《乞休致疏》中"十月攻横水"（《王阳明全集》，第353页）等语可知，王守仁对杨仕德言"破山中贼易，破心中贼难"之语当在正德十二年十月攻横水时。《与杨仕德、薛尚谦》当作于此时十月之后，即十月至年底之间。

界之地，立社学，举乡约，修书院，厉行教化，以期移风易俗，“敦礼让之风，成淳厚之俗”。王守仁又于当年七月刻《古本大学》《朱子晚年定论》，八月门人薛侃刻《传习录》，九月修濂溪书院，于戎马倥偬的闲暇，时与诸门人讲聚不散，一时四方学者云集。①

王守仁在闽南的活动，除了以上所述外，其诗文中亦有体现。在正德十二年（1517 年）二月二十五日的《给由疏》中，王守仁有“臣系巡抚官员，见在福建漳州等府地方督调官军，夹剿漳浦等处流贼，未敢擅离”② 等语。可以说，在提督南赣、汀、漳等处军务的两年时间里，王守仁文章、事功兼重，其“良知”之说以及《朱子晚年定论》中的倡朱、陆调和之论在当地士人心中产生了巨大的影响。

黄道周少年时代即有志于事功，年少时即已“于时事得失，往往慷慨指画，有贾生流涕之意，不能身禁”③，后更直接“献时事策以干藩臬”。④ 因此，黄道周对王守仁的事功极为推崇和钦慕，认为论事功阳明实为千古之唯一，孔孟犹有不及。这种推崇和钦慕，集中表现在黄道周所著的《王文成公集序》《书王文成公碑后》《王文成公碑》《懿畜后编·王新建》等文章中。在为施邦曜辑评的《阳明先生集要》所作的序文《王文成公集序》中，黄道周称王守仁不仅“有圣人之才”，而且“当圣人之任”，有“成圣人之功”，并盛赞其“明绝学，排俗说，平乱贼，驱鸟兽”，“自伊尹以来，乘昌运，奏显绩，未有盛于文成者也”。⑤

需要提及的是，对于王学，黄道周不是没有批评，但他所批评的

---

① 王守仁撰，吴光等编校：《王阳明全集》，上海古籍出版社 1992 年版，第 1253—1255 页。

② 王守仁撰，吴光等编校：《王阳明全集》，上海古籍出版社 1992 年版，第 299—300 页。

③ 庄起俦：《漳浦黄先生年谱》，侯真平、娄曾泉校点：《黄道周年谱附传记》，福建人民出版社 1999 年版，第 50 页。

④ 洪思：《黄子年谱》，侯真平、娄曾泉校点：《黄道周年谱附传记》，福建人民出版社 1999 年版，第 4 页。

⑤ 黄道周：《王文成公集序》，《黄漳浦集》卷二十一。

只是王畿之类的王学末流。可以说，黄道周正是由对王守仁事功的钦慕，转而变成对其学说的思考与亲近。据黄道周弟子洪思记载，黄道周年十三岁时，“如平和，过王文成公庙而叹，见其湫侧，为之徘徊乃去”。后作《王文成公碑》，尝言：“自平和设县以来百二十年，弦诵文物著于郡治，在崇义、和平邈不敢望者，岂独于山川雄峻苞郁使然，亦以为名贤巨掌高蹠之所专导……是则文成之发轫籍为收实也。”[①] 在该碑文中，黄道周对王守仁的学术、事功推崇备至。其末歌曰：

折瑶枝兮捣琼糜，思君兮中阻饥。扬灵鼍兮播灵旗，矫欲来兮何期？大江横兮大岭绝，射朝曦兮马当发。招余弓兮云中，遗余佩兮木末。虽无德兮心所知，昔曾来兮安足辞。露所生兮雨膏之，菊有风兮兰与吹。追邹车兮抗峄马，上天兮下土，不同时兮安得游？登君堂兮不得语，耿徘徊兮中夜。[②]

从这段骚体中，不仅可以看出黄道周对王守仁的景仰之情，而且“不同时兮安得游？登君堂兮不得语，耿徘徊兮中夜”数语更传递出黄道周因不能登堂入室从教于王守仁的遗憾。

二、地接赣粤，学风影响

漳州滨海，僻处东南一隅，虽非通都大邑，但明时交通已开，通往省外均有专门的驿路与商道。从当时的行政区划来看，漳州南接广东，西临江西，而黄道周出生与活动的主要地区漳浦县，更是“处八闽之极地，为漳、潮之要冲”。[③] 正因为如此，漳州历史上一直与赣、粤联系较为紧密，三地士人的学术交流亦较频繁。因此，在某种意义上，

① 黄道周：《王文成公碑》，《黄漳浦集》卷二十五。

② 黄道周：《王文成公碑》，《黄漳浦集》卷二十五。

③ （光绪）《漳浦县志》（中国地方志集成本），上海书店出版社 2000 年版，第 14 页。

赣、粤成为闽南士人联系中原核心文化层的中间地带，新的思想学术正是主要通过赣、粤传入闽地的。

江右地区是阳明学说的重镇，不仅王学门人众多，而且深得阳明先生真谛，一时影响极大。黄宗羲曾云“姚江之学，惟江右为得其传”，且“皆能推原阳明未尽之旨”，故“阳明一生精神，俱在江右”。在黄宗羲看来，“阳明之道赖以不坠”，正是由于江右王学的努力。① 闽地毗邻江西，闽地学者多有入江西游学者，故两地学风激荡影响在所难免。查检方志等地方文献，这方面的记载极多。

以邱原高为例。邱原高，漳州漳浦人，磊落不羁，尝从邹守益、罗洪先游学于江西，刻志苦思，深得邹、罗二人嘉许。邱原高常以倡明斯道为任，曾对人曰：“吾昔凭气，今凭理；吾昔信理，今信心，然后乃知学之能变化气质也。”邱原高卒，邹守益志其墓。② 邹守益在王门诸传人中，向来被奉为王学正宗，黄宗羲盛赞“阳明之没，不失其传者，不得不以先生为宗子也”。③ 邱原高受邹守益等人影响而发生的“昔信理，今信心”之学问转向，可为王学在漳州传播与接受的一个重要个案。④

闽地学人不仅通过江右地区得以广泛接触王学，而且毗邻的广东也是其学习、了解王学的重要渠道。漳州与广东潮州两地渊源很深，漳州本身就有一部分原来隶属潮州，后于唐垂拱二年（686年）割出，成为漳州这个新的行政区划的一部分。同漳州一样，潮州亦素有“海滨邹

---

① 黄宗羲著，沈芝盈点校：《明儒学案》，中华书局2008年版，第331页。

② （光绪）《漳州府志》（中国地方志集成本），上海书店出版社2000年版，第632页。何乔远《闽书》亦有其传，内容与《漳州府志》基本一致，但“邱”作“丘”（详阅何乔远：《闽书》卷一百三十，福建人民出版社1995年版，第3877页）。

③ 黄宗羲著，沈芝盈点校：《明儒学案》，中华书局2008年版，第332页。

④ 论及王学对于黄道周的影响，不可不提及与其亦师亦友的薛士彦。薛士彦学本盱江罗氏，与江右学人如汤显祖等交往甚多。晚年归隐故乡，四方负笈者亦以百计，黄道周即深受其影响。具体参阅本章第五节相关内容。

鲁”之美誉。王学在潮州地区影响颇大，传人亦较多，黄宗羲尝谓“岭海之士，学于文成者，自方西樵始。及文成开府赣州，从学者甚众”。王阳明对此也颇为自豪，尝言：“潮在南海之涯，一郡耳。一郡之中，有薛氏之兄弟子侄，既足盛矣，而又有杨氏之昆季。其余聪明特达，毅然任道之器，以数十。”①

因地缘之故，闽、粤两地学者交往颇多，明代闽南士人多有往潮州游学者。两地许多学者谈学论道，诗文唱和，结下了深厚的情谊。黄道周同乡前辈陈真晟②与陈献章之间就发生过一段令人唏嘘不已的故事。陈献章为广东新会人，和陈真晟为同时代著名学者，二人论学大旨虽不甚相契，但彼此仰慕，神交已久。陈献章《与布衣先生》诗云：

千载武彝峰，伊谁事幽讨。垂老赴江山，怀贤荐苹藻。多谢泉南翁，神交愿倾倒。聊将一瓣香，寄向君怀抱。

由诗可知，二陈未曾晤面，但陈献章此诗，抒写的正是对陈真晟的景仰之情。这种“神交愿倾倒”的情谊，可从陈献章此诗后的跋语略知一斑：

泉南陈先生布衣者，其学以子朱子为宗，予尝闻林蒙庵及周进士渠石，粗得其大致，而恨不能与接。今年秋，予过江西，访张廷祥内翰，乃知先生曩岁亦尝有意于不肖。值予在京师，行至潮弗果。今因乡友余刁之之官莆田，赋此诗赠之，盖特借以寓景仰之私云耳。

此处的林蒙庵即林雍，漳州龙溪人，景泰五年（1454年）进士。归居

① 黄宗羲著，沈芝盈点校：《明儒学案》，中华书局2008年版，第331页。

② 陈真晟，字晦德，后改字剩夫，自号漳南布衣，漳州镇海卫人。详见《明史·儒林传》和《明儒学案·诸儒学案上四》。

乡里后，林雍与布衣陈真晟相师友，“漳人谓北溪之后，得正学之传者，真晟与雍二人而已”，① 学者称其为蒙庵先生。林雍与陈献章二人在京师相识，陈献章尝称“曩于京师见其人慎许可人，以是信之”。② 之后，二人交往颇多，《陈献章集》中有多篇涉及林雍的诗文。

当时，广东番禺人张瓒（字德润，别号两山居士，张诩之父）知漳州，有政声，漳州人为之立去思碑，林雍董理其事，并撰碑文。陈献章读碑文后盛赞“《漳州功德碑》绝不类时样文字，亦一奇也”，③ 并为之题《读漳州张太守功德碑》诗：“罢守三州卧两山，漳州面目此碑间。郡人欲识蒙庵老，也傍斯文捉一斑。”④ 不仅如此，在其《与张廷实主事》和该诗的跋语（《跋漳州功德碑后》）中，陈献章还表达了其“托林蒙庵刻于功德碑阴，以彰太守之美”⑤ 的愿望。除了与此事件相关的诗文外，陈献章文集中《代简答林蒙庵，用前韵》《代简答林蒙庵先生》《次韵董子仁见寄，兼似林蒙庵、周时用提学二首》《与林蒙庵》等诗文更进一步印证了二人之间较为密切的交往。从现有文献看，陈献章与林雍的治学进路是不一样的，但这并不影响二人的交往，这是闽、粤两地士人交往密切的又一例证。

陈献章未曾见过陈真晟，他对于陈真晟的了解正是通过其好友、陈真晟的同乡林雍。通过林雍，陈献章与陈真晟二人开始了书信往来、诗文唱和的交往。在交往过程中，二陈惺惺相惜，曾约定共游武夷山，

① 李清馥著，徐公喜、管正平、周明华点校：《闽中理学渊源考》，凤凰出版社 2011 年版，第 836 页。

② 陈献章：《跋漳州功德碑后》，陈献章著，孙通海点校：《陈献章集》，中华书局 1987 年版，第 68 页。

③ 陈献章：《与张廷实主事》（二十九），陈献章著，孙通海点校：《陈献章集》，中华书局 1987 年版，第 172 页。

④ 陈献章：《读漳州张太守功德碑》，陈献章著，孙通海点校：《陈献章集》，中华书局 1987 年版，第 614 页。

⑤ 陈献章：《与张廷实主事》（二十九），陈献章著，孙通海点校：《陈献章集》，中华书局 1987 年版，第 172—173 页。

只因陈真晟的逝去而成为永远的遗憾。陈白沙《挽布衣先生》诗云：

武彝为约后，垂死又三年。闲月罗浮外，高楼镇海前。独疑何面目，相望此山川。忽报龙岩计，乘春欲理船。

此诗后亦有一段跋语，其曰：

拙诗一章，奉烦龙岩掌教致之布衣陈先生柩前，以表哀悼之忱。布衣先生余雅敬慕久矣，曩岁有书约予游武彝，冀得一会，今弗及矣。可胜悼哉！①

这段跋语，哀悼之情，溢于言表。

二陈虽未能晤面论学，但这段经历大可说明闽、粤两地学界早已信息相通。从文献记载看，明代闽南士人多有往潮州游学者，他们中的很多人正是在与粤地学者的交往中得以接触王学。诏安人陈鸣球，家贫力学，尝与湛若水论体认工夫，认为工夫无处不贯，然下手处不可不知，令湛若水大为叹服。后又与薛侃讲明良知之旨，证吾心之无二。②湛若水、薛侃均为粤人，其中湛若水系广东增城人，为陈献章衣钵传人，亦是王守仁密友，曾与王守仁“一见定交，共以倡明圣学为事”。③陈献章的思想正是通过湛若水而对王守仁产生影响。薛侃系广东揭阳人，为第一位入王守仁之门的粤地学人。阳明之学在岭南的传播，薛侃功不可没。

---

① 上引陈献章与陈真晟诗等资料均出自《漳州府志》（上海书店出版社 2000 年版）第 1157 页，为免繁琐，不复一一注明。检索陈献章著，孙通海点校：《陈献章集》（中华书局 1987 年版），未见这两首诗及跋语，应为陈献章的佚诗。此材料可收辑佚之功。

② （光绪）《漳州府志》（中国地方志集成本），上海书店出版社 2000 年版，第 632 页。

③ 王守仁著，吴光等编校：《王阳明全集》，上海古籍出版社 1992 年版，第 1226 页。

由于地理上的便利，黄道周亦曾数次游学于广东，其学问不能不受到岭南学风的影响。据《漳浦黄先生年谱》记载，黄道周“垂髫即志四方”，曾于十四至十六岁间远游博罗，“游罗浮、崧台、匡阜，所至名公翰客，无不下榻虚左。每有结撰，俱黄金贽而白璧酬，意稍弗惬，脱屣去矣”。[①] 万历三十三年（1605年），黄道周二十一岁，再次游学于粤，历数月而还。万历四十三年（1615年）春，潮州守詹佐雨遣使致币，迎黄道周于郡斋以教其子。

第一次游学博罗期间，黄道周不仅遍游罗浮山等名胜，更有机会结识潮州士人，眼界为之大开。在此次游学期间，结识韩日缵并得以尽读韩日缵家藏书，可说是黄道周最大的收获。对此，其弟子洪思记曰：

> （黄子）年十有四便慨然有四方志，不屑屑治博士业，必尽读天下所未见书。闻博罗有韩大夫（日缵）贤而好士，其家多异书。一日，杖策行，遂造焉。大夫与之语而大悦曰：“此儒者也，今日任斯道者，非子其谁？”因留与诸子处，遂得尽观所未见书，俱录以归。[②]

惠州博罗韩氏是当地显赫的仕宦家族，其家藏书极丰。韩日缵少小苦读，学问淹博。黄道周游学粤地，终于“得尽观所未见书”。

韩日缵入仕后，立朝守正，痛陈时弊，耻于与“阉党”为伍。韩日缵历官翰林，先后于万历四十四年（1616年）、天启二年（1622年）两为同考，“所拔皆精深之彦”，[③] 黄道周即于天启二年出其门下。庄起俦在《漳浦黄先生年谱》中记载了一则轶事，言“是科会试，分考者为韩公（讳日缵），得先生文，异之，曰：‘此必福建黄子也。’比拆号，

---

① 庄起俦：《漳浦黄先生年谱》，侯真平、娄曾泉校点：《黄道周年谱附传记》，福建人民出版社1999年版，第50页。

② 洪思：《黄子传》，《黄漳浦集》卷首。

③ 《广东通志》，卷四十六，文渊阁四库全书本。

益自诧不妄”。① 此虽无法考证落实，但也可以从一侧面说明韩日缵对于黄道周的熟悉程度。韩日缵卒后，黄道周应其子之请为其父撰述碑文，题为《韩海罗碑》。在文中，黄道周盛赞其“家世清淑，化鹊之印非雕；尚素颂容，剪匏之俎不改”。②

由于文献不足，虽然目前从韩日缵《韩文恪集》等著述中无法知道韩日缵本人是否为王学中人，其对王学究竟为何种态度，但游学粤地的经历无疑会对黄道周产生许多潜移默化的影响。这种影响，应当包括粤地王学的影响。可以推知，游学粤地当为黄道周早年接触和了解王学的又一重要途径。

三、为官闽南，讲学传播

漳州虽处于僻远的海边，但从陈元光疏请设治以来，基本在中央政府的控制之下，省外籍官员也因此得以大批进入闽南。在实行有效政治控制的同时，兴学施教是其重要内容。借助此种途径，包括王学在内的各种学说得以在闽南士人中广为传播，并对其产生了重要影响。此方面，以黄道周好友、王学修正者施邦曜的影响最为典型。

施邦曜，字尔韬，号四明，余姚人，万历己未（1619 年）进士。崇祯八年（1635 年），施邦曜由京外出为漳州知府。在漳州任上，施邦曜锄豪强，赈旱荒，平盐政，讨海贼，漳人呼为“施青天”。在甲申之变中，施邦曜留下“愧无半策匡时难，但有微躯报主恩”③ 之绝命词后，慷慨殉国。

施邦曜少好阳明之学，后曾精心选辑王守仁的有关著述，并按类编排，分为理学、经济、文章三编，题名为《阳明先生集要》。《集要》

---

① 庄起俦：《漳浦黄先生年谱》，侯真平、娄曾泉校点：《黄道周年谱附传记》，福建人民出版社 1999 年版，第 58 页。

② 黄道周：《韩海罗碑》，《黄漳浦集》卷二十五。

③ 诗见黄道周：《施忠介公墓志》，《黄漳浦集》卷二十六。

问世之前，王守仁文集版本众多，其中既有全集也有选集。但是，王守仁全集卷帙浩繁，而各种选本又不得其要，不便于入门者学习。施邦曜选辑《集要》，既与其少好阳明之学以及对这位乡贤的景仰有关，亦出于“苦其帙之繁而难携”，以“便储之行笈，时佩服不离”，“以见先生不朽之业有所独重”① 的表彰王学的需要，更有对学术现状的思考。关于后者，时人王志道② 序曰：

尔来漳海多故，亦向者虔州一时，四明公每过余，焦然谈海上，辄及桶冈、浰头时事，因举文成在三浰，有“平山中贼易，平心中贼难”之语，遂相与剧论文成之学，其论文成学，未尝不及宋诸儒先，而尤反复于紫阳，几同几异，几疑几信，盖数十往复，然后相与释然。今评是编，亦其反求诸躬，参诸行事，论其世，然后详说之。非高谈影语，鼓吹先正，苟讪当仁者比。昔文成反复紫阳定论，必求针芥于良知而后已。今四明公反复阳明定论，究其指归，亦必求针芥于紫阳而后已。③

可见，施邦曜辑评此书是出于对晚明动荡现实的焦虑，是关于学术与治道的思考，针对的是当时或执于朱子之学或固守阳明之道的学术偏见。在施邦曜看来，世道系于学术，论学术不必拘泥于一端，而应当“反求诸躬，参诸行事，论其世”，然后才可以详说之。通过书中的大量注评，施邦曜对王学做了一定的修正，表现出调和朱、王的倾向。他在书中写道：“先生之学，因议论与朱子有异，遂开人疑信之端，愚以为

---

① 王守仁原著，施邦曜辑评，王晓昕、赵平略点校：《阳明先生集要》，中华书局 2008 年版，第 12 页。

② 王志道，字而宏，号东里，漳浦人。万历四十一年（1613 年）进士，除丹阳知县。天启时为给事中，后疏请终养归。崇祯间，累官副都御史，以疏劾中官王坤削籍归。（详见（光绪）《漳州府志》（中国地方志集成本），上海书店出版社 2000 年版，第 593 页。）

③ 王守仁原著，施邦曜辑评，王晓昕、赵平略点校：《阳明先生集要》，中华书局 2008 年版，第 4 页。

实无异同也。二先生之言虽殊，卫道觉世之心则一。此非愚之敢以私意窥二贤，而谬为调停之说也。”① 在施邦曜看来，朱、王二人学说“卫道觉世”的终极追求是一致的，只是因为所处的历史语境不同，生发议论的角度和侧重点有所不同。对此，施邦曜分析道：

晦庵当五季之后，虚无寂灭之教盈于天下，患在不知穷理也，故宗程氏之学，倡主敬穷理之教，使人知所持循。文成当晦庵之后，辞章训诂之习，没溺人心，患在徒事见闻也。故明陆氏之学，揭知行合一之旨，使人知所返本。二先生以为道之苦心，不得已而为补偏救敝之微权，非文成知内而不知外也，晦庵知外而不知内也，尚安得有异同哉？夫道一而已矣，自内观之，而不睹不闻，涵天地万物之理。自外观之，而伦物事变，一根于身心性命之微。所谓性之德也，合内外之道也。君子亦惟学问、思辨、笃行，以尽吾之性焉。二先生皆我师也，异同可弗问也。学者不得其心之同，而徒执其言之异，哓哓聚讼，将二先生必有戚然于廊庑者矣。②

施邦曜的这些精辟批点，无疑较为客观，为后学者指点了入学的门径。《集要》一书辑成后，首刻于漳州，在漳州士人中反响很大。今观卷首所录之序，除黄道周外，尚有漳州籍士人林釬、王志道、颜继祖③ 等人的序。于此，不仅可见当时漳州士人对王学较为宽容的态度，而且可以推知王学在漳州的影响以及漳州士人较为开放的学术心态。王志道的序文大体道出了这种情形，其序曰：

① 王守仁原著，施邦曜辑评，王晓昕、赵平略点校：《阳明先生集要》，中华书局 2008 年版，第 143 页。

② 王守仁原著，施邦曜辑评，王晓昕、赵平略点校：《阳明先生集要》，中华书局 2008 年版，第 144 页。

③ 颜继祖，字绳其，号同兰，明龙溪县人，万历四十七年（1619 年）进士。《明史》卷二百四十八有传。

两先生者，皆过化吾漳，其定论皆孔氏堂室必繇之径，其趋则一。今之宗姚江者，必诎考亭，宗考亭，则疑姚江，疑其学且甚于疑其功。是编也，可谓忠于文成，且使吾漳再见紫阳矣。百年以来，推明文成之学者，多出文成之乡。同时有龙溪王子，龙溪之后，有海门周子，有石篑陶子，今又有四明施公，姚江之泽，亦既长哉！①

从王志道的序文中可以推知，阳明之学在当时的漳州之所以影响巨大，与施邦曜的表彰之功关系颇为密切。同时，由于《集要》“忠于文成，且使吾漳再见紫阳”，具有鲜明的调和朱、王之倾向，这直接影响了包括黄道周在内的漳州学人对待朱、王之学的态度。这一点，对黄道周学术思想的形成影响颇大。

施邦曜任职漳州时，恰逢黄道周削籍归乡之时。黄道周经常往来于北山墓下和漳州之间，讲学榕坛就在此时。这一阶段，黄道周与施邦曜往来密切，除了为其《阳明先生集要》作序之外（《黄漳浦集》题为《王文成公集序》），黄道周还借施邦曜生辰之际为其作《施忠介公初度序》，盛赞其治漳之功，可见二人的情谊之深。二者的密切交往，必然也会在学术上产生相互影响。黄道周学术思想中所体现出的调和朱、王的倾向就与施邦曜《集要》批注中体现的思想基本一致。

在施邦曜之前，为官闽地的王学传人还有不少，许孚远、王时槐即为其中影响较大的两位。许孚远，字孟中，德清人，嘉靖四十一年（1562 年）进士，万历二十年（1592 年）擢右佥都御史，巡抚福建。事迹具《明史・儒林传》。其学出于唐枢，笃信良知，尝言“以性无不善，故知无不良”。② 因不满唐枢之援良知以入佛，流于空疏近禅之病，“故与罗汝芳、杨起元、周汝登断断相争，在姚江末派之中，最为笃

① 王守仁原著，施邦曜辑评，王晓昕、赵平略点校：《阳明先生集要》，中华书局 2008 年版，第 5 页。

② 张廷玉等：《明史》卷二百八十三，中华书局 1974 年版，第 7286 页。

实”，能传其学者为冯从吾、刘宗周、丁元荐等人。[1] 许孚远巡抚福建时，数次入闽南卫所，与当时的谪戍士人如李材等多有往来，相互切磋学问。孚远本与李材相识，并且曾为共事同僚。[2] 许孚远著有《敬和堂集》八卷，刊刻于巡抚福建时，对促进阳明之学在闽地的传播产生了一定影响。

王时槐，字子植，号塘南，安福人，嘉靖丁未（1547 年）进士。授南京兵部主事，历官至太仆寺少卿。王时槐为王守仁再传弟子，师事同县刘文敏，曾与邹元标等讲学于安福诸书院，论者谓“阳明之传，唯王时槐最得圣道之精”。[3] 王时槐曾任福建佥事，在闽南也留下了其活动的足迹。

可见，王学门人居官闽南的活动，促进了王学在闽南的传播。黄道周成长于此种学风中，自然深受熏陶。

四、谪戍：王学输入的又一途径

《明史 · 兵志》记载：“天下既定，度要害地，系一郡者设所，连郡者设卫。大小联比以成军。”闽南为明王朝的海疆，“控引番禺，襟喉领表”，[4] 位置极为重要，从明建国之初就开始设立卫所，驻扎军队，以经营其海防。洪武二十一年（1388 年），江夏侯周德兴奉旨巡视海防，于漳浦太武山南设镇海卫（今属漳州龙海市），筑城防倭，辖六鳌、铜山、玄钟三千户所。这些卫所不仅是重要的军事堡垒，而且因其远离都城，

① 《四库全书》研究所整理：《钦定四库全书总目》（整理本），中华书局 1997 年版，第 2468 页。

② 史载：隆庆五年（1571 年），倭犯高、雷，陷电白及锦囊所城。殷制院正茂檄总戎张元勋驻从化，复檄佥事李材、许孚远分道督兵逐捕。材方剿罗旁寇大捷，闻有倭警，曰：“电白与神电同城，海北要区也。”不俟檄至，而先趋之，至则会兵合击，俘斩一千七十五员名，高、雷悉平。（杜臻：《粤闽巡视纪略》卷二，文渊阁四库全书本。）

③ （清）胡煦：《篝灯约旨 · 王阳明》，《周易函书别集》卷十三，文渊阁四库全书本。

④ （光绪）《漳浦县志》（中国地方志集成本），上海书店出版社 2000 年版，第 14 页。

又处于海疆，因而成为当时文人谪戍的一个重要地区。

按照明代制度，谪戍文臣虽然不能离开谪戍地，但其在谪戍地还是具有较大的人身自由。此外，由于被贬戍的文臣多因正直敢言而得罪当权者，这也为他们赢得了一定的声望，因而越发让士人敬重，许多人甚至以结识他们为荣。嘉靖年间，谪戍镇海卫的邵经邦在其《登太武山》一诗自序里称："镇海卫之主山也（指太武山，笔者注）。嘉靖间，诸贤谪戍于此，本卫因大书官爵、姓名、籍贯，刻于绝顶摩崖石上，若吏部尚书陆讳完、翰林学士丰讳熙、礼部郎中陈讳九川与余凡四人。"①

因此，这些文臣一到谪戍地，地方官、乡贤乃至一方巡抚也会屈驾垂询，饮宴出游，讲学赋诗，因而他们所获得的自由一般而言都比较大。他们可能会参加一些军事活动，但更多时候过的还是读书、讲学、游学乃至兴教的文人生活。无疑，他们的学术活动对谪戍地的学术文化会在不同程度上产生影响。尤其当时一些著名学者的到来，往往会出现一时学者翕然从之的景象。谪戍之地，往往是当时的僻远之地，其文化与两京、江浙一带无法同日而语。谪戍文士的到来，扩大了谪戍地士人的眼界，他们所带来的新鲜学术血液，与当地文化学术在相互交融、相互碰撞中产生新的思想火花。所有这一切，无疑促进了当地文化的发展，加深了谪戍地的文化积淀。这种现象，不妨谓之"谪戍文化现象"。这种积淀，到一定程度、一定时候，往往会出现一位或数位杰出之人物。"人杰地灵地，风云聚会时"。晚明黄道周的出现，原因很多，但与这种谪戍文化现象的影响不无关系。

考诸相关史乘文献，镇海卫也是明代文臣贬戍的主要地区之一。在《漳浦县志》卷十六《人物》中，记载了多位谪戍漳南的士人。在谪戍镇海卫的士人中，有多人入《明儒学案》。这些人或宗朱子，或宗阳

---

① 邵经邦：《登太武山》，《弘艺录》卷十四，四库全书存目丛书影康熙二十四年邵远平刻本，齐鲁书社 1997 年版。

明，或主朱、陆和合，他们给交通相对闭塞的闽南带来了新的学术气息。因此，士人流寓闽南，无疑是闽南与外界进行学术交流的又一重要途径。

明代流寓闽南的士人中，影响较大的主要包括丰熙、邵经邦、陈九川、李材等人。其中，在谪戍镇海卫的王门学者中，较重要者为王守仁高弟陈九川和再传弟子李材，而尤以李材的学术思想在闽南的影响为大。

李材（1529—1606）[①]，字孟诚，号见罗，丰城人，嘉靖壬戌（1562年）进士。事迹具《明史》本传。李材因被弹劾其破缅之役攘冒蛮功而下狱，于万历二十一年（1593年）谪戍漳州镇海卫。所至之处，李材“辄聚徒讲学，学者称见罗先生。系狱时，就问者不绝。至戍所，学徒益众。许孚远方巡抚福建，日相过从，材以此忘羁旅”。[②]

李材初学于邹守益，后又陆续访学于王畿、钱德洪诸人之门，先后著书数十万言。王畿曾有《与李见罗》[③]书一封，与其论阳明“良知”之说。李材学于王门，虽为阳明先生再传弟子，却不循其轨辙，而能“稍变其说”[④]。其为学宗旨在“止修”二字，倡“修身为本，摄知归止”[⑤]的“止修之学”。对此，黄宗羲概述道：

止修者，谓性自人生而静以上，此至善也，发之而为恻隐四端，有善便有不善。知便是流动之物，都向已发边去，以此为致，则日远于人生而静以上之体。摄知归止，止于人生而静以上之体也。然天命之

① 关于李材的生卒年，学界尚无一致意见。刘明强在其《明季端溪书院创始人李材考》（《韶关学院学报》（社会科学版）2011年第9期）中有所辨正，但仍需进一步考定。本文暂从1529—1606之说。

② 张廷玉等：《李材传》，《明史》卷二百二十七，中华书局1974年版，第5958页。

③ 王畿：《龙溪王先生全集》卷十二，四库全书存目丛书本。

④ 黄宗羲著，沈芝盈点校：《明儒学案》，中华书局2008年版，第667页。

⑤ 叶春及：《李材传论》，《石洞集》卷十一，文渊阁四库全书本。

真，即在人视听言动之间，即所谓身也。若刻刻能止，则视听言动各当其则，不言修而修在其中矣。使稍有出入，不过一点简提撕修之工夫，使之常归于止而已。故谓格致诚正，四者平铺。四者何病？何所容修？苟病其一，随病随修。①

可见，李材的"止修之学"实以《大学》知止知本之说为宗，其所"致"的"知"，实际在于一个"止"字，即"摄知归止，止于人生而静以上之体"。这个"人生而静以上之体"，就是"至善"。李材这种格致诚正的涵养功夫，既与朱熹的"格物穷理"相区别，又"较姚江末派稍为近实"，② 体现了其矫阳明之学末流盛谈玄虚、几近于禅之弊的学术追求。

李材讲学闽南，对闽地士人影响极大。黄道周曾应乡人之请，为同乡好友何楷③ 撰写碑文，内有一段乡人之语，亦可一窥李材在闽南的影响之深远。

予笑谓："黄门方升之日也，其于树德方覆之山也，子奈何见弹求炙乎？"乡人曰："否！否！夫黄门之德，非独其身为之也。自其太公祭酒诸生间，饮人以醇，嗣从见罗先生，倡明绝学，畅止修之旨，以开示来者，多所造就。一发而为黄门，青乃出蓝。若次公文学，犹子孝廉，俱彬彬。搜今讨古，质有其文行焉。黄门躬自砥砺，又欲敛戢其子姓僮仆，以无遗乡曲忧，而诸子姓僮仆亦奉教唯谨，是世有德于吾侪也。"④

---

① 黄宗羲著，沈芝盈点校：《明儒学案》，中华书局 2008 年版，第 667 页。

② 《四库全书》研究所整理：《钦定四库全书总目》（整理本），中华书局 1997 年版，第 1261 页。

③ 何楷，字玄子，漳州镇海卫人。天启五年（1625 年）进士。楷博综群书，尤善经学，著有《古周易订诂》《诗经世本古义》等。《明史》卷二百七十六有传。

④ 黄道周：《建何司谏世德碑》，《黄漳浦集》卷二十六。

此处黄门系指何楷。道周此文借与乡人的对话，赞何楷的美德。从乡人之语一段可知，何楷家学、道德皆受李材影响颇大，自其太公就从李材学，“倡明绝学，畅止修之旨”，并且以李材“止修”之学来“开示来者，多所造就”。经累世积淀，终于“一发而为黄门”。李材之于闽人的影响不可谓不大。

何楷如此，黄道周也不例外。李材“止修”之说，于黄道周心有戚戚焉。崇祯七年（1634）五月十六日，黄道周榕坛讲问，“发端便以格物致知、物格知至为第一要义”，认为“格得透时，麟凤虫鱼，一齐拜舞；格不透时，四面墙壁，无处藏身”。黄道周认为，之所以将此看作“古今第一本义”，是因为“此义明时，虽仲尼、子渊坐晤，非远此义；不明，虽祖朱祢陆，到底不亲”。

此次关于“格物致知、物格知至”的讲问，正是围绕李材的讲义展开。

诸贤寂然，未有问难。仰视屏间，有李见罗讲义一章，顾问诸贤云：“此章讲义尽未？”诸贤又寂然，意似未尽者。①

由此段可知，李材可能是黄道周讲学中的重要内容，甚或李材著述就是黄道周讲学的文本依据之一种。黄道周说：

千古圣贤学问，只是致知；此“知”字，只是“知止”……此“止”字，只是至善，至善说不得物。毕竟在人身中，继天成性，包裹天下，共明共新（按：《明儒学案》卷五十六作“性”字），不说物不得。此物粹精，周流时乘，在吾身中，独觉独知，是心是意；在吾身对照过，共觉共知，是家国天下。世人只于此处不明，看得吾身内外有几种事物，

① 黄道周：《榕坛问业》卷一，文渊阁四库全书本。

着有着无，愈去愈远。圣人看得世上只是一物，极明极亲，无一毫障碍。以此心意，澈地光明，才有动处，更无邪曲，如日月一般，故曰明明德于天下。学问到此处，天地皇王都于此处受名受象，不消走作，亦更无复走作、那移去处，故谓之“止”。自宇宙内外，有形有声，至声臭断处，都是此物贯彻，如南北极作定盘针，不由人安排得住。继之成之，诚之明之，择之执之，都是此物。指明出来，则直曰“性”；细贴出来，则为心、为意、为才、为情。从未有此物不明，可经理世界，可通透照耀。说此话寻常，此物竟无着落。试问诸贤，家国天下与吾一身可是一物？可是两物？又问：吾身有心、有意、有知，梦觉形神可是一物？两物？自然谺然，摸索未明，只此是万物同原推格不透处。①

又云：

诸生读书泛泛言《大学》、《中庸》，《大学》中自然以至善为要归，格物致知为首义。②

黄道周认为，“千古圣贤学问，只是致知；此‘知’字，只是‘知止’……此‘止’字，只是至善”，一旦明了此意，则“澈地光明，才有动处，更无邪曲，如日月一般，故曰明明德于天下”。从这些讲问的具体内容看，黄道周在此问题上的观点正与李材一致，由此可窥到黄道周所论致知在“止”实与李材学脉相通。

黄道周榕坛讲问中与弟子不止一次讨论过李材的学说。《榕坛问业》卷十一所载，系黄道周与弟子由讨论“二南”入手，逐渐展开关于“性”与“质”的讨论。这场讨论，实质主要是围绕李材“性自是性，

① 黄道周：《榕坛问业》卷一，文渊阁四库全书本。

② 黄道周：《榕坛问业》卷二，文渊阁四库全书本。

质自是质，质美者性未必全，性全者质不必变”以及“至圣是质，至诚是学”等语展开。其中，关于后者的讨论如下：

师乂又云：李见罗云：至圣是质，至诚是学。譬如天地是质，天地运行乾乾不已，当是学也。如此，则何处讨性出来？

某云：论性则天地、圣人与人都是一般，论学则圣人学得天地，中人学不得圣人耳。

师乂云：如此则学自因质不因性也。

某云：性自天命，学自人修，诚是性之本体，至诚是明诚之极功。见罗以至诚为学，此亦不错也。

师乂云：至诚虽亦关学，至圣岂专关质乎？

某云：天亶聪明，说质字亦自不错。①

这一次的讲问中，黄道周又肯定了李材“以至诚为学”的观点。

纵观黄道周一生，“讲学闽浙，以格致为宗，而归宿于至善”。② 稍做比较，不难看出李材与黄道周两者之间影响与被影响的关系。

由以上论述可知，闽南虽地处僻远的海滨，但通过阳明过化、粤赣影响、王学门人为官、谪戍等途径，阳明之学同样在闽南广泛传播，并产生了巨大影响。正因为如此，《漳州府志》才有了下面一段值得关注的评论：

明自成化以前，姚江之说未兴，士皆禀北溪之教，通经明理，躬修实践，循循乎上接乎考亭，无异师异说以汩之，不亦善乎！正德以后，大江东西以《传习录》相授受，豪杰之士翕然顾化。漳士亦有舍旧

① 黄道周：《榕坛问业》卷十一，文渊阁四库全书本。

② 《道光五年二月十六日礼部谨奏为遵旨议奏事》，《黄漳浦集》卷首。

闻而好为新论者，如邱氏原高“昔信理，今信心”之说，陈氏鸣球“吾心无二”之云。骤闻其言，似直截简易而近似乱真，前修辨之屡矣。然其敦行义，爱名节，居官立朝，较然不欺其志，视末俗之沉没于功利声华相去远矣。故备列之，而论学宗旨则不可以不辨。有志斯道者知禀北溪之为是，则知从姚江之为非。二代渊源授受，亦因之可觇焉。①

北溪为朱熹在漳州最得意的弟子陈淳的号。成化以前，姚江之学未兴，漳州士人由陈淳而上溯朱熹，一以朱子之学为尊。迨王学流被天下，如邱原高等“舍旧闻而好为新论”的漳州士人也屡见不鲜。这段评论出于清人之手，其论学宗旨大体本着尊朱子之说的立场，虽然对王学颇有微词，但却道出了正德以后王学在漳州传播与接受的实际情况。

受此影响，黄道周虽幼承庭训，于朱子学情有独钟，但随着年龄的增长和学习阅历的增加，对陆、王之学的了解越加深入，促进了其对王学的进一步了解和接受。与此相对应，讨论陆、王之学成为黄道周讲学的重要内容。在榕坛讲问时，黄道周与弟子之间有这么一段对话：

张蔼士问：自古仁人脱不得颠沛，今之仁人亦脱不得颠沛。岂是仁中合有此境，抑是此处炼得仁来耶？

某云：颠沛何须危难，只如蹶趋之间，亦有动气、动志之别。陆子静云：志道者造次颠沛，动容周旋，应事接物，读书考古，莫不毕于是……看子静此语，与程正叔所云“为心作主”俱在“必于是”处看得分明。②

这里有两点值得注意：第一，此处黄道周所引陆九渊“志道者造次

① （光绪）《漳州府志》（中国地方志集成本），上海书店出版社2000年版，第633页。

② 黄道周：《榕坛问业》卷七，文渊阁四库全书本。

颠沛，动容周旋，应事接物，读书考古，莫不毕于是”之语，原文为“有志于道者，当造次必于是，颠沛必于是。凡动容周旋，应事接物，读书考古，或动或静，莫不在是”①。黄道周能随口引陆九渊语录，可见其对陆九渊著述的熟悉程度。第二，在黄道周看来，程颢与陆九渊是有其相通之处的。因此，黄道周对待陆王心学并不排斥，而是采取了一种“择其善者而从之”的客观态度。所有这些，对黄道周“用子静以救晦翁，用晦翁以剂子静；使子静不失于高明，晦翁不滞于沉潜”②学术追求的形成具有极为重要的影响。正是这种态度，以致于有学者干脆将黄道周纳入王学门墙之中。这种观点比较极端，清人袁翼的一番论述则更接近事实。袁翼曾言：

两汉崇尚经术，凡公卿决大事、断大狱，无不引经以折中，故儒林独盛。郡守、县令亦以经术润饰吏治，故循吏独多。然汉人未尝言心学，经术即其心学也；宋人未尝言经术，心学即其经术也。二者合之则是，离之则非，而学术、吏治之醇疵遂微有辨矣……又闻大涤山秀灵崎崛，高人窟宅，黄石斋先生讲学于此。石斋湛深经术，私淑阳明而所谓心学者，微有转手。先生以此山名其文集，其寄意或在是也夫。③

袁翼认为经术即心学，心学即经术，二者“合之则是，离之则非”。这也是一种调和之论。由此出发，袁翼评述黄道周，谓其“私淑阳明而所谓心学者，微有转手”。“私淑阳明”一语道出了黄道周对王守仁的钦慕，“微有转手”则指出了黄道周对阳明之学选择性的接受。这种评价，大体符合黄道周对王学的实际态度。

① 黄宗羲：《宋元学案》，《黄宗羲全集》（第五册），浙江古籍出版社2012年版，第288页。

② 黄道周：《朱陆刊疑》，《黄漳浦集》卷三十。

③ 袁翼：《书〈崇祀录〉后》，《邃怀堂全集》文集卷二，清光绪十四年袁镇嵩刻本。

第四节　西学东渐中的黄道周

一、西学东渐与闽地士人

西学东渐，这是推动晚明学术发生蜕变的又一重要因素。万历年间，耶稣会士来华传教，这是中国历史上第二次中外文化的大交流。在这次不同质的文化交汇中，讲夷夏之辨、严夷夏之防的传统依然是双方不得不面对的。最初，中国士大夫对耶稣会士多怀有警惕之心，认为“其说荒渺莫考”，其来华动机也是令人怀疑，所以奏请要“乞给赐冠带还国，勿令潜居两京，与中人交往，别生事端”。①

为了应对这个根深蒂固的传统，以便更好地叩开古老中国的大门，耶稣会士们采取了“学术传教”的策略，并努力将西学与儒家学说相互比附，以争取中国士大夫的支持和接受。晚明时期耶稣会士的“学术传教”活动，带来了让中国士大夫们耳目一新的“西学”，对当时的中国士人产生了重要影响。在“学术传教”的过程中，天文历法因其在中国传统中的独特重要地位成为传教士们尤为重视的内容。面对西学，虽然不乏强烈抵制者，但亦有以李之藻、徐光启等主张儒、耶互补的推动者。从当时传教的实际看，这种策略无疑取得了很大成功。据《明史·意大里亚传》记载，传教士“所著书多华人所未道，故一时好者咸尚之，而士大夫如徐光启、李之藻辈，首好其说，且为润色其文词，故其教骤兴”。②徐光启等人的改历活动，正因为借鉴了西洋历法而得到崇祯帝的首肯，其成果亦为后来的清廷所接受。

闽地滨海，闽南文化具有较强的海洋文化的特征。张燮《赠卢郡

① 张廷玉等:《意大里亚传》,《明史》卷三百二十六，中华书局 1974 年版，第 8459 页。
② 张廷玉等:《意大里亚传》,《明史》卷三百二十六，中华书局 1974 年版，第 8461 页。

丞奏绩褒封序》尝云："盖闽以南为海国，而漳最剧，以海为生者，大半皆漳人。"① 因此，闽南虽远离中原，但滨海的地理优势在接触外来文化方面却得以充分发挥，使其能因特定的地理条件而得风气之先。

早在元世祖至元三十年（1293 年），教皇尼各老四世派遣的方济各会会士孟高维诺带领的使团首先在泉州登陆。次年，孟氏只身一人到达元大都，觐见元帝，获准定居传教。元皇庆二年（1313 年），在泉州设立一个主教区，终元一世，传播达 50 余年。② 之后，因元、明易代方泯灭无闻。此种情况直到艾儒略入闽传教才得以根本改观。作为毗邻泉州的漳州，自然深受影响。

明初，由于实行海禁政策，漳州月港成为私人海外贸易的隐蔽出海口。隆庆、万历年间开海禁后，月港日渐繁荣，成为福建——菲律宾——美洲海上丝绸之路的起点，很多传教士就是经由这条航线登陆漳州，开始传教的。正德四年（1509 年），菲律宾多明我会会长幕尔和伯尔纳德结识漳州月港船主顾某，随之到港尾白沙村。嘉靖二十七年（1548 年），又有西方传教士随非法贸易的商船进入漳州月港。但是，这些传教士均因其时的"海禁"政策无功而返。③

晚明时期，来华传教的先驱者利玛窦虽然没有到过福建，但与多达 130 位福建士大夫有过交往，其中有许多是在当时具有较高社会地位和影响的学者，如叶向高、李贽、黄景昉、张瑞图、曹学佺、王应麟等。④

---

① 张燮：《霏云居续集》卷三十一，明万历刻本，国家图书馆藏。

② 泉州为"海上丝绸之路"的起点，世界各地的商旅由海路而来，集中于此，故马可·波罗誉其为"东方第一大港"。伴随着商旅而来的，也有一批传教者，其中包括来泉州传教的耶稣会教士。天主教士在泉州的传播活动，留下了许多史迹。今天，在泉州海外交通史博物馆里依然可以见到多种天主教石刻。

③ 《漳州市志》记载，"天主教最早传入漳州的时间，是明嘉靖二十七年（1548 年）前后，葡萄牙人到漳州进行非法贸易，并在漳州筑室建堂。"（参见漳州市地方志编纂委员会编：《漳州市志》，中国社会科学出版社 1999 年版，第 2650 页。）

④ 详见林金水主编：《福建对外文化交流史》（福建教育出版社 1997 年版），该书辟有《明清之际来闽传教士与中西文化交流》专章，其中有详细的考述，可资参考。

艾儒略则是利玛窦后另一位蜚声中外的著名传教士，天主教正是由他输入闽地的。

在此种氛围中，万历二十九年（1601年），漳州有了第一个天主教信徒严世同。严世同本为龙溪县举人，因宦游两广，得以结识意大利传教士利玛窦。受利玛窦影响，严世同摘录“四书五经”中有关“上帝”的字句，撰述《天帝考》，主张以“上帝”称呼天主教所尊奉之神，其抄本现存于梵蒂冈教廷图书馆。万历四十四年（1616年）第一次教难时①，葡萄牙传教士罗如望（徐光启正是由罗如望主持受洗入教的）曾避难漳州严世同家。其后，艾儒略到漳州，严世同与之座谈，论题涉及人生、信仰、来世以及中西文化的差异诸方面。

面对天主教这一异质文化在闽地的传播，闽地学者中主张儒、耶相容者有之，主张儒、耶对立者亦有之。主张儒、耶对立者发起“辟邪”运动，而漳州成为当时反对天主教的中心。相比较而言，主张儒、耶相容者则不仅更多，且多为当时闽地著名学者，其中不乏与黄道周交往密切者，如黄景昉、张瑞图、曹学佺等。前者的偏激出自严夷夏之辨的正统思想，后者的调和态度则体现了中国传统文化“和而不同”的思想智慧。不管是哪一种观点，艾儒略等人的传教活动，毕竟给闽地士人打开了一扇全新的窗户，使他们能够接触、了解西方的天文历法等各类知识。

明天启四年（1624年），致仕归里的大学士叶向高道经杭州，邀请有“西来孔子”之称的天主教士艾儒略来福州传教。次年，艾儒略抵达福州。艾儒略尊重中国传统文化，主张儒、耶会通，在福建士大夫中获得了广泛的支持，一时与其论道者不绝于门。艾儒略著有《三山论学

① 1616年的南京教难史称第一次教难。是年，南京礼部侍郎沈数次疏请禁教不准后，乃私逮欧籍耶稣会士王丰肃（后改名高一志）、谢务禄和中国修士钟鸣仁、钟鸣礼，以及中国教徒夏玉等20余人。夏玉死在狱中，鸣仁由教友赎出后卒于杨廷筠家。徐光启上《辩学章疏》，杨廷筠著《鸮鸾不并鸣说》保教。

记》，记录有对叶向高等提出的十多个质疑问题的解答，黄道周好友、大学士黄景昉等为之作序。

对于艾儒略与闽地士人的交往以及闽地士人对待西学的态度，除了《三山论学记》外，以收录天主教在中国传播史料为特色的抄本《熙朝崇正集》亦有较为集中的表现。① 抄本《熙朝崇正集》藏巴黎法国国家图书馆，编目为 Chinois 7066。此书首页正中题写书名《熙朝崇正集》五个大字，右题"闽中诸公赠泰西诸先生诗初集"，左题"是集以相赠先后为次，未能尽序齿爵也。尚有赠者容嗣刻"；目录页首题"闽中诸公赠诗"，次列诸赠诗者籍贯、姓名；正文第一页除题"闽中诸公赠诗"外，尚有"晋江天学堂辑"字样。结合具体诗作可知，此抄本为赠传教士（主要是艾儒略）的诗集，作者多达 71 人，诗歌凡 84 首。这些作者以闽地士人为主，另包括几位寓居闽地者，均为闽中一时之名士，故叶向高有"结交皆名士"② 之语。其中，较著名的且与黄道周有较密切交往的，不仅有前文提及的叶向高、黄景昉、蒋德璟、张瑞图、张维枢、郑之铉、陈天定（漳州龙溪县人）等人，也包括黄道周的弟子兼畏友"梁浦刘履丁"。③ 不仅如此，从"初集""嗣刻"等表述看，此抄本仅为初集，并不是赠诗的全部，可见当时应有续刻之打算，更可见当时闽地士人与传教士的交往之盛。

通读这些赠诗可以看出，主张天主教与孔孟之道相通互补的观点最为典型地反映了这些士大夫对待天主教的宽容态度。如叶向高赠诗，称艾儒略"言慕中华风，深契吾儒理"，认为"圣化被九埏，殊方表同

① 据方豪先生《中国天主教史人物传》（上）（中华书局 1988 年版）"艾儒略"条，巴黎法国国家图书馆另藏有刻本《熙朝崇正集》（编目为 Chinois 1322），是与上述抄本同名的另一种文献。中华书局 2006 年出版的《熙朝崇正集熙朝定案（外三种）》中所收《熙朝崇正集》实为据此刻本校点而成。

② 吴相湘：《天主教东传文献》，台湾学生书局 1964 年版，第 643 页。

③ 以上内容参阅吴相湘：《天主教东传文献》，台湾学生书局 1964 年版。关于刘履丁，可参看下文骚体赋部分。

轨”。[1] 张瑞图的赠诗则不仅表达了儒、耶“相羽翼”“互原委”的思想，而且较为具体地展现了中国士人对西学的接受过程。其诗曰：

昔我游京师，曾逢西泰氏。贻我十篇书，名篇畸人以。我时方少年，未省究生死。徒作文字看，有似风过耳。及兹既老大，颇知惜余齿。学问无所成，深悲年月驶。取书再三读，低徊抽厥旨。始知十篇中，篇篇皆妙理。九原不可作，胜友乃嗣起。著书相羽翼，河海互原委。孟氏言事天，孔圣言克己。谁谓子异邦，立言乃一揆。方域岂足论，心理同者是。诗礼发冢儒，操戈出弟子。口诵圣贤言，心营锥刀鄙。门墙堂奥间，咫尺千万里。[2]

正如上文所述，在晚明亲近利玛窦、艾儒略的著名闽地士人中，以叶向高、黄景昉、蒋德璟、张瑞图、郑之铉、刘履丁等与黄道周的交往尤为密切。这一点，从《黄漳浦集》《榕坛问业》等相关著述中即可见一斑。

以黄景昉[3] 为例。黄景昉在为《三山论学记》所作的序文中，对艾儒略评价甚高，其文曰：

以余所交，如思及先生，恭悫廉退，尤俨然大儒风格，是则可重也。嗟乎，以彼大儒风格，特见于重累期之久，八万里之遥；吾辈安坐饱食，目不窥井外，乃覗焉议其区区得失，是则可愧也。”[4]

---

① 吴相湘：《天主教东传文献》，台湾学生书局 1965 年版，第 643 页。

② 吴相湘：《天主教东传文献》，台湾学生书局 1965 年版，第 644 页。

③ 黄景昉（1596—1662），字太稚，号东厓（崖），又号湘隐居士（其《三山论学记序》自署），福建晋江人，天启五年（1625 年）进士，初选庶吉士，授翰林院编修，累官至户部尚书、文渊阁大学士。黄景昉敢直言，尝于崇祯十五年（1642 年）请赦黄道周永戍。著有《读史唯疑》等多种著述。《明史》卷二百五十一有传。

④ 黄景昉：《三山论学记序》，徐宗泽编著：《明清间耶稣会士译著提要》，中华书局 1989 年版，第 153 页。

黄道周与黄景昉交往密切，且二人在当时闽地均有很大影响，因而常被并提，徐明彬在其诗里曾有“吾土二黄胜江夏”[①]的赞誉之词。黄道周殉难后，目前所知最早为其作传者正是黄景昉。《黄漳浦集》中亦有多篇与黄景昉相关的诗文。可见，二人之间的交往是密切的。由此推测，黄景昉对待传教士的态度，或多或少会对黄道周产生影响。

二、接触西学，注重质测

在闽地的传教活动中，耶稣会教士与闽地学者交往广泛，无疑对闽地学风产生了较大影响。黄道周适逢其时，不仅与当时一大批倾向于儒、耶互济的士大夫过从甚密，而且同耶稣会教士也有过接触。受这种经历的影响和启发，黄道周必然有机会接触到耶稣会士传播过来的西学，并进而受到其影响。

黄道周接触西学，一是来自传教士，二是与当时一批倾向于儒、耶互济的士人有关。

有人认为黄道周曾经受洗入教，此种说法较为极端，不仅与黄道周一生行事不符，而且缺乏确凿的证据。[②]但凡事都是事出有因，这种说法至少可以从一个侧面说明黄道周与西方传教士的接触应该是比较多的。黄道周与传教士的直接接触，资料虽不多，但也可以找到两条。

其一，据《福建天主教史纪要》记载，崇祯四年（1631年），多明我会士高琦等八人从台湾至福州，要求到内地传教，但未得应允。后经黄道周为之周旋，使其得以在福安落脚，并在溪东利用民房为教堂，建

① 徐明彬：《黄年伯东崖先生召同章大力姚稺高章爰发韩雨公诸贤燕集有赋》（其二），《摩麟近诗》卷二，四库未收书辑刊影明崇祯建阳书坊刻本。

② 此种记载见金声著，万多明、张百铎合译，《中华首先致命真福方济各嘉彼来略传》（福建圣若瑟神哲学院，1947年，第5、66页）。厦门大学2003年张先清博士学位论文《官府、宗族与天主教——明清时期闽东福安的乡村教会发展》第54页注释①对此有所辨正，可参看。此段记载对研究黄道周的学术思想极为重要，但孤证不立，故尚需进一步考证。

立福建第一个多明我会传教据点。高氏开始在县城附近活动，然后继续向乡镇发展，于当年卒于溪东。

其二，1645 年，朱聿键在福建称帝，年号隆武。为争取各方面的支持，以图匡复明室，隆武帝在福州对天主教表示出极大的宽容，曾诏令宫巷天主堂改建，并御书“敕建天主圣堂”，另赐“上帝临汝”匾额一幅。这一年，西班牙多明我会士施自安派徐方济各到福州请求黄道周护教，隆武帝下“严禁教外无端攻击天主教”诏书，并派员到福安平息因传教而引起的事端。①

在与黄道周交往的倾向于儒、耶互济的士人中，同样有两条材料极为重要。其一，与徐光启等人的学术辩驳。《榕坛问业》载黄道周云：

某在京师，尝对徐玄扈（徐光启号，笔者注）宗伯阐明“易”、历、律之义，他开口便道：“‘易’自是‘易’，律自是律，与历何干，而能证发？”某自此不复谭道。夫子尝云：“文献不足故也，足则吾能征之。”可惜今人无有明《易》者，即使京房、焦赣（即焦延寿，著有《焦氏易林》，笔者注）而在，吾能使淳风、王朴不敢复谭耳。②

此段经历，黄道周在其《治历说》中亦有论及，可见其印象之深。传统认为，历法与《易》关系密切，黄道周也是如此。在黄道周看来，历法与《易》关系密切，“历有至理，皆出于《易》。古人以《易》为历，夏、殷、周皆用之”。因此，他主张“《易》为历源之说”，认为“历以《易》为本，以《春秋》为用”。③ 但徐光启接受了西学的影响，认为《易》与历法之间并无必然联系。黄道周对此并未认可，因而有

① 以上两条均见林泉编：《福建天主教史纪要》，福建天主教两会出版社 2002 年版，第 35 页。

② 《榕坛问业》卷十。

③ 黄道周：《治历说》，《黄石斋先生文集》卷十，康熙五十三年刻本。

"今人无有明《易》者"之叹。从这里可以看出，黄道周在这个方面并不苟同西学的观点，而是有自己的判断。这段记录，可看作中西文化接触过程中的一次碰撞。这种碰撞在文化交流中极其正常，黄道周并未因此而对西学完全抵制。

其二，同乡前辈郑怀魁的影响。这种影响更直接，因而也更大。

受西学在闽南沿海传播的影响，当时对此表现出较大兴趣并积极学习借鉴的大有人在。据《漳浦县志》载，晚明漳浦人赵彦衡，尝沉思呕血，究心西洋算法，并能够洞精其义。同时，赵彦衡不仅能制作自鸣钟，也能以水晶玻璃作望远镜，乃至"远烛千里"。①

赵彦衡与黄道周同为漳浦人，二者之间有无交往，尚无确凿证据。论及在西学方面对黄道周的影响，大且有确凿证据的是郑怀魁②。当时的漳州，郑氏为著名的书香门第，郑怀魁与其弟郑爵魁③尤为突出。郑怀魁学问淹博，在当时的漳州名望甚高，是"伭云诗社"的主要人物之一，并与张燮、蒋孟育、高克正④、林茂桂、王志远⑤、陈翼

---

① （光绪）《漳浦县志》（中国地方志集成本），上海书店出版社2000年版，第170页。

② 郑怀魁，字辂思，漳州龙溪人，万历乙未进士。曾出守处州，听断甚简，民称半餐太守。后因赈济灾民被谤辞官乡居。所著有《葵圃集》《渡江小草》《农臣暇笔》《莲城纪咏》诸编。（详见（光绪）《漳州府志》（中国地方志集成本），上海书店出版社2000年版，第636页。另，陈庆元先生著有《龙溪郑怀魁年谱》（《漳州师范学院学报》（哲学社会科学版）2013年第1期），亦可参看。）

③ 郑爵魁，字瓒思，郑怀魁弟。幼从兄学，并得伭云诗社诸人指点，学业大进，深得张燮、王志远等赞赏。爵魁尝赋夹道松诗，周起元和之。瓒思大加激赏，曰："此诗寄托遥深，知君有拔俗之才，岁寒之操。"遂相与折节定交。（详见（光绪）《漳州府志》（中国地方志集成本），上海书店出版社2000年版，第636、1158页。）

④ 高克正，字朝宪，海澄人，万历二十年（1592年）进士，选庶吉士，授翰林院检讨，纂修国史；曾典浙江乡试。克正为文博雅，著有《玉堂初稿》《木天署草》。（详见（光绪）《漳州府志》（中国地方志集成本），上海书店出版社2000年版，第635页。）

⑤ 王志远，字而近，漳浦人，万历十七年（1589年）进士。知澧州，迁绍兴府倅，撰知晋州，升户部员外郎、郎中，历官至广西左布政使。王志远性恬淡，能诗文，与张燮、林茂桂、蒋孟育、高克正、郑怀魁、陈翼飞结伭云诗社，时称为"漳州七才子"。（本传见（光绪）《漳州府志》（中国地方志集成本），上海书店出版社2000年版，第592—593页。）

飞①并称“七才子”。郑怀魁不但通晓中国传统学术，而且熟悉西洋历法之学，在其处州任上曾校订、刻行过李之藻的《浑盖通宪图说》。

李之藻是晚明能够接受和宣传西学的著名士人，是所谓中国“圣教三柱石”之一。《浑盖通宪图说》“出自西洋简平仪法”，②是用西学调和中国既有的浑天、盖天之说，具有明显的中西会通的特征。据李之藻《浑盖通宪图说自序》云，其“昔从京师，识利先生，欧罗巴人也。示我平仪……耳受手书，颇益镜其大凡”。③可见，《浑盖通宪图说》正是李之藻依利玛窦口授推演而成，故刻本署为“李之藻演”。明万历三十五年（1607年），李之藻“撰《浑盖通宪图说》序，时客居处州，

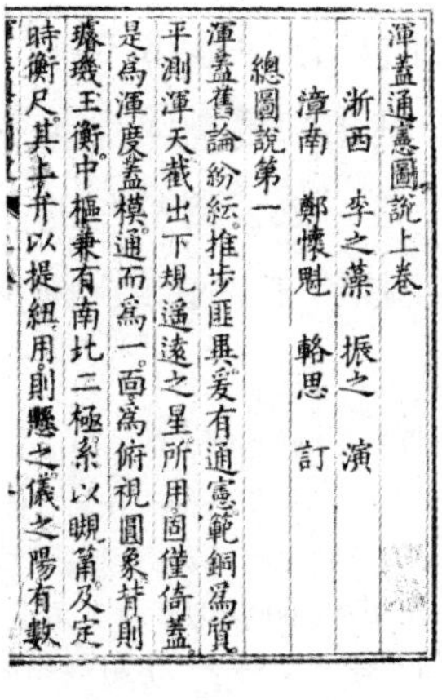
渾蓋通憲圖說上卷
浙西 李之藻 振之 演
漳南 鄭懷魁 輅思 訂
總圖說第一
渾蓋舊論紛紜推步匪異爰有通憲範銅爲質
平測渾天截出下規遥遠之星所用固僅倚蓋
是爲渾度蓋模通而爲一面爲俯視圓象背則
璿璣玉衡中樞兼有南北二極紀以瞡筩及定
時衡尺其上斗以提紐用則懸之儀之陽有數

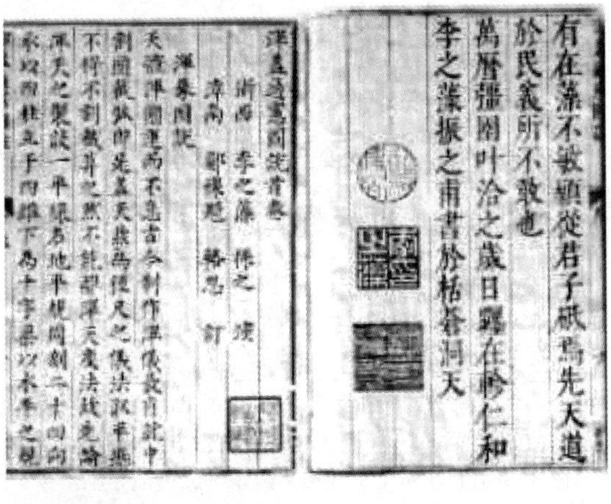
有在藻不敢頓從君子砥焉先天道
於民義所不敢也
萬曆彊圉叶洽之歲日躔在軫仁和
李之藻振之甫書於栝蒼洞天

《浑盖通宪图说》书影④

① 陈翼飞，字小翮，平和（今漳州市平和县）人，万历三十八年（1610年）进士，官宜兴令。翼飞少工于诗，尤长古文词，家居与郑怀魁等称“�云十三子”，以文采风流为时称重。著有《长梧集》（详见（光绪）《漳州府志》（中国地方志集成本），上海书店出版社2000年版，第636页）。

② 《四库全书》研究所整理：《钦定四库全书总目》（整理本），中华书局1997年版，第1393页。

③ 李之藻：《浑盖通宪图说》，守山阁丛书本。

④ 第一幅图片：http：//catalog.digitalarchives.tw/item/00/07/ec/86.html。第二幅图片：http：//history.lib.tsinghua.edu.cn/treasure/kejidianji.htm。

序题于‘括苍洞天’”。[①] 括苍正在处州。郑怀魁于万历三十三年（1605年）擢守处州，此时正在处州任上。出于对李之藻《浑盖通宪图说》的称许，郑怀魁为李之藻校订并刊刻了《浑盖通宪图说》（见附图）。正因为如此，李之藻《浑盖通宪图说自序》才有“郑辂思使君以为制器测天，莫精于此，为雠校而寿之梓”[②] 之语。

由此可知，郑怀魁对当时的西洋历算之学是比较熟悉的。黄道周有一段时间经常往来于漳州，与“七才子”们交流切磋，其中与郑怀魁的一段忘年之交对其影响巨大，以至于三十年后仍记忆犹新。《榕坛问业》记载道：

> 三十年前，某未解历律之学，一日过郑观察，观察方取器量晷，问某云：“若知北极出地，有处中天不?”某谢不知。又问：“若知表影有处倒南不?”某谢不知。又问：“若知日出入有非卯酉不?”某又谢不知。观察便默然，别论《史》《汉》文章诸杂事。某归，愧恨不食也。夜持竹几坐中庭，如此者两年之间二三百日，乃知南北中分、阴阳赢缩之说……[③]

从这段记述中可知，黄道周面对郑怀魁的问题，真正是“一问三不知”，以致归去后犹“愧恨不食”。在此次与郑怀魁的谈话后，黄道周开始重视实测之学在学术研究中的作用。为了弄清楚阴阳赢缩之说，黄道周每夜坐于庭院之中观测天象竟达二三百日。如今，在漳浦黄道周故居天井中依然完好地放置着其制作的用于推演《易》理、研究历数的天

① 方豪：《李之藻研究》，台湾商务印书馆1966年版，第196页。

② 李之藻：《浑盖通宪图说》，守山阁丛书本。此条文献可资补充陈庆元先生《龙溪郑怀魁年谱》（《漳州师范学院学报》（哲学社会科学版）2013年第1期）“万历三十三年”之内容。

③ 《榕坛问业》卷十四。

地盘实物，这正是其学术研究中注重实测的具体表现之一。黄道周治《易》、治历，“昼则布算，夜测分野”[①]，重视实测实证，避免了蹈虚空谈。

接触、吸收西学，用以研究中学，这种中西会通的学术品格使黄道周在自然科学研究方面取得了较高的成就。例如，地动说在中国古代具有悠久的历史，汉、唐时期已经发展到非常高的水平。为了解释岁差的形成机制，黄道周融合传入中国的欧洲地圆说和传教士在《崇祯历书》中批判介绍的西方地球自转说，提出了一种全新的地动说。对此，有研究者将黄道周的地动说分为“黄氏地动说Ⅰ”和“黄氏地动说Ⅱ”：

“黄氏地动说Ⅰ”的基础是黄氏所建立的一种新的宇宙模型，这个模型的最外层是带有恒星的天球，再往内依次是土星、木星、火星、太阳、金星、水星和月球。地球最接近宇宙中心但又不静止在这个中心之上。而是围绕它作“公转”，“公转”的速度约为每64年一度（中国传统度），共23376年运行一周。这个数值正好与黄氏所接受的岁差值相同，黄氏认为，大地的这种运动正是岁差产生的原因。

“黄氏地动说Ⅱ”是通过游艺的《天经或问》保存下来的，经笔者考证实际就是《崇祯历书》中所介绍的欧洲地球自转说：“今在地面以上见诸星之左行，亦非星之本行。盖星无昼夜一周之行，而地及气、火通为一球，自西徂东，日一周耳。如人行船，见岸树等，不觉己行而觉岸行。地以上人，见诸星之行，理亦如此。是以地之一行，免天上之多行，以地之小周，免天上之大周也。”

黄道周的地动说主要体现在《三易洞玑》《易象正》等著述中，在明清之际流传很广，影响极大。其中，方以智《物理小识》以地动说明

---

① 庄起俦：《漳浦黄先生年谱》，侯真平、娄曾泉校点：《黄道周年谱附传记》，福建人民出版社1999年版，第57页。

岁差的产生机制，其思想明显渊源于黄道周。不仅如此，有研究者大胆推测，由于黄道周易学在17、18世纪的影响很大，他的《三易洞玑》《易象正》等著作极有可能传到了朝鲜，并对朝鲜的易学家产生影响。尽管无法确证黄道周对朝鲜学者的影响，但是朝鲜学者金锡文、洪大容的继续研究，恰好同黄道周的地动说一道构成了17、18世纪东亚地动说发展的一个相对独立而逻辑上前后相继的发展过程。①

值得注意的是，不仅是黄道周，当时的一些重要学者都有接触西学的经历，在他们的学术思想中或多或少可以看到西学影响的因素，而这种影响集中表现在天文历法方面。

重视天文历法是中国的传统，而中国传统上之所以重视天文历法，是因为人们相信天象直接与人事乃至皇室命运息息相关。历法的准确与否不仅是出于"敬授民时"的现实考虑，而且历来被认为是一个朝代是否能够顺应天意的重要标志。正因为如此，司马迁在其《史记》中才有"王者异姓受命，必慎始初，改正朔，易服色，推本天元，顺承厥意"②之论。因此，在"学术传教"的过程中，天文历法就因其在中国传统学术中的独特重要地位成为耶稣会士们尤为重视的内容。同样地，它理所当然也成为黄道周最为关注的部分。

三、中国传统实学资源与西学的融合

由上文可知，黄道周不仅的确接触过耶稣会士及其带来的西学，而且深受其影响。对于西学，黄道周既不是全盘接受，也不是一概摈斥，而是有自己独立的学术判断，是在辩驳中有所取舍。这一点，黄道周在论及中、西方治历方法的差异时表现得尤为突出。黄道周《治历

① 以上关于黄道周地动说的研究成果参见石云里：《从黄道周到洪大容——17、18世纪中期地动学说的比较研究》（《自然辩证法通讯》1997年第4期）。石云里另有《十七世纪中国的准哥白尼学说——黄道周的地动理论》（《大自然探索》1995年第2期）可资参考。

② 司马迁：《史记》，中华书局1963年版，第1256页。

说》尝云：

> 泰西以测候为工，中原以理数为主；测候之工存乎器，理数之主近乎道。以道资器，则雒中之法可通于上都；以器遗法，则上都之法已滞于北平矣。①

黄道周认为，中、西方治历之法各有所长，既不能一味强调西方观测之“器”的精良而遗失对“道”的探究，也不能完全沉溺于“道”而陷于空疏，应该“以道资器”，而不是“以器遗法”（此处的“法”实为“道”的另一表述）。

黄道周对西学的接受，是与晚明实学的复兴密切相关的。所谓实学，它是一个具体的、历史的范畴，在不同的时期，其具体内涵是有所区别的。一般而言，实学是指宋以后反对空谈心性，主张“崇实黜虚”“务建实迹”的切实有用之学。其源头，可以追溯到先秦儒家的经世致用之学。就明代而言，实学是对理学的反动，大体萌发于正德年间，至明清之际发展到高潮。晚明经世致用的实学思潮的形成，既有其历史渊源，也有其现实基础。具体来说，一方面，传统儒学“宗原应变”，在新的历史语境下有恢复其经世致用传统的要求；另一方面，西学的输入起了催化剂的作用。换言之，中国传统实学资源与西学的融合是明清之际实学高潮出现的重要原因。

众所周知，理学是一种新儒学，其“新”首先表现在它是融摄了佛老之学而建构起来的一种精致的道德形而上的学问。按照理学的观点，具体的“形而下”之学纯属“小道”“末务”“小技”。随着理学的勃兴，传统儒学所追求的经世致用之功逐渐被抛弃，取而代之的是关于心性问题的空谈。顾炎武“以明心见性之空言，代修己治人之实

---

① 黄道周：《治历说》，《黄石斋先生文集》卷十，康熙五十三年刻本。

学"[1]之语就极为鲜明地指出了这一点。对此，同样经历过明清鼎革的黄宗羲痛定思痛，有过不少精辟的论述。他曾论述道：

儒者之学，经纬天地。而后世乃以语录为究竟，仅附答问一二条于伊、洛门下，便厕儒者之列，假其名以欺世。治财赋者则目为聚敛，开阃扞边者则目为粗材，读书作文者则目为玩物丧志，留心政事者则目为俗吏，徒以"生民立极、天地立心、万世开太平"之阔论钤束天下。一旦有大夫之忧，当报国之日，则蒙然张口，如坐云雾，世道以是潦倒泥腐，遂使尚论者以为立功建业别是法门，而非儒者之所与也。[2]

这里，黄宗羲严厉指责理学违背了"经纬天地"的儒学精神，陷入了空谈心性的泥淖。

晚明时期，社会动荡，内外交困，明王朝已处于风雨飘摇之中。关于这一点，崇祯也很清楚，他曾对大臣们说：

灾异频仍，比年为甚……山西又以四月大雪，冻死人畜……今民贫已极，流寇未平，蠲留数多，征输不给，剿贼则限期已过，宽假则法令不行；又人少担当，事多推诿，詈尤易起，直枉难分。其欺罔好利，分畛忘公者比比而然；间有清操之臣，又傲物遂非，用之则恐误事机，不用则又可惜。[3]

为了挽救社会危机，有识之士思虑恢复传统儒学的经世致用之功，

① 顾炎武著，黄汝成集释，栾保群、吕宗力校点：《日知录集释》，上海古籍出版社2006年版，第402页。

② 黄宗羲：《赠编修弁玉吴君墓志铭》，《黄宗羲全集》（第十册），浙江古籍出版社2012年版，第433页。

③ 黄道周：《烈皇召对记》，《黄漳浦集》卷二十四。

实学思潮遂逐渐兴起。在此背景下，伴随着“学术传教”而进入中国的西学，不仅开阔了士大夫们的学术视野，而且因为其科学技术的实用性在许多士大夫的心中激起了共鸣。据《明史·意大里亚传》记载，“其国善制炮，视西洋更巨。既传入内地，华人多效之，而不能用。天启、崇祯间，东北用兵，数召澳中人入都，令将士学习，其人亦为尽力”。[①]

可见，面对西学的传入，时人对其耶稣教义批评很多，但却能够对其所掌握的技术采取一种为我所用的态度。这样，中国传统的实学思想资源与西学在互相接触中得以融合，逐渐发展成影响巨大的一种思潮。

在这种中西文化激荡交汇的大潮中，黄道周以一种开放的学术精神面对西学，不仅自己身体力行，而且通过讲学不断扩大西学的影响，其弟子中有多人的治学进路颇似乃师，同样体现了中西会通的追求。其中，陈荩谟和方以智是较突出的两位。陈荩谟，字献可，嘉兴人。其所著《度测》一书，以《测量法义》和《勾股义》为蓝图进行解说测量的原理及方法，颇受《几何原本》的影响，正是中西会通的实践运用和结晶。[②] 方以智为明清之际实学思潮的标志性人物，有“中国百科全书派大哲学家”[③] 之称。崇祯十三年（1640年），黄道周在刑部狱中，完成《易象正》中的《历年十二图》和《大象十二图》的初稿，并以之传授方孔炤及其子方以智。如前文所述，方以智《物理小识》以地动说明岁差的产生机制，其思想明显渊源于黄道周。[④] 在《物理小识》自序中，方以智将中国传统科学研究方法与西学的研究方法进行了比较，明确指出

---

① 张廷玉等：《意大里亚传》，《明史》，中华书局 1974 年版，第 8461 页。

② 详见锺秀珑：《陈荩谟〈度测〉之研究》。此文为 2007 “利玛窦与徐光启合译《几何原本》四百周年纪念研讨会”提交论文。

③ 侯外庐：《方以智——中国的百科全书派大哲学家》，《历史研究》1957 年第 6、7 期。

④ 黄道周之于方以智的影响，论者颇多，例如侯外庐等在《宋明理学史》中即论述了黄道周对于方孔炤、方以智父子的影响（侯外庐、邱汉生、张岂之主编：《宋明理学史（下）》，人民出版社 1997 年版，第 667—668 页）。

西学“详于质测”的特点。方以智指出：“物有其故，实考究之，大而元会，小而草木蠢蠕，类其性情，征其好恶，推其常变，是曰质测。”①这种重视实测实证的研究方法，具有相当的求真务实的精神，对于矫正当时蹈虚空谈的学风意义重大。从这个角度上看，考察西学之于黄道周的影响，其意义就不仅在于黄道周研究本身，更在于可以透过黄道周这“一斑”而收了解晚明学术与学风演进“全豹”之效。

第五节　明代博雅的学术传统及其对黄道周的影响

一、明代学术空疏考辨

清人论及明代学术，多以“空疏”二字讥之。以经学为例，皮锡瑞《经学历史》的评论可谓代表。皮锡瑞分析认为，“论经学，宋以后为积衰时代”，②“至明为极衰时代”。③“积”“极”二字，同音异形，其义迥别，由“积”而“极”正反映了这一衰微的过程。究其原因，皮氏认为正是科举取士之文导致了明代经学的式微。对此，皮锡瑞论曰：

论宋、元、明三朝之经学，元不及宋，明又不及元。宋刘敞、王安石诸儒，其先皆尝潜心注疏，故能辨其得失。朱子论疏，称《周礼》而下《易》、《书》，非于诸疏功力甚深，何能断得如此确凿。宋儒学有根柢，故虽拨弃古义，犹能自成一家。若元人则株守宋儒之书，而于注疏所得甚浅。如熊朋来《五经说》，于古义古音多所抵牾，是元不及宋也。明人又株守元人之书，于宋儒亦少研究。如季本、郝敬多凭臆说，杨慎作伪欺人，丰坊造《子贡诗传》、《申培诗说》以行世而世莫能辨，

① 方以智：《物理小识》卷首，文渊阁四库全书本。

② 皮锡瑞著，周予同注释：《经学历史》，中华书局1959年版，第275页。

③ 皮锡瑞著，周予同注释：《经学历史》，中华书局1959年版，第289页。

是明又不及元也。顾炎武论《书传会选》云："其传中用古人姓名、古书名目，必具出处，兼亦考证典故。盖宋、元以来诸儒之规模犹在。而其为此书者，皆自幼为务本之学，非由八股出身之人，故所著之书虽不及先儒，而尚有功于后学……自八股行而古学弃，《大全》出而经说亡。"其论明之不及宋、元，可谓深切。①

从皮氏的分析可以看出，他认为明人虽学无根柢，但"科举取士之文而用经义，则必务求新异，以歆动试官；用科举经义之法而成说经之书，则必创为新奇，以煽惑后学。经学宜述古而不宜标新；以经学文字取人，人必标新以别异于古。一代之风气成于一时之好尚，故立法不可不慎也"。② 不读书却在科举制艺中用经义而务求新奇，其结果只能以臆说为凭。皮氏认为，顾炎武"八股行而古学弃，《大全》出而经说亡"之说正是基于此而发。这种说法影响深远，其结果就是连有"明世记诵之博，著述之富，推为第一"之誉的杨慎也被讥为"学无根柢，不足以称硕儒"。③

真实情况是否如此呢？恐怕要做具体分析，不可一概而论。明清鼎革，这在汉人士大夫的心灵上所造成的震撼和创伤是无比巨大的。痛定思痛，反思明亡的教训自然是那个时代士人们所思考的焦点问题。在中国古代士人的观念中，世道系于人心，人心系于学术，归结到一点，那就是学术关乎世运兴衰。万历二十年（1592 年），高攀龙上疏云：

臣惟自古治天下者，未有不以教化为先务；而教化之污隆，则学术之邪正为之，所系非小也。是以圣帝明王必务表章正学，使天下晓然知所趋，截然有所守，而后上无异教，下无异习，道德可一，风俗可同，

① 皮锡瑞著，周予同注释：《经学历史》，中华书局 1959 年版，第 283—284 页。

② 皮锡瑞著，周予同注释：《经学历史》，中华书局 1959 年版，第 277 页。

③ 皮锡瑞著，周予同注释：《经学历史》，中华书局 1959 年版，第 285 页。

贤才出而治化昌矣。[①]

在高攀龙看来，“学术之邪正”关乎“教化之污隆”，如果能够表章正学，则教化可行，“道德可一”。如此，则自然“贤才出而治化昌”。关于这一点，明清之际陕西大儒李颙的论述则更直接，他认为：“天下之大根本，人心而已矣。天下之大肯綮，提醒天下之人心而已矣。是故天下之治乱，由人心之邪正；人心之邪正，由学术之晦明。”[②] 清人（尤其是由明入清的学者，如顾炎武等）对明代学术空疏的指责，多与此相关。

实际上，朱明王朝覆亡的原因是多方面的，学术不是最重要的原因，更不是唯一的原因。一个王朝的覆灭，有经济、政治各方面的因素，学术虽然会对世风等方面有所影响，但归根结底，学术发展也是受现实的经济、政治条件制约的。因此，反思明亡的原因，并将明亡的原因完全归结为学术，这种反思无疑是片面的，在一定程度上是以书生意气代替了客观理性的分析。仔细检讨明代学者取得的学术成就，不难发现，“空疏”二字实在是不妥的，至少是以偏概全的。

在《明儒学案》中，黄宗羲专辟“诸儒学案”一节，其中著录了许多虽学无所承，但成就斐然的学者。查慎行曾根据这些记录加以总结，以见明代学人既非束书不观，亦非游谈无根。查氏曰：

此外，尚有前后无授受，独名一家者，如琼山赵考古谦、学政曹月川端、佥宪黄南山润玉、文毅罗一峰伦、文懿章枫山懋、郎中庄定山昶、侍郎张东白元祯、方伯陈克庵选、布衣陈剩夫真晟、方伯张古城吉、方伯周翠渠瑛、司成蔡虚斋清、太常潘南山府、参议罗东川侨、

① 高攀龙：《崇正学辟异说疏》，《高子遗书》卷七，文渊阁四库全书本。

② 全祖望：《二曲先生窆下葬石文》，全祖望撰，朱铸禹汇校集注：《全祖望集汇校集注》，上海古籍出版社 2000 年版，第 234 页。

文庄罗整庵钦顺、文庄汪石潭俊、文敏崔后渠铣、文定何柏斋瑭、肃敏王浚川廷相、文裕黄泰泉佐、文定张甬川邦奇、襄惠张净峰岳、庄裕徐养斋问、诸生李大经经纶、中丞李平谷中、文敏霍渭涯韬、考功薛西原蕙、文节舒梓溪芬、征君来瞿塘知德、副使颜冲宇鲸、卢冠严宁忠、侍郎吕心吾坤、忠节鹿干岳善继、台长曹真予于汴、忠节吕豫石维祺、给事郝楚望敬、谏议吴朗公执御、忠烈黄石斋道周、忠节金伯玉铉、征君孙钟元奇逢，不能枚举，今据明儒学案所有者记录于此，以备参考。①

在这些学者之中，黄道周博闻强记，无疑是其中的奇异卓荦者。以黄道周生活的闽南而言，闽南学者中，学无师承而藉苦学成为一代大儒者代不乏人。《明儒学案》谓陈真晟："先生学无师承，独得于遗经之中，自以僻处海滨，出而访求当世学者，百尺竿头，岂无进步？"② 纵观黄道周的为学经历亦是如此。黄道周僻处海外，虽然远离中原文化中心，但闽地学风传统对其影响极深。黄道周"学贯古今"，又精通象数，仅《易象正》《三易洞玑》等著作，"学者穷年不能通其说"（《明史》本传），可见其学问之渊博。正因为如此，一向对明代学术多有贬抑的四库馆臣们给黄道周以很高的评价。

明代学者中，"尚有前后无授受，独名一家者"如此之多，故明代学术怎能轻易以一"空疏"笼统言之。

事实上，明代本有博学的传统，这种传统与朱子学的影响密切相关。朱明王朝建立以后，推崇朱子之学，而朱子学讲致知，讲"道问学"，这必然走向"多学而识"，博学多闻。容肇祖在其《明代思想史》中把明初朱学分为博学或致知派、涵养或躬行派，前者的确立，正是

① 查慎行：《得树楼杂钞》卷三，民国适园丛书本，第 22 页。查慎行此处所列诸儒，均来自《明儒学案》之《诸儒学案》，具体可参阅《明儒学案》。

② 黄宗羲著，沈芝盈点校：《明儒学案》，中华书局 2008 年版，第 1087 页。

基于“多学而识”之上。以此而论，明初的宋濂、方孝孺均为博洽之士，[①] 方孝孺更被称为“有明之学祖”，[②] 对包括黄道周在内的后来者影响深远。

明代中叶王学兴起后，学者中固然有受王学消极一面影响而束书不观、学风空疏者，但明初奠定的博洽闳雅的学术传统依然为大批学者所继承。因此，在明中叶以后的学者中，固然有束书不观、游谈无根者，但崇尚博雅者亦大有人在。换言之，即在心学空疏学风盛行的同时，亦有博学赡闻之传统的延续，明代考据学的成就即为一例。林庆彰先生在其《明代考据学研究·序》中曾有研究明代学术的“三难”之说，其中“明人好奇炫博，引资料以奇僻为尚，至有不明所出而没为己有者”[③] 即为其一。这种“好奇炫博”之学风，虽然不及清人治学之谨严，但也的确不是束书不观者所能达到的。林庆彰先生认为，“明中叶至清初之考据，皆崇尚博雅”，[④] 而清代“学风实承明人而来。后人以为明代无考据学，甚或以空疏不学讥之，皆非持平之论也”。[⑤]

晚明，因应对时势的需要，加之西学的传入，师古崇雅、务为世用逐渐占据上风，整个学术开始由虚而实发生转向。[⑥] 正因为如此，黄宗羲说：“崇祯间，士大夫之言学者尚广大。”[⑦] 黄宗羲本人治学就是能够“以濂洛之统，综会诸家：横渠之礼教，康节之数学，东莱之文献，艮斋、止斋之经制，水心之文章，莫不旁推交通，连珠合璧，自来儒林

---

① 容肇祖：《明代思想史》，上海开明书店1944年版，第7—13页。

② 黄宗羲著，沈芝盈点校：《明儒学案》，中华书局2008年版，第1042页。

③ 林庆彰：《明代考据学研究》，台湾学生书局1986年版，第3页。

④ 林庆彰：《明代考据学研究》，台湾学生书局1986年版，第590页。

⑤ 林庆彰：《明代考据学研究》，台湾学生书局1986年版，第5页。

⑥ 黄道周曾在《王文成公集序》中发挥施邦曜“天下病虚，救之以实；天下病实，救之以虚”之语，专门论及晚明学术之转向。此问题详见下节论述。

⑦ 黄宗羲：《清溪钱先生墓志铭》，《黄宗羲全集》（第十册），浙江古籍出版社2012年版，第351页。

所未有也”。[①] 曾知漳浦县的陈汝咸评价黄宗羲的学问说：“梨洲黄子之教人，颇泛滥诸家，然其意在乎博学详说，以集其成。”[②]

对于明代学者的博洽，黄宗羲在其《传是楼藏书记》中论述道：

> 近世之以博洽名者，陈晦伯、李于田、胡元瑞之流，皆不免疥驼书簏之诮；弇州、牧斋，好丑相半。上下三百年间，免于疑论者，宋景濂、唐荆川二人，其次杨升庵、黄石斋，森森武库，霜寒日耀，诚间世之学者也。[③]

诚然，有“开国文臣之首”之美誉的宋濂之所以能“免于疑论”，并非偶然，而是因为其“自少至老，未尝一日去书卷”，故“于学无所不通”。[④] 唐顺之尝“闻良知说于王畿，闭户兀坐，匝月忘寝，多所自得”，后又问出处之道于罗洪先，可谓于王学渊源颇深。但是，唐顺之并非束书不观，而是亦以“洽贯群籍”闻。据《明史》记载，唐顺之“于学无所不窥。自天文、乐律、地理、兵法、弧矢、勾股、壬奇、禽乙，莫不究极原委。尽取古今载籍，剖裂补缀，区分部居，为《左》《右》《文》《武》《儒》《稗》六《编》传于世，学者不能测其奥也”。其子唐鹤征也以博学闻。[⑤] 在黄宗羲所序列的明代博洽之学统中，宋濂、唐顺之居首，黄道周与“以博洽冠一时”[⑥] 的杨慎在伯仲之间，仅次于

---

① 全祖望：《梨洲先生神道碑文》，全祖望撰，朱铸禹汇校集注：《全祖望集汇校集注》，上海古籍出版社 2000 年版，第 220 页。

② 全祖望：《大理陈公悔庐神道碑铭》，全祖望撰，朱铸禹汇校集注：《全祖望集汇校集注》，上海古籍出版社 2000 年版，第 295 页。

③ 黄宗羲：《传是楼藏书记》，《黄宗羲全集》（第十册），浙江古籍出版社 2012 年版，第 135 页。

④ 张廷玉等：《宋濂传》，《明史》卷一百二十八，中华书局 1974 年版，第 3787 页。

⑤ 张廷玉等：《唐顺之传 · 唐鹤征传》，《明史》卷二百六，中华书局 1974 年版，第 5422—5424 页。

⑥ 《四库全书》研究所整理：《钦定四库全书总目》（整理本），中华书局 1997 年版，第 2316 页。

宋濂、唐顺之，而胜于王世贞、钱谦益。

对于黄道周的博学，吴伟业极为称赞，称“吾登朝见诸名流，如钱牧斋、陈卧子、夏彝仲，即才甚，可窥其迹。惟漳浦吾不能测，殆神人也”。在吴伟业眼中，黄道周之学实不可以某一方面概括，他是“以朱云、耿育之戆，兼信国、叠山之气；以京房、翼奉之奥，兼董仲舒、刘向之文；曾不得一端名之，殆神人也”。①

不仅黄道周，其弟子方以智亦以博学为世人所推崇，其“博涉多通，自天文、舆地、礼乐、律数、声音、文字、书画、医药、技勇之属，皆能考其源流，析其旨趣，著书数十万言”。② 其中，《通雅》一书可谓代表。梁启超对《通雅》一书给予了高度评价，认为该书“总算近代声音训诂学第一流作品。清代学者除高邮王氏父子以外，像没有哪位赶得上他”。③ 四库馆臣也认为，与同以博洽著称的杨慎、焦竑等人相比，方以智《通雅》等著述“考据精核，迥出其上。风气既开，国初顾炎武、阎若璩、朱彝尊等沿波而起，始一扫悬揣之空谈。虽其中千虑一失，或所不免，而穷源溯委，词必有征，在明代考证家中，可谓卓然独立矣”。④ 对此，梁启超虽然说“顾、阎是否受密之影响，尚难证明”，但“密之学风，确与明季之空疏武断相反而为清代考证学开其先河，则无可疑”。⑤ 正是从这个角度，有学者以为方以智“至少在精神上开导了乾嘉考据之学”。⑥

① （明）谈迁撰，汪北平点校：《黄石斋先生遗事》，《北游录》，中华书局 1960 年版，第 259—260 页。

② 赵尔巽等撰：《方以智传》，《清史稿》卷五百《列传》二百八十七《遗逸一》，中华书局 1977 年版，第 13833 页。

③ 梁启超著，张圣洁校点：《中国近三百年学术史》，河北人民出版社 2004 年版，第 164 页。

④ 《四库全书》研究所整理：《钦定四库全书总目》（整理本），中华书局 1997 年版，第 1594 页。

⑤ 梁启超著，张圣洁校点：《中国近三百年学术史》，河北人民出版社 2004 年版，第 163 页。

⑥ 彭迎喜：《方以智与〈周易时论合编〉考》，中山大学出版社 2007 年版，第 2 页。

综上所论，无论从明代学术传统看，还是从其学者实际取得的学术成就看，明代学风空疏之论当值得反复讨论，不可遽下结论。黄道周的博学正与明代博雅的学术传统息息相关。

二、明代闽南的博雅学风

明代本有博雅之传统，地处海滨的闽南也深受影响。入明以来的漳州士人中，学问博赡、以博雅著称者亦不乏其人。前引查慎行《得树楼杂钞》所论列的学者中，陈真晟、周瑛即为其中的佼佼者。例如，为闽南士人景仰的周瑛"博览群籍，钩深探赜"，[1] 为官与治学相得益彰，著有《教民杂录》《经世管钥》《律吕管钥》《字书管钥》等，黄宗羲谓其"固以博为事也"。[2] 对于陈真晟、周瑛这些先贤，黄道周在自己的著述与讲学中多有提及，每次提及，敬慕之义溢于言表。即以黄道周生活的晚明而言，其时的闽南，朱学、王学争鸣，中学、西学交汇，晚明漳州多元化的学术环境正是黄道周博雅学术品格形成的具体学术语境。[3]

当时的漳州聚集了一大批博识洽闻的学者，这些人或为学问、事功皆有成就的致仕乡居官员，或为饱读经史的一般士人。他们讲学论文，学风较为淳厚笃实。黄道周曾于"舞象时，常游邑中"[4]，得以与诸同乡先贤谈学论道，于转益多师中自是收获不少。

万历三十六年（1608 年），黄道周因生计所迫，外出教馆于漳浦卢维祯[5] 家，得以与这位致仕返乡的前辈相交往。卢维祯作为致仕归里的

---

① 李清馥著，徐公喜、管正平、周明华点校：《闽中理学渊源考》，凤凰出版社 2011 年版，第 590 页。

② 黄宗羲著，沈芝盈点校：《明儒学案》，中华书局 2008 年版，第 1093 页。

③ 晚明漳州多元化的学术环境及黄道周受朱学、王学、西学等学术思想的影响，均见前文相关章节。

④ 《王文成公碑》，《黄漳浦集》卷二十五。

⑤ 卢维祯（1543—1610），字司典，号瑞峰，号水竹居士，漳州漳浦人。隆庆二年（1568 年）成进士，授太常博士。累官至户部左侍郎，约于万历二十年致仕归。归乡后，和已归休的南工部尚书朱天球结社梁山。卒后，薛士彦（详下文）为作行状，两广总督、漳州

同乡前辈，奖掖后进，“每乡里后进以文谒者，公慨然为笔削”。[①]卢维祯对黄道周极为欣赏，后来为黄道周《续离骚》作序，序中称自己“甫交黄生，甚奇之”。[②]卢维祯主张读书不需局限于某一方面，而应该广泛阅读，要“诸子百家浑融贯串”，“即《阴符》《道德》、释典、丹经，曲鬯旁通，一一皆可寓目”。[③]卢维祯这样教诲后生，自己也是博览群书，“自坟典子史外，于历朝旧事、地志方言无不茹猎淹贯，大小随扣随应”。[④]卢维祯的这种读书理念及其自身的阅读实践对年轻的黄道周无疑产生了重要影响。

对于黄道周早年与乡里先贤的交往，洪思在其师黄道周所作《林深州传》前面的按语中也曾云：

浦人之知子，故未有早于深州者……时漳上有吟社，如张征君汰沃、高太史中川、郑司农辂思、蒋大宰道力、陈宜兴元朋，诸名士皆不可一世，咸以古昔自命，一时文章之游盛海内，而深州与薛道誉最为老师。然其见善皆若渴，闻善皆若惊，一时争迎致其家，咸以上宾之礼礼

长泰人戴燿作墓志铭。著有《醒后集》《醒后续集》《京省次闽漳会录》等，收入《四库存目丛书》中。1987年，卢维祯墓遭到盗掘，漳浦县文化馆对其墓进行了抢救性发掘，出土了大量文物，包括其墓志铭。卢维祯墓出土发掘情形详见王文径：《明户、工二部侍郎卢维桢墓》，《东南文化》1989年第3期。关于卢维祯的名字，戴燿撰写的墓志铭谓其名“维桢”，其墓出土的名章为“卢维祯印”，而且方志中的记载亦为“卢维祯”，故当以其名章所书为准。王文径文题误为“桢”字。

① 戴燿：《明资政大夫户部尚书瑞峰卢公墓志铭》，转引自王文径《明户、工二部侍郎卢维桢墓》，《东南文化》1989年第3期。戴燿，字德辉，一字凤岐，隆庆二年（1568）进士。（参见（光绪）《漳州府志》（中国地方志集成本），上海书店出版社2000年版，第586—587页）

② 卢维祯：《黄生续离骚序》，《醒后续集》，四库存目丛书影印明万历三十二年至三十三年刻、三十八年续刻本。

③ 卢维祯：《与诸生论读书》，《醒后集》卷五，四库存目丛书影印明万历三十二年至三十三年刻、三十八年续刻本。

④ 戴燿：《明资政大夫户部尚书瑞峰卢公墓志铭》，转引自王文径《明户、工二部侍郎卢维桢墓》，《东南文化》1989年第3期。

之，盖自深州与薛方伯始也。[①]

在洪思提及的众多“咸以古昔自命”的漳州学者中，黄道周的前辈郑怀魁（即郑司农辂思）更为一博学之人。道周未为诸生的时候，就曾多次与其论学，深为其博雅所折服。据《榕坛问业》记载，黄道周曾对弟子云：

漳郡文章之盛，则称葵圃郑家。葵圃郑观察与其弟蓟州公皆为学典雅相尚，观察没而孝廉海门与弟肇中又以文行称……念郑观察为农臣，上疏归，某尚未为诸生。及在金处归，数过从，见观察口中诵《说苑》、《韩诗外传》及《东莱博议》，动千百言，如下晨钟。今安得如此人？令人自惭耳。[②]

如前文所论，郑怀魁其人博通经史，熟悉西洋历算之学，在处州任上曾校订并刊刻了李之藻的《浑盖通宪图说》。郑怀魁每与人论学，口诵经籍，动辄千百言，令黄道周深感自惭。黄道周对天文质测之学的关注与深入研究，正是由郑怀魁而起。据庄起俦《漳浦黄先生年谱》记载，黄道周对此次经历记忆深刻，感触极深，以致三十年后在榕坛讲学时犹以之作为警戒门人弟子的范例。

除了郑怀魁等前辈以外，当时漳州与黄道周同辈而以博学著称者尚有张燮、何楷。张燮才思雄健，著述宏富，故蔡复一[③]谓其“深心正

① 《林深州传》，《黄漳浦集》卷二十五。

② 《榕坛问业》卷十四。

③ 蔡复一，字敬夫，福建同安人。万历二十三年（1595年）进士，除刑部主事，累官至山西左布政使，总督贵州、云南、湖广军务，兼巡抚贵州，卒于军中。复一好古博学，善属文，有文集若干卷传世。时人序其文集曰：“夫公之事业，可以韩、范，而不必韩、范也；公之文章，可以韩、欧，而不必韩、欧也；公之诗，可以少陵，而亦不必少陵也。”（郑之玄：《蔡清宪公集序》，蔡复一著，郭哲铭校释：《遁庵蔡先生文集校释》卷首，金门县文化局2007年版）《明史》卷二百四十九有传。

骨，卓识异才，确然可持世而经世”，以至“不敢谨以文士相之”。[①] 其所著《东西洋考》，尤见其博学多识。黄道周对张燮的博雅极为推重，曾在《三罪四耻七不如疏》中明言“雅尚高致、博学多通，足备顾问，则臣不如华亭布衣陈继儒、龙溪举人张燮”，[②] 并曾多次疏荐张燮。崇祯十年（1637 年）十一月，黄道周上《申明掌故疏》。在疏中，黄道周建议“选海内皤灌砥砺之臣”，“紬绎故典，以为东观之光”，[③] 张燮即在其推荐之中。

何楷，福建镇海卫人，《明史》谓其“博综群书，寒暑勿辍，尤邃于经学”。[④] 何楷著述颇多，仅《四库全书》即收入其《古周易订诂》十六卷、《诗经世本古义》二十八卷两种。不仅如此，何楷还精于经济，尝“疏陈钞法以纾司农之急，如均收放、分地界、准搭配皆凿凿可行”。[⑤] 关于何楷的学问，《四库总目提要》在论何楷《古周易订诂》时虽然谓“楷之学虽博而不精”，但其书“取材宏富”，能够杂采汉晋以来旧说，且“又词必有据”，故“楷书犹足备采择者，正不可以驳杂废矣”。[⑥] 关于《诗经世本古义》的著述，何楷在其自序中说：“先循之行墨，以研其义；既证之他经，以求其验；既又考之山川谱系，以摭其实；既又寻之鸟兽草木，以通其意；既又订之点画形声，以正其误；既又杂引赋诗断章，以尽其变。诸说兼详，而诗中之为世为人、若礼若乐俱一一跃出，于是喜斯文之在兹，叹绝学之未坠也。”[⑦] 正因为如此，故四库馆臣谓其“学问博通，引援赅洽。凡名物训诂，一一考证详明，典据

① 蔡复一：《〈霏云居续集〉序》，蔡复一著，郭哲铭校释：《遁庵蔡先生文集校释》，金门县文化局 2007 年版，第 26 页。

② 黄道周：《三罪四耻七不如疏》，《黄漳浦集》卷二。

③ 黄道周：《申明掌故疏》，《黄漳浦集》卷二。

④ 张廷玉等：《明史》，中华书局 1974 年版，第 7077 页。

⑤ （光绪）《漳浦县志》（中国地方志集成本），上海书店出版社 2000 年版，第 163 页。

⑥ 《四库全书》研究所整理：《钦定四库全书总目》（整理本），中华书局 1997 年版，第 52 页。

⑦ 何楷：《诗经世本古义序》，《诗经世本古义》，文渊阁四库全书本。

精确，实非宋以来诸儒所可及”。① 可见，何楷之学问，虽不如清儒所谓之谨严，但博通多识却是可以肯定的。黄道周与何楷二人志趣相投，相交甚契，黄道周文集中有多篇系为何楷而作。可以想见，二人之间学问的相互影响。黄宗羲曾将黄道周与何楷并提，赞“百年以来穷经之士，黄石斋、郝楚望及公而三耳”。②

除了上述漳州士人外，同处闽南的泉州也不乏博学之士，且多为黄道周的好友，蒋德璟可谓其中的代表。

蒋德璟为泉州晋江人，也是一博学闳通之士，与黄道周同为天启二年（1622 年）进士。据记载，蒋德璟“熟前代典章及明朝掌故，边塞、漕盐、水利、刑律，莫不究其利弊。文章敏赡，在词垣，日草二十余敕，见者叹异之”。③ 因此，周延儒“尝荐德璟渊博，可备顾问；文体华赡，宜用之代言”，崇祯则“擢德璟及黄景昉、吴甡为礼部尚书兼东阁大学士，同入直”，而“黄道周召用，刘宗周免罪，德璟之力居多”④。蒋德璟著述颇多，曾“进《御览备边册》。凡九边十六镇新旧兵食之数，及屯、盐、民运、漕粮、马价悉志焉。已，进《诸边抚赏册》及《御览简明册》。帝深嘉之”。⑤ 此外，蒋德璟还著有《慤書》等多种著作，并有明万历刻本《蒋氏藿经》十二卷传世。黄道周对于蒋德璟的博学推崇有加，曾在其崇祯十年（1937 年）十二月所上的《让贤疏》中云：“臣所推服，则有右庶子蒋德璟，博雅闳通，资稍前臣，而才远出臣上。”⑥

---

① 《四库全书》研究所整理：《钦定四库全书总目》（整理本），中华书局 1997 年版，第 204 页。

② 黄宗羲：《思旧录 · 何楷》，《黄宗羲全集》（第一册），浙江古籍出版社 2012 年版，第 359—360 页。

③ 李清馥著，徐公喜、管正平、周明华点校：《闽中理学渊源考》，凤凰出版社 2011 年版，第 808 页。

④ 张廷玉等：《明史》，中华书局 1974 年版，第 6500 页。

⑤ 张廷玉等：《明史》，中华书局 1974 年版，第 6501 页。

⑥ 黄道周：《让贤疏》，《黄漳浦集》卷三。

隆武即位后，黄道周又上疏荐举蒋德璟。[1]关于蒋德璟的"博雅闳通"，除了上述以外，尚可由黄道周《榕坛问业》最后一卷的记述一窥端倪。《榕坛问业》凡十八卷，第十八卷所记即为蒋德璟所问之词。从《榕坛问业》的记述可知，蒋德璟的"榕坛十八问"涉及面极广，以致于黄道周有"吾被蒋先生一问，哑得百日也"之叹。[2]

综上，闽南虽僻处海外，远离中原文化中心，但由于此时风气已开，亦颇受有明一代博雅传统的影响。因此，有明一代闽南博学多识之士辈出，博雅之风亦蔚然成为一地学者之风尚。浸淫于此种博雅学风中，黄道周则不能不受一时一地学术风气之影响，而影响的结果就是后人所看到的一个博古通今、洽闻多识的黄道周。

三、转益多师、师友讲问的问学经历

黄道周博学洽闻学术品格的形成，固然与一时一地学术传统和学术风尚的影响关系极大，但是这种影响之所以能够产生作用，则完全取决于其治学经历和自身努力。

前引《明儒学案》关于陈真晟的"先生学无师承，独得于遗经之中，自以僻处海滨，出而访求当世学者，百尺竿头，岂无进步"[3]之论，指出了苦学与访学、"独得于遗经"与转益多师是学术有所成就的两大因素。具体到黄道周而言，前人多谓"不详其师友渊源"，[4]谓其学无师承，其学术成就完全得力于苦学勤思，是"独得于遗经"的结果。究其实，这种看法完全是缺乏文献支撑和深入考辨的片面之词。黄道周学问成就固然离不开勤奋苦学，但"转益多师是吾师"的治学态度和师友讲

---

① 庄起俦：《漳浦黄先生年谱》，侯真平、娄曾泉校点：《黄道周年谱附传记》，福建人民出版社 1999 年版，第 89 页。

② 《榕坛问业》卷十八。

③ 黄宗羲著，沈芝盈点校：《明儒学案》，中华书局 2008 年版，第 1087 页。

④ （清）张夏：《洛闽源流录》卷十七，清康熙二十一年黄昌衢彝叙堂刻本。

问的问学经历也是成就其博古通今学术品格的重要因素。

对此，黄道周弟子洪思所著《黄子年谱》曾论列如下：

子起于海滨，其学独无所取与？曰：甚矣，子之善学也！子在白屋时，乡之先生，则有若方伯薛公，则有若大夫林公，则有若观察郑公，皆时下白屋而从之游。①

黄道周少从父兄耕读为业，稍长则“往来过从，辄多长者游”。②这其中，除了上文所论及的郑怀魁（亦即此处洪思所称的“观察郑公”）等黄道周的前辈外，“最为老师”的薛士彦可谓对黄道周影响颇深的一位。

薛士彦，字道誉，号钦宇，漳浦人，万历庚辰（1580年）进士。先后督学秦、楚，历任广东、云南左、右布政使。薛士彦少失父，一生勤学不倦。其学本盱江罗氏，与王门学者多有往来。汤显祖《玉茗堂全集》有《寄薛钦宇》《寄薛钦宇观察》，邹元标《愿学集》中有《薛钦宇督学楚中》及《答薛钦宇方伯》等诗文。其中，《答薛钦宇方伯》曰：

学问先在见性，性体一物不容。而近来诸公见地太高，是以舌见性也。默而成之，不言而信，愿与门下交勉之。门下今挖钱谷之司，濯濯无欲，弟处林皋之下，兢兢自守，此真见性也。高见谓何，末路难持，神明难欺，言及此，令人懔懔。③

---

① 洪思：《黄子年谱》，侯真平、娄曾泉校点：《黄道周年谱附传记》，福建人民出版社1999年版，第1—2页。

② 庄起俦：《漳浦黄先生年谱》，侯真平、娄曾泉校点：《黄道周年谱附传记》，福建人民出版社1999年版，第48页。

③ 邹元标：《愿学集》卷三，清文渊阁四库全书补配清文津阁文渊阁四库全书本。

方伯原为殷周时代一方诸侯之长，《礼记·王制》有“天子百里之内以共官，千里之内以为御。千里之外设方伯……”① 之语。后用以泛指地方长官，明代的布政使亦称“方伯”。此处的薛方伯即指薛士彦，因其曾官广东、云南布政使之故。邹元标为江右王门的重要人物，其论学“以识心体为入手，以行恕于人伦事物之间，与愚夫愚妇同体为工夫，以不起意、空空为极致”。虽在某些方面近于禅学，但“摧刚为柔，融严毅方正之气，而与世推移，其一规一矩，必合当然之天则，而介然有所不可者，仍是儒家本色”。② 此书即为邹元标与薛士彦论学之书。③

薛士彦致仕归里后，作“共学堂”讲学于乡，一时四方负笈者以百计。据清代漳浦人蔡衍鎤④《金浦十记》所载，薛士彦讲学之所，在漳浦城北十里的鹤岭，即罗山岭。其记曰：

六曰“鹤岭秋声”。岭在县北十里而遥，即罗山岭也。据《商浚异闻录》，鲍姑将入广，有群鹤来迎岭上，鲍姑骑鹤至得仙桥上升去。故今岭名鹤岭，桥名得仙。是地林峦幽秀，水石清奇。每西风气爽，万籁齐鸣，溪山答应，若中宫商。邑中诸景，惟此称最。有先辈汪致中诗云……是

① 陈成国：《礼记校注》，岳麓书社 2004 年版，第 90 页。

② 黄宗羲著，沈芝盈点校：《明儒学案》，中华书局 2008 年版，第 534 页。

③ 薛士彦与王门学者交游颇多，当对王学有较深理解，其思想亦可能倾向于王学。黄道周早年游于薛士彦之门，薛士彦当是其了解王学的重要途径之一。此事较为复杂，且文献不足，当另行探讨之。另外，薛士彦与卢维祯等人交往甚密，曾为卢维祯《醒后集》作序。

④ 蔡衍鎤，字宫闻，号操斋，漳浦人，蔡祚周子。康熙五十六年（1717 年）岁贡。著有《操斋集》《诗经尊卜》《孝经疑问》《西铭续解》等。蔡衍鎤与黄道周颇有渊源，自谓系黄道周继室蔡玉卿“族孙也，而伯祖升薇公、季祖季湛公皆从石斋先生游，又家君子与夫人季子讳子平者交最善。康熙己卯，先生明诚堂倾，家君子尝为倡义修葺。故夫人于鎤不惟族谊，而实世世通家焉”。（蔡衍鎤：《家夫人传》，《操斋集》卷十一，清康熙刻本）蔡玉卿尝序蔡衍鎤诗集，赞曰：“弱龄能诗，后来之秀，誉儿有癖，氏亦犹然。吾家龙文，是以心折于阿愔也。”（《操斋集》卷首）因此，蔡衍鎤《操斋集》于黄道周记述颇多，且极为可信，是研究黄道周的重要文献。

山多产荔奴（按：龙眼）、橄榄，邑人薛钦宇尝聚徒讲学于此。①

黄道周师承历来语焉不详，论者多以学无所承一语概之。其实，至少薛士彦可以算其师长之一。薛士彦为黄道周同乡前辈，归乡讲学之时，黄道周尚未为诸生，尝游学于薛氏之门，可谓及门弟子。黄道周师事薛士彦一事，除了黄道周自己“最为老师”一语外，蔡衍鎤亦有“石斋学本钦宇，实渊源于盱江罗明复”② 之论。此外，黄道周同乡弟子张若化之子张士楷（字端卿）精于诗，诗中也有同样的记述。诗云：

梁山漳水竞何灵，笃生豪杰纷相继。博士家言刘纫华，三陆三贯难兄弟。当时越学在盱江，薛公学与盱江契。薛公晚年施绛帐，后来杰出黄丞相。丞相生徒遍九州，道声迥出河汾上。③

此处“越学”当指阳明之学，盖其越中余姚人也。“盱江”即江右地区，为王学最重要的传播区域。“绛帐”用为师门、讲席之敬称。“黄丞相”即黄道周，因其隆武朝曾为吏部尚书武英殿大学士等职。从诗中“薛公晚年施绛帐，后来杰出黄丞相”一联可知，黄道周的确曾就学于薛士彦之门。

对早年的这段学习经历，黄道周后来屡有提及。黄道周在《蔡梅岩碣》中曾回忆道：“仆既生晚，不获躬奉杖履，然早闻薛方伯道誉谈，谓其志义，卓然人表。”漳人张福永④ 注曰：“子未为诸生时，方伯已归田间，日与门人讲学梁山之麓，黄子颇从之游。”⑤ 同样，黄道周在《龙

① 蔡衍鎤：《金浦十记》，《操斋集》卷九，清康熙刻本。

② 蔡衍鎤：《拳山台记》，《操斋集》卷九，清康熙刻本。

③ 蔡衍鎤：《拳山台记》，《操斋集》卷九，清康熙刻本。

④ 张福永，字次修，南靖人，由举人授内乡令，再补河阳，有政声，以老归。（参见（光绪）《漳州府志》（中国地方志集成本），上海书店出版社 2000 年版，第 674—675 页。）

⑤ 《蔡梅岩碣》，《黄漳浦集》卷二十五。

岩王廷尉碑》中也追述道："忆仆少时，及见薛道誉方伯与蔡梅岩侍御，相与甚善，每念至五百里造膝羹饭也，至于仆而衰矣。"①

几十年后，黄道周在榕坛讲学时，犹屡次论及薛士彦，足见其记忆之新，印象之深。试举数例如下：

洪兆云云：前日尝问善人是何等人，却道是西域一流人。今日对郑肇中又道是老子手段。释、老两途，吾辈不齿，如何得在君子而下、有恒而上？

某云：某何敢作此说？某少时曾会薛方伯先生，方伯偶简佛书，叹云：古之聪明睿知、神武而不杀者夫。某为艴然。方伯因问：兄看善人之道果是如何？某云：不践迹，亦不入于室。方伯叹云：从门入者，不是家宝。某亦愕然，久之去。今三十年，方伯长我四十岁，谢世十年矣。乃闻肇中谈话，令人怀感。凡过去诸贤有一种可传者，都于心性上有四五分了彻。释、老只是不学，无尊道功夫，便使后来诪张为幻。如当时肯学，践迹入室，岂能贻害至于今日？②

某云：某自见郑观察、薛方伯后，三十年来始闻典论，听者勿谓卮言，然吾辈只管立身，不须叹世。③

正是在与薛士彦等漳州士人的交往、游学中，黄道周得以汲取多方面的学术资源，这无疑有助于其博学通达学术品格的形成。对于这种学问经历，黄道周体味颇深，后于邺山讲学时曾谆谆告诫诸弟子：

后生近先生辈最为有益。某年二十余，尝同丹台林公至郡寺，谒西圣及先贤像。林公曰："若知今兹共谒者何人也？"某云："聪明智慧

① 《龙岩王廷尉碑》,《黄漳浦集》卷二十六。

② 《榕坛问业》卷十四。

③ 《榕坛问业》卷十四。

人也。”林公曰：“是亿劫来劳心苦行人耳。吾辈硬竖脊梁，仰钻劳心，霜铁苦行，则异日亦可受人拜谒矣。”嗟乎！后生求益，何可不亲近先辈。①

“后生求益，何可不亲近先辈”，这确是黄道周的经验之谈。转益多师，师友讲论，这是学者开阔眼界，增广见闻的重要途径。

黄道周转益多师、师友讲论的对象并不局限于闽南，更可谓遍及天下。从黄道周的传记、年谱可以发现，黄道周与当时著名学者均有交往。限于篇幅，这里姑且以黄道周与吴中士人的交往为例略加说明。

博雅好古是吴中学术风气的特点，这一点即使在王学影响遍天下的时候也未改变。② 黄道周与吴中士人交往颇多，吴中学人学风对其影响自在情理之中。吴中本是由闽地进京的必经之地，闽地士子北上南下都需取道于此。对此，吴伟业曾云：

闽于地既僻，而人才绝盛，其郡举上计试于礼部者，过重山危栈，涉钱塘，入武林，取道于吴郡，而后由江淮以达于京师；故虽以石斋之贤，海内望尘不及，独于吾吴则山川历览，宾客从游，可指数而得也，况其子弟都讲之至于斯哉！盖是时天下太平，江南文事大振，如余者夙为石斋所知，能推明其教，故舟车之通，声气之合，有如此也。③

正因吴中为闽地往返京师的必经之道，故黄道周多次往返其间，不仅得以历览吴中山川之胜，更时与吴中姚希孟、冯梦龙、徐霞客、陈

① 庄起俦：《漳浦黄先生年谱》，侯真平、娄曾泉校点：《黄道周年谱附传记》，福建人民出版社 1999 年版，第 54 页。

② 龚鹏程：《晚明思潮》第十章《经学、复古、博雅及其它》（商务印书馆 2005 年版）有论述，此不赘述。

③ 吴伟业：《送林衡者还闽序》，《吴梅村全集》，上海古籍出版社 1990 年版，第 751—752 页。

仁锡等士人交往。这其中，姚希孟“于世务，凡人才、兵农、河渠、漕屯之事，无不讲求。尝言当路：诸君子宜先实事后虚声，故世皆以救时之相目公，谓公一旦炳用，必能消朋党之隐祸，济国家之艰难”，① 可谓吴中博雅之士的代表。

崇祯五年（1632 年），黄道周南返途中，游踪遍及大江南北。此次游历中，过常州，再会郑鄤；游茅山，逢周镳，并第三次会徐霞客，与徐霞客结伴下苏州，游包山；后又独自游苏州城西之灵岩山、积金峰、竹坞（文震孟家茔及别墅）、华山寺、寒山寺、天平山等地，并有大量诗作。② 黄道周对吴中情有独钟，不仅是因为吴中山川的秀美，更因此地有“宾客从游”。与吴中友人的这种交往，是同声相应、同气相求的必然。在与吴中士人的交往中，黄道周亦会受到吴中博雅好古学风的熏染。

一位学者的成就，既与其所处的学术环境息息相关，亦决定于其自身的问学经历。黄道周所处的博雅的学术氛围是其成就的外部原因，而其转益多师、师友讲问的问学经历则是其博学多通学术品格形成的内在因素。对于自己这种转益多师、师友讲问的经历与体会，黄道周在其《答郑牧仲③ 书》中的一段话可谓是“夫子自道”。其曰：

王文中造就未宏，遭时衰乱，然犹奔走上下，受《书》于李育，问《诗》于夏琠，考《易》于关子明，正乐于霍汲，而周欲以区区单门

① （清）陈济生：《启祯两朝遗诗小传》，周骏富辑：《明代传记丛刊·学林类⑩》，台湾明文书局影印本，第 202 页。

② 侯真平：《黄道周纪年著述书画考》，厦门大学出版社 1995 年版，第 142—143 页。

③ 郑郊，字牧仲，号南泉居士，莆田人。明亡后，郑郊遁迹山林，足迹不入城市。郑郊“博学能文，幼嗜经史，长以著述自任”，有《朝易》（十七卷）、《史统》（一百四十五卷）等多种著述。郑郊尝至铜山问学于黄道周，黄道周称其“一日千里，未易材也”（详见（民国）《莆田县志》，上海书店出版社 2000 年版，第 576 页）。又赞其“邃于经史，有遗世独立、著论不朽之思”（黄道周：《春秋郑氏传序》，《黄漳浦集》卷二十一）。

独户，坐臻富美，不待高贤，窥其内浅也。孔门诸子各有所长，因循增积，终于高大，而周以稊稗实仓，瓦砾补岳，源澜既杂，蛆蚓同游……汉宋诸儒，途径稍分，不离博、约二路。博不坠于词章，约不入于老、释，虽使董、刘俱跻明堂，朱、陆同登道岸，未为过也。凡人生病痛，皆不在博、约分途。①

黄道周对王通评价历来很高，曾在《万历四十有六年乡试策》的《正学》篇中谓："若夫广六经之意，发自杼轴，适值其穷，近于仲尼之遭者，其惟王通乎？"② 黄道周肯定其成就，同情其遭遇，并将其与孔子相提并论，可见王通在其心目中的地位。王通的转益多师对其不无影响。在上引《答郑牧仲书》中，黄道周正是以隋代大儒王通自况，谓其僻居海滨，而欲"以区区单门独户，坐臻富美"，只能如王通一般转益多师。之所以如此，是因为黄道周认识到人各有所长，只有"因循增积"，方可"终于高大"。虽然这可能会"源澜既杂"，但泛观博览，加之以约驭博，就可以既"不坠于词章"，亦"不入于老、释"。在这里，"源澜"犹言渊源，"杂"在清儒看来，虽有不谨严、不笃实的嫌疑，但实可理解为广博的另一说法。黄道周自谓其学术"源澜既杂"，虽是谦逊之词，但正可一窥黄道周学术的多源，而正是这种多源造就了其学术的多元会通。

第六节　黄道周学术思想特点

中学、西学交汇，朱学、王学争鸣，晚明闽南多元化的学术环境就是黄道周成长的具体学术语境。在此语境中，转益多师、师友讲问的

① 黄道周：《答郑牧仲书》，《黄漳浦集》卷十八。

② 黄道周：《万历四十有六年乡试策·正学》，《黄漳浦集》卷九。

问学经历和勤学苦思的学习实践，造就了一代大儒黄道周。综合以上各部分内容的考述，现在可以对黄道周学术思想的特点做一个概括性的描述和分析。

一、虚实相济，和会朱王

儒学发展史上，曾有过几次重要的学术论争。除了先秦时期荀子批评思孟之外，[①] 宋明理学中的程朱、陆王之争是另一个具有重大影响的论争。儒学内部的这些论争看似激烈，但从其实质看，都是儒学在其发展过程中与时迁移的逻辑演进。论争双方都是儒学的传人，本质上是相通的。程朱、陆王是儒学一体之两面，既有统一性，又有斗争性，并于矛盾运动中推动着儒学的发展。正因为如此，儒学内部不同论争双方都存在着和合会通的学理基础，王守仁也才可能有朱子晚年定论之说。

从明代儒学的发展历史看，有明一代，朱、陆和会并不仅是晚明才出现的，有"开国文臣之首"美誉的宋濂，其理学思想与其所师承的金华朱学有所不同，"偏于向内冥求，而与直求本心的陆学有其相近的地方"。正因为如此，"他对陆学曾表示过某种同情，透露出他对朱陆异同所持的调和态度"。[②] 之后的薛瑄等人虽然以程朱理学为宗，但其思想实际上蕴含着向心学转化的因素。进入晚明，这种调和趋势更加明显，持此意见的学者更多。此种影响一直延续至清初几十年。康熙年间的彭定求其学"出于汤斌，斌之学出于孙奇逢，奇逢之学出于鹿善继，善继之学则宗王守仁《传习录》。故自奇逢以下，皆根柢于姚江，而能参酌朱、陆之间，各择其善，不规规于门户之异同"，其所著《南畇文

---

① 《荀子·非十二子》批评子思、孟子道："略法先王而不知其统，犹然而材剧志大，闻见杂博。案往旧造说，谓之五行，甚僻违而无类，幽隐而无说，闭约而无解。案饰其辞而祗敬之曰：此真先君子之言也。子思唱之，孟轲和之，世俗之沟犹瞀儒，嚾嚾然不知其所非也，遂受而传之，以为仲尼、子游为兹厚于后世，是则子思、孟轲之罪也。"

② 侯外庐、邱汉生、张岂之主编：《宋明理学史》（下），人民出版社 1997 年版，第 75 页。

集》"持论则兼采二家，无所偏倚"[①]。正是基于这种学术立场，其《儒门法语》辑录朱熹、陆九渊、薛瑄、吴与弼、陈献章、王守仁、邹守益、王敬臣、罗洪先、王畿、顾宪成、高攀龙、蔡懋德、魏校、罗伦、冯从吾、吕坤、孟化鲤、刘宗周、陈龙正、黄道周二十一人讲学之语，主张"功殊博约，候分顿渐，自朱、陆立言始。要之，入门异而归墟同，无容偏举"。[②]

处于此种学术发展趋势中的黄道周也深受影响，如前所述，黄道周对于王学不是没有批评，但他所批评的只是王畿、李贽之类的王学末流。对于王守仁，黄道周则是极为仰慕的。根据前面几节内容的分析可知，一方面，王学在僻远的闽南广为传播，黄道周交往频繁的师友中多有学出王门者，故黄道周不能不受王学影响。另一方面，"闽为紫阳过化地，至今风流未泯，人文之盛媲美吴越，而理学渊源尤莫盛于漳浦一邑"。[③]生长于朱子之学兴盛的漳浦，黄道周自幼浸淫其中，必然对朱子之学了解甚深。这为其折中其说，会通程朱、陆王提供了可能。黄道周对待程朱、陆王学术传统的态度，可以用黄道周自己的论述来概括，即"用子静以救晦翁，用晦翁以剂子静。使子静不失于高明，晦翁不滞于沉潜"。[④]

可见，在对待程朱、陆王上，黄道周持的是一种较为明显的和合会通的态度。在为施邦曜辑评的《阳明先生集要》所作的序文中，黄道周对施邦曜的"病实""病虚"之论大为推崇。序文云：

善哉，施四明（忠介）先生之言曰：天下病虚，救之以实；天下病实，救之以虚。晦翁当五季之后，禅喜繁兴，豪杰皆溺于异说，故宗程氏之

① 《四库全书》研究所整理：《钦定四库全书总目》（整理本），中华书局1997年版，第2555页。

② 《四库全书》研究所整理：《钦定四库全书总目》（整理本），中华书局1997年版，第1282页。

③ 张伯行：《蔡恭靖先生墓志铭》，《正谊堂文集》卷十二，清乾隆刻本。

④ 黄道周：《朱陆刊疑》，《黄漳浦集》卷三十。

学，穷理居敬，以使人知所持循。文成当宋人之后，辞章训诂汩没人心，虽贤者犹安于帖括，故明陆氏之学，易简觉悟，以使人知所返本。[1]

黄道周首先以“善哉”一语大发赞叹，接着引施邦曜之语云：“天下病虚，救之以实。天下病实，救之以虚。”对此，黄道周加以解释发挥，认为当五季之后，“禅喜繁兴，豪杰皆溺于异说”，是为“天下病虚”。因此，朱子起而“宗程氏之学，穷理居敬”以救其虚，这是以实济虚。朱子之学至南宋理宗时被定为官方哲学，历经元、明两代官方的提倡和弘扬，地位越发崇高，但其弊端也日益显现，以至“辞章训诂汩没人心”，“贤者犹安于帖括”，故顾宪成有“以考亭为宗，其弊也拘”[2]之说。此为“天下病实”。此时，王学起而救其病，这是以虚济实。但是，王学发展到晚明，其末流近于禅，天下又转为“病虚”，故顾宪成又有“以姚江为宗，其弊也荡”之论。[3]依照施邦曜虚实循环的观点，应该又是以“实”救之。

黄道周之所以赞赏施邦曜的虚实相济之论，是因为“天地之道，一羸一乏，视其所会，以相救治”。[4]黄道周认为朱、王之学在特定的历史条件下各有其合理之处，而晚明的社会现实又迫使其思考解决的办法，寻找能够解决现实危机的经世致用的笃实之学。这种学术思考和追求归结到一点，就是要与时迁移，合于世用，有裨治道。这也是背后的深层次原因。这种思考为黄道周兼采诸家，会通程朱、陆王提供了可能。

其实，鉴于晚明社会及学术的现状，不少学者已经意识到了由王学而导致的“虚”之弊端，东林领袖之一的高攀龙对此即有不少论述。高攀龙与顾宪成重建东林书院，著书讲学于东南，影响遍及宇内，有

① 黄道周：《王文成公集序》，《黄漳浦集》卷二十一。
② 顾宪成：《小心斋札记》卷三，《顾端文公遗书》，续修四库全书本。
③ 顾宪成：《小心斋札记》卷三，《顾端文公遗书》，续修四库全书本。
④ 黄道周：《春秋元命图》，《易象正》卷终下，文渊阁四库全书本。

“一时儒者之宗”之誉。高攀龙“少读书，辄有志程、朱之学”，[①] 尝自谓“龙之学以朱子为宗”[②]。在治学中，高攀龙极为重视《大学》的“格物致知”之说，他肯定程、朱由格物而入的“格物穷理”说，批评王守仁由“致良知”而入的“格物致知”说。高攀龙认为，“格物而入者其学实”，“不由格物而入者其学虚”，[③] “陆子于朱子遂成异同，本朝文清（薛瑄）与文成（王守仁）便是两样”[④] 的原因正在于此。正是基于“今日虚症见矣”的考虑，高攀龙明确主张“吾辈当相与稽弊而反之于实。”[⑤]

可见，虚实之辨不仅是黄道周、施邦曜等人所关注的，也是诸多关注时事的晚明学者所共同关注的。这是时代要求在学术上的反映，体现的正是学者的社会责任感和历史使命感。

二、淹博广通，以务世用

黄道周学问淹博，举凡经学、理学、天文历数、诗文、书画，无所不涉，而且成就斐然，这素为学者所肯定。如果说在黄道周学术思想属朱属王的问题上还有较多争论，那么在其博学多通这点上，学者们就显得出奇的一致。

黄道周自幼“自经传子籍，旁及诗赋声律、铅汞阴阳之学，无不耽精玄览”，[⑥] 其学“如武库无所不备，而尤邃于《易》”[⑦]。关于这方面的

---

① 张廷玉等：《明史》，中华书局 1974 年版，第 6311 页。

② 高攀龙：《答方本庵一》，《高子遗书》卷八下，文渊阁四库全书本。

③ 高攀龙：《答方本庵一》，《高子遗书》卷八下，文渊阁四库全书本。

④ 高攀龙：《知及之章》，《高子遗书》卷四，文渊阁四库全书本。

⑤ 高攀龙：《知及之章》，《高子遗书》卷四，文渊阁四库全书本。关于高攀龙的理学思想，侯外庐、邱汉生、张岂之主编的《宋明理学史》（下）（人民出版社 1997 年版）设有专门章节，论述颇详，可资参考。

⑥ 庄起俦：《漳浦黄先生年谱》，侯真平、娄曾泉校点：《黄道周年谱附传记》，福建人民出版社 1999 年版，第 48 页。

⑦ 朱彝尊：《经义考》卷六十三，文渊阁四库全书本。

文献，前文引述很多，此处不复再引。这里需要进一步引申论述的是，黄道周淹博广通的背后是其以务世用的学术追求。从黄道周一生的活动轨迹看，虽然其大部分时间是在乡居讲学中度过的，但无论是庐居墓下，还是颠沛于仕途，其所思所虑都在于世风、国运。其为学，无论是讲学还是著述，都具有强烈的现实针对性，都以有裨世用为诉求，“他的思想无论从哪个方面来看，都包含了他对晚明政治、社会、学术问题的思考与回应”。[①]这一点，在前文已有涉及，下文相关章节则会做进一步展开，此处先略作论述。

从黄道周的学术活动和著述看，其学术活动具有鲜明的现实考量的特征，所体现的正是其以务世用的学术追求。

黄道周著有多种儒学经典的传注，这类著述，或为某部经典的全部，或为某部经典的部分篇目，但无论从其对传注对象的选择，还是从其传注的方法和体例看，都体现了其务为世用的治学理念。黄道周掌司经局后，即上疏“请理库局，钞录宝书，以存典故，并称五经书中有鸿篇巨章，宜别为图录，以备留览”。黄道周认为，《洪范》“皆言性命立极之道”，《月令》“皆言政事随时之道”，《儒行》“皆言知人任使之道”，《缁衣》“皆言好恶感民之道”，所以“先呈进览”。[②]

具体以黄道周的《礼记》类著述为例。《四库全书》在其“礼类”《礼记》之属的著录中，关于明人的著述，除了《礼记大全》、黄宗羲《深衣考》两种外，著录最多的就是黄道周的《礼记》著述，凡五种：《月令明义》《表记集传》《坊记集传》《缁衣集传》《儒行集传》。从这种著录情形看，可见清儒对黄道周礼学的肯定。从这五种内容看，《月令》以阴阳五行之学“记十二月政之所行”，[③]《坊记》“记六艺之义，所

① 陈来：《黄道周的生平与思想》，《国学研究》（第十一卷），北京大学出版社 2003 年版，第 87 页。

② 黄道周：《进缴书录疏》，《黄漳浦集》卷三。

③ （东汉）郑玄注，孔颖达疏，龚抗云等整理：《礼记正义》，北京大学出版社 1999 年

以防人之失”，[①]《表记》“总论君子及小人为行之本，并论虞、夏、殷、周质文之异，又论为臣事君之道”，[②]《缁衣》“言君上化民，人臣事君，及立身行己之道”[③]，《儒行》则“记有道德者所行”。[④]这其中，如果依照王夫之的观点，则《坊记》《表记》《缁衣》三篇“本末相资，脉络相因，文义相肖，盖共为一书”。[⑤]王夫之认为：“‘表’者，植木为标，以测高下浅深之度者也。凡为坊者，必先立表以为之则，表虽无与于坊，而为坊之所自出，是坊末而表本也。”[⑥]《坊记》与《表记》“相为表里”，“‘坊’者，治人之道。‘表’者，修己之道。修己治人之实，礼而已矣”。[⑦]

正因为如此，《礼记》的这几个篇目多为历代所重视，其影响也较为深远。例如，《儒行》一篇以哀公问、孔子答的形式记载了儒者值得称道的十六种品行，历来为人所重视。吕大临虽然认为《儒行》“此篇之说，有夸大胜人之气，少雍容浑厚之风”，“‘谓孔子言之’，殊可疑。然考其言，不合于义理者殊寡，学者果践其言，亦不愧于为儒矣”。[⑧]黄道周也曾记述道：“昔宋仁宗致治四十年，道化翔洽，尝见《礼》经浩繁，特于其中取《大学》《中庸》《儒行》三篇以赐释褐之臣。”[⑨]的确，赵宋王朝尤其重视《儒行》篇，常以之赐与新及第的进士，《宋会要辑

版，第438页。

① （东汉）郑玄注，孔颖达疏，龚抗云等整理：《礼记正义》，北京大学出版社1999年版，第1399页。

② （东汉）郑玄注，孔颖达疏，龚抗云等整理：《礼记正义》，北京大学出版社1999年版，第1468页。

③ 孙希旦撰，沈啸寰、王星贤点校：《礼记集解》，中华书局1989年版，第1322页。

④ （东汉）郑玄注，孔颖达疏，龚抗云等整理：《礼记正义》，北京大学出版社1999年版，第1577页。

⑤ 王夫之：《礼记章句》（《船山全书》第4册），岳麓书社2011年版，第1359页。

⑥ 王夫之：《礼记章句》（《船山全书》第4册），岳麓书社2011年版，第1317页。

⑦ 王夫之：《礼记章句》（《船山全书》第4册），岳麓书社2011年版，第1213页。

⑧ 孙希旦撰，沈啸寰、王星贤点校：《礼记集解》，中华书局1989年版，第1398页。

⑨ 黄道周：《申明掌故疏》，《黄漳浦集》卷二。

稿·选举二》载："淳化三年三月初九日赐新及第进士《御制诗》、《儒行箴》各一首，十五日诏新及第进士及诸科贡举人《儒行篇》各一轴，令至所著于壁，以代座右之戒。"① 后又扩大范围，所赐对象扩大至近臣，乃至地方官。《宋史·职官八》载："大中祥符元年，真宗……又以《礼记·儒行篇》赐亲民厘务文臣。其幕职、州县官使臣赐敕戒砺。令崇文院刻板模印，送閤门，辞日分给之。"② 究其用意，其目的就在于砥砺品格，端正士风。

从注疏体例上看，黄道周的《礼记》五种传注的著述，虽然不是严格意义上的训诂之作，但这恰是其通经致用的学术追求的具体表现。

总之，晚明社会正处于一大转折之中，晚明学术也处于转型的关键时期。自觉意识到这种转向，是一件极其不容易的事情，也是极富有见地的。有了这种自觉，方能够兼采诸家，融会贯通。黄道周不仅有这方面的自觉意识，而且已经将其付诸自己的学术实践，可惜后来政治局势的巨变使得这种学术上的努力和追求夭折于半途之中。

从学术史的发展可以看出，但凡转折时期的社会，其学者的思想普遍较为活跃，各种学术资源都可以在论争中交互影响。晚明的学术，中学、西学，朱学、王学，各呈异彩。处于社会转折和学术转型期的黄道周，以开放的学术胸襟和有裨世用的学术追求，汲取多种思想资源，成就了其淹博广通。在黄道周复杂的学术体系中，既有理学的因素，亦有经学的因素；有宋儒的成分，亦有汉儒的学问；有中国传统之学的滋养，亦有西方之学的影响。可以说，晚明时代各种学术思想在黄道周身上得以很好地交汇融合。这种交汇，使其学术思想呈现出博洽会通的特点。这一特点，不仅贯穿在学术活动中，也表现在其文学理论上。

---

① （清）徐松辑：《选举二》，《宋会要辑稿》，中华书局 1957 年版，第 4246 页。

② （元）脱脱等撰：《职官八》，《宋史》卷一百六十八，中华书局 1977 年版，第 4008—4009 页。

第三章　黄道周《诗经》学研究

论及黄道周的学术成就，最为世人熟悉和称道的当属其易学，其次是《孝经》学。正因为如此，所以洪思说："（黄子）其学皆可以为《易》，其行皆可以为《孝经》。"① 但是，从黄道周的学术实践看，其对于儒家各种经典均有很深造诣，真正是一个博学淹通的大学者。鉴于黄道周的《易》学和《孝经》学已经有相关成果出现，② 故本章以黄道周的《诗经》学为中心，以点带面来展开对黄道周学术思想的研究。受上文所论之黄道周学术思想特点的影响，黄道周的《诗经》学表现出强烈的通经致用的追求，其关于《诗经》学诸问题的解说虽多有与一般认识不同之处，但在《诗经》学史上亦可自成一家之言。

本章拟将黄道周置于闽地《诗经》学传统下研究其《诗经》学的成就，揭示其《诗经》学的特点。通过这样一个"点"的具体剖析，不仅可以透视其整个学术思想的特色，而且可以使上编所论述的黄道周学术思想的特点得到具体展开和进一步落实。

---

① 洪思：《收文序》，《黄漳浦集》卷首。

② 参见《绪论》部分的研究现状分析。

第一节　闽地《诗经》学的传统与成就

闽地开发较晚，其《诗经》学研究历史自然也较中原为晚。虽然如此，但闽地至迟在五代至北宋初年即已有漳浦蔡元鼎这样的《诗经》学研究专家的出现。据《福建通志》记载：

蔡元鼎，漳浦人。五季衰乱，不干仕进，以文章自命。宋初，屡征不就，讲学大帽山，生徒至者千人，称蒙斋先生。所著有《中庸大学解》、《语孟讲义》、《九经解》、《洪范会元》及杂著、诗文若干卷。①

蔡元鼎生当五季衰乱，故隐居不仕，在其故乡附近的大帽山麓以讲学著述为务。蔡元鼎著述颇多，除了《福建通志》所载各种著述外，《诗经解》（当为其《九经解》之一种）及《辨类诗》即其《诗经》学著述。其后，其孙蔡藻又有《续解》传世。

至南宋，朱子兴学闽地，足迹遍布八闽大地，其所著《诗集传》也在闽地产生了深远影响。受其影响，闽地治《诗》者代有人出，涌现出一大批具有一定影响的《诗经》学专家和专门著述。仅以明代而言，在刘毓庆先生《历代诗经著述考》（明代）② 所著录的明代 740 余种《诗经》学著述中，闽地学者之作有 86 种，约占其总数的 13%，数目之可观可见一斑。

以闽南为例，其地虽僻处海滨，但士风所习，闽南士人亦以善治《诗经》而著名。据《漳浦县志》载：

① 《福建通志》卷四十六，文渊阁四库全书本。

② 刘毓庆、贾培俊：《历代诗经著述考》，中华书局 2008 年版。

闽中郡邑专习一经者，称漳浦《诗》、晋江《易》、莆田《书》，三者殆相鼎峙矣。邑人蔡而烷《葩选序》云："国家明经取士，吾浦治葩经举子业者，百人而九十有九。即此一人，亦长而聪慧，肄及他经耳。《关雎》、《殷武》，未尝不成诵于童习之年也。"宋蔡元鼎作《诗经解》及《辨类诗》，其孙藻作《续解》，陈景肃作《诗疏》；明林敬作《讲义》，江环作《衍义》，王志道作《诗疏》，黄道周作《诗序正》、《诗揆》、《诗表》，何楷作《世本古义》，余诸先辈各有著作，惜多湮没云。①

方志追溯了漳浦一县治《诗》的历史，从蔡元鼎肇其端，至明代而大盛。受这种传统影响，漳浦甚至出现了世治《诗经》的蔡氏家族，体现了世代相传的家学传统。

《闽中理学渊源考》卷八十二中专门列"漳浦蔡氏家世学派"，记述了蔡大壮、蔡宗禹及其子蔡一橙等人的事迹和著述。从《闽中理学渊源考》的记述看，蔡大壮三人分别著有《毛诗释义》《续毛诗释》《诗经会解》，显示了蔡氏以《诗经》为家学传统的事实。② 关于这一点，同为漳浦蔡氏的清初蔡衍鎤在追述其家学渊源时说：

家世治《诗经》，一世祖蒙斋公作《诗解》，其孙象斋为《续集》，厥后世有《释义》。凡应举子者，悉遵守勿失。间有以他经售者，亦其人聪慧有余涉览。及之"四始"、"六义"，未尝不训习自童年也。③

蔡衍鎤谓蔡氏"世治《诗经》"，代有著述。传至蔡衍鎤本人，其"犹欲

① （光绪）《漳浦县志》，（中国地方志集成本》，上海书店出版社 2000 年版，第 219 页。

② 李清馥著，徐公喜、管正平、周明华点校：《闽中理学渊源考》，凤凰出版社 2011 年版，第 839—841 页。

③ 蔡衍鎤：《说诗堂记》，《操斋集》卷九文部，清康熙刻本。

窃蒙斋、象斋诸先人之意，自成家言，名曰《尊卜》"，并且将家中刚刚落成的厅堂命名为"说诗堂"，"以示《诗》为世业，俾子子孙孙浸淫于'四始'、'六义'，以无负吾先人著解立言之意焉"。[①]

闽南士人的《诗经》学著述很多，方志所论列的只是其中很少的一部分。除了五代至北宋初年蔡元鼎的《诗经解》和《辨类诗》、其孙蔡藻的《续解》、陈景肃的《诗经疏》外，宋代闽南士人的《诗经》学著述尚有龙溪人黄櫄的《诗解》二十卷、《总论》一卷。

有明一代，闽南士人《诗经》学著述更多，除了上面引述所及的明漳浦人林敬的《诗经讲义》、江环的《诗经衍义》、蔡宗禹的《续毛诗释》、王志道的《诗经疏》、黄道周的《诗序正》《诗揆》《诗表》和何楷的《诗经世本古义》外，较著名者尚有龙溪人林弼的《诗经解义》，惠安张瑞的《诗经宗义》和《毛诗说》，晋江杨道宾的《风雅源流》、许顺义的《诗经三注粹钞》，同安蔡复一的《毛诗评》，惠安骆日升的《诗经正觉》、《诗经坚白鸣集注》，平和颜茂猷的《诗经讲宗》等。值得关注的是，上述闽南《诗经》学著述多为万历以后之作。清初，闽南《诗经》学著述则有漳浦林锡龄的《诗经审鹄》、蔡衍鎤的《诗经尊卜》，安溪李光地的《诗所》等。这些著述历经岁月风雨，或存或佚，或存于国内，或流散海外，已经很难窥见其全貌了。

从现存的文献看，由于宋元以来的闽地士人多宗朱子，故其《诗经》学研究往往与朱子《诗集传》有较大关涉。这些《诗经》学著述，或严守门户，"溯紫阳之宗而会其旨归"；[②] 或持毛、朱两家之平，"无依

---

① 蔡衍鎤：《说诗堂记》，《操斋集》卷九文部，清康熙刻本。

② 刘毓庆、贾培俊：《历代诗经著述考》（明代），中华书局2008年版，第101页。尊朱熹《诗集传》者以张瑞的《诗经宗义》为代表。张瑞为福建惠安人，嘉靖十七年（1538年）进士，撰有《诗经宗义》。"宗义"者，"溯朱氏之宗而会其义"，即宗朱熹之义也。郭惟贤序《诗经宗义》曰："宗义者何？溯紫阳之宗而会其旨归者也。……紫阳《集注》为《诗》羽翼，而先生《宗义》为紫阳羽翼。《宗》、《传》相续，知必不踵河汾之僭也。"从郭惟贤序文可知，张瑞说《诗》的确一以朱熹为宗（参见刘毓庆、贾培俊：《历代诗经著述考》（明代），中华书

门傍户之私”。[1] 或为由文学径路，重视涵咏性情的“多求其意”的文士之说《诗》；或为走经学路径，颇重义理发挥，“务绳以理”的讲学者之说《诗》。[2] 治学进路虽异，但均在一定程度上反映出明代《诗经》学研究之一端，体现出鲜明的地域特色和时代特征。

闽南士人的这种治学取向，不仅有闽地文化传统的影响，更有明清之际学术氛围的熏染，呈现出丰富性和多样性的特征。蔡衍鎤曾经说：

> 余弗成童，即遭海滨之乱，凡先人手辑《诗》义各已散佚，所见者编残简断焉尔。窃谓说《诗》当以西河为主，自毛、郑以迄文公，瑕瑜各半，无成见，但择其可者。惟《汉广》一解，不惟与先儒迥异，亦与余祖不同。余闻楚有二种，皆名为荆，其一牡荆，枝叶坚劲……其一蔓荆，高四尺……故先儒张氏曰：“‘刈楚’、‘刈蒌’者，所以畜之子之马也。‘于归’云者，游倦而归，与《桃夭》所云异义。”[3]

蔡衍鎤认为毛传、郑笺和朱熹的《诗集传》互有优劣，但必须不抱成见，择善而从。同时，在比较诸家解说异同中，说《诗》者可以独出己见。这种见解，可谓客观。这是闽地《诗经》学的一个重要传统。

概而言之，按照治学进路的不同，闽地《诗经》学研究既有考辨名物的考据学视阈下的研究，也有吟咏性情的文学视阈下的研究，更有

局 2008 年版，第 101—103 页）。此外，漳浦人江环著有《诗经衍义》，其书“为士林所宗，有裨后学甚大。……江环《诗经衍义》一书阐紫阳之精蕴，闽人应制举者莫不奉为正宗。”（蓝鼎元：《上车学宪请补漳浦县乡贤书》，《鹿洲初集》卷一，文渊阁四库全书本。）

① 《四库全书》研究所整理：《钦定四库全书总目》（整理本），中华书局 1997 年版，第 431 页。持毛、朱两家之平者可以蒋悌生《五经蠡测·诗经蠡测》为代表（详见下文）。

② 《毛诗本义提要》，《四库全书》研究所整理：《钦定四库全书总目》（整理本），中华书局 1997 年版，第 190 页。

③ 蔡衍鎤：《说诗堂记》，《操斋集》卷九文部，清康熙刻本。

发挥义理的理学视阈下的研究。

以第一类而言，此类可以黄文焕[①]的《诗经考》为例。《诗经考》凡十八卷，专门考证《诗经》中的名物典故。是书凡例有六：一曰世系，二曰畿甸，三曰人物，四曰天时地利，五曰兵农礼乐，六曰动植。黄氏仍以《经》文篇第为序，各标其目而解之，征引颇为繁富。四库馆臣在《四库提要》中虽对其颇有微词，但其亦不失为闽地考据学视阈下《诗经》学研究的一部重要著作。

由文学径路说《诗》，重视涵咏性情者则有《新锲尊朱诗经讲意举业便读》等。此书由大学士叶向高辑，凡八卷，由题名即可知著者初衷是为举业而作。该书“上层录破。汇选诸名家之入彀者笔之，于以笔夫举业者存览焉。二层讲旨。纂辑前辈茅鹿门等著名家者录，又参近科场昆阜等诸名家者录，后先继美，真可为举业家正印，学诗者细玩之始得。三层摘旨。四层集注。正文之旁有注训者，以诗人一赋一比一兴自有深意在，故增旁注以阐明之。”其《说诗凡例》引叶向高之言曰“看诗正在吟咏风诵间，观其委曲折旋之意，然后方见得诗人性情。”[②]该书本为研习时文技法而作，故多有为人诟病之处，但其重视于吟咏讽诵之间体味诗人性情，则是读《诗》的一大法门。

由理学视阈入手，重视义理发挥的闽地《诗经》学著述主要有《五经蠡测》《诗经宗义》等。明初闽人蒋悌生[③]撰《五经蠡测》六卷，其中有《诗经蠡测》三卷。《钦定四库全书总目》谓蒋悌生“说《诗》，谓《小序》固有纰缪，而朱子疾之太甚。于诸篇同异，务持两家之平，

① 黄文焕，字维章，永福人，天启五年（1625年）进士，崇祯中官山阳知县，擢翰林院编修。黄道周下狱，词连黄文焕，与黄道周同下诏狱。获释后，流寓南都以终。著有《楚辞听直》《诗经考》《陶诗析义》等。

② 刘毓庆、贾培俊：《历代诗经著述考》，中华书局2008年版，第167页。

③ 蒋悌生，字叔仁，福宁州人。洪武初，以明经官训导。李清馥《闽中理学渊源考》卷九十有传。

在元明之间，可谓屹然独立，无依门傍户之私”。[①] 从蒋悌生说《诗》的具体情形来看，其说“屹然独立”，于朱熹《诗集传》和《毛诗序》二家并无门户之偏见，反以为朱子《诗集传》说《诗》攻《毛诗序》太甚。尤为值得注意的是，蒋悌生论《诗》重义理发挥，而且动辄将《诗》与社会政治联系起来，以此揭示社会治乱盛衰。刘毓庆先生曾举例分析道：

> 其于朱子“《诗》学”多有补正、纠差之意，论《诗》亦重在义理阐发，辄将诗与自然物理、天理人欲、政治盛衰联系。如说《常棣》，则大讲“常人之性”、“圣人之天性”、“性情之正”；说《大明》，则讲“对人吊伐之师”，讲“知天命”；说《绵》篇，则讲治国大纲：皆有明显之理学化趋向。[②]

可见，蒋悌生的《诗经蠡测》在持平于朱、毛之间的同时，更重视义理发挥，具有显著的理学化趋向。

第二节　黄道周《诗经》学概述

黄道周经学成就很高，王夫之称其为“经义正宗”[③]，并谓“近世名人略微洗涤：《诗》则黄石斋、凌茗柯，《春秋》则刘同人及路君朝阳，逸群遒上，庶几不负‘明经’之目”。[④] 可见，黄道周《诗经》学成就在明清之际已为人所称许和肯定。黄道周的《诗经》学成就得力于其治

---

① 《四库全书》研究所整理：《钦定四库全书总目》（整理本），中华书局 1997 年版，第 431 页。

② 刘毓庆、贾培俊：《历代诗经著述考》（明代），中华书局 2008 年版，第 2 页。

③ 王夫之著，戴鸿森笺注：《薑斋诗话笺注》，上海古籍出版社 2012 年版，第 220 页。

④ 王夫之著，戴鸿森笺注：《薑斋诗话笺注》，上海古籍出版社 2012 年版，第 252 页。

《诗》经历，他人的称许和肯定则与其丰富的《诗经》学著述息息相关。

一、治《诗》经历

黄道周自幼浸淫于具有浓郁《诗经》学氛围的闽南，耳濡目染，一生治《诗》不辍。黄道周金陵就义后，后人撰写的年谱与传记虽多，但关于其治《诗》的经历多语焉不详。其弟子庄起俦《漳浦黄先生年谱》中，只有“从伯兄讲业于渔鼓溪之顿坑者凡数年。自经传子籍，旁及诗赋声律、铅汞阴阳之学，无不耽精元览焉”①一概述性的记述。另一弟子洪思所撰《黄子年谱》记述略详，但也不过寥寥数语。洪思记曰：

> 二十年壬辰，黄子八岁。好观六经之文，雅不乐于俗也。每喜挟册而游，振衣于渔鼓溪之上而乐焉，乃从其里人讲业于此，求之六经，遂尽六经之意，三年而能属文。②

这里，年谱对黄道周早年学习经历的记述都很简略，在提及黄道周学习六经时，也只是概述其究心于六经之中，而未专门叙述其学习《诗经》的情况。但是，《诗经》既为六经之一种，“好观六经之文”“尽六经之意”自然也包括了研习《诗经》在内。

通过爬梳地方文献，可以发现蔡衍鎤《说诗堂记》中记述了一则黄道周论《诗》的逸事。其文曰：

> 先祖中石公以葩艺名世，伯祖升薇公复著《葩说》。石斋黄先生见

① 庄起俦：《漳浦黄先生年谱》，侯真平、娄曾泉校点：《黄道周年谱附传记》，福建人民出版社 1999 年版，第 48 页。

② 洪思：《黄子年谱》，侯真平、娄曾泉校点：《黄道周年谱附传记》，福建人民出版社 1999 年版，第 2 页。

而喜之，曰："若二蔡者，可与言《诗》矣。"一日，先生适门人林氏宅，先祖从。先生偶谈《汉广》，一门人请曰："古人言楚在薪中，尤为翘拔，则蒌白蒿也，亦能翘出于薪乎？"先生顾谓余祖必有别解。祖曰："薪，美材也；楚，恶木也。《诗》但言薪不可刈，'言刈其楚'，兴之子不可思，'思秣其马'。"时有病其与先儒同异者，独先生拍案称绝。自是，每谈《诗》必质余祖兄弟。①

蔡衍鎤所建之"说诗堂"本为黄道周弟子"林氏故宅"，为"石斋讲《汉广》处也"。蔡衍鎤记述此则逸事，既是为了说明其"《诗》为世业"的家学历史，也是为了"表先生（黄道周）名迹"。②此则逸事，不仅可以作为黄道周精研《诗经》的一个例证，而且从中可以看出黄道周治《诗》不拘泥于成说的特点。

据洪思《黄子年谱》记载，黄道周于万历四十四年（1616年）曾"杜门作《诗揆》、《春秋揆》，以应人之求"。③此时，黄道周仅三十二岁，却已有人向其问《诗》，可知黄道周的《诗经》学造诣在其早年即已具有较大影响。

黄道周生于治《诗》之风颇盛的漳海地区，其科举考试所专之经即为《诗》，后更为会试中《诗经》一房的同考官。

丁绍轼在万历四十六年（1618年）戊午科《福建乡试录》中列"中式举人九十五名"姓名、籍贯及所专之经，其中赫然有"黄道周，漳州府，学《诗》"字样。④从丁绍轼所撰《福建乡试录序》⑤可知，是年主持福建乡试者正是其人。此外，《天启二年壬戌科进士履历》中亦

① 蔡衍鎤：《说诗堂记》，《操斋集》卷九文部，清康熙刻本。

② 蔡衍鎤：《说诗堂记》，《操斋集》卷九文部，清康熙刻本。

③ 洪思：《黄子年谱》，侯真平、娄曾泉校点：《黄道周年谱附传记》，福建人民出版社1999年版，第8页。

④ 丁绍轼：《福建乡试录》，《丁文远集》外集卷二，明天启刻本。

⑤ 丁绍轼：《福建乡试录序》，《丁文远集》外集卷二，明天启刻本。

有“黄道周，石斋。《诗》二房”[①]的记载。崇祯十年（1637年）春，黄道周分校会试时，所主持的正是《诗》一房。试后，黄道周在按照惯例刊行《诗》一房试卷时，作《〈诗〉一房制义序》[②]。

主持会试结束后的当年五月，黄道周“升谕德，掌司经局”，看到司经局“司经名局，实无一书；职掌司经，徒存一篆”的荒废景象，有感于“文法委弛之至于此”，从培养储君的高度，于该年冬十月，上《申明掌故疏》，主张修撰、颁行一批典籍，其中特别提及《礼》《书》《易》和《诗》的重要性，认为只要“择此四经大篇巨章”，“错于‘四书’，以翌宝训，大可有宋仁唱道之效，小可通魏相赞治之旨，在约御博，不及三年而义类备举”。[③]之后，《洪范明义》《月令明义》《儒行集传》《缁衣集传》等经传陆续完成，并在自己因平台召对触怒崇祯而被降六级调用后先行进呈。[④]此时虽不见进呈《诗》，但毕竟为其传注、进呈计划中的重要一种，只是因为变故而暂时搁浅了。

黄道周“通籍二十载，历俸未三年”，[⑤]其一生大多在读书、讲学、著述中度过。讲学中，《诗经》也是其讲论的重要内容。从记录其家居讲学时师生问答之语的《榕坛问业》看，其中就有大量探讨《诗经》的言论。这些语录，涉及《诗经》学史上的多种重要问题，无疑是研究黄道周《诗经》学成就的重要文献。

通过以上诸多文献的梳理，基本可以粗线条地勾勒出黄道周治《诗》的经历。黄道周治《诗》，既与闽南《诗经》学传统的熏染有关，也与其对于《诗经》的认识有关。闽地《诗经》学传统前文已有论述，而关于黄道周对《诗经》的认识将在下文逐渐展开。

---

① 《天启二年壬戌科进士履历》，国家图书馆藏明天启刻本。

② 黄道周：《〈诗〉一房制义序》，《黄漳浦集》卷二十二。

③ 黄道周：《申明掌故疏》，《黄漳浦集》卷二。

④ 黄道周：《进缴书录疏》，《黄漳浦集》卷三。

⑤ 黄道周：《感恩疏》，《黄漳浦集》卷三。

二、黄道周《诗经》学著述考

学术界对黄道周《诗经》学成就关注不够，并不是因为其成就不高，而是因为其《诗经》学著述散佚非常严重。黄道周《诗经》学著述虽然散佚严重，但是经过一番爬梳剔抉的搜检努力，还是可以发现黄道周依然有大量的《诗经》学论述存世的。这些文献的发现，正是本章节研究得以成立的文献基础。

根据笔者所见，黄道周的《诗经》学著述大体可分为三大类：一、经学视阈下的《诗经》学研究专门著作；二、为研习时文技法而作的《诗经》评点类著作，它基本应属文学视阈下的《诗经》学研究；三、散见于黄道周讲学或诗文中的说《诗》言论，这一类也多属于经学视阈下的《诗经》学研究。

关于第一类，黄道周弟子洪思《收文序》云："有曰《诗序正》者，有曰《诗揆》者、《诗表》者，盖以昭《诗》、乐之务，遂畅《诗》、律之说，今或亡矣。"① 此外，尚有《诗晷正》若干卷。

《诗序正》，已佚。洪思注《诗表序》曰："凡黄子所为《诗序正》、《春秋表正》，犹未脱草以授弟子。"②《易象正序述》载黄道周云："文字之业，总不足存，天假数年，得就前业，则《易象正》、《诗序正》、《春秋表正》，此'三正'者当留山中，以扃宝藏耳。"③"三正"之中，《易象正》得以最终完成，而《诗序正》和《春秋表正》则未最终定稿，而且书稿极可能已毁于战乱之中。

《诗揆》，已佚，卷数不详。《诗表》是黄道周早年作品，原有36卷，今仅存其序。④ 洪思《黄子年谱》曰："(万历) 四十四年丙辰，黄

---

① 洪思：《收文序》，《黄漳浦集》卷首。

② 洪思：《诗表序·注》，《黄石斋先生文集》卷七。

③ 黄道周：《易象正》，文渊阁四库全书本。

④ 关于《诗表》，下文将专门加以讨论，故此处暂且置而不论。

子三十有二岁，杜门作《诗揆》、《春秋揆》，以应人之求。”[①] 可知《诗揆》作于万历四十四年（1616 年）黄道周杜门著书之时。另据洪思父亲洪京榜记曰：“《诗表》与《诗揆》，可五十卷，是子夙年杜门时书。时浦中学者，唯陈士奇、陈瑸者有之。然二陈有书咸不乐传，何也？后南陈（陈士奇）仕于蜀，西陈（陈瑸）仕于楚，俱以陷贼殉节而死，不复归，书遂亡。”《诗表》36 卷，则可知《诗揆》约 10 多卷。[②]

《诗晷正》也是一篇未竟之作。黄道周《告辞十八翁》自序云：“丙戌（隆武二年，1646 年）就俘以来，谊在必死。未了诸缘，无所复忆，所忆者惟《春秋表正》、《诗晷正》二书未就及未登嵩室、陟华岳之巅耳……《诗晷正》必须吾自草，无复能传其意者。”[③] 二书未就，而黄道周已就义金陵，遗稿也不知所终。

此外，黄道周有一篇专门的《诗经》学论文，题为《与孟长民说〈诗序〉》。[④] 孟长民即孟应春，字长民，浙江杭州人。崇祯十七年（1644 年）任潮阳知县，后御寇赴海殉难。孟应春为黄道周大涤弟子，曾参校黄道周《易象正》。朱彝尊《徐先生墓志》记载：

崇祯三年秋，漳浦黄公道周来典浙江乡试。榜既放，以力学勖门弟子。久之，公以言事获罪，出至杭州。爱大涤山，治精舍著书，门弟子皆从讲学。其后忠节则慈溪刘振之而强、钱塘姚奇引有仆，经术则海宁朱朝瑛美之、仁和孟应春长民、余姚何瑞图羲兆，书法则嘉兴汪挺之无上，而徐先生伯龄节之以诗画颉颃其门。[⑤]

① 洪思：《黄子年谱》，侯真平、娄曾泉校点：《黄道周年谱附传记》，福建人民出版社 1999 年版，第 8 页。

② 侯真平先生在其《黄道周纪年著述书画考》（厦门大学出版社 1995 年版，第 508—512 页）中对于黄道周这几种《诗经》学著作的版本、流传等有较详细的考证，可资参考。

③ 黄道周：《告辞十八翁》，《黄漳浦集》卷四十八。

④ 黄道周：《与孟长民说〈诗序〉》，《黄漳浦集》卷二十九。

⑤ 朱彝尊：《徐先生墓志》，《浙江通志》卷二百八十。

从朱彝尊的记述可知，黄道周诸大涤弟子各有所长，而孟应春是以经学见长的。《与孟长民说〈诗序〉》即为黄道周与其论说《诗序》的文章，其中涉及《诗经》学研究中的不少重要问题。

关于第二类，也即黄道周《诗经》评点类著述的出现，则与晚明文坛的风尚密切相关。为了研习时文的写作技法，明代文坛评点诗文之风颇为盛行。黄道周也曾参与其中，并留下了不少评点之作，下文所论之《古文备体奇钞》即为其中一种。

具体到《诗经》评点，黄道周的一些评点之作有不少是散见于其他著述中。孙鑛为明代非常活跃的一位诗文评点者，先后评点过《孙月峰先生评文选》三十卷、《文子》十二卷、《孙月峰先生批评诗经四卷批评书经六卷批评礼记六卷》等。黄道周与陈继儒、王思任、倪元璐等十多位同时代著名学者共同参与过对其《孙月峰先生批评诗经》的校雠工作。

黄道周不仅评点《诗经》，而且对他人的《诗经》评点进行过评论。黄道周曾在《诗经琅玕·例言》中对钟惺的《诗经》评点说：“竟陵钟伯敬先生以《诗》活物，不事训诂，专慎批点，如老泉评《孟》，叠山品《檀弓》，差为诗人点睛开面。”①

这里提及的《诗经琅玕》，旧题黄道周编著。此书藏本很少，笔者所见，国内有北京大学图书馆藏醉耕堂刻《新刻黄石斋先生诗经琅玕》十卷八册，另附有《学诗总论》一篇。北京大学图书馆藏书标签注明该书约刻于顺治至康熙十一年间（1644—1672）。据陆林先生的考证，醉耕堂为周亮工家从其父周文炜至亮工、亮节父子、兄弟相沿不替的刻书坊号。② 因此，断定其刊刻的大体时间在清初是可信的。该书版分上下两栏，是一典型的“高头讲章”式的本子。前有序3页，落款是“白氏

① 《新刻黄石斋先生诗经琅玕》，清醉耕堂刻本，北京大学图书馆藏。

② 陆林：《周亮工参与刊刻金圣叹批评〈水浒〉、古文考论》，《社会科学战线》2003年第4期。

序”。序后有篇题跋，落款是“寅牧氏又识”。接着依次为目录、《学诗总论》一篇、“诗经琅玕图考”，最后是正文。

从郑尚玄序文可知，《诗经琅玕》虽托名于黄道周，但实为黄道周弟子郑尚玄和熊九岳所撰。郑尚玄在序文中说：“盖以夙所受教于先生者，出以质天下，将使天下读予友书无异读先生书。先生往矣，而其人未往，其教未往也。”① 因此，《诗经琅玕》虽为托名，但与黄道周《诗经》学研究关系极大，不可轻易弃之。《诗经琅玕》虽是为举业而作的“高头讲章”式的著述，但因重视涵咏体味而极富文学色彩，在某种程度上体现的恰是黄道周《诗》学的另一面。《续修四库全书总目提要》评述道：

惟其谓读《诗》与他书别，惟涵泳浸渍乃得之，则颇称有见。故其推阐诗旨，亦多足破腐儒之陋者。如《周南·卷耳全旨》云：“此诗以‘嗟我怀人’句为主，首一‘嗟’字，末一‘吁’字相照，正是怀之永而且至于伤也。‘采采卷耳’以下，皆是托信，非实事，所谓思之变境也。一室之中，无端而采物，忽焉而登高，忽焉而饮酒，忽焉而马病，忽焉而仆痡，俱意中妄成之，旋妄灭之。可见怀人之思自真，而境之所设皆假也。”又如释《汉广》“言秣其马”句云：“秣马非欲睹人，亦非欲亲其德，只是慕其不可求，而设此以致好德之诚。如所谓‘虽为执鞭，犹欣慕意近云’之类，皆能涵泳经文，而深得风人之旨。是亦不必以其为制艺而作，遂废其书也。”②

在传世的《诗经》评点类著述中，还有两种从署名看都与黄道周相关的《诗经》评点之作。其一，明刊本《新镌六经句解四书正印》。

① 《新刻黄石斋先生诗经琅玕》，清醉耕堂刻本，北京大学图书馆藏。

② 中国科学院图书馆整理：《续修四库全书总目提要（稿本）》(19)，齐鲁书社 1996 年版，第 503 页。

是书藏于日本内阁文库，署名为明黄道周和黄东崖（即前文提及之黄景昉）编。虽没有能够看到此书，但从其题名《六经句解》推测，当包含《诗经句解》在内。日本内阁文库收藏有多种国内失传的黄道周著述，上述《诗经琅玕》也庋藏在内，可惜均无机会浏览。

其二，《李愚公先生汇评六翰林诗经主意宝藏》四卷。此书署李若愚辑、黄道周等评点。李若愚，字知白，号愚公，汉阳人。万历四十七年（1619 年）进士，历官至江西右参政。所著有《证学编》《读书录》《太极图义》《诗经七易稿》《历代相臣传》《昭代名臣录》诸书。论其诗，王夫之《薑斋诗话》有“万历之季，李愚公始以坚苍驱软媚”① 之论。《湖广通志》卷九十九有高世泰《李愚公传》。此书现藏四川师范大学图书馆，但亦因种种原因无法得览详情。甚憾！

第三类是黄道周在不同场合下的关于《诗经》的各种论述，这是传世最多且最可信的一类。这些论述主要保存在记录其讲学内容的《榕坛问业》、各种经传著作及其诸多诗文中。黄道周一生讲学不辍，《诗经》是其讲论的重要内容之一。《榕坛问业》较为集中地记录了大量黄道周论述《诗经》的内容，而且其所讨论的内容涉及《诗经》学的各个方面。此外，黄道周著述宏富，有多种经解著述，其中多有论及《诗经》之语。所有这些，当为黄道周最为可信的《诗经》学文献，因而下文论述中会有比较多的引用。

因为讲学，黄道周的弟子门人众多，且有成就者亦不少。这些弟子的著述中屡有征引黄道周论《诗经》的言论，这也是值得关注并需要加以辑录的重要文献。桐城钱澄之于明末避兵闽地，曾问学于黄道周。钱澄之采集诸儒论说《诗经》之语，著有《田间诗学》。在钱澄之引述的二十家《诗》说中，就包括了黄道周及其同乡好友何楷《诗经世本古义》的论《诗》之言。例如，论《周颂·潜》之旨时，钱澄

---

① 王夫之著，戴鸿森笺注：《薑斋诗话笺注》，人民文学出版社 1981 年版，第 208 页。

之引黄道周之语曰："是荐鲔之终事也。"[1] 论《鲁颂·有駜》之旨，又引黄道周论《诗》之语曰："孟夏之酎，则序爵于朝。孟冬之烝，则序齿于学。所以正功德奠天地之义也。"[2] 在疏解《鲁颂·泮水》第三章时，钱澄之则引黄道周之语曰："养老之道废，则子弟易其父兄，庶姓慢其长上，骄奢荐出，而叛乱滋起。故夫养老者，所以教子弟而崇齿让也。群丑之屈，即本于此。晋文公谓民未知礼，未生其共，于是大搜以示之礼。城濮之役，望其师少长有礼，曰：'其可用也。'用之遂以胜楚。礼之足以治兵也如是。然则民习养老之教，而群丑之屈何疑？"[3]

综上可见，黄道周《诗经》学著述极为丰富，但长期被学界忽略，实乃一大憾事。

第三节　黄道周与《诗经》学公案

《诗经》是中国文学的源头之一，也是极为重要的文化经典，历来研究者众多。在两千多年的《诗经》学研究史上，由于所处的历史语境和学术语境的不同，由于所持的学术观点不同，众多治《诗》者对于《诗经》研究中的一些问题产生了争论。这些问题的争论有些至今还是众说纷纭，莫衷一是，从而形成了《诗经》学史上的若干公案。洪湛侯先生曾指出，"二千多年以来，有关《诗经》的论著，数以千计，是我国古代典籍中说解最详、派别最繁、争议问题最多的书"；[4] "二千年来，在《诗》学研究领域里，今文与古文之争，南学与北学之争，汉学与宋学之争，考据学与义理学之争……派别林立，纠缠不清，这些都是历史

① （明）钱澄之著，朱一清校点：《田间诗学》，黄山书社 2005 年版，第 896 页。
② （明）钱澄之著，朱一清校点：《田间诗学》，黄山书社 2005 年版，第 938 页。
③ （明）钱澄之著，朱一清校点：《田间诗学》，黄山书社 2005 年版，第 943 页。
④ 洪湛侯：《诗经学史》，中华书局 2002 年版，第 1 页。

上发生的无法回避的事实”。①

概括地说，《诗经》学史上的公案主要包括《毛诗序》的作者、时代及其尊废问题、“二南”问题、孔子删诗问题、“五际”“四始”问题等。这些问题，但凡研究《诗经》者都不得不面对，而且必须给出自己的解释。黄道周精研《诗经》，对于这些公案同样有过回应和论述。不仅如此，由于黄道周独特的学术背景和学术追求，使得其对于这些公案的论述显现出独特的一面。

一、黄道周论“删诗”

“孔子删诗说”最早由司马迁提出。司马迁在《孔子世家》中说：“古者《诗》三千余篇，及至孔子，去其重，取可施于礼义，上采契、后稷，中述殷、周之盛，至幽、厉之缺，始于衽席……三百五篇孔子皆弦歌之，以求合韶、武、雅、颂之音。”② 之后，王充、班固等都赞成其说，一直到唐代孔颖达才对此提出异议。他说：

> 如《史记》之言，则孔子之前，诗篇多矣。案书传所引之诗，见存者多，亡逸者少，则孔子所录，不容十去其九。马迁言古诗三千余篇，未可信也。③

这以后，对于孔子究竟是否“删诗”遂成为《诗经》学史上的一大公案。从《诗经》学史看，自孔颖达之后，欧阳修、王应麟、马端临、顾炎武、姚际恒等都支持孔子“删诗”之说，而郑樵、朱熹、王柏、朱彝尊、崔述、方玉润和皮锡瑞等则持反对态度。对于这种争论纷

---

① 洪湛侯：《诗经学史》，中华书局 2002 年版，第 3 页。

② 司马迁：《史记》，中华书局 1963 年版，第 1936 页。

③ （汉）毛亨传，郑玄笺，孔颖达疏，龚抗云等整理：《毛诗正义》，北京大学出版社 1999 年版，第 8 页。

纭的情况，清人朱彝尊《经义考》引述了十多家的争论之说，今人洪湛侯先生也在其《诗经学史》中全面回顾了《诗经》学史上关于这个问题的一些论争。①

黄道周赞成"孔子删诗"说，但对"删诗"内涵的理解却有别于他人。《榕坛问业》中有一段黄道周与其弟子关于《诗经》的讲论，原文如下：

张镇朴云："《春秋》既是夫子绝笔，未可顿参。如夫子删《诗》时才四十余耳，弟子讲论已自多年，如何至今有齐、鲁、毛、韩纷纷不决，直至紫阳翩其反而肯綮紧要，毕竟何在？"

某云："贤亦寻他何处未得？"

镇朴云："且如'三始'便自不同。《常棣》、《伐木》、《祈父》、《白驹》，各有风刺；《崧高》、《蒸民》朋友相赠，都有风颂，直以大篇列于正雅。《天保》、《采薇》，治内治外，天子所用，又非短章，列于小雅；《宾筵》（即《小雅·宾之初筵》）、《抑戒》（即《大雅·抑》），一人之诗，篇数俱巨，别分大、小。此义何居？"

某云："此义前人都攻击去了，毕竟事体不同，声律迥别。"

镇朴云："且不论声律，专论事体。《棫朴》之官人，《菁莪》（即《小雅·菁菁者莪》）之育才，《斯干》之考室，《灵台》之奏功，《六月》之北伐，《江汉》之平淮南，《采芑》之南征，《常武》之平淮北，事体并同，而大、小分置，毕竟何居？"

某云："此亦无怪。如《斯干》考室，与《文王》、《灵台》，遣戍、

① 洪湛侯：《诗经学史》，中华书局 2002 年版，第 7—15 页。近年来，随着出土文献与中国文学史研究的不断展开和深入，"孔子删诗"说也得到了重新审视。尤其是上博简《孔子诗论》等出土文献提供了许多较为直接的材料，使得对于这一问题的讨论渐趋深入，并且在一定程度上恢复了"孔子删诗"的本来面目。（详见陈良武：《出土文献与〈诗经〉研究》，汤漳平等：《出土文献与中国文学史研究（先秦卷）》，河南人民出版社 2011 年版。）

劳戍自然与中兴、克复殊奏。《六月》、《江汉》、《采芑》、《常武》，何疑之有？但如贤说，终是章句分会，如何得到上有日星，下有帝王，前有高谷，后有深岸里去？夫子中年作此一事，精华方壮，于列国水土、九野文象一一包裹这里。依之为礼，制之为乐，律度权量，钧石斗甬，一一俱从此出，岂有他派大小、正变，尚有差池之理？”①

此段议论首先是由弟子张镇朴（名琠，字镇朴）就齐、鲁、毛、韩之分发问引起，并进一步由齐、鲁、毛、韩之分而引出《诗经》篇目的大、小雅归属问题。张镇朴认为，如果专就诗篇所吟咏的事体而论，《棫朴》《菁菁者莪》《斯干》《灵台》《六月》《江汉》《采芑》《常武》篇目事体相同，篇制大小无异，本该没有大、小之分，但却分别归于大、小雅中。对此，张镇朴无法理解。黄道周针对张镇朴的疑问做了一番解说。从其解说中可以看出三点：其一，黄道周肯定了孔子“删诗”说，并认为孔子“删诗”正当其壮年之时；其二，孔子“删诗”的结果是“于列国水土、九野文象一一包裹”，亦即孔子所取诗篇实涵盖了各诸侯国的作品；其三，黄道周认为，孔子删诗的取舍标准在于“礼”“乐”二字。也即“依之为礼，制之为乐，律度权量，钧石斗甬，一一俱从此出”。大、小雅篇目的安排，并不是因为各个诗篇所记的内容和篇制的大小，“礼”“乐”才是确定其大小归属的依据。

联系乐来说《诗》，这是黄道周治《诗》的一大特点。黄道周曾说：“君子以九德治其身，以六十四事治天下，为《春秋》以本礼，为《诗》以本乐。《易》者，礼乐之精神；《诗》，《春秋》之灵魂也。”②对于这一点，其弟子洪思体会颇深。因此，洪思在其《收文序》中以“盖以昭《诗》乐之务，遂畅《诗》律之说”③一语来概括黄道周联系乐来

① 《榕坛问业》卷一。

② 黄道周：《春秋元命图》，《易象正》卷终下，文渊阁四库全书本。

③ 洪思：《收文序》，《黄漳浦集》卷首。

说《诗》的特点。正是在此基础上，黄道周认为孔子删诗是与正乐联系在一起的。对此，黄道周在讲论中多次谈及。

朱君荐、卢孝登业不发问，因昨日歌诗之事又问："乐贵人声，亦资制器。五音七律，子半相生。唐人乐章只是绝句，同是一诗，别称钟、吕，或隶太蔟，或配蕤宾。昨歌《鹤鸣》二章，云是清商转羽，复归清角，此义何据？"

某云："夫子删定诸《风》，本其水土，以正宫商。如郑、卫诸篇，极多羽调；《雅》、《颂》正变，宫徵声兼。要以情理相通，贞淫不溷，四声之间，遂生七律。嶰谷之竹，阳浊阴清；泗滨之磬，浮轻沈实。施于丝革，无适不然，何独人声乎？"

君荐又问："《伐木》、《小明》，当兼何律？隶于何宫？"

某云："《伐木》清商，以子还母，正、变之会，不失宫音；《小明》变徵，以母命子，宫、徵之间，不入羽调。"

君荐又云："乐无专书，听此茫然，且须异日。"

卢孝登云："昨日扬扢诗歌，于'神听'一义，再三致意，岂是断章取义？抑是设教精微？"

某云："岂敢。往日在都下，屡与岳石梁先生商略此语，云一部《诗经》，两行鼓吹，只有'正直和平'四个大字。人如晓得'正直和平'，便与鬼神呼吸相通。古人作乐，六变之后便使天神、地祇、丹鸟、玄鹤一齐翔舞，岂独嘤鸟鼓钟，通其音响而已。"①

在这一段问答中，黄道周与弟子依然是围绕乐与《诗》的关系而展开，这再次显示了黄道周对于《诗》、乐关系的重视。在《榕坛问业》及其他论述中，黄道周多次论及《诗》、乐关系。当弟子郑孟储（名煜，字

① 《榕坛问业》卷四。

孟储）问道“会中屡说《诗》、《春秋》，为何不说《书》、《礼》、《乐》”的时候，黄道周回答道：“《礼》、《乐》即在《诗》、《春秋》中。《书》自孔壁而后，或存或亡，云赝云真，绎其篇章，以存法诫，俱在敦化之中矣。”①

黄道周认为，孔子“删定诸《风》”的删诗，其出发点和归宿都是在于“本其水土，以正宫商”。这不仅对于《风》是如此，对于《雅》《颂》也是如此：从黄道周讲论中所举例证即可清楚地表明这一点。这种理解与《论语》的记述是一致的。《论语》在记述孔子如何整理《诗经》时说：“吾自卫返鲁，然后乐正，《雅》《颂》各得其所。”朱熹注曰：“鲁哀公十一年冬，孔子自卫反鲁。是时周礼在鲁，然《诗》乐亦颇残阙失次。孔子周流四方，参互考订，以知其说。晚知道终不行，故归而正之。”② 朱熹认为，孔子有感于《诗》乐的残阙失次，故“参互考订”使之归于正。黄道周所谓“一部诗经，两行鼓吹，只有‘正直和平’四个大字”所强调的正是“乐正”二字。黄道周认为，“《诗经》是一部诚正之具”，若“以诚、正两字看《诗经》，则隆污贞淫，《巷伯》、《缁衣》，触目兴心，俱为向上一路；不以诚正看《诗经》，则‘五际’、‘六义’、草木鸟兽于吾门有何干涉”。③“诚正”一语中，“诚”者，《说文》谓“信也”，《中庸》谓“诚者，天之道也。诚之者，人之道也”。朱熹《注》曰：“诚者，真实无妄之谓。”④ 简而言之，“诚”指心意真诚，真实无伪。“正”者，《说文》谓“是也”，《新书·道术篇》谓“方直不曲谓之正”。⑤ 换言之，“正”指思想端正。“诚正”一词正与“正直和平”相似。在黄道周看来，人如果晓得“正直和平”四字，则可“与鬼神呼

---

① 《榕坛问业》卷十四。

② 朱熹：《四书章句集注》，中华书局 1983 年版，第 113 页。

③ 黄道周：《书示同学二十一则》，《黄漳浦集》卷三十。

④ 朱熹：《四书章句集注》，中华书局 1983 年版，第 31 页

⑤ （汉）贾谊撰，阎振益、钟夏校注：《新书校注》，中华书局 2000 年版，第 303 页。

吸相通”，无论“隆污贞淫”，都可以为“向上一路”，这也正是孔子删诗的用意所在。

除了上述师生讲问中的这种讨论外，黄道周还在其《易象正》中将《诗》与象数结合来加以讨论。之所以这样，是因为黄道周认为《诗》与《春秋》等一样，“皆于易外别自为易，其实皆《图》《书》也”。由此出发，黄道周屡屡用象数来解释《诗经》的篇数311和305，而且多取自河图、洛书之数并结合易、历来加以推演。[①]其中，黄道周有这样一段论述：

> 《诗》取诸《河图》，《春秋》取诸《洛书》，亦皆《图》、《书》也。而《诗》取五，《春秋》取九焉。《诗》之取五，《春秋》之取九，何也？曰：易数百万，数中十、五，以百乘之，为百、五十，合举其数，又置五焉，为三百有五。[②]

从这个角度的推演出发，黄道周认为：“《诗》者天地之中数也，本于性情，止于无邪，得其中节而止矣。”这是从象数角度对“一部《诗经》，两行鼓吹，只有‘正直和平’四个大字”一语的另一种解释。

《论语·卫灵公》中记载有孔子“放郑声”和“郑声淫”之语，黄道周弟子们对于孔子“删诗”时“欲放郑声，而郑声俱在”这个问题最感疑惑。对此，黄道周说：“郑非淫诗，而音节近淫，劝戒所在，义不可删。”[③]黄道周认为，郑风之诗非淫诗，只是其“音节近淫”，其乐不合“正直和平”之雅乐的要求。

---

① 《易象正》中有《诗斗差图》《诗斗差退限图》《诗元命图》《七十二限诗用图》等专门内容对《诗经》展开易象数的研究。参阅翟奎凤：《以易测天——黄道周易学思想研究》，中国社会科学出版社2012年版，第282—289页。

② 黄道周：《大象本河图第一》，《易象正》（卷之终下），文渊阁四库全书本。

③ 《榕坛问业》卷九。

这里，涉及了《诗经》学史上的另一个重要问题：郑声淫。学术史上，关于“郑声淫”的理解歧义很多，或说是指郑诗，或说是指郑音。子夏曾云：“郑音好滥淫志，宋音燕女溺志，卫音趋数烦志，齐音敖辟乔志。此四者，皆淫於色而害于德，是以祭祀弗用也。”①杨慎也说：“淫者，声之过也。水溢于平曰淫水，雨过于节曰淫雨，声滥于乐曰淫声一也。郑声淫者，郑国作乐之声过于淫，非谓郑诗皆淫也。后世失之解，郑风皆为淫诗，谬矣。”②很明显，黄道周也认为，郑声不是指郑诗，而是指郑音。因此，黄道周认为，孔子删诗所要“放”的乃是“好滥淫志”的郑音，而不是郑国的诗歌；删诗之所以保存了郑风，是因为出于惩戒的需要。也正因如此，黄道周才强调必须“以诚、正两字看《诗经》”。

对于弟子“孟子云迹熄《诗》亡，而《春秋》之后尚有《国风》”的疑问，黄道周则以“时代既久，宁过而存。瓜蔓已半，何忍重删。留此数言，以待来者耳”③答之，认为这体现了孔子删诗时阙疑的客观态度。

可见，按照黄道周的理解，孔子删诗是确乎存在的历史事实，孔子删诗并不是简单地删除多余之诗，其删诗的取舍标准为乐，其出发点和归宿是为了正乐，体现了孔子于礼崩乐坏之际重建礼乐秩序的要求和努力。司马迁所谓“取合于仁义”者大体也是如此。从这个角度来理解，司马迁所提出的“孔子删诗”说就可以得到比较合理的解释。从孔子一生的追求来看，其对周的礼乐制度推崇备至，尝有“周监于二代，郁郁乎文哉！吾从周”④之论。在其政治道路蹇塞之时，孔子转而从事教育，以传述周文为要务。在其从事教学过程中，《诗经》是其教学的

① 《乐记》，陈戍国：《礼记校注》，岳麓书社 2004 年版，第 285 页。

② 杨慎：《淫声》，《升庵集》卷四十四，文渊阁四库全书本。

③ 《榕坛问业》卷九。

④ 《论语·八佾》，朱熹：《四书章句集注》，中华书局 1983 年版，第 65 页。

教材之一种。为了体现自己的教化主张，必然会对《诗经》作品做一番搜集、整理。搜集当以求全为主，但搜集而得的作品优劣不等，精芜杂陈，所以需要一个整理过程。孔子的删诗实际上是一个综合多种方法的整理工作，具体过程可能包括协其音律，规范语言，[1] 去其重复，编订次序等。

受黄道周的影响，其弟子对孔子删诗给予了很高的评价："夫子删述六经，便是千古不刊之文献，从此藏往，从此知来，何患不足。"[2]

黄道周这样理解"孔子删诗说"，出于其重构儒家所追求的礼乐制度的需要。崇祯十七年（1644 年）九月，邺山书院落成，举行第三次邺山讲问大会。此次讲问大会规模很大，"计与斯邺山大会者公祖父母八人、学师长四人、荐绅先生十五人、孝廉二十四人、茂才二百三十二人及先生之长公子麑、次公子麛与通家懿戚二十一人，总凡三百八十四人。其诸仆役、侍从、舟楫、车马、膳饔之数不与焉"。[3] 讲问完毕，有一场庄严的礼乐活动，其中诗乐是其主要部分。举行这样一场大规模的礼乐活动，正可视为黄道周重视礼乐制度以及将诗乐合一的思想的实际表现。庄起俦《漳浦黄先生年谱》记录了当时的盛况。

讲毕，磬三声，各陈讲义而退。乃命饔人以肆筵席，合四十有七席。先生每席亲馈而致其齿长，乃就主人之位。

酒五巡，歌者歌《小宛》四章，继歌《沔水》之篇。先生出献诸公祖曰："越在草莽，狎于鸥盟。忽睹《蓼萧》龙光，有惭《瓠叶》兔首，乃陈《小宛》迈征，《沔水》忧谗，得无过乎？"宾拜谢曰："乾坤

① 《论语·述而》篇有"《诗》、《书》、执礼，皆雅言也"之语，可谓"孔子删诗"中规范语言的例证。

② 《榕坛问业》卷十三。

③ 庄起俦：《漳浦黄先生年谱》，侯真平、娄曾泉校点：《黄道周年谱附传记》，福建人民出版社 1999 年版，第 86 页。

> 改革，夙夜靡遑。无忝乃合所生，念乱以风有位。敬闻先生之教也。”献酬毕，乃就坐。酒七巡，歌《下泉》及《鹤鸣》。先生出献诸父母曰：“下泉替而思其隆，所以贵父母孔迩也；攻玉憎而知其美，能无云德音不遐乎？敢祈秉斗，以咏濯罍。”诸宾拜谢曰：“黍苗粒我蒸民，在先生饮之食之；鸣皋蒸我髦士，自先生教之诲之。徒有瓶罄，是可耻也，安得弦歌遂其莞然？”于是献酬如前，复就坐。酒九巡，歌《车攻》之篇，又继歌《吉日》以乱焉。先生出献众宾，致辞曰：“周宣之《车攻》、《吉日》，备而无患。维今之同仇敌忾，奋于有心。夷吾一匡，岂曰马上得之；傅说三命，愈知师古力也。敢为诸公颂！”诸宾复谢曰：“大成之虑初终，天子之燕左右，初不在太平粉饰，而在大人格心也。”举觞交再拜。先生洗爵亚献诸先生，亦致辞曰：“明兴，历合成周，德逾建武。卧东山而起者，君父义重华嵩；痛神州之沉者，《诗》、《书》力维桑梓。后天下之乐，有先知觉；先子弟之乐，有贤父兄。”诸先生亦交再拜谢曰：“获觏讲席方新，正值光华复旦。人心之有礼义干橹，犹大阜之有车马蒐狝也。想望太平，先生为兆日者。安蒲既戒，以慰苍生；覆帱无偏，同依绛帐。吾乡幸甚！天下幸甚！”于是主宾酬酢，皆三反焉。酒再巡，告终筵，诵《抑戒》及《宾筵》如常仪，以底厥事。①

此次讲问之后，黄道周应弘光朝诏，再次出山，又一次踏上了实践自己经世安民抱负的征途。

二、黄道周论“二南”

“二南”是《诗经·国风》中《周南》《召南》的合称，凡二十五篇。“周南”“召南”之名亦见于《左传》和《论语》。《左传·襄公

① 庄起俦：《漳浦黄先生年谱》，侯真平、娄曾泉校点：《黄道周年谱附传记》，福建人民出版社 1999 年版，第 85—86 页。

二十九年》："请观于周乐，使工为之歌《周南》、《召南》。"① 《论语·阳货》："子谓伯鱼曰：'女为《周南》、《召南》矣乎？人而不为《周南》、《召南》，其犹正墙面而立也与？'"②

关于"二南"所指，历代学者争议很多，亦可谓《诗经》学的一大公案。概而言之，约有三种较典型的观点：其一，地域说。汉人多持此说，只是具体所指区域略有差异。《毛诗序》云："化自北而南也。"③ 郑玄《诗谱》以为："周、召者，《禹贡》雍州岐山之阳地名。"④ 又如《鲁说》曰："古之周南，即今之洛阳。"《鲁说》又曰："洛阳而谓周南者，自陕以东，皆周南之地也。"⑤ 《韩说》曰："其地在南郡、南阳之间。"⑥ 朱熹《诗集传》则谓"南，南方诸侯之国也。"⑦ "二南"具体所指区域，一般认为"周南"大抵在今陕西、河南之间，"召南"大抵在今河南、湖北之间，也就是江汉流域。其二，诗体说。此说谓"南"为诗之一体，是与风、雅、颂并列的诗体之一，其根据是《小雅·鼓钟》中"以雅以南，以籥不僭"一语。崔述《读风偶识·通论二南》谓："且南者乃诗之一体。"⑧ 其三，曲调说。南宋程大昌《考古编·诗论》："盖南、雅、颂，乐名也，若今乐曲之在某宫者也。"⑨ 当代学者亦有人主张"南"是一种类似钟镈的乐器，后由乐器而演变为乐曲名称。这是将"南"理解为曲调之一种。郭沫若《甲骨文字研

① 左丘明传，杜预注，孔颖达正义，浦卫忠、龚抗云等整理：《春秋左传正义》，北京大学出版社 1999 年版，第 1095 页。

② 朱熹：《四书章句集注》，中华书局 1983 年版，第 178 页。

③ 毛亨传，郑玄笺，孔颖达疏，龚抗云等整理：《毛诗正义》，北京大学出版社 1999 年版，第 1 页。

④ 毛亨传，郑玄笺，孔颖达疏，龚抗云等整理：《毛诗正义》，北京大学出版社 1999 年版，第 10 页。

⑤ 王先谦：《诗三家义集疏》，中华书局 1987 年版，第 1 页。

⑥ 王先谦：《诗三家义集疏》，中华书局 1987 年版，第 64 页。

⑦ 朱熹：《诗集传》，中华书局 2011 年版，第 1 页。

⑧ 崔述：《读风偶识》卷一，清《崔东壁遗书》本。

⑨ 程大昌：《诗论一》，《考古编》卷一，文渊阁四库全书本。

究·释南》以为南是钟铃一类的乐器，“诗之《周南》、《召南》、《大雅》、《小雅》，揆其初当亦乐器之名，孳乳为曲调之名，犹今人言大鼓，花鼓……之类耳。”

关于“二南”诗旨，《毛诗序》谓：“然则《关雎》、《麟趾》之化，王者之风，故系之周公。南，言化自北而南也。《鹊巢》、《驺虞》之德，诸侯之风也，先王之所教，故系之召公。《周南》、《召南》，正始之道，王化之基。”孔颖达疏曰：“既言系之周、召，又总举二《南》要义。《周南》、《召南》二十五篇之诗，皆是正其初始之大道，王业风化之基本也。”① 这可以说是影响最大的一种观点。朱熹则认为：“《周南》《召南》，诗首篇名。所言皆修身齐家之事。”② 二者具有内在的一致性。

关于“二南”二十五篇产生的年代，《毛诗序》主张在周初。陆侃如、冯沅君二位先生认为“《二南》不是周初的北方的诗，而是东周的南方的诗”。③ 当然，还有人取折中态度，认为“二南”二十五篇西周、东周的诗都有。

综上可知，“二南”是《诗经》学史上的重要论题，同样是所有《诗经》研究者都必须面对的问题。虽然历代学者论述极多，但歧说不少。这种歧说纷纭的现象，恰好在某种程度上说明了其重要性。正是基于这种认识，黄道周在漳州榕坛讲学时，与弟子们多次就“二南”问题展开讨论。其中，较为重要的一次是《榕坛问业》卷十一中的一番讲论：

是日，因讲《周南》、《召南》之义。郑孟储问云：“周、召，二公采邑也。《地志》：‘扶风东北有周城，东南有召城。’地以二公得名，不

① 毛亨传，郑玄笺，孔颖达疏，龚抗云等整理：《毛诗正义》，北京大学出版社 1999 年版，第 19—20 页。

② 朱熹：《四书章句集注》，中华书局 1983 年版，第 178 页。

③ 陆侃如、冯沅君：《中国诗史》，山东大学出版社 2000 年版，第 72 页。

知何以俱系之'南'，不知何以又不称'风'？旧说后妃之化被及南国，然方后妃时，周、召未封，南国诸侯何以俱囿周、召之下？且如《传》称'王道缺而《关雎》作'，则《关雎》已非风化之本。就以风化立说，则'雀角之讼'、'野麕之诱'显为强暴轶于淫邪，何以得称'文王后妃之化'耶？"①

此次讲论依然是由弟子发问引起。黄道周弟子郑孟储提出三个与"二南"相关联的问题：其一，周、召是周公、召公的采邑，但为何此二地的诗篇不称为风，而是以"南"字系之？其二，传统说法认为"二南"是讲后妃（文王之妃太姒）之化，但此时周、召未封，何以将南方诸侯囿于二公之下？其三，对《毛诗》的风化说提出了疑问。

《诗经》学史上，齐、鲁、韩、毛四家说《诗》主旨差异较大。就《关雎》而言，《毛诗》大讲后妃之德、后妃之化，以为"《关雎》后妃之德也，风之始也，所以风天下而正夫妇也"，②"是以《关雎》乐得淑女以配君子，忧在进贤，不淫其色。哀窈窕，思贤才，而无伤善之心焉，是《关雎》之义也"。③朱熹《诗集传》观点与其相似，谓"盖指王之妃太姒为处子时而言也。君子，则指文王也……周之文王，生有圣德，又得圣女姒氏以为之配，宫中之人于其始至，见其有幽闲贞静之德，故作此诗"。④"后妃之德"说从汉代直至宋代影响极大。与此不同的是，三家《诗》则主要持"讽君刺时"之说。司马迁《史记·儒林列传》曰："嗟乎！夫周室衰而《关雎》作，幽厉微而礼乐坏。"⑤《史

① 《榕坛问业》卷十一。

② 毛亨传，郑玄笺，孔颖达疏，龚抗云等整理：《毛诗正义》，北京大学出版社 1999 年版，第 4—5 页。

③ 毛亨传，郑玄笺，孔颖达疏，龚抗云等整理：《毛诗正义》，北京大学出版社 1999 年版，第 21 页。

④ 朱熹：《诗集传》，中华书局 2011 年版，第 2 页。

⑤ 司马迁：《史记》，中华书局 1963 年版，第 3115 页。

记·十二诸侯年表》曰：“周道缺，诗人本之衽席，《关雎》作。”① 这是《鲁诗》的观点。后来刘向、扬雄亦主此说。郑孟储此处正是对“文王后妃之化”说提出了疑问。

对此，黄道周解释道：

圣贤学问，先以性情为本；性情变化，以和平为先。性情上不和平，虽有格天事业，犹之飘风掠过秋草而已。天地罡气多在西北，听秦、豳二《风》多少挺劲。其极窈窕者，如《秦》云“在其板屋，乱我心曲”，《豳》云“无衣无褐，何以卒岁”。语气犹之截然，被于管弦，别成北音，非优柔平中之韵。唯《关雎》至《麟趾》、《鹊巢》至《驺虞》二十五篇，反复诵之，使人意消体平，形神俱畅，犹盛暑中之被南风，欣欣解愠，不知其然，便有袗衣、鼓琴之意。人生无此意思，虽身佩冲牙，与口衔瓦砾再无分别。见忿欲相寻，人入门出户何处开眼。虞舜之刑汭汭，太姒之嗣徽音，皆从此处下手。此处下手，便见太和在寻常床几间。周、召许大事业，到老成就，无鹰扬之称，享清明之福，是夫子所动操而思南薰也。②

黄道周此处并没有针对郑孟储的问题逐个解释，而是从音乐的角度着手展开论述。黄道周认为，南北音乐风格不同，功效各异。北音刚劲，即使如《秦风·小戎》之“在其板屋，乱我心曲”、《豳风·七月》之“无衣无褐，何以卒岁”，虽然较为婉转，但一旦被之管弦，依然是刚劲之北音，而非“优柔平中之韵”。“二南”二十五篇中，“《周南》始于夫妇，温以柔”，“《召南》始于庭帏，和以贞”，③ 歌之诵之则使人“意消体平，形神俱畅”，如南风徐来，令人陶醉其中，怡然自化而不知。

① 司马迁：《史记》，中华书局 1963 年版，第 509 页。

② 《榕坛问业》卷十一。

③ 《榕坛问业》卷十一。

之所以“二南”会有如此功效，是因为其为中正和平之音。这种中正和平之音恰好符合“圣贤学问，先以性情为本；性情变化，以和平为先”的要求。如果性情上不和平，即使有格天事业，也不过仿佛如“飘风掠过秋草而已”。黄道周的这种解说，一方面肯定了“二南”的风化说，另一方面是将这种风化之功归于“二南”音乐的熏染。对于这种化人之功，黄道周给予了极高评价，认为“周、召垂老，胜殷遏刘，使天下和平，致治刑措者六七十年，其源本得力都在于此。文王一生肃肃雍雍，只是免得面墙一事”，“程伯淳、司马君实生平无疾言遽色，皆是于‘二南’得力”。因此，“吾人读万卷书，不为‘二南’犹是面墙耳”。①

与前面所罗列的各家关于“二南”的解说不同，黄道周讨论“二南”并没有过多地考证周、召究竟所指何地，只是接受传统的观点，大体承认其为周、召二公的封地。黄道周所着力解决的是，“二南”之“南”系与北音相对的南方之音，这种音乐是温婉中正，可以收潜移默化的熏染之功，是有裨于教化、有利于治道的。联系黄道周关于“风”“雅”“颂”等其他问题的讨论，这种《诗》、乐结合的治《诗》取向将表现得更加明显。

三、黄道周论“风”“雅”“颂”

研究《诗经》，必及“风”“雅”“颂”。“风”“雅”“颂”属传统“六义”范畴，其名出自“六诗”。《周礼·春官》：“太师……教六诗：曰风，曰赋，曰比，曰兴，曰雅，曰颂，以六德为之本。”② 关于“风”“雅”“颂”，历代学者论说很多，其中影响较著者为《毛诗序》、郑樵和朱熹三家。《毛诗序》云：“上以风化下，下以风刺上，主文而谲谏，言之者无罪，闻之者足以戒，故曰风。……雅者，正也，言王政之

① 《榕坛问业》卷十一。

② 郑玄注，贾公彦疏：《周礼注疏》，上海古籍出版社 2010 年版，第 880—881 页。

所由废兴也……颂者，美盛德之形容，以其成功，告于神明者也。”[1] 按照《毛诗序》的观点，“风”即“讽”，是以微辞托意的方式来感化或讽谕别人，这就是所谓的“谲谏”；“雅”即“正”，是以正言来指陈政治得失；“颂”即“容”，是形容统治者的“盛德”，告其功业于神明。郑樵以为：“风土之音曰‘风’，朝廷之音曰‘雅’，宗庙之音曰‘颂’。”[2] 朱熹《诗集传》则认为，“风者，民俗歌谣之诗也”，[3] “多出于里巷歌谣之作，所谓男女相与咏歌，各言其情者也”；[4] “雅者，正也，正乐之歌也”；[5] “颂者，宗庙之乐歌，大序所谓‘美盛德之形容，以其成功告于神明者也’”。[6] 朱熹之说显然是以郑樵为基础，但又汲取了《毛诗序》的观点。冯浩菲先生曾全面梳理了《诗经》学史上关于“风”“雅”“颂”之别的各家观点，并将其归为四类，“即以政事别，以体制别，以音律别，综合区别”。[7]

黄道周在《与孟长民说〈诗序〉》中集中论述了自己关于“风”“雅”“颂”问题的观点。全文如下：

孟长民云：“《诗序》原不足据，朱夫子一概删除，却又裁取一二，此极中正道理。后来论者，纷纷止为‘无邪’二字不能参破，如郑、卫诸篇，改旧序以为淫辞，却使人敛声正容，不敢有佻巧媟嫚之音。于世所关，亦自不浅，而高识名贤，深以为不是。何也？”

某云：“孟子有言，‘说诗者不以文害辞，不以辞害志’，都是保护，

---

① 毛亨传，郑玄笺，孔颖达疏，龚抗云等整理：《毛诗正义》，北京大学出版社1999年版，第13—18页。

② 郑樵：《通志总序》，《通志》，文渊阁四库全书本。

③ 朱熹：《诗集传序》，《诗集传》，中华书局2011年版第1页。

④ 朱熹：《诗集传序》，《诗集传》，中华书局2011年版第2页。

⑤ 朱熹：《诗集传序》，《诗集传》，中华书局2011年版第129页。

⑥ 朱熹：《诗集传序》，《诗集传》，中华书局2011年版第297页。

⑦ 冯浩菲：《历代诗经论说述评》，中华书局2003年版，第62页。

不要害之。如指夫子所存，俱为贞夫所去，则不徒害诗人，亦害夫子矣。凡诗发于思，思出于性；声音之道发于水土，水土渐于习。性情之于声音，虽相表里，而水土之于性习，不可强齐。如竹声多滥，丝声多怨，钟鼓多庄，磬声多绌，不得谓丝竹尽哀淫之音，钟鼓尽堂皇之制也。诗之分风，近于丝竹埙篪；分雅，近于钟镛鼍鼓；分颂，近于玉磬人声。其制节不同，则声音异奏。譬之于《易》，风近于元和，易而多亲；雅近于亨豫，大而多尊；颂近于贞幽，静而孔固。不得谓风多淫而雅多正，风主风刺而颂主宣美也。凡诗本于思，思本于正，诗无不正之思，故圣人备参之，以为宣助性灵之具。其出于天时，分于水土，音气不齐，风韵不一，圣人不能概也。故如《关雎》等章，'寤寐'、'辗转'，至《蔓草》（即《郑风·野有蔓草》）'零露'缠绵之辞，皆近于思贤而作，夫子所谓"见贤思齐"，子夏所谓"贤贤易色"者也。如《斯干》、《湛露》、《大明》、《小明》，至于'英云'、'渐石'感叹之辞，皆近于思治而作，夫子所谓"见礼知政，闻乐知德"者也。如《甫田》、《大田》、《楚茨》、《瞻洛》（即《小雅·瞻彼洛矣》），至于'泮宫'、'濬哲'、'奥茂'之辞，皆为思古而作，夫子所谓"未思何远，入室闻声，慨然若有所见"者也。以是三思，里巷乡塾，歌咏赠送，通其情性者谓之风；邦国朝堂，歌咏赠送，被于政事者谓之雅；宗庙庠序，被于金石，通于神明者谓之颂：皆思也，皆正也。韩厥、赵盾三观于郑，诸大夫所歌皆国志也。子产、太叔诸贤不以其淫而放之，仲尼、子夏不以其淫而收之。房闼之间，阳阳陶陶，圣人必有不异于人者，是君子之所慎取也。"

"然则吾门言《诗》、《春秋》而不及《书》者，何也？"

曰："孔壁而后，遗亡间出，枋头之所谱，皇柳之所得，盖有未悉其故者，聊存而绎之，圣贤庄语之所存焉耳。"①

① 黄道周：《与孟长民说〈诗序〉》，《黄漳浦集》卷二十九。

面对弟子的提问，黄道周首先从诗的产生说起。黄道周认为，“诗发于思，思出于性”，而“思本于正”，因此“诗无不正之思，故圣人备参之，以为宣助性灵之具”，强调了诗之所以可以作为“宣助性灵之具”的原因。接着，黄道周分别举例论述了“思”的具体内涵——“思贤”“思治”“思古”。最后，黄道周归纳认为，“里巷乡塾，歌咏赠送，通其情性者谓之风；邦国朝堂，歌咏赠送，被于政事者谓之雅；宗庙庠序，被于金石，通于神明者谓之颂”。三者皆出于思，出于正。黄道周关于“雅”“颂”的解说类似于《毛诗序》，而“风”的解说则略有所不同。黄道周认为，“风”是来自里巷乡塾的“歌咏赠送”，本于性情而发。

此外，黄道周又将“风”“雅”“颂”的分别再次与乐联系在一起。他认为，“风”之声“近于丝竹埙篪”，“雅”之声“近于钟镛鼍鼓”，“颂”之声“近于玉磬人声”。不仅如此，黄道周还以《易》为喻，认为“风近于元和，易而多亲；雅近于亨豫，大而多尊；颂近于贞幽，静而孔固。”“风”“雅”“颂”各有其功用，而不能够笼统地说“风多淫而雅多正”或者“风主风刺而颂主宣美”。在黄道周看来，“诗为礼乐之薮”，而“乐由礼生”，“诗必依韵，韵必和声”，这就又将诗与礼乐联系起来。由此出发，黄道周以“风得乐之意，雅得乐之理，颂得乐之容”[①]来对“风”“雅”“颂”做了进一步的区别。

“诗为礼乐之薮”，而礼乐关乎治道，因此“风、雅、颂非笔头陶写”，同样关乎治道。对此，黄道周云：

> 作诗人谈风格才谞，随伊情态千生，英葩涛涌，终是乱道也。“风”本性情，亦是帝王道化之余，被于水土，曲直艳淡，各不相非；“雅”须老于政事，留心经济，感叹盛衰与神明君相钟鼓互答，非复词人之所

---

① 《榕坛问业》卷六。

得与；“颂”则圣人节奏，非声律章句之所通。子夏入学三年，犹如岸谷，而今人欲专以笔头陶写，满意高步，可叹也夫。①

黄道周认为，“风”“雅”“颂”虽有区别，但都关乎帝王道化、政事经济。如果一味空谈作诗人的“风格才谞”，那即使“情态千生，英葩涛涌”，也“终是乱道也”。以“风”而论，黄道周虽然肯定其出自“里巷乡塾”，因为本于性情而具有“通其情性”的作用，但又强调其“亦是帝王道化之余，被于水土，曲直艳淡各不相非”。

可见，黄道周关于“风”“雅”“颂”的论述既汲取了《毛诗》、朱熹、郑樵诸人的解说，又具有自己的特色。黄道周融合进了《易》的因素，又再次强调了与礼乐的关系，这正是其独特的一面。

第四节 “体大思精”的《诗表》

明代《诗经》学从明初开始奉朱熹《诗集传》为圭臬，并将其作为官方教义和科举的法定教科书。进入晚明，《诗经》研究逐渐走出这种笼罩，开始探索属于自己时代的《诗经》学研究之路。诸多学者从各自不同的学术立场出发，对《诗经》做了不同进路的解读，出现了一批有影响的《诗经》学阐释著作。受其影响，黄道周在《诗经》研究中，亦有意识地建构自己的《诗》学诠释系统。这个系统与传统的《诗》学阐释系统既有继承关系，又有基于自己通经致用学术追求的独特考量。黄道周的《诗表》颇具特色，正体现了其建构自己《诗》学诠释体系的积极尝试。

① 黄道周：《书示同学二十一则》，《黄石斋先生大涤函书》卷一，北京师范大学图书馆藏明崇祯十五年刻本。

一、《诗表》概述

关于《诗表》，洪思注黄道周《诗表序》曰：

少作也。时方弱冠，与《春秋轨》同作。先子云："梁山门人如刘完公、陈平人曾受是经，谓其体大思精，皆与《三易》表里。今《春秋轨》亡，是经仅存其序言，而十二部与三十六表之义例犹或可寻也。然尚逸《小雅·頍弁》以下表一《序》，与终卷七表之《序》俱亡矣。七表者，一曰《书春秋逸诗纪年准诗中卿士侯伯同姓表》，二曰《书春秋逸诗纪年准诗中卿士侯伯异姓表》，三曰《风中群伯详表》，四曰《雅中卿士略表》，五曰《汉及新室十二世申辕韩毛传授表》，六曰《申辕韩毛出处去燔书远近表》，七曰《左氏春秋列国赋诗去诗远近表》。凡黄子所为《诗序正》、《春秋表正》犹未脱草以授弟子。《诗表》、《诗揆》、《春秋》、《春秋揆》，漳上皆未有刊本，一遭巨乱，难复存矣。"少从先子获闻其略云。①

黄道周弟子胡梦鏥跋曰：

右《诗表》三十六卷。历年访求，与《春秋揆》皆得之友人抄稿，未见原本。间有讹阙，无从订定，尚逸《小雅》三十二表。闻《春秋揆》作于丙辰，以应知己之求，而《诗表》又在其前数年。尔时夫子方弱冠，体大思精，皆与三《易》表里。二编发凡言例，合有全书，而所见止此。大义已昭，谨与从兄逢甲私锓而藏之箧中，以俟百世。斯文有在，定当别有修正，方敢以公之同好也。庚辰复月门人胡梦鏥谨识。②

① 洪思：《诗表序·注》，《诗表序》，《黄石斋先生文集》卷七。

② 《石斋先生经义四种》，福建省图书馆藏道光乙酉年（道光五年，1825年）刻本。

这两条材料均出自黄道周弟子之手，因而是可信的。以上两则材料中有四点可堪重视：其一，丙辰为万历四十四年（1616 年），《春秋揆》作于此年。《诗表》作于此前数年。据洪思《黄子年谱》载："万历四十二年甲寅，黄子三十岁，作《诗表》。"① 可知，胡梦鍹所云的"其前数年"即为万历四十二年（1614 年），《诗表》当作于本年。其二，《诗表》凡三十六卷，但今仅存其《序》，而且所保存下来的《序》也属于残篇，"尚逸《小雅·頍弁》以下表一《序》，与终卷七表之《序》俱亡矣"。其三，由胡梦鍹的跋识作于庚辰（崇祯十三年，1640 年）可知，《诗表》在黄道周尚在世时即已刊印，只是胡梦鍹刊本系得之于友人抄本，因"未见原本"，即使内有讹阙，也"无从订定"。据此，洪思所云"漳上皆未有刊本，一遭巨乱，难复存矣"之语，可能指其收集黄道周遗著时在漳州并没有看到有《诗表》刊本留存。其四，《诗表》当时除了胡梦鍹崇祯十三年（1640 年）刊本外，还以抄本形式流传于弟子中。据学者考证，这些弟子主要是黄道周早年铜山弟子，包括陈士奇、陈瑸、刘善懋等人。②

今天，我们能够看到的《诗表序》主要收录在黄道周的三种著述中：一是郑玟编的《黄石斋先生文集》（卷七），二是陈寿祺编的《黄漳浦集》（卷二十），三是清代龙溪人林广显、林巽中，嘉义人林希哲、林希谦等辑刊的《石斋先生经义四种》。《石斋先生经义四种》虽著录说是《诗表》36 卷，但根据笔者在福建省图书馆所看到的本子看，实际上还是《诗表序》。三种文献所收录的《诗表序》内容基本相同，仅部分字词有出入。据此三书可知，《诗表序》计有 49 篇，其中总序 1 篇，部小序 12 篇，表小序 36 篇（内有 1 篇有目无文）。

《诗表》正文失传的原因，前引洪思父亲洪京榜记曰：

---

① 洪思：《黄子年谱》，侯真平、娄曾泉校点：《黄道周年谱附传记》，福建人民出版社 1999 年版，第 8 页。

② 侯真平：《黄道周纪年著述书画考》，厦门大学出版社 1995 年版，第 508—509 页。

《诗表》与《诗揆》，可五十卷，是子夙年杜门时书。时浦中学者，唯陈士奇、陈瑸者有之。然二陈有书咸不乐传，何也？后南陈（陈士奇）仕于蜀，西陈（陈瑸）仕于楚，俱以陷贼殉节而死，不复归，书遂亡。

此段论述道出了《诗表》失传的重要原因。虽然《诗表》原作已经失传，但综合《诗表序》以及其他方面的信息还是可以推论出《诗表》的体例。

“表”原为古代史书体裁之一，《史记》即以“十表”依时世先后书写各个历史时期的大事。刘知几《史通·表历》云：“表之所作，因谱象形。故桓君山有云：‘太史公《三代世表》，旁行邪上，并效周谱。’”① 赵翼《廿二史札记·各史例目异同》也云：“《史记》作十表，昉于周之谱牒，与纪、传相为出入。凡列侯、将相、三公、九卿，功名表著者既为立传，此外大臣无功无过者，传之不胜传，而又不容尽没，则于表载之。”② 可见，“表”与“谱”通，后来遂有“表谱”一说。明了这一点，再结合《诗表序》可以推知，《诗表》是类似于郑玄《诗谱》的一种《诗经》学著述。

在《诗经》学研究史上，郑玄《诗谱》是极为重要的一部著述。《诗谱》系据司马迁《史记》之《年表》，结合《春秋》次第来对《诗经》篇目进行编次。据郑玄《诗谱序》云，《诗谱》系按“太史《年表》自共和始，历宣、幽、平王而得春秋次第，以立斯《谱》”，③ 故《文心雕龙·书记》篇云：“谱者，普也。注序世统，事资周普，郑氏谱诗，盖取乎此。”④ 郑玄所作《诗谱》，其性质实际上类似于“序”，但不称为《诗序》，其原因根据孔颖达的分析有二：一是为“避子夏序名”，二

① （唐）刘知几著，浦起龙通释：《史通通释》，上海古籍出版社 2009 年版，第 48 页。

② 赵翼撰，曹光甫校点：《廿二史劄记》，《赵翼全集》（第一册），凤凰出版社 2009 年版，第 4 页。

③ 郑玄：《诗谱序》，《毛诗正义》，北京大学出版社 1999 年版，第 9 页。

④ 刘勰著，范文澜注：《文心雕龙注》，人民文学出版社 1958 年版，第 457 页。

是“列诸侯世及《诗》之次”，因此孔颖达疏解郑玄《诗谱》时说：“此《诗》不谓之‘赞’，而谓之‘谱’，谱者，普也，注序世数，事得周普，故《史记》谓之谱牒是也。”①

《诗经》研究者努力编定《诗经》篇目世次，明确《诗经》中各个篇目的创作时间，无疑深受孟子“知人论世”之说影响。之所以重视《诗经》篇次的编定，是因为如果能够准确把握各首诗的创作时代等信息，则《诗经》篇章主旨的探究和解读将会更明确。郑玄创作《诗谱》即为此种努力之一例。黄道周踵武前贤，其《诗表》依据时世先后为序，重新论定《诗经》的篇目世次，以贯穿自己的独特思考在其中。这种著述体例，明显异于其他的《诗经》学研究著作。

二、《诗表》以经分部，以传分表，以表系载的体例及其说《诗》特点

《诗表》系黄道周《诗经》学研究的重要文献，其门人谓其“体大思精，皆与三《易》表里”，可惜今已不全，故仅能根据《诗表序》略做推论。

就《诗表》的体例而言，《诗表序》曰：

> 盖十有二部，为三十有六表。有篇序，无章句训诂。以经分部，以传分表，以表系载。表始于文武，以迄春秋，为三经之首，列国世纪各以其公从于本序。载始于仲尼、左氏，以迄西汉硕儒之所论述，各以其辞从于本篇。于是有篇而后有序，序以知诗之意；有序而后有表，表以知诗之时；有表而后有载，载以广诗之义。②

① 郑玄：《诗谱序》，《毛诗正义》，北京大学出版社 1999 年版，第 9 页。

② 黄道周：《诗表序》，《黄石斋先生文集》卷七。

从黄道周的这段自序可知，《诗表》整体上系由十二部、三十六表构成，而三十六表又分别包括载、序等部分。序、表、载各有分工：序用以解说诗意，表用以编次每首诗歌的创作年代，载则是引证自孔子至秦汉以来著名学者论《诗》的言论，以增广诗义。

结合《诗表序》的内容看，所谓十二部，即风、小雅、大雅、颂各为三部。所谓三十六表，即风十五表，每一国风为一表；小雅每部三表，计九表；大雅也是每部三表，计九表；颂每部一表，计三表。这样，《诗表》实际上是由部—表—载、序等层次构成的一个庞大的诗歌阐释体系。由此观之，黄道周门人谓其“体大思精”的确不为妄言。

在“以经分部，以传分表，以表系载”的体例下，《诗表》说《诗》具有自己的特点。

首先，广征博引，体现了黄道周广博的学识和宽广的学术视野。《诗表序》曰：

> 载有详略，左氏、荀卿、吕客、戴德、戴圣、韩婴、贾生、董生、孔鲋、刘向，此十君十二书者，故最为多。韦玄成、蔡义、王吉、萧望之、匡衡、翼奉时见奏记，故最为少。载止于西京，惧太衍也。

如前所述，《载》是用以增广诗义的，其主要手段就是引用前人的《诗》说。从黄道周自序可知，其《诗表》所征引的材料范围虽以先秦、西汉为主，但涉及的对象很多，除了从《左传》《荀子》一直到刘向的凡十家十二书外，还有韦玄成、蔡义①、王吉、萧望之、匡衡、翼奉等人的《诗》说。对此，洪思注曰：

---

① 蔡义即《汉书·儒林传》所谓蔡谊，《汉书》卷六十六有传，《传》正作蔡义。蔡义以说《韩诗》“擢为光禄大夫给事中，进授昭帝”，后官至丞相（班固：《汉书》卷六十六，中华书局 1962 年版，第 2898—2899 页）。

载有《孝经》引诗十条，《家语》引诗五条，《左氏》百六十有七条，荀卿六十条，吕客二十条，戴德八条，戴圣五十有九条，韩婴二百七十有二条，贾生十有四条，董生十条，孔鲋九条，刘向三十条。言十二书者，或谓《左氏》之兼《外传》，刘向之兼《新序》也。

根据洪思的注释略加统计，黄道周仅仅征引十家十二书的说《诗》材料就达六百六十四条之多。此外，尚有韦玄成、蔡义、王吉、萧望之、匡衡、翼奉等人的说《诗》材料。以黄道周的博学，本可以继续征引到西汉以下更多的材料，但因惧其“太衍”而“载止于西京”。汉以下不征引，不仅是因为惧其“太衍”，而且在某种意义上体现了黄道周开始重视汉学的新转向。

其次，兼取今、古文《诗》学，体现了黄道周兼容会通的学术特点。

西汉“大一统”政权建立后，学术的发展也开始受到了重视。特别是自汉惠帝除“挟书律”后，《诗经》与其他先秦经典一样得以重新讲授，并出现了今、古文之分。齐、鲁、韩三家为今文《诗》学，《毛诗》为古文《诗》学，二者虽属同源，但分歧亦很大，前文所举关于《关雎》主旨的不同就是一例。对于今、古文《诗》学的差异，黄道周采取了一种兼容并蓄的态度，这也是其淹博会通学术特点的体现。

上文提及，黄道周在《诗表》的载中征引了大量先秦至西汉学者的《诗》说。在所征引的对象中，既有属于古文经学的，也有今文经学的。据《汉书·儒林传》等文献可知，在这些被征引的学者中，《鲁诗》学者有刘向、韦玄成，《韩诗》学者有蔡义、王吉，《齐诗》学者有萧望之、匡衡、翼奉。仅以其所征引的十家十二书的六百六十四条文献看，韩婴被征引数量达二百七十二条，占了百分之四十一。其他如《齐诗》的代表人物萧望之、匡衡、翼奉等也在黄道周《诗表》的征引范围中。之所以萧望之、匡衡、翼奉等征引不多，不是因为其在黄道周心目中的

地位不重要，而是因为《汉书》本传中多收录有他们的奏疏，其奏疏中多见其诗说，即黄道周所谓的“时见奏记”。黄道周所征引的《鲁诗》学者则以刘向为代表，达三十条。刘向是《鲁诗》家，其《列女传》中多有阐释《诗经》篇目大意者。

《诗表》的《序》用以解说诗意。解说诗意，历来离不开《诗序》。黄道周在《诗表》的《序》中解说诗意时同样征引《诗序》以说《诗》。其《诗表序》曰：

> 《序》有大、小，子夏、毛公、卫卿，不以人别，但称“本序”。本序者，本始也。取于申公之说以为参表、参序，故知诗不孤据。

一般认为，齐、鲁、韩、毛四家都有用以解说诗意的《诗序》，只是在具体解说上或同或异。[①] 黄道周说《诗》首先是以《毛诗序》为本，称为“本序”，但同时又参考申培《鲁诗》之说，以为“参序”，两说互参，“诗不孤据”，这种解说当可更趋准确。

《诗表序》又说：

> 考其编次，而子夏为信。取于《卜序》、《毛传》、《申说》以为定表。

《诗表》中以表排列诗篇世次，使读者“以知诗之时”。郑玄编《诗谱》是以《春秋》和《史记》为据，再结合《毛诗序》来进行的。黄道周编次《诗》三百篇世次，则是以《卜序》《毛传》和申公的《诗》说相结合，再“参以《世表》、《国语》、《竹书》”来进行，这同样体现了其兼取今、古文的学术取向。

---

① 参见洪湛侯：《诗经学史》，中华书局2002年版，第137—139页。

黄道周尝云："《诗》、《易》典要，大抵多通齐、鲁。"① 之所以重视今文《诗》学的传统，是与黄道周追求经世致用的努力分不开的。众所周知，与古文家偏重于章句训诂、名物制度的考证不同，今文经学重视发挥六经中的"微言大义"，往往会与当时流行的谶纬、阴阳、历律等相结合，其目的是将儒学经典当作直接的治国工具来使用。其中，最典型的如以《尚书·禹贡》治河，以《洪范》察变，以《春秋》决狱，而《诗经》则被当作谏书。关于经今文学者的立场，皮锡瑞在论述"两汉经学有今古文之分"时称：

惟前汉今文学能兼义理训诂之长……其学极精而有用。以《禹贡》治河，以《洪范》察变，以《春秋》决狱，以三百五篇当谏书，治一经得一经之益也……汉学所以有用者在精而不在博，将欲通经致用，先求大义微言……②

从《汉书》的记载看，在今文《诗》学的学者传记中，有大量的这方面的记录。例如，《鲁诗》学者王式以"三百篇"为谏书就是很典型的例子。《汉书》记载：

式为昌邑王师。昭帝崩，昌邑王嗣立，以行淫乱废，昌邑群臣皆下狱诛，唯中尉王吉、郎中令龚遂以数谏减死论。式系狱当死，治事使者责问曰："师何以亡谏书？"式对曰："臣以《诗》三百五篇朝夕授王，至于忠臣孝子之篇，未尝不为王反复诵之也；至于危亡失道之君，未尝不流涕为王深陈之也。臣以三百五篇谏，是以亡谏书。"使者以闻，亦得减死论，归家不教授。③

① 《榕坛问业》卷四。
② 皮锡瑞著，周予同注释：《经学历史》，中华书局 1959 年版，第 90 页。
③ 班固：《儒林传》，《汉书》，中华书局 1962 年版，第 3610 页。

王式以《鲁诗》教授昌邑王，并在讲论《诗》篇过程中为之反复陈说忠臣孝子、危亡失道之理。不仅王式以“三百篇”为谏书，下文论及的《齐诗》学者翼奉也同样以《诗经》附会阴阳五行学说，用以推论政治兴衰。这种治学进路虽有牵强附会、荒诞不经的一面，但其主观上通经致用的追求却应该给予适当的肯定。

结合上编的讨论可以看出，黄道周兼取今、古文《诗》学的学术取向，既与黄道周会通诸说以务世用的学术追求相关，也与其对三家《诗》的认识相关。受这种传统影响，黄道周在其奏疏中也往往征引《诗经》篇句进行议论，从而增强了文章的说服力。

第三，“与三《易》相表里”。这是最具黄道周特色的说《诗》方式。

这一点与上面所论述的通经致用息息相关。黄道周说《诗》重视今文经说，而今文经又多与阴阳五行等思想结合在一起。《周易》中的阴阳变易之理，恰好为其提供了很好的学理依据。

《易》学本是黄道周最为精深的学问，《明史》记载曰：

> 道周学贯古今……精天文历数皇极诸书，所著《易象正》、《三易洞玑》及《太函经》，学者穷年不能通其说，而道周用以推验治乱。殁后，家人得其小册，自谓终于丙戌，年六十二，始信其能知来也。①

黄道周精研《易》理，《易》几乎成为其学问的基础。因此，黄道周说《诗》具有非常明显的与《易》相结合的特点。黄道周尝言：“臣自少学《易》，以天道为准，以《诗》、《春秋》推其运候，上下载籍二千四百年，考其治乱，百不失一。”② 从《诗表序》看，黄道周《诗表》

① 张廷玉等：《黄道周传》，《明史》卷二百五十五，中华书局 1974 年版，第 6601 页。

② 黄道周：《放门陈事疏》，《黄漳浦集》卷二。

说《诗》是在《易》学语境下，以《诗》来“推其运候”，探索国运盛衰隆替的规律。黄道周在《诗表序·魏风陈风桧风曹风豳风部第三》中指出，只有“知三部、十五国之风者”才可能“知天所以建，地所以从，人之所以兴亡”。这种说《诗》的方法和诉求，具有强烈的历史意识和鲜明的政治功利性。

黄道周撰《诗表》以推世运，“《国风》三部的划分实际上浓缩周代历史兴衰的全过程”，“周南召南邶风鄘风卫风部代表着周王朝及诸侯国的建立与兴盛，王风郑风齐风唐风秦风部表征着周王朝的衰落与诸侯霸主的崛起，魏风陈风桧风曹风豳风部则主要叙述诸侯王国的败亡。”[①] 黄道周在论述这种思想的时候，不是简单地罗列、分析历史事实，而是以《易》理作为其解说《诗经》的理论思想基础。《周南召南邶风鄘风卫风部第一序》云：

乾之动也，止而初巽。巽，女也，姤也。其风南也。风动于南，万物以成。圣人不柔其家，则不可以教人。周室之大也，其三世皆有圣女焉，故其子姓多贤，以顺以贞。康叔者，武王之爱子也。其为孟侯，而以三诰，犹不足以新商之民，则夫妇之道难也。故始以二南，嗣以三卫，言周之难继而商之难变也。卫室之乱则皆始于内人焉。子曰：“人而不为《周南》《召南》，其犹正墙面而立也。”其邶、鄘、卫之谓乎？作第一部序。

“乾之动也，止而初巽。巽，女也，姤也。”[②] 这是运用《姤》卦来展开论述。《姤》卦下巽上乾，为异卦相叠。乾为天，巽为风。《象》曰：“天下有风，姤。后以施命诰四方。”此卦上为乾，乾为天；下为巽，巽

① 夏德靠：《黄道周〈诗表〉的诗学观及其意义》，《安徽理工大学学报》（社会科学版）2012年第3期。

② 李鼎祚：《周易集解》，九州出版社2003年版，第381页。

为风，天下有风是姤卦的卦象。君王观此卦象，从而效法于风之吹拂万物，施教化于天下，昭告四方，大行治道。《诗》与三《易》结合，以推步世运，这是黄道周《诗表》说《诗》的一大特色。关于这一点，下一节还将做进一步展开。

三、《诗表》出现的背景与意义

黄道周《诗表》这种说《诗》体例的出现，既有其历史渊源，又有其现实的诉求。

就历史渊源来看，郑玄《诗谱》无疑对其产生了很大的影响。如前所述，《诗》三百篇非作于一时，非出于一地，其作者也多不可考。郑玄依据《春秋》和《史记》年表的相关史实，将《诗经》作品分列为周南召南、邶风鄘风卫风、王风、郑风、齐风、魏风、唐风、秦风、陈风、桧风、曹风、豳风、小雅大雅、周颂、鲁颂、商颂十六谱。《诗谱》虽然有不少失实不当之处，但不可抹杀其在《诗经》学史上的贡献。概括来说，其贡献主要有二：其一，由于《诗谱》所叙多为十五国风、二雅、三颂各部分诗篇产生的地域、世系源流、历史变迁和政治、风俗等，读者“欲知源流清浊之所处，则循其上下而省之；欲知风化芳臭气泽之所及，则傍行而观之，此诗之大纲也”。若依此大纲而行，则可以“举一纲而万目张，解一卷而众篇明，于力则鲜，于思则寡”，① 从而收到事半功倍的效果。因此，《诗谱》对深入理解《诗经》作品无疑是有帮助的。其二，《诗经》三百篇传承两千多年而不散佚，固然原因很多，但郑玄以《毛诗序》为基础，参照《春秋》次第和《史记》年表而建立起的以时代为序进行排列和阐释的体系，也发挥了一定的作用。前文已论及，黄道周科举所专攻的经典即为《诗经》，自然熟悉《毛诗序》，熟悉郑玄的《诗谱》，受其影响自在情理之中。因此，在某种程度上，黄

① 郑玄：《诗谱序》，《毛诗正义》，北京大学出版社 1999 年版，第 9 页。

道周撰《诗表》是对学术史的一种回应。

就现实的诉求来看，晚明动荡的社会现实不能不激起士人的反思，而反思之后当然是寻找自己认为可以解决问题的方法。黄道周“髫年即有四方之志”，十九岁即“献时事策以干藩臬”，[①]后更是屡屡直谏，体现了一个儒者强烈的社会责任感和历史使命感。推求世运，探索历史发展规律，寻找挽救明王朝的济世良方是黄道周追求经世之学的具体表现。撰《诗表》以考其治乱，推其运候，寻找王朝更迭的规律，从而起到鉴往知来的作用，这正是黄道周撰《诗表》的现实诉求。虽然《诗表》所体现的历史发展规律并不科学，但这种追求精神是难能可贵的，这也是黄道周《诗表》的意义所在。

受黄道周《诗表》的影响，晚明福建出现了两部与《诗表》体例相近的《诗》学著述，即何楷的《诗经世本古义》和陈鸿谟的《诗经治乱始末注疏合疏》。何楷为黄道周同乡好友，亦为朝中同僚，《黄漳浦集》中有多篇与何楷相关的诗文。郑元勋在黄道周《寿诰封何太安人序》文后跋语中将二人并举，称“何黄如给谏清修博学，危行昌言，与石斋先生同生漳海，可谓一渊两蛟”。[②]何楷家数代治《诗》，其《诗经世本古义》之撰述即为受其父何湛（号印海）影响而成。对此，何楷在其《诗经世本古义 · 原引》中曾云：

> 楷家世受《诗》，先君每举孟子“论世”一法以为《诗》学要领，谓不能论其世以知其人，则不能知其《诗》之从何而作，不能知其《诗》之从何而作，则所以说之者皆呓语耳。又引文中子“圣人述史三焉”之说，谓《书》、《诗》、《春秋》原相首尾，《诗》即史也。[③]

---

① 洪思：《黄子年谱》，侯真平、娄曾泉校点：《黄道周年谱附传记》，福建人民出版社1999年版，第3—4页。

② 郑元勋：《媚幽阁文娱》，《四库禁毁书丛刊》集部第172册影印明崇祯刻本，第303页。

③ 何楷：《诗经世本古义》卷首，文渊阁四库全书本。

这段文字中有两条何楷之子何桼的小注，一是在“楷家世受《诗》”后注曰：“先曾大父志斋府君讳良绍处士，先大父印海府君讳湛郡别驾”，二是在“先君”后注曰：“即印海府君”。综合光绪《漳州府志》、黄道周《建何司谏世德碑》等文献可知，何良绍、何湛分别为何楷的祖父和父亲。这样，结合这些小注文字可知，何楷祖父何良绍（号志斋）、父何湛当精于诗，此处的“先君”即指其父何湛。

何氏之书“论诗专主孟子‘知人论世之旨’，依时代为次，故名曰世本古义”。该书“始于夏少康之世，以《公刘》《七月》《大田》《甫田》诸篇为首，终于周敬王之世，以《曹风·下泉》之诗殿焉”，[①] 认为三代有诗之世凡二十八王，故将《诗经》厘为二十八卷。何楷在其书的序言中说：“阅七载手不停披……俾子舆氏诵诗论世之指也……崇祯十有四年岁次辛巳夏四月丁卯古闽何楷书”。[②] 可知，何楷其书经过七年时间的艰苦写作，最终在崇祯十四年（1641 年）完成，明显晚于黄道周《诗表》的写作。鉴于黄道周、何楷二人密切的关系，何楷不可能不知道黄道周包括《诗表》在内的《诗经》学研究的情况，因而，其《诗经世本古义》多少会受到黄道周《诗表》的影响。虽然没有直接的证据，但这种推测大体是可信的。

陈鸿谟生平不详，但据刘毓庆先生考证，其亦为晚明闽人。陈氏之书根据诗篇所反映的内容与时代，将《诗经》分为十四卷。[③] 何、陈二书皆依时代为次，打破了《诗经》传统的编排次序，虽有“牵合史传”[④] 之嫌，但在《诗经》学著述中颇具特色。同为晚明闽地学者，出

---

① 《四库全书》研究所整理：《钦定四库全书总目》（整理本），中华书局 1997 年版，第 203—204 页。

② 何楷：《诗经世本古义序》，《诗经世本古义》，文渊阁四库全书本。

③ 陈氏之书具体情形可参看刘毓庆、贾培俊：《历代诗经著述考》（明代），中华书局 2008 年版，第 438—441 页。

④ 《四库全书》研究所整理：《钦定四库全书总目》（整理本），中华书局 1997 年版，第 204 页。

现如此相似的治《诗》理念，似乎并不偶然。个中原因，既有《诗经》学史内在的发展逻辑要求，更有通经致用的现实追求。

对于黄道周《诗表》、何楷的《诗经世本古义》之类的《诗经》学著述，历来就是批评者有之，肯定者亦有之。黄道周《诗表》因流传不广，因而论者不多。这里以何楷《诗经世本古义》为例，略做申述，可以由此及彼从一个侧面看出黄道周《诗表》的意义。钱澄之在其《田间诗学·诗学凡例》中指出：

晋江何玄子先生作《诗经世本》，向谪南曹，[①]时剞劂甫竣，即持以示余，使为校订。余少好异书，见其以《诗》编年，混《风》、《雅》、《颂》而一之，则大骇，秘为帐中物。今读之，其牵强杜撰颇多，至于考据精详，有恰与《诗》指合者亦存之，以备一说。何先生授余以《易》，又授以《诗》，其教不敢忘也。故录存者多，而亦时加辨论。要之，先生书自成一家言，孤行于世，不必以经学相律也。[②]

这里，钱澄之虽然指出了《诗经世本古义》“以《诗》编年，混《风》、《雅》、《颂》而一之”的方法多有牵强附会之处，但更肯定了其考据精详，其间亦有“与《诗》指合者”，并在自己的《田间诗学》中征引颇多。

与钱澄之不同，李慈铭站在清代学者的立场，“最不喜明人经说”，

① 据《明史》何楷本传记载，崇祯十一年（1620年），杨嗣昌夺情入阁，何楷劾之，与黄道周、林兰友、刘同升、赵士春等并称为“长安五谏”。因忤旨，此次被“贬二秩为南京国子监丞”，后丁母忧归。(《明史》卷二百七十六，第7077页）结合何楷《诗经世本古义》序文写作时间、钱澄之“时剞劂甫竣”数语可知，何楷《诗经世本古义》当完成并刊刻于南京，其丁母忧亦当在此之后。据《钱澄之年谱》，此一段时间，钱澄之经常往来于家乡与南京之间（详见诸伟奇等辑校：《所知录》所收《钱澄之年谱》，《钱澄之全集》（七），黄山书社2006年版，第182—183页），故有机会得以一览《诗经世本古义》。

② 钱澄之著，朱一清校点：《田间诗学》，黄山书社2005年版，第6—9页。

谓何楷此书“以时代先后为主，颠倒次第”的做法实为“明人割裂古书之妄习”。[①]李慈铭的说法固然有一定道理，但是，如前所述，何楷《诗经世本古义》和黄道周《诗表》等一样，是在新的学术语境下的积极探索，体现了其努力摆脱《诗集传》官方诠释体系影响的自觉追求，是通经致用思想在其《诗经》学研究中的表现，这对厘清明代尤其是晚明学术思想的演进脉络具有重要意义。对此，林庆彰先生曾撰文指出，何楷此书“至少反映了晚明《诗经》研究的一种新趋向”，并将其这种趋向概括为三点：

1. 它是《诗经》学史上内容最庞大、体例最特殊的一本著作。

2. 它反映晚明亟欲突破宋学研究传统，另创新学风的企图心。

3. 它反映了朱子《诗》学传统势力的衰微，是汉学传统兴起的一座指标。[②]

林庆彰先生评说的是何楷的《诗经世本古义》，但黄道周的《诗表》何尝不是如此？

明了这一点，可以比较清晰地看到，明末清初之际儒学转向实已初现端倪。这种转向从中、晚明已经开始，主要体现在由宋学向汉学的转变。这种转向的发生，是在学术本身发展的内在逻辑和外部各种因素的激发下共同完成的。后经明清鼎革这一“天崩地解”之大事，这种转向基本完成，实现了从义理之学向训诂考据之学的转化。对此，前文已论述颇多。因此，通过黄道周《诗经》学这一个案的把握，无疑有助于

① 李慈铭著，由云龙辑，虞云国整理：《越缦堂读书记》（第一册），辽宁教育出版社2001年版，第33页。顾炎武也曾言：“若有明一代之人，其所著书无非盗窃而已。”（顾炎武著，黄汝成集释，栾保群、吕宗力校点：《日知录集释》，上海古籍出版社2006年版，第1073页。）

② 林庆彰：《何楷〈诗经世本古义〉析义》，《中国文哲研究集刊》第四期，1994年3月，第320页。

厘清明清之际儒学转向的脉络。这正是黄道周研究的重要意义之一。

第五节　黄道周《诗经》学的特色

上面集中讨论了黄道周关于《诗经》学公案的观点及其《诗表》的体例、说《诗》特点、产生背景和意义等问题，这里将以此为基础，拟对《黄道周》的《诗经》学特点做一个全景式的俯瞰，并期望通过对其《诗经》学的研究进一步深化对其学术思想特点的认识。

一、折中毛、朱，兼采汉、宋

独特的问学经历和兼容并蓄的学术取向使黄道周能兼取众家之长，这不仅表现在对今、古文《诗》学的兼取并收，也表现在对《毛诗》和朱熹《诗集传》的态度上。明代尊崇朱熹，科举考试中官方指定的《诗经》读本即是朱熹的《诗集传》。因此，朱熹《诗集传》在当时影响极大。但是，随着“复古之风，日益强劲”，明代士人“宗《小序》，宗毛郑，成为这一时期多数诗学著作的新倾向”。[①] 这种倾向在晚明《诗经》学研究中表现得尤为突出，显示了明代学术发展的新趋势。林庆彰先生致力于明代经学研究，于明代《诗经》学研究用力颇多，他认为：

> 自明代中叶起，朱子《诗》说，已开始受到质疑，遭朱子废弃的《诗序》也有学者重新估定其价值。各家学者在论定诗旨时，朱子的说法已非唯一的标准。他们除了朱子《诗集传》外，往往参酌《诗序》，和前代《诗经》学者的说法。有旧说不足信者，则自己论定诗旨。何氏承继这种说《诗》的新学风，继续往前推进。他的书反映了朱学地位的降落。[②]

① 洪湛侯：《诗经学史》，中华书局2002年版，第421页。

② 林庆彰：《何楷〈诗经世本古义〉析义》，《中国文哲研究集刊》第四期，1994年3月，第333页。

从中、晚明的学术实际看，林庆彰先生的这种观点是可以成立的。鉴于此，林先生认为何楷对待《诗集传》的态度“最能反映晚明博采众家，汉宋兼采的学风趋向”，[①] 而这正“反映了朱学地位的降落”。与何楷同时代、同乡、论学旨趣相近的黄道周在《毛诗》和《诗集传》的问题上，同样是选择了一种折中其间、择善而取的学术态度。

黄道周弟子洪京榜曾在榕坛发问：

> 《关雎》、《鹿鸣》冠于《风》《雅》，乃齐、鲁、韩三家皆以《关雎》为康王政衰之诗。《杜钦传》曰：“佩玉晏鸣，《关雎》刺之。”汉明帝诏曰：“应门失守，《关雎》刺世。”太史公云：“仁义陵迟，《鹿鸣》刺焉。”蔡邕《琴操》谓：“《鹿鸣》，大臣所作。王道衰，贤者隐，故大臣托之讽谏。”由是而观，《诗序》参差，皆非圣门本说，晦翁尽删之，是也。吾门时常何以不喜晦翁删序？[②]

《关雎》《鹿鸣》分别为《风》、《小雅》的首篇，历来备受重视，解说也歧见颇多。以《关雎》为例，《毛诗序》解说为“后妃之德也。风之始也，所以风天下而正夫妇也。故用之乡人焉，用之邦国焉”。齐、鲁、韩今文三家的解说相近，但均与古文《毛诗》迥然不同。据王先谦《诗三家义集疏》所著录，《鲁诗》有“周道缺，诗人本之衽席，《关雎》作”、“后妃之制，夭寿治乱存亡之端也。是以佩玉晏鸣，《关雎》叹之，知好色之伐性短年，离制度之生无厌，天下将蒙化，陵夷而成俗也。故咏淑女，几以配上，忠孝之笃、仁厚之作也”、“周之康王夫人晏出朝，《关雎》豫见，思得淑女以配君子”、“周渐将衰，康王晏起，毕公喟然，深思古道，感彼关雎，性不双侣，愿得周公，配以窈窕，防微消渐，讽

---

① 林庆彰：《何楷〈诗经世本古义〉析义》，《中国文哲研究集刊》第四期，1994 年 3 月，第 338 页。

② 《榕坛问业》卷六。

喻君父”等解说，《齐诗》则说《关雎》为“言太上者民之父母，后夫人之行不侔乎天地，则无以奉神灵之统而理万物之宜，故《诗》曰：‘窈窕淑女，君子好仇。’言能致其贞淑，不贰其操，情欲之感无介乎容仪，宴私之意不形乎动静，夫然后可以配至尊而为宗庙主。此纲纪之首、王教之端也”。《韩诗》也谓“《关雎》，刺时也”，“诗人言雎鸠贞洁慎匹，以声相求，隐蔽于无人之处，故人君退朝入于私宫，后妃御见有度，应门击柝，鼓人上堂，退反宴处，体安志明。今时大人内倾于色，贤人见其萌，故咏《关雎》，说淑女，正容仪以刺时”。①

据《汉书·儒林传》《后汉书·儒林传》《汉书·杜钦传》《后汉书·明帝纪》等文献可知，此处洪京榜所引述的杜钦、汉明帝、司马迁、蔡邕等人所论均为《鲁诗》观点，其解说明显异于《毛诗》之说。这种差异，体现了汉代《诗经》学传承的不同。四家说诗，题旨不一，所以洪京榜才有“《诗序》参差，皆非圣门本说”之疑。正是由齐、鲁、韩三家《诗》关于《关雎》《鹿鸣》诗旨的解说不同入手，洪京榜认为朱熹删《诗序》是正确的，体现了对“圣门本说”的坚持，这是应当加以肯定的。但黄道周却对于朱熹删《诗序》颇有微词，这正是洪京榜的疑惑之处。对此，黄道周解释道：

> 《诗》多谲谏，主文而无罪。如此等诗，性情礼义，前贤犹云刺时，则郑、卫淫诗或是刺时所作，而晦翁皆谓淫者之口。此处乖谬，害意泥词，非谓其删《诗序》也。②

黄道周接受《诗序》“诗多谲谏，主文而无罪”的观点，认为《郑风》《卫风》中描写男女之情的诗篇亦是以一种婉转含蓄的方式表达对

① 王先谦：《诗三家义集疏》，中华书局 1987 年版，第 4—5 页。

② 《榕坛问业》卷六。

时事的关注和批评，即“或是刺时所作”。因此，黄道周不满朱熹将郑卫之诗斥之为“淫诗”的做法，认为这是一种“害意泥词”的乖谬之说。很显然，在关于《诗》的政治功能问题上，黄道周对《毛诗序》持肯定与接受的态度，而对朱熹“淫诗”说则表示了不满，并且批评了“今人只蔽于朱《诗》”[①]的片面化取向。

但是，黄道周毕竟对朱熹心有戚戚焉，因而对朱熹亦多有维护。弟子侯晋水曾就“晦翁《诗》注得失如何”发问，黄道周未做正面评价，只是以“他自成德底人，不关风雅上事”一语作答，肯定了朱熹的道德修为。弟子唐伯玉进一步追问道：

> 如晦翁说“四始”、“六义”，再不相通；讽刺之咏，指为导淫；怀古之谈，以为纪实。如何得有往来之妙？[②]

黄道周曾对弟子们说过“‘藏往知来’自是圣神要义”“‘告往知来’四字便是六经张本”之类的话，[③]这是肯定六经具有鉴往知来的史鉴之功。唐伯玉此处追问正是由此出发，列举了朱熹注《诗》的种种做法，认为这些做法都不能得“往来之妙”。黄道周回答道：

> 藏、知之妙，系于人心。玩咏既熟，兴会自见。如只要读数训诂，虽把韩婴诸篇逐字推求，亦了无意义矣。如是胸中明朗，新故相推，义类环生，都有进处，即《春秋》《礼》《乐》总成比兴，有何滞碍？岂必远宗韩旨近诋朱诗耶？[④]

---

① 《榕坛问业》卷一。
② 《榕坛问业》卷七。
③ 《榕坛问业》卷七。
④ 《榕坛问业》卷七。

黄道周认为，读《诗》需要熟读深思，仔细玩味，一旦“玩咏既熟”，则“兴会自见”。此时，自然可以体味到包括《诗经》在内的六经所具有的藏往知来之妙。对照朱熹论述的读书之法可以发现，黄道周此处所言之“玩咏既熟，兴会自见”“胸中明朗，新故相推”等读《诗》方法，正是朱熹所提倡的虚心涵泳，切己体察的读书方法。从如何读诗的角度出发，黄道周以“岂必远宗韩旨近诋朱《诗》”一语表现了自己对朱熹《诗》说的态度。

弟子张勖之曾专门就“《毛传》《朱序》是非得失”发问，黄道周对此有一番论述。其曰：

> 当《毛诗》未出时，杂说甚多，即如《关雎》、《皇华》、《驺虞》、《鼓钟》、《柏舟》、《芣苢》、《宾筵》、《采薇》已不胜异说。及后《左传》、《仪礼》、《金縢》、《孟子》诸书咸出，以《毛传》考之，无不合者，然后大行。朱诗最后出，又参齐、鲁、韩、毛，兼用其说，如《关雎》取匡衡，《柏舟》取刘向，《笙诗》取仪礼，《抑戒》取国语，《宾筵》取《韩诗》，与毛出入者十分之五，大指谓四家《诗传》皆无的据，故据辞论义耳。士君子不欲尽扫前人，又不欲依违去取。元晦既已作此，何可废乎？①

这段议论集中体现了黄道周对于《毛诗》《朱传》的态度。一方面，黄道周肯定了《毛诗》的廓清异说之功，认为“《诗序》所传，间有可取”；② 另一方面，黄道周认为朱熹说《诗》兼采齐、鲁、韩、毛四家之说，虽“与毛出入者十分之五”，但大体能够“据辞论义”，不失为一家之说。既然如此，朱熹《诗》说岂可废置不理？这就是黄道周的态度。

① 《榕坛问业》卷九。

② 《榕坛问业》卷九。

二、与《易》《春秋》相表里，以推演运数

黄道周说《诗》好与《易》《春秋》相表里，以借《易》理推演运数。这不仅是黄道周《诗表》说《诗》的特点，而且是黄道周整个《诗经》学的一大特点。这种说《诗》方式，在晚明《诗经》学研究中颇具特色。

黄道周精于《易》数，著有《易象正》等《易》学著作。郑玟评价道：

> 凡先儒所已言者不复述，大要以《易》准于天地。故以六十四卦上推天道，下验人事，历代治乱兴衰了如指掌。当时及门甚多，而传其《易》者未之有。闻故先生没后，而《易》学遂无传也。①

黄道周治《易》的目的是要推明天道，应验人事，以明了历代兴衰治乱之理。这不仅是黄道周治《易》，也是其整个学术的追求。因此，当其究心《诗经》时，自然延续了这种学术进路，形成了将《诗》与《易》《春秋》结合起来研究的特色。对此，黄道周尝曰：

> 三《易》之道，本于天地，浃以人事，有《易》，有《诗》，有《春秋》。《春秋》纪日，《诗》以纪月。日纪以轨，月纪以蔀……《易》、《诗》、《春秋》同次天地以治两纬。②

在黄道周看来，《易》本天地而又“浃以人事”，故《易》《诗》《春秋》可以“同次天地以治两纬”。黄道周又说：

---

① 郑玟：《七十二卦对化序跋》，《黄石斋先生文集》卷七。

② 黄道周：《三易洞玑序·杂图序下》，《黄石斋先生文集》卷七。

《易》之立坊，始于天地，以天地而正父子，以父子而正君臣，以君臣而正夫妇。《诗》始于夫妇，《春秋》始于兄弟，“三始”虽殊，其以坊德、坊淫、坊欲则一也。①

《易·序卦》中说：“有天地然后有万物，有万物然后有男女，有男女然后有夫妇，有夫妇然后有父子，有父子然后有君臣，有君臣然后有上下，有上下然后礼仪有所错。”② 因此，黄道周才有《易》“始于天地”之说。《诗经》首篇《关雎》颂扬后妃之德，故言《诗经》教化始于夫妻。《春秋》首记郑伯克段于鄢之事，故言《春秋》始于兄弟。虽然《易》《诗》《春秋》“三始”不同，但其目标一致，都是致力于“坊德、坊淫、坊欲”，以教化人心，敦厚民俗，从而实现大治。

将《诗》与《易》《春秋》相联系，这种解说虽然具有较浓的神秘主义成分，但其经世致用的追求体现了时代的要求。正是因为重视经世致用，黄道周的学术思想在一定程度上具有了今文经学的品格。黄道周说《诗》喜言“四始”“五际”之说，治《诗》多杂纬候因素即为一例。

在《易象正》后二卷中，黄道周以《河图》《洛书》之数自相乘除得三十五图，“其《诗斗差图》《诗斗差退限图》《诗元命图》《春秋元命图》，则本汉人纬书四始五际之说而别衍之，以为推测之术，与所著《三易洞玑》相为表里”。③ 正因为如此，黄寿祺先生才有“明黄道周治《诗》，一以四始五际为宗，纯为术数之学”④ 之论。

“五际”本为《齐诗》说《诗》的术语，出自翼奉。《汉书·翼奉传》载：“《易》有阴阳，《诗》有五际，《春秋》有灾异，皆列终始，推

---

① 黄道周：《坊记集传序》，《黄石斋先生文集》卷七。

② 黄寿祺、张善文译注：《周易译注》，上海古籍出版社 2007 年版，第 450 页。

③ 《四库全书》研究所整理：《钦定四库全书总目》（整理本），中华书局 1997 年版，第 50 页。

④ 黄寿祺：《群经要略》，华东师范大学出版社 2000 年版，第 75 页。

得失，考天心，以言王道之安危。”[①] 颜师古注引孟康曰：“《诗内传》曰：‘五际，卯、酉、午、戌、亥也，阴阳终始际会之岁，于此则有变改之政也’。”[②] 该说是以《诗经》篇章与阴阳五行相配合，以为卯为《天保》，酉为《祈父》，午为《采芑》，亥为《大明》，认为每当卯、酉、午、戌、亥阴阳终始际会的年头时，政治上就必然发生朝代更迭等重大变动。对于“五际”之说，清陈寿祺《左海经辨·诗有六情五际辨》及其子陈乔枞《三家诗遗说考》中曾有专门的解释。很显然，这种解说的目的在于推论现实政治的得失，虽然有其神秘的一面，但其出发点和归宿正在于通经以致用。

《齐诗》亡于三国魏时，晚明士人对“五际”之说早已茫然不知其所确指。洪京榜曾问什么是“四始”“五际”，黄道周论“五际”曰：

周自文、武至宣、平，两雅大小百有五篇，诸王所历三百八十四岁，约九十岁以为一始，七十三岁以为一际。小雅自《鹿鸣》至《无羊》三十篇，亡诗有六，古人以此列于大雅之首，大抵战国诵《诗》之士，曲学阿秦，以《大明》当亥，为秦人改元之始，十月司岁也。汉高登极，亦岁在己亥，丙寅为居摄之元年，己巳为新室之元年。东汉腐生又附此说为桀、莽之佐。故云《大明》在亥，水始也；《四牡》在寅，木始也；《嘉鱼》在巳，火始也；以从新莽更革汉室耳。然光武建元，岁在乙酉，只当革政之年。高祖兴师，并直午亥之际，《鸿雁》、《祈父》非为兴由，而谶纬之隆，萃于后汉，权位所藉，长呼多风，不可夺也。

又说：

① 班固：《汉书》卷七十五，中华书局 1962 年版，第 3172 页。
② 班固：《汉书》卷七十五，中华书局 1962 年版，第 3173 页。

圣门原有此说，微言既绝，至道难闻，不知当时分派“五际”果何终始，决不自《小雅》前头二十五篇之内耳。①

在这里，黄道周梳理了秦汉时期腐生附会“五际”之说为新兴当权者鼓吹的历史。这种梳理，使人感觉似乎“五际”之说全然是没有一定之说的主观臆断。正因为如此，洪京榜发出了“纬书尽是谬妄，如何汉儒以诬孔子”之问。针对洪京榜的疑问，黄道周指出“五际”之说原本存在，也是圣门学问，只是因为孔子殁后，微言绝而至道难闻，后人遂不知“五际”的真正终始。虽然如此，但是黄道周在《易象正》等著述中还是屡屡论及。之所以如此，一个重要的原因在于黄道周象数《易》学的学术基础，而这种基础的形成与其关注历史治乱、思考现实政治的情怀是分不开的。

三、在义理与章句之间

中国传统学术素有汉学与宋学之分。简而言之，汉学重训诂传注，宋学重义理发挥。朱熹曾评述两家学术道：“窃谓秦汉以来，圣学不传，儒者惟知章句训诂之为事，而不知复求圣人之意，以明夫性命道德之归。至于近世，先知先觉之士始发明之，则学者既有以知夫前日之为陋矣。然或乃徒诵其言以为高，而又初不知深求其意，甚者遂至于脱略章句，陵籍训诂，坐谈空妙，展转相迷，而其为患反甚于前日之为陋者。”② 朱熹看到了汉儒溺于章句训诂而疏于发挥“圣人之意”的弊端，又看到了宋儒“脱略章句，陵籍训诂，坐谈空妙”的不足。在朱熹这里，他是主张训诂传注与义理探求二者兼论的。③

① 《榕坛问业》卷五。

② 朱熹：《中庸集解·序》，《朱熹集》，四川教育出版社 1996 年版，第 3595—3597 页。

③ 参阅陈良武：《“训诂”、“义理”、“功用”——朱熹文献学思想研究之一》，《闽南文化交流》2008 年第 3 期。

对于章句训诂和义理发挥这个问题，黄道周有自己的看法。在榕坛讲学时，黄道周曾专门论述过这个问题：

> 周家以来，山甫、张仲之精于性命，申伯、召伯之懋于事功，卫武、召康之邃于道德。今绎其词，如“诞先登于岸”、“俾尔弥尔性”、“吁谟定命”、“远猷辰告”、“古训是式”、“威仪是力”、“诞后稷之穑”、“有相之道”、“古之人无斁”、“誉髦斯士”、“昊天曰明”、“及尔出王”、“神之格思”、“不可度思”、“予怀明德”、“不大声以色”、“佛时仔肩”、“示我显德行”，精言渺语，抽绎无穷，使汉儒为之则朴确无光，使宋儒为之则枯朽就烂矣。声律虽细，本于神明，岂有无圣贤之学作神明之语者？①

黄道周列举了《诗经》中的众多语句，认为它们都是出于圣贤之学的“神明之语”，故其言词精妙，能“抽绎无穷”。但是，这些“精言渺语”到了汉儒手里则朴确无光，到了宋儒那里则枯朽腐烂。这说明，黄道周对于汉儒、宋儒都是有所批评的。联系上文所引朱熹的论断可以推知，黄道周之所以有“使汉儒为之则朴确无光，使宋儒为之则枯朽就烂”之论，是因为看到了汉儒、宋儒各执一端的弊端。如果要想真切体会这些“精言渺语”，则最好能够将汉儒、宋儒的治学方法结合起来，既义理发挥，又不忽视章句训诂。

就《诗经》而论，《诗经》的传授自汉代起即有四家说解之分歧，后来齐、鲁、韩三家渐次失传，唯有《毛诗》独传。《毛诗》在其传承过程中，“唐以前无异论，宋以后则众说争矣”。千百年来虽然诸家解说聚讼纷纭，但又往往“真赝相半”，故“全信、全疑，均为偏见”。对于汉学、宋学互为攻讦，挟意气而争高下的情形，四库馆臣评述道：“攻

① 《榕坛问业》卷六。

汉学者，意不尽在于经义，务胜汉儒而已；伸汉学者，意亦不尽在于经义，愤宋儒之诋汉儒而已。各挟一不相下之心，而又济以不平之气，激而过当，亦其势然欤?”① 黄道周处于明末，正是宋学渐衰、汉学渐起的转折时期，其对于《诗经》的解说，体现了较为鲜明的学术转折时期的特点，既有汉学的因素，又有宋学的成分，体现了其汉、宋学兼采和今、古文并用的努力。这种折中其间的态度，体现了黄道周一贯的学术追求，即和会诸说，以备世用。

但是，这不等于说黄道周在汉学、宋学之间无所偏倚。从黄道周自己的相关论述和著作来看，黄道周还是倾向于重视发挥义理之学的。黄道周弟子吕而远曾问道：

《易》无通故，《诗》无通说，如韩婴《诗》说有一事而三四引讽，有一《诗》而三四指事者，不过欲其悠长，宜于诵说而已。韩婴与董、贾同时，董生服其持论，而后世诸儒但推董、贾，不及韩婴，何也?

黄道周回答道：

后儒或治他经，不睹列传，其治《诗》者又牵训诂，不通大意，见董、贾旁通，因时指事，便击节称赏。其实韩婴精辩，在刘向以上一人而已。②

《韩诗》亡于南宋之后，黄道周所读到的当主要以《韩诗外传》为主。据刘毓庆先生的研究，《韩诗》是“糅合了晋学、鲁学、齐学而成

① 《四库全书》研究所整理：《钦定四库全书总目》（整理本），中华书局1997年版，第186页。

② 《榕坛问业》卷十一。

的一具有混合性格的学说”,[①] 继承春秋以来断章取义的说《诗》传统而重视阐述《诗》的多重喻义是其说《诗》的一大特点。[②] 重视多重喻义的阐述而无限延伸其象征、隐喻意义，这就是黄道周所谓的“精辩”。从这段讲问可以清楚地看出，黄道周反对拘泥于训诂而不通大意的治《诗》者，对韩婴则推崇有加。可见，黄道周对于义理发挥的重视。

前文论及的黄道周《诗》学专著《诗表》也体现了这种学术品格。黄道周在《诗表序》中说：“《诗表》盖十有二部，为三十有六表。有篇序，无章句训诂。”可见，《诗表》的重点不在于章句训诂，而在于诗篇编年和诗意发挥，其目的是为了推测世运，为现实政治服务。为了实现这个目的，黄道周在《诗表》中征引大量的前人《诗》说，而不拘泥于这些所属何家何派。这种学术创作，非常清楚地表现出黄道周会通诸家、通经致用的学术思想。

如前所述，明清之际不仅是政治上的变革时期，也是学术上的一大转折时期。黄道周身处其间，其学术活动明显打上了时代的烙印。从前几章的分析来看，基于强烈的现实考虑，黄道周学术思想既具有宋学的因素，又有汉学的特征，既有经今文学的成分，又有经古文学的影响，义理发挥与章句训诂兼具，在慕古、复古中体现了学术转折时期的复杂性。正因为如此，后世儒者，尤其是清儒往往以为其学术博而不纯。清前期学者储大文曾论述道：

予尝谓明嘉靖以后人士，实可参七国时诸子者，惟戚继光、利玛窦，其次则唐顺之、王鸣鹤[③]、李贽、熊廷弼、袁崇焕、释幻有，又其

---

① 刘毓庆:《从文学到经学——先秦两汉诗经学史论》，华东师范大学出版社 2009 年版，第 239 页。

② 刘毓庆:《从文学到经学——先秦两汉诗经学史论》，华东师范大学出版社 2009 年版，第 240—241 页。

③ 李慈铭引此段文字夹注谓“此恐有误”。李慈铭：《越缦堂日记》（第 18 册），广陵书社 2004 年版，第 13488 页。

次则刘宗周、高攀龙、阮汉闻、彭士望，而顾宪成、冯从吾、蔡懋德、黄道周辈不与焉，何则？学未充且鲜要用也。学未充而名玉实石，吾宁取水晶玛瑙也。①

储大文在其文中论列了明嘉靖至晚明的一些重要人物，却将黄道周等排除在“可参七国时诸子者”之外，其原因就在于他认为黄道周等其实是“学未充且鲜要用”，是“名玉实石”的名实不当的人物。李慈铭曾在其日记中引述过储大文的这段议论，并进而认为黄道周等人为“杂出不伦，近于猖狂”，② 其批评不可谓不尖锐。

其实，储大文、李慈铭过于执着于自己的学术立场，忽视了这样一个事实，那就是这种博而不纯恰恰是学术转折时期开风气者往往所共有的一种现象。黄道周在学术史上的地位应当从这个角度加以确立，而不能够因为其不纯或者多言象数、具有神秘色彩而加以轻视。这是研究明清学术乃至整个中国学术史所必须注意的。

梁启超曾经用“以复古为解放”③ 一语来概述清代的学术变迁。周予同先生则加以申论，他认为清儒复古“其解放是消极的自然结果，积极的目的在于‘求真’。清初学术界承晚明王学（王守仁）极盛之后，‘学者束书不观，游谈无根’，于是顾炎武等起而矫之，大唱‘舍经学无理学’之说。那时汉学初萌芽，大抵以宋学为根柢，各取所长，不分门户，可以说是汉、宋兼采之学，也可以说自明复于宋而渐及于汉、唐”。④

的确，每当论及明清之际学术转变，学者辄标举顾炎武、黄宗

① 储大文：《耶稣堂》，《存研楼二集》卷二十三，清乾隆九年存研楼刻本。

② 李慈铭：《越缦堂日记》（第18册），广陵书社2004年版，第13488页。

③ 梁启超：《清代学术概论》，（“民国经典学术文库”本），东方出版社1996年版，第7页。

④ 周予同：《经今古文学》，朱维铮编校：《周予同经学史论》，上海人民出版社2010年版，第12页。

羲、王夫之“三大家”而论之，周予同先生此处也是如此。诚然，顾、黄、王“三大家”对于清代学术转向的贡献极大，但其实这种转变早在晚明即已经开始了。梁启超就曾说：“晚明的二十多年，已经开清学的先河。”“这个时代的学术主潮是：厌倦主观的冥想而倾向于客观的考察。”① 作为黄宗羲师长辈的黄道周的学术活动正具有这种开风气的意义。此种情形，诚如陈来先生所云：“近世以来，学人多重船山、梨洲、亭林诸公，以为明末三大家；要之，顾、黄、王皆于清初成学名，若论晚明之季，则不得不让于二周。”二周者，刘宗周、黄道周是也。

因此，研究明清学术不可绕过黄道周。加之黄道周当时交游广泛，且门人弟子遍天下，故通过黄道周的交游，不仅可以建构起晚明的学术图谱，而且可以一窥晚明学术的概貌和发展趋势。本书上编撰写的目的不仅在于为下文的黄道周文学研究提供一个学术背景，还在于突出黄道周研究之于学术史的意义。当然，此项工作头绪纷繁，涉及文献极多，此处只能算是个开端，更多的工作只有待将来逐渐展开和深入了。

---

① 梁启超著，张圣洁校点：《中国近三百年学术史》，河北人民出版社 2004 年版，第 1 页。

下 编

黄道周文学研究

黄道周的成就是多方面的，蔡世远曾评价道："古今名人志士，传者何限？要如文章、道学、经济、气节，大都微有专属，道周负其聪明气岸，直欲兼之。"① 从其一生的主要活动来看，黄道周的主要精力并不在文章上，后人的评价也多集中在其道德气节和学术上。对于此种情形，梁章钜曾引俞桐川② 之言说："黄石斋先生（道周）大节千古，文字其余也，诗传、古文传又其余也。"③ 正因为黄道周道德节义的光芒掩盖了其别的方面的成就，尤其是文学方面的成就，所以对于其文学成就历来缺乏全面而深入的研究。本编主要在前文研究黄道周学术思想的基础上，对其古文理论和古文创作作一次较为全面的研究，以揭示其文学理论的特点和文学创作的成就。

---

① 蔡世远：《黄道周传》，《二希堂文集》卷六，文渊阁四库全书本。

② 俞长城，字宁世，号桐川，浙江桐乡（今属嘉兴）人，康熙二十四年（1685年）进士，以庶吉士授检讨，未四十告归（详见（光绪）《增修甘泉县志》卷二十，光绪七年刊本）。尝辑北宋至清初制艺为《可仪堂一百二十名家制义》（四十八卷）。另有《可仪堂文集》四卷、《先正程墨四集》等（详见（光绪）《桐乡县志》卷十九，光绪十三年刊本）。

③ 梁章钜：《制义丛话》卷六，梁章钜著，陈居渊校点：《制义丛话试律丛话》，上海书店出版社2001年版，第94页。

第四章　黄道周古文理论与创作

黄道周少年时代好曹植之诗文，不仅常以文士自命，而且表现出非同一般的文学天赋。黄道周八岁“即能为比偶文”，“十岁作古文词，若有神授也”，十四岁于广东博罗作《罗浮山赋》《观海楼赋》，以致“神异之称遍博罗焉”。[①] 游学广东归来，其箱之中“诸稿皆诗赋”。后由于父亲的引导，黄道周才转向圣人之学。之后黄道周虽屡言不以诗文为意，但是天赋所禀，风气所至，环境所染，黄道周还是给后人留下了大量的诗文作品。从相关文献看，黄道周不仅诗文创作在当时影响很大，而且其会通的学术思想使其对诗文创作的见解也颇具独特之处。

第一节　论文章之体：文本六经，根柢于道

“体用”是中国传统哲学中常用的一对范畴，其渊源在先秦，自唐宋至明清被广泛使用在各种哲学著作中。“体用”范畴出现很早，荀子在其《富国》篇中就已明确提出“体用”二字：“万物同宇而异体，无宜而有用。”[②] 在这些早期的文献中，“体用”最初多就具体事物而言，

① 庄起俦：《漳浦黄先生年谱》，侯真平、娄曾泉校点：《黄道周年谱附传记》，福建人民出版社 1999 年版，第 48—50 页。

② 王先谦撰，沈啸寰、王星贤点校：《荀子集解》，中华书局 1988 年版，第 175 页。

后来，经过孔颖达、崔憬到宋初一批学者的阐释，“体用”最终抽象成为理学的重要范畴之一。

崔憬在注《易传·系辞上》“形而上者谓之道，形而下者谓之器”一句时说：

此结上文兼明易之形器变通之事业也。凡天地万物皆有形质，就形质之中，有体有用。体者即形质也，用者即形质上之妙用也，言有妙理之用以扶其体，则是道也……假令天地圆盖方轸为体为器，以万物资始资生为用为道；动物以形躯为体为器，以灵识为用为道；植物以枝干为器为体，以生性为道为用。①

崔憬认为，任何物体都兼具体、用，体是其形质，用则是这些形质所具有的作用。由此出发，崔憬主张“易”之道有体有用。关于这一点，后世注《易》者论述很多。杨万里《诚斋易传》云：“易之道，有体有用。其变而无常者，用也；其常而不变者，体也。”②到了宋代理学家的学术体系中，“体用”的使用不仅更为经常，而且在理学语境中“体用”的意义由具体而趋向抽象，成为其建构理学体系的主要范畴之一，甚至有学者认为理学本体论“就是通过‘体用’范畴建立起来的”。③

宋明理学家不仅认为凡物有体有用，而且在论述“体用”问题时常将其与动静、阴阳相联系。就阴阳看，体常静而为阴，用常动而为阳；就动静看，是体静用动，寂然未发为体，已发则为用。朱熹对于张载“心统性情”和程颐“体用一源”的发挥正体现了这一点。朱熹曾

---

① 李鼎祚《周易集解》卷十四，中国书店1984年影印版。

② 杨万里：《诚斋易传》卷十八，文渊阁四库全书本。

③ 蒙培元：《理学范畴系统》，人民出版社1989年版，第148页。

说："心有体用。未发之前是心之体，已发之际乃心之用。"① 又打比方说："性是未动，情是已动，心包得已动未动。盖心之未动则为性，已动则为情，所谓'心统性情'也。欲是情发出来底。心如水，性犹水之静，情则水之流，欲则水之波澜。"②

动静、阴阳是《易》学所着重关注和讨论的对象，上述理学家的这类论述正与《易》学相联系。这方面，邵雍关于阴阳、动静互为体用的论述可谓典型。③ 黄道周是中国学术史上在《易》学和理学领域极有造诣的思想家，其对于邵雍的"体用"说极为熟悉而且深受其影响，对理学家所重视的"体用"范畴同样有较多的关注和论述。黄道周在与弟子的榕坛讲问中，曾针对邵雍《渔樵问答》中"天以用为本，以体为末；地以体为本，以用为末"一语发表议论，认为邵雍之说"体用、动静说略分明"，又谓"用自随体，动自随静，体、用中间可以知命，动、静中间可以知性"，"天以用为体，故举末而见本；地以体为用，故举本而见末"，"气无不动，理无不静。静本以立体，动末以致用"。④

综合各种论述，张岱年认为，"宋代哲学中所谓体表指永恒的根本的深微东西；所谓用表指流动的从属的外发东西。体是永恒的基础，用是外在的表现"。⑤ 既然理学家认为凡物有体有用，由此出发，文学之道亦有体有用。文学之体，即文学内在的根本的永恒不变的方面；文学之用，则是由其体生发出的作用。

---

① 《朱子语类》卷五，朱熹撰，朱杰人、严佐之、刘永翔主编：《朱子全书》（第 14 册），上海古籍出版社、安徽教育出版社 2002 年版，第 225 页。

② 《朱子语类》卷五，朱熹撰，朱杰人、严佐之、刘永翔主编：《朱子全书》（第 14 册），上海古籍出版社、安徽教育出版社 2002 年版，第 229 页。

③ 参阅蒙培元：《理学范畴系统》，人民出版社 1989 年版，第 152 页。

④ 《榕坛问业》卷十五。

⑤ 张岱年：《中国古典哲学中若干基本概念的起源与演变》，《哲学研究》1957 年第 2 期。另外，张岱年《中国古典哲学概念范畴要论》（中国社会科学出版社 1989 年版，第 62—70 页）、蒙培元《理学范畴系统》（人民出版社 1989 年版）第八章对"体用"范畴的起源与演变也有详尽的考察与论述，可资参考。

黄道周学问渊博，“但他的学术思想并未形成完整体系”，① 其文学思想也是如此。黄道周正当其处于学术生命旺盛期时，却因抗清失败被杀，其学术生命亦遭扼杀。不仅如此，其弟子也在战乱中凋零殆尽，剩下的几个弟子则无法承继总结老师学术的重任。即以洪思而言，其主要贡献也只是在于收集整理其师的著述而已，对其师的学术思想则无甚发扬之处。这一点，从其流传下来的《敬身录》等著述可见一斑。

黄道周关于诗文等文学思想的论述不少，但多属于零星的论述而散见于相关著述中，并无系统化的专门论述。黄道周虽然没有自觉地去建构自己的文学理论体系，但综合其在多种场合下的言论和著述，结合黄道周的学术思想和实践，还是可以清理出其文学思想的内涵和特点，可以发现具有一定的规模和体系。黄道周的《易》学和理学思想为其学术的重要基础，其论诗文常常有意无意之间具有鲜明的《易》学家和理学家的色彩，为《易》学家和理学家所广泛使用的“体用”思想就贯穿在其关于文学思想的议论之中。鉴于此，本章拟在这方面做些探究，并尝试借助“体用”范畴建构起其文学思想的体系。

一、“方圆判体而两仪生，群象备，文章则之”

中国古代哲学的宇宙观直接影响到人们的思维方式，这方面的影响尤以《周易》最为深远。传统的宇宙观认为：其一，宇宙是个生生不已、大化流行的变易过程，所谓“天地之大德曰生”②，“在天成象，在地成形，变化见矣”；③ 其二，在中国传统哲学的宇宙观中，天人关系居于核心的位置。在天人之辨上，“天人合一”的主张是其主流，《周易》中有大量的这种论述。《易传》提出人“与天地合其德”的观念，进而

① 陈来：《黄道周的生平与思想》，《国学研究》（第十一卷），北京大学出版社 2003 年版，第 88 页。

② 周振甫：《 周易译注》，中华书局 1991 年版，第 256 页。

③ 周振甫：《 周易译注》，中华书局 1991 年版，第 230 页。

又提出“财成天地之道，辅相天地之宜”的原则。在古人看来，人生于天地之间，禀天地之性，得天地之德，故当体悟天地之道，以自己的生命贯通宇宙，与天地合一。构成中国文化重要两极的儒、道两家都奉《周易》为经典，其思想体系中都有这种思想的影响。老子说：“人法地，地法天，天法道，道法自然。”《礼记·中庸》说：“诚者天之道也，诚之者，人之道也。”可见，《周易》所论之“易道”是儒、道兼备的。

由这种宇宙观出发，人类社会的各种秩序、原则当以天地为准，为宇宙所生，体现宇宙的基本原理。黄道周关于文学本原的讨论就是被置于此种思维方式之下进行的。

黄道周对于儒家诸经，“其用力最深者，莫如《易》学。观其与及门朱朝瑛、何瑞图、刘履丁辈，往复商榷，至再至三，所谓一生精力，尽在此书者也”。① 黄道周关于文学本原的直接论述虽然不多，但作为精通《易》理的理学家，以《周易》为代表的中国传统宇宙观自然而然地对黄道周的诗文理论产生了巨大影响。

黄道周在其评选的《古文备体奇钞》序言中开宗明义指出：

> 自方圆判体而两仪生，群象备，文章则之。于是戴神墨、履灵式，历往郗今，兹莫不自成一家言。②

古人有“天圆地方”之说，黄道周所谓“方圆判体”即指宇宙的产生。关于宇宙的创生，《周易·系辞上》：“易有太极，是生两仪。两仪生四象。四象生八卦。”③ 天地阴阳混合未分的混沌状态为太极，周敦颐《太极图说》：“无极而太极。太极动而生阳，动极而静；静而生阴，静极

---

① 《四库全书》研究所整理：《钦定四库全书总目》（整理本），中华书局 1997 年版，第 270 页。

② 黄道周评选：《古文备体奇钞》，发祥堂藏版。

③ 周振甫：《周易译注》，中华书局 1991 年版，第 248 页。

复动。一动一静，互为其根，分阴分阳，两仪立焉。”① 因此，黄道周认为，天地判分而两仪生，由两仪而至四象乃至“群象备”，纷繁复杂、多姿多彩的自然界就出现了。按照“天人合一”的观念，包括文章在内的“人文”都是对于这些现象的再现，即所谓“文章则之”。如果能够如此，文章自可成一家之言。

黄道周的这种观念渊源有自，具体有两个方面。

第一，《周易》的影响。如前所述，黄道周为中国《易》学史上一位卓越的《易》学大师，深通《易》理。《周易·系辞上》认为，“易与天地准”，“能弥纶天地之道”。② 因此，古圣人才以“易”为准，观象制器，以为时用。

> 古者包牺氏之王天下也，仰则观象于天，俯则观法于地，观鸟兽之文与地之宜，近取诸身，远取诸物，于是始作八卦，以通神明之德，以类万物之情。③

《易·系辞上》亦有：“河出图，洛出书，圣人则之”④ 之说。《周易》这种象天法地的思维方式无疑对黄道周产生了巨大影响。因为这种影响，黄道周讨论文学的产生时，首先就从这个角度展开论述，认为文学是对宇宙、自然的模仿。

第二，《文心雕龙》的影响。刘勰认为，宇宙万物各有其规律，无论是日月、山川、龙凤、虎豹，还是云霞、草木，无不有物必有形，有其形则必然“郁然有彩”。他在《原道》篇中说：

---

① 朱熹：《太极图说解》，朱熹撰，朱杰人等主编：《朱子全书》（十三），上海古籍出版社、安徽教育出版社 2002 年版，第 72 页。

② 周振甫：《周易译注》，中华书局 1991 年版，第 233 页。

③ 周振甫：《周易译注》，中华书局 1991 年版，第 257 页。

④ 周振甫：《周易译注》，中华书局 1991 年版，第 248—249 页。

文之为德也，大矣；与天地并生者，何哉！夫玄黄色杂，方圆体分，日月叠壁，以垂丽天之象；山川焕绮，以铺理地之形；此盖道之文也。①

《原道》篇是《文心雕龙》的首篇，主要论述刘勰关于文根本于道的思想，其重要性不言而喻。黄道周关于文学本质的论述，不仅从其遣词造句上可以看出《文心雕龙》的影响，而且其思想应该说也主要来自于刘勰，或者至少说是深受刘勰的影响。刘勰认为，从宇宙混沌到天地判分，从日月山川到草木鸟兽，都有其自然之理，而“人文之元，肇自太极，幽赞神明，《易》象惟先”。②

黄道周对刘勰的接受，一个重要原因在于，刘勰的《文心雕龙》也是以《周易》为其理论框架构建而成的。刘勰在《序志》篇中明言其著述系“位理定名，彰乎大易之数，其为文用，四十九篇而已”③。不仅如此，《易传》中的“道”“器”“文”“章”“辞”“意”等概念对刘勰创作《文心雕龙》也产生了多方面的影响。有学者撰文，从四个方面论述了《周易》对于《文心雕龙》的影响：一、《文心雕龙》引据《周易》卦象，以说明文学问题；二、《文心雕龙》援用《周易》文辞，以丰富文学意蕴；三、《文心雕龙》探研《周易》创作，以推阐文学源流；四、《文心雕龙》融化《周易》词语，以自铸美意伟辞。④ 正是由于相似的学理基础，因此，黄道周在论述文学的本原时，自然与刘勰的思想相互贯通。

① 刘勰著，范文澜注：《文心雕龙注》，人民文学出版社 1958 年版，第 1 页。

② 刘勰著，范文澜注：《文心雕龙注》，人民文学出版社 1958 年版，第 2 页。

③ 刘勰著，范文澜注：《文心雕龙注》，人民文学出版社 1958 年版，第 727 页。

④ 黄寿祺、张善文：《试论〈周易〉对〈文心雕龙〉的影响》，《文心雕龙学刊》第 4 辑，齐鲁书社 1986 年版，第 367—393 页。

二、文章之体备于六经[①]

对于“游文于六经之中”的封建时代文人来说，六经地位之高无论怎么说都不为过，它为社会生活的各个方面都确立了一种范式。同样，由于古人认为六经也给文学确立了范式，因此，他们讨论文学问题时自然与六经联系在一起。在他们看来，天下之至文，莫过于六经。宋代陈耆卿《上楼内翰书》云：“论文之至，六经为至。经者，道之所寓也。故经以载道，文以饰经。”[②] 宋濂则云：“文至于六经，至矣尽矣！其始无愧于文矣乎？”[③] 不仅六经为天下至文，而且是天下文章的源头：“《易》、《诗》、《书》、《仪礼》、《春秋》、《论语》、《大学》、《中庸》、《孟子》皆圣贤明道经世之书，虽非为作文设，而千万世文章从是出焉。”[④] 因此，文章当以六经为宗，以六经为衡文的标准。

文宗六经其实有两重意思：一是文章之体（狭义之“体”，指文体）源自六经，二是文章之义本于六经。既涉及文章形式，又涉及文章内容，二者的完美结合方为至文。刘勰在《宗经》篇说：“故文能宗经，体有六义：一则情深而不诡，二则风清而不杂，三则事信而不诞，四则义直而不回，五则体约而不芜，六则文丽而不淫，扬子比雕玉以作器，谓五经之含文也”。[⑤] 很明显，刘勰所谓的“体有六义”之“体”是一个广义的概念，兼有文章内容和形式两个层面的涵义。因此，刘勰所谓的“文能宗经”，正是就内容和形式两方面而言。

本小节先论文章之体（狭义之“体”），文章之义则留待下一小节

---

① 古人称说儒家经典，或言六经，或言五经，其实内涵基本一致，故以下分析中不做辨析。

② 陈耆卿：《上楼内翰书》，《篔窗集》卷五，文渊阁四库全书本。

③ 宋濂：《徐教授文集序》，《文宪集》卷七，文渊阁四库全书本。

④ （元）李淦：《文章精义》，王水照编：《历代文话》，复旦大学出版社 2007 年版，1161 页。

⑤ 刘勰著，范文澜注：《文心雕龙注》，人民文学出版社 1958 年版，第 23 页。

展开。

通读黄道周的著述，会给人一个强烈的印象，那就是黄道周论文特别重视辨定其体，表现出强烈的文体意识。陈寿祺编《黄漳浦集》凡50卷，包括疏、状、笺、表、诏、制、诰、策、对、议、檄、谕、论、书、序、书后、启、跋、记碑、碣、墓表、墓志、诔、行状、颂、赞、箴、铭、揭、题词、弹文、露布、骚赋、诗等各种文体。其中，有些文体比较罕见，如弹文。弹文本为奏疏之一种，专为弹劾官员而用。明代郎瑛曾分析道："奏疏之名不一……弹文固目中之一，而其辞要核实风轨，所谓气流墨中、声动简外可也。"① 黄道周有《弹陶》一篇系针对陶弘景而发，文章颇合弹文文体的规范。这种创作实践上的文体意识，是与其对古代文体思想的接受和讨论分不开的。

中国古代文体意识起源很早，并逐渐产生了大量的关于文体的理论。其中，最引人瞩目的当属所谓"文出五经"之说。"文出五经"之说，挚虞已有论及，刘勰《文心雕龙·宗经》则做了充分的展开论述。其论文章"原出于五经"道：

故论说辞序，则《易》统其首；诏策奏章，则《书》发其源；赋颂歌赞，则《诗》立其本；铭诔箴祝，则《礼》总其端；纪传铭檄，则《春秋》为根。②

刘勰不仅分门别类地指出了文章各种体裁的来源，而且进一步分析认为，为文"若禀经以制式，酌雅以富言，是仰山而铸铜，煮海而为盐也。"③

---

① 郎瑛：《各文之始》，《七修类稿》诗文类一，续修四库全书影明刻本。

② 刘勰著，范文澜注：《文心雕龙注》，人民文学出版社1958年版，第22页。此处，范注"易""书""诗""礼""春秋"均无书名号，此据文义加。

③ 刘勰著，范文澜注：《文心雕龙注》，人民文学出版社1958年版，第23页。

《颜氏家训·文章》篇也说：

夫文章者，原出《五经》：诏、命、策、檄，生于《书》者也；序、述、论、议，生于《易》者也；歌、咏、赋、颂，生于《诗》者也；祭祀、哀诔，生于《礼》者也；书、奏、箴、铭，生于《春秋》者也。朝廷宪章，军旅誓、诰，敷显仁义，发明功德，牧民建国，施用多途。至于陶冶性灵，从容讽谏，入其滋味，亦乐事也。行有余力，则可习之。①

此种论述，与刘勰《文心雕龙·宗经》篇所说，颇为相似。颜之推根据儒家传统观点来论述文学，这和北朝当时的崇经复古的思想是相关联的。

此种思想历代都有发挥。明黄佐所撰之《六艺流别》，比较集中地体现了文本六经的思想。四库馆臣评述道：

是书大旨以六艺之源皆出于经，因采摭汉、魏以下诗文，悉以六经统之。凡诗之流五，其别二十有一。书之流八，其别四十有九。礼之流二，其别十有六。乐之流二，其别十有二。易之流十二，而无所谓别。分类编叙，去取甚严。其自序言："欲补挚虞《文章流别》而作。"然文本于经之论，千古不易，特为明理致用而言，至刘勰作《文心雕龙》，始以各体分配诸经，指为源流所自。其说已涉于臆创。佐更推而衍之，剖析名目，殊无所据，固难免于附会牵合也。②

黄佐为明代广东香山人，学有根柢，黄宗羲在《明儒学案》中称

① 颜之推：《颜氏家训》，上海古籍出版社 2006 年版，第 159—160 页。

② 《四库全书》研究所整理：《钦定四库全书总目》（整理本），中华书局 1997 年版，第 2686 页。

其“得力于读书，典礼乐律词章，无不该通”。[①]《提要》虽指责其多涉臆创而有牵强附会之弊，但其“六艺之源皆出于经”之说，则为典型的儒家文体观。

将文章之源溯自六经的观点，影响了整个封建时代。迨至晚清，王棻概述得更为清楚。

文章之道，莫备于六经。六经者，文章之源也。文章之体三：散文也，骈文也，有韵文也。散文本于《书》、《春秋》，骈文本于《周礼》、《国语》，有韵文本于《诗》，而《易》兼之。文章之用三：明道也，经世也，纪事也。明道之文本于《易》，经世之文本于三《礼》，纪事之文本于《春秋》，而《诗》、《书》兼之。故《易》、《书》、《诗》者，又六经之源也。[②]

王棻首先将文体分为散文、骈文、韵文三类，这种分类纠正了前面所引各家之说的烦琐，分类显得简略而清晰。接着，王棻利用传统的体用之说，从文章之体和文章之用两个方面指出了文章诸体与六经之关系。

经各有体，其体既包括风格特征，又包括体裁特质，上述文体分类大体由此生发出来。这样，以儒家经典为根本、为源头，各种文体则为枝叶、为流别。黄道周继承并发挥了这种思想，并在其《古文备体奇钞序》中进行了集中论述。

《古文备体奇钞》是一古文评选本，其首页署“黄石斋先生评选·古文备钞·发祥堂藏版”，凡12卷。前有黄道周崇祯十五年（1642年）春题写的序文一篇，正文分文体选评古文篇目358篇。评点的篇目中，首先是选自《左传》《国语》《战国策》三种先秦文献中的史传散文，然

① 黄宗羲著，沈芝盈点校：《明儒学案》，中华书局2008年版，第1198页。

② 王棻：《柔桔文抄》卷三。转引自吴承学：《对“文本于经”说的文体学考察》，《学术研究》2006年第1期。

后依次是文、记、论、序、跋、赋、表、勅、制、诏、令、册文、檄、谏、札子、奏、疏、策、铭、颂、歌、辞、碑、赞、箴、议、录、说、解、训、书、传、启、辨、对、碣36种古文文体，极为详备，故有“备体”之名。参与评点者众多，多为晚明文坛重要人物。这其中，除了黄道周本人之外，尚有钟惺、陈明卿（陈仁锡，字明卿）、陈际泰、张溥、黄贞父（黄汝亨，字贞夫）、黄景昉、孙鑛等，本书的刊刻者刘开侯也在其中。此外，《古文备体奇钞》还选录了唐顺之、茅坤等人的古文评点。

据瞿冕良《中国古籍版刻辞典》“发祥堂”条可知，刘开侯（1608—1674）名肇庆，号刚堂，开侯为其字，明末建阳人。发祥堂系刘肇庆的书坊名，曾刻印过《新刊京本性理大全》等书。[①] 方彦寿《建阳刻书史》第五章第四节之“书林刘氏刻书”亦有考述：“刘肇庆（1608—1674），字开侯，号刚堂，曾以‘发祥堂’为坊号刊印《新刊京本性理大全》七十卷。”[②] 刘肇庆的“发祥堂”在明清之际刻书颇多，既吸纳了茅评的汇评本《唐宋八大家文抄选》《古文备体奇钞》这样的文学评点本，也有《外科百效全书》之类的实用科技书籍。

从《古文备体奇钞》体例及具体内容看，此书为一汇评本，当为书商于坊肆间汇辑众家之评点而成，再托以黄道周之名以传之。该书载有黄道周的古文评点近90余条，评点对象涉及历代作家的多种文体。由此可知，黄道周之名，不仅在于其以直声悚动天下，而且文名亦大，亦是当时衡文名家。

《古文备体奇钞》前有黄道周序文一篇，为便于讨论，故全文抄录如下：

---

① 瞿冕良：《中国古籍版刻辞典》，齐鲁书社1999年版，第124页。

② 方彦寿：《建阳刻书史》，中国社会出版社2003年版，第326页。

自方圆判体而两仪生，群象备，文章则之。于是戴神墨、履灵式，历往鄗今，兹莫不自成一家言。然而崇有之业，惟博设可以为功。尝审则宜类，五经而下，独《左》、《国》、《国策》，一则属正而体近于方，一则属谲而体僯于圆，实为群言祖，非若龙门妙裁，随用而成珪璧者也。凡体不外于五经：诏、令、诰、敕、策、训、檄、疏，统于《书》也；论、述、问、对、解、议，统于《易》也；歌、辞、序、说、文、纪，统于《诗》也；书、启、册、文、札子，统于《礼》也；传、奏、箴、铭、表、赞、碑、碣，统于《春秋》也。极名流文明映心之致，刻画须眉一一吻合，而且不越方幅，不赘骈拇，其体岂必尽如冕藻、龙卷，韫韨、野绅亦一体也；岂必尽如岑鼎、巍樽、朱组、端珽，椟匩、赤瓮，蒲屣、束弁亦一体也。匠伯欂栌横施，枳桷参错，则堂臬之体，皆颐隐于脐，肩高于顶，指大于臂，两髀为胁，则生人之体乖。是以模经为式，自入典雅；效骚命篇，必归艳逸。镕范所拟，各有司匠。倘非编剖成集，恐宫商、朱紫有茫然铨别焉耳。

兹辨定其体，不数墨、庄夙贮。故读诏、令诸体，有资上圣，下明学问，得《书》“七观”之统；读论、述诸体，楷模明断，即《易》“十翼”之统；歌、序诸体备，则知《诗》有“四始”之统。骚人墨士，野夫游女，其有比兴乎？若书、启、册、文诸体，于以觅《礼》“五仪”之统；传致于嘉会，至《春秋》“四例”之统。淑慝可规，衮荣钺辱，善读者，严若朝典矣。天下之文不大备是欤？然《左》、《国》、《国策》独仍其义，而不别以体者何？盖言统也，盖为群言组，实众体之体也。其犹两仪之先群象也。夫斫轮染丝，功在初化。器成彩定，然后通理合质。睹斯集不备，美有余也乎哉！

时崇祯壬午春王正月清漳黄道周题。

如前所论，《古文备体奇钞》为汇辑众评点名家评点的汇评本，虽然《黄漳浦集》未予收录这篇序文，但从其内容到语言风格都可推断其

为黄道周所作无疑。黄道周一生著述散佚颇多，每每散见于晚明的各种文集中，这篇序文只是其中之一罢了。黄道周在这篇序中，着重讨论了文章之体的来源问题。从其议论来看，主要涉及两方面问题：其一，“体不外于五经”。黄道周认为，各种文章体裁都出自五经，作文如果“模经为式”，则“自入典雅”。其二，“模经为式”的文章，其文读来自然受益匪浅，“淑慝可规，衮荣钺辱，善读者，严若朝典”。这是文章之用。黄道周的这种文体论，体现了“文章之道，有体有用”的体用结合思想，无疑继承了儒家传统的文体观。至于《左传》《国语》和《战国策》，黄道周则“独仍其义，而不别以体”，将其视为“众体之体”，体现了对《左传》《国语》和《战国策》的重视。

三、文章之义根柢六经

文章之体备于六经，而“六经皆载道之书”，① 故文章之义自然也要根柢六经，体现圣人之道，有裨于世风，有益于教化。对此，张溥有一段话颇值得重视：

> 伯祥之文至矣，其辞要眇深通而源于大雅，纵文所往，不知其几万里，要其发端以人伦为极，若此者非今之文也，古所谓至言也。黄石斋先生尝论今人古文辞裒然大部，无一言及仁义者，叹为世变。嗟乎！岂特古文辞哉，时文亦然。②

杨廷麟、张溥均为晚明名士，与黄道周以文章气谊相交。据黄道周弟子洪思云：“子在翰林，后起诸彦多从问业，为群小所忌，而天如（张溥）与杨机部（杨廷麟）二人独深相向往，虽目之为党人不避也，

① 黄宗羲：《学礼质疑序》，《黄宗羲全集》（第十册），浙江古籍出版社 2012 年版，第 24 页。

② 张溥：《杨伯祥稿序》，《七录斋续刻》卷一，明末崇祯刻本。

皆乐与子同其出处。”[1] 杨廷麟，字伯祥，系黄道周弟子一辈的人物，与黄道周交往频繁，书信往来、诗文唱和颇多。张溥曾向黄道周问《易》，亦为黄道周友，有《送黄石斋先生二首》《虎丘山房次黄石斋先生韵》《答黄石斋先生韵八首》《赠屏石上人次黄石斋先生韵》《次黄石斋先生梅花八咏》等唱和之作。黄道周下狱后，张溥更是不避党人之名四处奔走，与陈子龙等多方筹划，极力营救，甚至愿“倾身家图之”，最终说动周延儒，使黄道周得脱囹圄而复官。黄道周弟子洪思在《张天如墓志》文前的注中说：“天如竟以是忧愤成疾，不及见子出狱而死。故铭墓曰：‘天如之退退而死，则皆惟余之故也’。”[2]

张溥亡故后，黄道周撰《张天如墓志》，谓其“终当以文据于鼎耳”，张溥之死则为“天之将丧斯文也”，并铭其墓曰：

哲人所托，亦各有在。峙为义山，渟为理海。渟峙既翻，乾坤颠沛。念我哲人，喟焉发慨。西无华峨，东无泰岱。人无天如，精华尽晦。[3]

此外，黄道周亦有悼念诗文。在黄道周的悼念诗文中，最为深痛的是《哭张西铭二章》：

新书未就已藏山，晛雪才消又闭关。不为幽忧成鹏赋，何当造次阅麟删。斯文欲丧愁无党，吾道更生耻独还。莫说作官官易尽，祇今钟吕在人间。

可怜北斗掩光仪，已见明河藻雪时。人事总从丹史过，君心不与青蝇知。十年著作千秋秘，一代文章百世师。缟带难将娄海泪，蛮烟瘴

① 黄道周：《张天如墓志》，《黄漳浦集》卷二十六。
② 黄道周：《张天如墓志》，《黄漳浦集》卷二十六。
③ 黄道周：《张天如墓志》，《黄漳浦集》卷二十六。

岭共相思。①

由上述可知，张溥与黄道周交往甚密，故张溥所引述黄道周之言是可信的。从上引的一段文字可以看出，张溥首先肯定杨廷麟之文为“源于大雅”“以人伦为极”的“至言”，非当时人所能比拟，接着引述黄道周之言证之。从张溥的引述可知，黄道周对于当时“无一言及仁义者”的文坛现状极为忧虑，乃至“叹为世变”。黄道周曾云：

王汝中、李宏甫之言始复重于天下，归王之言幻，归李之言荡，于是勃谿溲溺不则不洁之言皆形于文章，而文人才士始不复能束修以自师于天下。②

对此，黄道周弟子洪思有进一步的阐述，其言曰：

时天下将乱，王畿、李贽之言满天下，世之治制举义者不归王则归李。归王之言多幻，归李之言多荡，凡不则不洁之言皆形于文章。子忧之，谓谢焜曰：“为王汝中、李宏甫则乱天下无疑矣。吾将救之以六经。”辛未四五月，乃伏枕为之，皆自意向以自道其怀，与世之为制举义者异。倪文正公见之喜甚，为之论列，示海内，大江左右为之一变，士之以六经为文章，盖自《冰天小草》始也。③

晚明时期，内忧外患，士风颓靡，天下将乱。黄道周深忧于“王畿、李贽之言满天下，世之治制举义者，不归王则归李。归王之言多幻，归李之言多荡，凡不则不洁之言皆形于文章”的现实，力主“救之

① 黄道周：《哭张西铭二章》，《黄漳浦集》卷四十七。

② 黄道周：《谢光彝制义序》，《黄漳浦集》卷二十二。

③ 洪思：《冰天小草自序·按语》，《黄漳浦集》卷二十一。

以六经”，重新揭橥、坚持儒家传统文学观念，意在廓清文坛，拯救时风、士风。这种“救之以六经”的努力，黄道周首先是从矫正时文开始。这是由于有明一代科举极盛，士人多倾力于时文，因此矫正文风首先从时文开始。

明开国之初，朱元璋下诏开科取士，本以“取经明行修、博通古今、名实相称者”① 为初衷，其应试之文要求“书旨明晰”“不尚华采”，所以应举士人犹能出入六经，“国初举业有用六经语者”。迨至后来，为了耸动考官，应试之文则“标新领异，益漓厥初”。至万历时，更是“崇尚新奇，厌薄先民矩矱，以士子所好为趋，不遵上指”。此种情形发展到天启、崇祯之时，则“文体益变，以出入经史百氏为高，而恣轶者亦多矣。虽数申诡异险僻之禁，势重难返，卒不能从。”②

此种文风影响极大，以漳州之僻远亦不可免。《漳浦县志》记载道：

> 明季，时文竞趋怪异。邑庠生林宾取唐刘蜕、明吕马窦二稿，择其词尤险仄者，汇为一书，名《蜕马玄声》，窜入八股中。闽中翕然宗之，凡文中无用此者，主司文衡却摈不录。③

晚唐刘蜕为文“皆原本扬雄，亦多奇奥。险於孙樵”，④ 以奇崛著称。吕马窦的生平虽不详，但既与刘蜕并称，其文当亦以奇险称。在明季“时文竞趋怪异”的大背景下，闽中时文推崇蜕、马，为文追求“险仄”，一时成为一种风尚。对于这种情况，黄道周见而叹曰：“文宗固是好奇，士子未免已甚！”⑤

---

① 张廷玉等：《选举志二》，《明史》卷七十，中华书局 1974 年版，第 1695 页。

② 张廷玉等：《选举志一》，《明史》卷六十九，中华书局 1974 年版，第 1689 页。

③ （光绪）《漳浦县志》，（中国地方志集成本），上海书店出版社 2000 年版，第 218 页。

④ 《四库全书》研究所整理：《钦定四库全书总目》（整理本），中华书局 1997 年版，第 2023 页。

⑤ （光绪）《漳浦县志》，（中国地方志集成本），上海书店出版社 2000 年版，第 218 页。

在明代，科举几乎成为明代士人进身的唯一途径。洪武三年（1370 年），朱元璋下诏曰："……特设科举……使中外文臣皆由科举而进，非科举者毋得与官。"① 因此，为了应试的需要，士人们大多自幼就开始接受各种科举文体的写作训练。这种自幼进行的训练，必然影响到士人们的诗文创作。因此，一时的时文风尚必然影响到文坛风气乃至士风。上述科举时文文风的变化，不可避免地会对当时文坛产生冲击。明人论文常将时文、古文并提——如前引张溥所云"岂特古文辞哉，时文亦然"——原因即在于此。

从这个角度而言，黄道周在登第近十年之后② 犹于酷暑之中撰时文 25 篇，并为之序，虽为时文而发，但亦可谓是针对整个文坛文风而发。明了此点，则可以明其良苦用心：纠正文坛风气当从从扭转时文文风开始。唯有如此，方能廓清文坛，振奋士气。

自王学兴起后，其"致良知"之说强调了心之良知的主观能动性，甚至将"良知"作为自家的唯一准则。王守仁曾说："夫学贵得之心。求之于心而非也，虽其言之出于孔子，不敢以为是也，而况其未及孔子者乎！求之于心而是也，虽其言之出于庸常，不敢以为非也，而况其出于孔子者乎！"③ 这种否认传统是非标准的思想，其主观上是要将孔门圣道置于人的内心，但客观上起了冲击、廓清权威的思想解放作用。由后者发展而来的，就是学界习称的王学左派。

受王学左派的影响，晚明文坛出现了一股从文学观念到创作实践都对儒家传统文学观念产生强烈冲击的文学思潮。这其中，以李贽和受其影响的公安派为代表。李贽曾见过王守仁最得意的弟子王畿，听过王

---

① 张廷玉等：《选举志二》，《明史》卷七十，中华书局 1974 年版，第 1695—1696 页。

② 黄道周于天启二年（1622 年）中进士，崇祯三年（1630 年）因参加修撰《神宗实录》而擢升右春坊右中允。据洪思为《冰天小草自序》所加按语中"辛未四五月，乃伏枕为之""凡二十有五篇，子为宫允在京师销夏时所作"数语可知，黄道周《冰天小草》及《自序》当作于崇祯四年（辛未，1631 年）其为右春坊右中允时，距其中第约十年时间。

③ 王守仁：《答罗整庵书》，《王阳明全集》，上海古籍出版社 1992 年版，第 76 页。

良之子王襞的讲学，并尊之为师，其思想可以算是王畿和泰州学派的进一步发展，带有强烈的离经叛道的色彩。论及对文学的影响，李贽的“童心说”对晚明文坛具有一定的启蒙意义。公安派以“独抒性灵，不拘格套”为其创作主张的内核，肯定文学创作要抒写个人性灵，表达个人欲望，这虽然对矫正前、后七子文学复古活动中“以剿袭为复古”的弊端具有巨大作用，但因矫枉过正而陷入俚俗肤浅之中。继公安派之后，以锺惺、谭元春为首的竟陵派一方面继承了公安派的一些主张，一方面针对公安派的流弊，力图将文学引入“幽情单绪，孤行静寄”的境界。所有这些，都是与儒家传统的文学观念相去甚远，甚至格格不入。

针对这一切，黄道周首先指出王畿、李贽之言遍天下，比较客观地描绘出了其在当时影响的广泛性。以王畿为例。王畿为王守仁最得意的弟子之一，一生居于林下讲学达四十余年，足迹遍及两都、吴、楚、闽、越、江、浙，“年八十，犹周流不倦”，① 可见其在当时的影响。

其次，黄道周指出了王畿、李贽之言遍天下的后果，或者归于“幻”，或者归于“荡”。王畿思想与乃师王守仁有所区别，这种区别，主要表现在他引入禅宗思想诠释良知之说，“直把良知作佛性看”②，从而渐失阳明之学本旨而流入于禅。因此，黄宗羲批评王畿“一着工夫，则未免有碍虚无之体，是不得不近于禅”，“以心息相依为权法，是不得不近於老”，“于儒者之矩矱，未免有出入矣”。③ 在近于禅的角度，黄道周指出其思想的直接后果是远离社会现实，归于玄虚妙悟而落于“幻”。李贽蔑视礼法，走得更远，黄道周认为任其发展则可能放荡情欲而流于“荡”。

第三，“幻”“荡”只会更加纷扰社会，只能给人们的思想造成更大的混乱。在黄道周看来，正是受王畿、李贽之说的影响，才会出现“不

① 黄宗羲著，沈芝盈点校：《明儒学案》，中华书局2008年版，第237页。

② 黄宗羲著，沈芝盈点校：《明儒学案》，中华书局2008年版，第9页。

③ 黄宗羲著，沈芝盈点校：《明儒学案》，中华书局2008年版，第239页。

则不洁之言皆形于文章”的情形。如此下去，文人才士则“不复能束修以自师于天下”，这正是黄道周所担心的。由于人心关系着世运，故必须要荡涤王、李，廓清宇内。在这方面，文士必须以文章之学担负起这种责任。黄道周的这种观点，是儒者强烈的历史使命感和社会责任感在文学上的体现，代表了晚明文学发展的主要趋势。

明末，朱明王朝内交外困，已经处于濒临崩溃的边缘。以张溥、张采、陈子龙、夏允彝、徐孚远等为代表的一批士人，以“复兴古学、务为有用”相号召，以结社的形式，重新揭橥起复古旗帜。他们的复古有别于前、后七子的复古，在“文以范古为美”[①]的同时，要求“忧时托志”“刺讥当时”。[②]这些代表性人物中，多与黄道周关系密切，或者为其弟子（如陈子龙），或与其亦师亦友（如张溥），黄道周以其深湛的学术造诣和巨大的人格魅力给予他们多方面的影响。以文学主张而论，以复社、几社为主的文学主张无疑深受黄道周的影响。

黄道周曾在给友人的信中，多次主张要以六经挽救颓靡的文风。在《答曾叔祁书》中，黄道周回忆了自己为学为文的次序：

> 周之少也，溺于《骚》、《雅》；比其稍长，滥于老、释；既四十余，乃知文藻之坠华与二氏之落箨，一意反于六经，然而老矣。又性宕佚易简，不能为镇坐静观、含砾张铁之事。是以兴奋无功，疑信各半。[③]

少年时代，黄道周酷爱《骚》《雅》，后来又泛滥于老、释，一直到知天命之年才意识到之前的错误，而要回归六经。之所以主张文章

---

① 陈子龙：《〈佩月堂诗稿〉序》，陈子龙著，王英志辑校：《陈子龙全集》，人民文学出版社2011年版，第789页。

② 陈子龙：《六子诗序》，陈子龙著，王英志辑校：《陈子龙全集》，人民文学出版社2011年版，第786页。

③ 黄道周：《答曾叔祁书》，《黄漳浦集》卷十八。

要“一意反于六经”，是因为“《易》、《礼》、《乐》、《诗》、《春秋》者，圣人之所为学也”，它们承载着儒家所推崇的圣人之道。按照黄道周的观点，这种圣人之道“至仲尼而后畅之”，而“仲尼之学，存于《礼》、《乐》；其识在于《易》；其生平所参赞，手口拮据，尽在于《诗》、《书》、《春秋》”。① 正因为六经承载着圣贤修齐治平、治国安民之大道，因此，黄道周主张文章反于六经，这实际上也体现了以文明道、以务世用的追求。

关于六经与圣人之道的关系，儒家学者论述很多，如荀子曾论述道：

圣人也者，道之管也。天下之道管是矣，百王之道一是矣，故《诗》、《书》、《礼》、《乐》之归是矣。《诗》言是，其志也；《书》言是，其事也；《礼》言是，其行也；《乐》言是，其和也；《春秋》言是，其微也。②

荀子认为，道系于圣人，“圣人者，道之极也”③。圣人已逝，圣人所撰六经成为承载着圣人之道的经典：《诗》记载着圣人之志，《尚书》记录了圣王之事，《礼》记载着圣人之行，《乐》体现了圣人以乐和同的要求，《春秋》则寓有圣人之微言大义。总之，涵盖万物的道正在六经之中。这个道是“体常而尽变”④ 的“道”，它“非天之道，非地之道，人之所以道也，君子之所道也”。⑤ 换言之，这个“道”“非阴阳、山川、怪异之事，是人所行之道也”，是“先王所行之道也”，⑥ 它蕴含着治国之根

① 黄道周：《经纶天地之谓才论》，《黄漳浦集》卷十二。

② 王先谦撰，沈啸寰、王星贤点校：《荀子集解》，中华书局 1988 年版，第 133 页。

③ 王先谦撰，沈啸寰、王星贤点校：《荀子集解》，中华书局 1988 年版，第 356 页。

④ 王先谦撰，沈啸寰、王星贤点校：《荀子集解》，中华书局 1988 年版，第 393 页。

⑤ 荀况著，王天海校释：《荀子校释》，上海古籍出版社 2005 年版，第 273 页。

⑥ 王天海撰：《荀子校释》，上海古籍出版社 2005 年版，第 276 页。

本原则。用荀子的话说，就是“道也者，治之经理也”。①

荀子这种道、圣、经三位一体的思想，之后在扬雄这里得到了进一步发挥。在《法言》中，扬雄对此分别进行了论述。略举数例如下：

观书者譬诸观山及水，升东岳而知众山之逦迤也，况介丘乎？浮沧海而知江河之恶沱也，况枯泽乎？舍舟航而济乎渎者，末矣；舍五经而济乎道者，末矣。弃常珍而嗜乎异馔者，恶睹其识味也；委大圣而好乎诸子者，恶睹其识道也？②

这是后人所说的原道的意思。

或曰：人各是其所是而非其所非，将谁使正之？曰：万物纷错则悬诸天，众言淆乱则折诸圣。或曰：恶睹乎圣而折诸？曰：在则人，亡则书，其统一也。③

好书而不要诸仲尼，书肆也。好说而不要诸仲尼，说铃也。④

这是后人所说征圣的意思。

“书不经，非书也；言不经，非言也。言、书不经，多多赘矣。”⑤

如果不在六经之科，又非孔子之术者，则“知之愈多，则愈为害而无用”。⑥这一段则是后人所谓宗经的意思了。

---

① 王先谦撰，沈啸寰、王星贤点校：《荀子集解》，中华书局1988年版，第423页。
② 汪荣宝撰，陈仲夫点校：《法言义疏》，中华书局1987年版，第67页。
③ 汪荣宝撰，陈仲夫点校：《法言义疏》，中华书局1987年版，第82页。
④ 汪荣宝撰，陈仲夫点校：《法言义疏》，中华书局1987年版，第74页。
⑤ 汪荣宝撰，陈仲夫点校：《法言义疏》，中华书局1987年版，第164页。
⑥ 汪荣宝撰，陈仲夫点校：《法言义疏》，中华书局1987年版，第164页。

扬雄论文，倡导尊崇“五经”，强调道、圣、经一体。这种思想，上承荀子，下启刘勰，对刘勰的原道、征圣、宗经的“文之枢纽”论的形成启示颇大。至此，儒家原道、征圣、宗经的文学理论传统最终形成。此种传统，流风所及，历代文士无不深受影响，因而成为中国古代文学思想的主流。作为一代大儒，黄道周在这方面表现出来的主要就是这种传统的文学理念。

黄道周一生的学术道路正是以原道、征圣、宗经为追求的，其创作正是“为文典奥，原本经术。”① 张岱曾经评论过黄道周的创作，他说：

> 道周强忍敢言，以圣贤自命，淡泊廉静，不事鲜好。初为文谲辩似子，继乃闳肆，矫绝近代，天下咸以为山斗。②

张岱的“以圣贤自命”一语道出了黄道周的学术追求，而“初为文谲辩似子，继乃闳肆”则道出了黄道周在向往圣贤的追求之路上，其文章由早期的不够醇正渐至于闳肆的变化。这种闳肆，即韩愈《进学解》所谓“闳其中而肆其外”。黄道周“文章源本六经，取裁《左》、《国》、秦、汉，不乞灵唐、宋，奥博渊通，奇峭高古，自为一家”，③ 不仅内容广博宏大，而且形式恣肆奔放，这与其对圣贤之道的体悟和“一意反于六经”的不懈追求息息相关，是其自觉贯彻其文学主张的必然表现。

第二节　论文章之用：经世致用的文学观

按照有体有用的原则，凡物皆有体有用，体不同，用自然不同。

① 《黄道周传》，徐鼒《小腆纪传》卷二三，中华书局 1958 年版。

② 张岱：《黄道周列传》，《石匮书后集》卷三七，中华书局 1959 年版。

③ 郑玟：《黄石斋先生文集序》，《黄石斋先生文集》卷首。

黄道周主张文本于六经，以正文学之体，其目的是为了恢复儒学传统的经世致用的文学观念，以发挥文学在世衰道敝之际的救世作用。黄道周的这种文学观念在晚明具有很强的代表性，可以说在很大程度上体现了当时文学发展的趋势。经世致用文学观念在晚明的复兴，是与当时具体的历史语境和学术语境分不开的。

一、实学思潮与通经致用传统的复兴

晚明时期，各种矛盾异常尖锐，社会危机重重，党患、边患连结，朱明王朝已如飘摇于风雨中的一叶破舟，倾覆只在早晚之间。这种现状，激发起人们对现实的极大关注和反思。在当时的许多士人看来，造成这种现状的原因在于王学末流的盛行以及与此相关的经世人才的匮乏。这种意见，可以说代表了当时一大批人的看法。他们认为，正是王学末流的各逞异说，导致了儒学传统价值的衰落和通经致用传统的丧失。这种批评，经明亡的惨痛之后，明遗民们不仅将批判的矛头指向王学末流，而且将整个王学乃至受王学影响的整个晚明学风都置于其批判之下。他们认为，正是受阳明心学空谈心性的影响，以致空疏之学风得以蔓延，“不习六艺之文，不考百王之典，不宗当代之务”，“以明心见性之空言，代修己治人之实学”，致使“股肱惰而万事荒，爪牙亡而四国乱，神州荡覆，宗社丘墟”。①

在对现实的反思和对王学末流的批判中，传统儒家所强调的担当使命被重新唤醒，倡导修己治人、“务为有用”的实学思潮遂勃然兴起。这种实学思潮是对正统儒家所谓异端之说的拨乱反正，而且主要是以尊经复古的形式出现。这方面的具体表现有二：一是党社运动勃兴，二是大量探讨经邦治国策略的文章不断涌现。就前者而言，进入晚明，文人

① 顾炎武著，黄汝成集释，栾保群、吕宗力校点：《日知录集释》，上海古籍出版社2006年版，第402页。

结社风气极盛，各种大小不一的文人社团相继出现。文人以文社为依托，不仅诗文唱和，激扬文字，更痛斥时弊，慷慨陈言。此种情形，由谢国桢先生《明清之际党社运动考》可见一斑。就后者而言，士人们无论立朝还是在野，多发言议论，于著书立说中探讨革除弊政、强国救世的策略，表现出冷峻的现实思考和高涨的参政热情。

前论黄道周的学术思想和文本六经思想的提出，均与大的历史语境密切相关。受其影响，黄道周弟子中有很多人成为明清之际实学的代表人物，如陈子龙、方以智、彭士望、张履祥等就是其中的卓有成就者。崇祯十年（1637 年）会试，陈子龙出于黄道周之门。崇祯十一年（1638 年）夏，鉴于当时浮文“无俾实用，泥古未能通今”①以及“朝无良史”“国无世家”“士无实学”的“三患”，为“以资世用”，②陈子龙与徐孚远、宋征璧等搜集有明一代有关世务国政的文章，历经一年多时间编成《皇明经世文编》五百卷。崇祯十二年（1639 年），陈子龙编《农政全书》，“慨然以富国化民之本在是”。③不仅如此，陈子龙还写了数量众多的经世之文，可谓其中的卓越者。对此，黄道周深为赞赏，谓其“绍兴使君万斛珠，随风飞洒千泽苏。文章经济各大雅，出之我口宁为谀”。④

黄道周交往的友人中，亦颇多此类人物。倪元璐与黄道周同为天启二年（1622 年）进士，诗、画俱工，与黄道周志趣相投，书信往来甚多，黄道周有“倪公与余最相契”⑤的诗句，时人更以“倪黄”并称。倪元璐曾于崇祯五年（1632 年）致书黄道周曰：

---

① 陈子龙：《〈经世编〉序》，陈子龙著，王英志辑校：《陈子龙全集》，人民文学出版社 2011 年版，第 942 页。

② 陈子龙：《〈经世编〉序》，陈子龙著，王英志辑校：《陈子龙全集》，人民文学出版社 2011 年版，第 812 页。

③ 陈子龙自撰：《陈子龙年谱》，陈子龙著，王英志辑校：《陈子龙全集》，人民文学出版社 2011 年版，第 943 页。

④ 黄道周：《寄别卧子兼怀鸿宝》，《黄漳浦集》卷三十八。

⑤ 黄道周：《寄别卧子兼怀鸿宝》，《黄漳浦集》卷三十八。

> 秋间匆遽言别，每怀黯然……二三友朋自是有所指授，各以正学相镞厉。某即当遣家中子弟从游杖履，开其荒塞耳。夫圣贤之道，体用一原，是故言性命者学也，言事功者何莫非学？当国家多故，农田水利之原，边防阨塞之要，钱赋之出入，制作之沿革，吾党所宜讲求者，非止一端。若夫浚羲文之画，转濂溪之圈，摭拾礼乐，涂改诗书，曾足以尽学乎？年兄奥衍深邃之才，博综掌故，洞晓机宜，其所以成就后学者在于树人才，而纾国恤不止以剖析鹅鹿疑义、抗怀有宋诸儒已也。①

在信中，倪元璐以“正学”与黄道周相互勉励。倪元璐认为，“圣贤之道，体用一原”，不仅性命之学是学，事功之学亦是学，而且在国家多故之时，此种关于农田水利、边防阨塞、钱赋出入的留意经济之学作用更大。开坛讲学，不能仅仅局限于剖析先儒疑义上，而要培养能够“纾国恤”的通经致用之才以备时用。这正是时代精神的反映。

国运系于人心，人心系于学术，这是当时士人的主流看法。崇祯十一年（1638年）十一月，刘宗周在给黄道周的书信中就曾经说：“学术不明，人心不正，而世道随之，遂有今日丧乱之祸。”② 受这种思维影响，呼吁回归六经，恢复传统儒学通经致用的传统自然成为对晚明文学乃至整个学术的一大反动。

二、文当切时，有裨世用

如前所述，经世致用本是儒家的真精神，从孔子、孟子到荀子，无不以现实社会秩序的重建和世道人心的安顿为追求。儒家所谓的“内圣外王”之道，最终要落实在治国、平天下的经世层面。有“新儒学”之称的理学固然有空谈心性的一面，但其主流最后的诉求还是在经世。

---

① 倪元璐：《与黄石斋》（其二），《倪文贞集》卷十八，文渊阁四库全书本。

② 刘宗周：《与黄石斋少詹》，《刘宗周全集》（第三册），浙江古籍出版社2007年版，第449页。

张载“为天地立心，为生民立命，为往圣继绝学，为万世开太平”一语可谓道出了理学的真精神。黄道周曾言：“周濂溪欲营湓江，结庐其下，既复不果，谓潘兴嗣曰：‘三十年读书，亦欲一济苍生，行其所学。如果不遂，与子盘桓，论道讲书，未为晚耳。’”① 黄道周追述周敦颐的事迹，正表现了其对以“济苍生”为“行其所学”的向往。

黄道周学问根柢六经，追求通经致用，以恢复儒学的真精神，实为晚明实学思潮兴起的倡导者之一。纵观黄道周的学术经历，其治《易》，每以“易”理准拟天地，推历代之治乱；治《诗》，打破通行文本的编排顺序，以世运兴衰隆替为序说诗；治《礼》，撰《礼记》五篇（《月令明义》《表记集传》《坊记集传》《缁衣集传》《儒行集传》），“虽不必尽当于本旨，而借经抒论，于人事犹有所裨”，② 可见其以礼为防，矫治世道人心之意；治《孝经》，撰《孝经集传》，阐发“五微义”“十二著义”，本性立教，因心为治，以显移孝作忠之思；治《尚书》，撰《洪范明义》，“其改定章段次第，亦未见其必然。惟其意存启沃，借天人相应之理以感动恐惧修省之心，其文不尽合于经义，其意则与经义深有合焉”。③ “启沃”典出《尚书·说命上》，记述的是商王武丁任用傅说为相时，命之曰：“若岁大旱，用汝作霖雨。启乃心，沃朕心，若药弗瞑眩，厥疾弗瘳。”④ 意谓如果遭遇大旱，就要以你为霖雨。你要敞开心泉来灌溉我心，正如药物不猛烈，疾病就不会好一样。后遂用“启沃”指竭诚开导、辅佐君王。可见，黄道周治经虽多有不合四库馆臣等清儒观点之处，但其“意存启沃”的经世追求却跃然

① 黄道周：《大涤书院三记》，《黄漳浦集》卷二十四。

② 《四库全书》研究所整理：《钦定四库全书总目》（整理本），中华书局 1997 年版，第 392 页。

③ 《四库全书》研究所整理：《钦定四库全书总目》（整理本），中华书局 1997 年版，第 156—157 页。

④ 江灏、钱宗武译注，周秉钧审校：《今古文尚书全译》，贵州人民出版社 1992 年第 2 版，第 177 页。

纸上，也深为四库馆臣所肯定。

这里，依然以黄道周《礼记》传疏五种来说，《月令明义》“胪举史传，亦皆意存规戒，非漫为推衍禨祥。则改《经》虽谬，而其因事纳诲之忱，则固无悖于《经》义也”；[①]《表记集传》“虽未必尽得《经》意，而议论正大，发挥深切，往往有关于世教，遂亦不可废焉”；[②]《坊记集传》“意存鉴戒，于君臣父子夫妇兄弟之间，原其乱之所自生，究其祸之所终极，颇为剀切”；[③]《缁衣集传》“意主于格正君心，以权衡进退，所重在君子小人消长之间，不必尽以章句训诂绳也”；[④]《儒行集传》“杂引历代史传，以某某为能自立，某某为刚毅，意在上之取士，执此为则，以定取舍之衡”。[⑤] 黄道周著《礼记》五种，原意不在于章句训诂之学，切于世用才是其诠释经典的目的。“盖经为儒者言，道周之传则为用儒者言也。”正是在这个角度上，四库馆臣虽然一方面认为黄道周传疏经典“非解经之正轨”，且时有“臆断”之说，但另一方面又认为“赋诗断章，义各有取；郢书燕说，国以大治”，“其切于实用，则亦不失圣人垂教之心”，故“不能不列之《经部》焉”。[⑥]

六经当中，黄道周用力最深的无疑是《易》。从黄道周的《易》学研究来看，虽然有其神秘主义的一面，但通经致用依然是其一贯的追求。崇祯五年（1632 年）二月，黄道周在其《放门陈事疏》中说：“臣

① 《四库全书》研究所整理：《钦定四库全书总目》（整理本），中华书局 1997 年版，第 268 页。

② 《四库全书》研究所整理：《钦定四库全书总目》（整理本），中华书局 1997 年版，第 269 页。

③ 《四库全书》研究所整理：《钦定四库全书总目》（整理本），中华书局 1997 年版，第 269 页。

④ 《四库全书》研究所整理：《钦定四库全书总目》（整理本），中华书局 1997 年版，第 269 页。

⑤ 《 四库全书》研究所整理：《 钦定四库全书总目》（整理本），中华书局 1997 年版，第 270 页。

⑥ 《四库全书》研究所整理：《钦定四库全书总目》（整理本），中华书局 1997 年版，第 270 页。

自幼学《易》，以天道为准，以《诗》、《春秋》推其运候，上下载籍二千四百年，考其治乱，百无一失。臣所学本于周孔，无一毫穿凿。”在这篇奏疏中，黄道周利用《易》理推衍后认为：“陛下御极之元年，正当《师》上六。其辞云：‘大君有命，开国承家，小人勿用。’自有《易》辞告诫人事，未有深切明著若此者也。”这正是其致力于通经致用的一次具体实践。

受经世致用学术思想的影响，文章当然要有裨世用。这本是儒家传统的文学观念，从先秦时期就已奠定了基础，历经千余年，或隐或现，在不同时代的表现和影响也大小不一。真德秀《文章正宗纲目》曾云：

夫士之于学，所以穷理而致用也。文虽学之一事，要亦不外乎此。故今所辑，以明义理、切世用为主，其体本乎古，其指近乎经者，然后取焉，否则辞虽工亦不录。①

《文章正宗》是真德秀编于宋理宗绍定五年（1232年）的一个选本，其选文的标准就是“以明义理、切世用为主”，强调了文章的现实功用。这个标准是理学“穷理而致用”学术追求的必然要求。穷理致用是传统儒学通经致用在儒学发展新阶段的另一种表现，其“致用”的终极追求是一致的。真德秀编选《文章正宗》所体现出来的重视文章之用的理学家的文学观，对后世产生了深远影响。

就黄道周本人来看，他无疑是主张恢复这种文学传统的。《黄漳浦集》所收录的文章中，不乏直接议论朝政、关注时事的文章。例如，《万历四十有六年乡试策》就是一组针对党患、边患而直言的文章，具有鲜明的时代特征，体现了强烈的实学精神。洪思在其为本文所加的按语中曰：

① 真德秀：《文章正宗纲目》，《文章正宗》，文渊阁四库全书本。

> 子为诸生时，便以天下为己任，故其直言时政，深以党患、边患为忧已如此，一时几为刘蕡矣。神宗末年，上倦于勤，下无良相，正学衰而邪说作，汝中、宏甫之言满天下，所忧不独“二患”之方深。①

从这段按语可以推知，黄道周生于晚明这个特定的历史环境中，对现实怀有深深的忧患意识。正是这种忧患意识，促使其在对现实的思考中反思晚明学术和文学的实际，提出恢复和发扬文当有裨世用的经世文学观。

从这种经世致用的文学观出发，黄道周主张文学创作应当“本于仁义，切当时，炳于后世”。黄道周在《〈陆宣公集〉序》中不仅高度评价了陆贽所取得的事功，更对其奏疏之类的政论文章给予了极高评价。黄道周之所以推崇陆贽的文章，不是因为其文章辞彩华赡，而是因为其文章都是本于仁义、切当世用的经世之文。

陆贽为唐代名臣，其政论文历来为人所称颂。在《新唐书》陆贽本传后的赞语中，宋祁称其“论谏数十百篇，讥陈时病，皆本仁义，可为后世法，炳炳如丹”。②《新唐书》打破不录排偶之作的惯例，独取陆贽之文十余篇以为后世行文之楷模。司马光作《资治通鉴》，也因为重视陆贽的政论，采录其奏疏达三十九篇。苏轼少好陆贽的书论，后又于元祐八年（1093 年）上《乞校正陆贽奏议上进札子》，请求选取陆贽奏议文章，“稍加校正，缮写进呈”。苏轼虽深以陆贽仕不遇时的不幸为憾，但又以其“才本王佐，学为帝师，论深切于事情，言不离于道德”的文章能“聚古今之精英，实治乱之龟鉴”③而欣喜。四库馆臣在陆贽文集《翰苑集》的提要中也评价道：

① 洪思：《万历四十有六年乡试策·按语》，《黄漳浦集》卷九。

② 欧阳修、宋祁：《新唐书》，中华书局 1975 年版，第 4932 页。

③ 苏轼：《乞校正陆贽奏议上进札子》，孔凡礼点校：《苏轼文集》（第三册），中华书局 1986 年版，第 1012—1013 页。

盖其文虽多出于一时匡救规切之语，而于古今来政治得失之故，无不深切著明，有足为万世龟鉴者，故历代宝重焉……经世有用之言，悉具是书。其所以为贽重者，固不必在雕章绘句之末矣。①

从上述所引材料可知，陆贽的文章备受后人推崇，其原因就在于其对于古今政治得失剖析明晰，是可为“万世龟鉴”的经世之文。据陈子龙自撰《年谱》，崇祯十二年（1639 年），陈子龙在编《农政全书》后，“又以唐兴元之有陆敬舆，会昌之有李文饶，皆中兴之相也。思如二公之人而不可得，因评论其集合梓之，颇行于世”。② 同时，陈子龙有《〈陆宣公文集〉序》，谓陆贽有“命世之才、王佐之学”，③ 其文足为后世龟鉴。早在陈子龙刻《陆宣公文集》之前，黄道周也曾翻刻过《陆宣公集》，并撰有《〈陆宣公集〉序》④。其文曰：

人已瘵，乃索良医；国已瘵，乃贵谋士。盖于今乃思陆公之言也。陆公起书生，谈时政，不数年而赞密勿，使悍卒为之下涕，猜主为之开诚。虽其际会使然，亦岂徒文章之力乎？史称其论谏十百篇，皆本于仁义，切当时，炳于后世。世之贤者至拟于伊、吕之际。……今贤者亦犹未知之也。即不知，但取其所论治道、边计、五要、九弊、八利、六失

① 《四库全书》研究所整理：《钦定四库全书总目》（整理本），中华书局 1997 年版，第 2005 页。

② 陈子龙自撰：《陈子龙年谱》，陈子龙著，王英志辑校：《陈子龙全集》，人民文学出版社 2011 年版，第 943 页

③ 陈子龙：《〈陆宣公文集〉序》，陈子龙著，王英志辑校：《陈子龙全集》，人民文学出版社 2011 年版，第 1039 页。

④ 黄道周《〈陆宣公集〉序》（《黄漳浦集》卷二十一）前有洪思注语曰：“子为庶常时作。时崔、魏始恣，故独深谈延龄、窦、霍，虑天下之祸发禁卫也。”据此，黄道周的《〈陆宣公集〉序》当作于天启二年（1622 年）至四年（1624 年）之间为庶吉士时。崇祯十年（1637 年），黄道周为会试房考，陈子龙出其门下。二人相得甚欢。二年后，陈子龙编刻陆贽文集，作《〈陆宣公文集〉序》。

诸篇观之，宜不至于漫试，以天下为幸。故复刻之，与众共绎焉。

人病思良医，国病贵谋士。“安史之乱”后，曾经辉煌的大唐盛世已经一去不复返了。藩镇割据，宦官专权，党争纷仍，国势不堪。陆贽起于书生，以王佐之才参赞机密，使骄兵悍将为之下涕，猜疑之主为之开诚，以至于世之贤者拟之于伊尹、吕尚。黄道周认为，这一切既是际会使然，也是其文章之力。其文章因为“本于仁义，切当时”，有裨治道，所以才可以“炳于后世”。

对于陆贽的奏疏文，黄道周还曾经评述道：“陆宣公奏议，无一不是格君要典。德宗当流离播迁之时，稍施一二，尚足补救乱亡，况盛明之世？人主果能置诸座隅，反复熟读，真有启发圣聪，俾益政治者。”有鉴于此，在黄道周看来，重新刊刻陆贽文章，可“与众共绎”，有益当世。① 晚明情形，类于陆贽时代。值此国家多事之秋，空谈性命之学无补于事，唯有重视切于世用的学问，才可以挽狂澜于将倾。从这种观点出发，黄道周重视经世致用之文，主张文本六经、合乎世用就成为一种必然。黄道周推崇陆贽的原因也正在于此。

黄道周不仅在理论上主张文章须切于世用，而且自己也撰写了大量探讨治国方略、有裨于世的诗文，其创作实践忠实地履行了经世的原则。黄道周著述宏富，无论经传注疏，还是奏议书论，无不以经世致用为归。黄道周尝言“夙年著书数十万言”，皆以之“明天地之道、帝王之义、万物变化之纪”，在“极博穷微”中体现出一个大儒的著述追求。②

黄道周重视文章的经世功能，使其即使在与友人的书函往来之中，也多有论及恢复大计者，这尤其表现在甲申之变后的书牍之中。当然，最能够体现黄道周经世之文思想的是其奏疏、论策。陈寿祺曾评价道：

---

① 黄道周评选：《古文备体奇钞》卷七。

② 黄道周：《骈枝别集自序》，《黄漳浦集》卷二十一。

盖公文以章疏、论策为最，其大者在国家纪纲、法度、贤奸、义利、刑政、兵食、治乱、得失之源。其端皆元本经术，贯古今而裨治道。使天启、崇祯之间，其言见用，则天下事尚可为，中兴之业易成也。及南渡再隳，唐藩迫胁，天之所坏，固不可支，岂得咎出师之否臧哉？其他碑版之制，阐发忠孝，精气郁勃；军旅之作，倚马万言，百函并发……①

作于黄道周步入仕途不久的《拟汰冗滥清宿蠹以足军需疏》就是这样一篇“元本经术，贯古今而裨治道”的经世之文。在这篇疏文中，黄道周指陈国事，提出一系列增兵益饷，富国强兵的策略，郑元勋《媚幽阁文娱》谓其“晓然共见，犁然可行，以宰天下，必能竱本肇末，富强不足以命之”。② 正是从这个角度出发，陈寿祺才有“其言见用，则天下事尚可为，中兴之业易成”之论。

三、在情、理之间

由前文论述可知，黄道周向“以圣贤自命”，论文主张“一意反于六经”，不仅文章之体要本于六经，而且文章之义亦需本乎六经。由于六经被认为是承载着圣人之道，文章自然就要求载圣人之道，体现圣人之理，以实现通经致用的功效。这是一个儒者在特定的历史条件下对儒家传统文学观的继承和发挥。但是，黄道周并没有完全否认文学的表情功能。从黄道周的相关论述可以看出，其在情、理之间，有所侧重，而又能折中其间。

情、理问题实际上源自传统的情、志统一思想。荀子在其《乐论》《儒效》等篇中曾论述过情志问题，其“《诗》言是，其志也”③ 就是其

① 陈寿祺：《重编黄漳浦遗集序》，《黄漳浦集》卷首。

② 郑元勋：《媚幽阁文娱》初集，《四库禁毁书丛刊》影印明崇祯刻本。

③ 王先谦撰，沈啸寰、王星贤点校：《荀子集解》，中华书局 1988 年版，第 133 页。

中的一个例证。因为六经为圣人之道的载体，所以荀子所言六经之一的《诗》所言之志即为圣人之志。《诗大序》则进一步发展了这种思想。《诗大序》曰：

> 诗者，志之所之也，在心为志，发言为诗。情动于中而形于言，言之不足，故嗟叹之，嗟叹之不足，故永歌之，永歌之不足，不知手之舞之，足之蹈之也。①

《诗大序》认为，诗是用来抒写心志的。这个“志”后来被灌入儒家圣人之志的因素。在肯定“诗言志”的同时，《诗大序》又提出了“吟咏情性”的观点。这样，在情、志之间，“志”指向的是伦理道德一面，是圣人之志，圣人之志体现的是“道”，它具有更多的理性因素；“情”是一己之情，是因外物感动而起的，具有更多的感性成分。二者之间，轻重有所不同。从儒家传统的观点看，无疑是“志”的比重大于“情”，“情”的抒发是要有节制的。因此，《诗大序》又说：

> 发乎情，止乎礼义。发乎情，民之性也；止乎礼义，先王之泽也。②

《诗大序》一方面肯定“情”出于人之本性的合理性，另一方面更强调“礼”之于“情”的制约性。很明显，情感的抒发是要有节制的，必须以礼义来节制，而礼义当然是儒家之道的内容，是圣人之志的重要因素。因此，情、志之间，“志是理性的价值追求，情是感性的精神需要。离情以言志，会成为概念化的论说；离志而任情，则会削弱思想的

---

① 毛亨传，郑玄笺，孔颖达疏，龚抗云等整理：《毛诗正义》，北京大学出版社 1999 年版，第 6 页。

② 毛亨传，郑玄笺，孔颖达疏，龚抗云等整理：《毛诗正义》，北京大学出版社 1999 年版，第 15 页。

深度”,[①] 必须“以志统情”[②]。这种“以志统情”，实质是以礼统情，情志统一就是情、礼的统一。

此处之“礼”后来衍化为“理”，故诗文创作中的“情”“礼”之辨转而为“情”“理”之辨。这种转变是与古代儒家哲学中对于“礼”“理”的讨论分不开的。《礼记·乐记》中说：“乐也者，情之不可变者也。礼也者，理之不可易者也。”这里，一方面将情与礼对举，一方面“礼”被解说成“理之不可易者”，是不可改易的事物之理的体现。孔颖达《正义》对此解释说：“礼见于貌，行之则恭敬理事也，言事之不可改易也。”意谓“礼”对于人言、动、视、听的约束，使人能够“恭敬理事”，言谈举止都符合礼的规范。“乐出于心，故云‘情’，礼在于貌，故云‘理’也，变易换文也。”[③] 将“礼”解释为“理”，“礼”换文为“理”，情、志问题就由情礼进一步转化为情、理问题。

宋明理学家们则更多地将“礼”“理”合举并称。程颢说：

礼者，理也，文也。理者，实也，本也。文者，华也，末也。理是一物，文是一物。文过则奢，实过则俭。奢自文所生，俭自实所出。故林放问礼之本，子曰：“礼，与其奢也宁俭。”言俭近本也。[④]

礼者人之规范，守礼所以立身也。安礼而和乐，斯为盛德矣。[⑤]

四库馆臣亦谓：

盖礼者，理也，其义至大，其所包者，亦至广。故凡有制而不可

① 成复旺：《新编中国文学理论史》，中国人民大学出版社 2010 年版，第 55 页。

② 成复旺：《新编中国文学理论史》，中国人民大学出版社 2010 年版，第 55 页。

③ （东汉）郑玄注，孔颖达疏，龚抗云等整理：《礼记正义》，北京大学出版社 1999 年版，第 1116 页。

④ 程颢、程颐著：《二程集·河南程氏遗书》（上），中华书局 2004 年版，第 125 页。

⑤ 程颢、程颐著：《二程集·河南程氏粹言》（下），中华书局 2004 年版，第 1174 页。

越者，皆谓之礼。①

综合以上论述可知，“礼”是人在社会立身行事的规范，而它来自事物之“理”，是涵盖极广的。关于这一点，王守仁在回答徐爱问“以博文为约礼工夫”时，曾有一段论述，也涉及“礼”“理”的论述。他说：“‘礼’字即是‘理’字。理之发见，可见者谓之文；文之隐微，不可见者谓之理：只是一物。约礼只是要此心纯是一个天理。要此心纯是天理，须就理之发见处用功。”②可见，将“礼”释为“理”，无论是程朱理学，还是陆王心学都是可以接受的，只不过接下来的进一步阐释有所不同而已。

这种情志统一学说和由此发展而来的情理统一的思想对后世文学批评影响很大。但在具体创作实践上，二者却在不同时代、不同作家的创作中表现出或分或合的情况。就其分而言，或重情，或重志，执于一端而不及其他。纪昀《云林诗钞序》描述了这种情形。其云：

《大序》一篇确有授受，不比诸篇《小序》为经师递有加增。其中“发乎情，止乎礼义”二语，实探风雅之大原。后人各明一义，渐失其宗。一则知“止乎礼义”，而不必其“发乎情”，流而为金仁山《濂洛风雅》一派，使严沧浪辈激而为“不涉理路，不落言诠”之论；一则知“发乎情”，而不必其“止乎礼义”，自陆平原“缘情”一语，引入歧途，其究乃至于绘画横陈，不诚已甚与！③

---

① 《四库全书》研究所整理：《钦定四库全书总目》（整理本），中华书局1997年版，第1095页。

② 王守仁原著，施邦曜辑评，王晓昕、赵平略点校：《阳明先生集要》，中华书局2008年版，第37页。

③ 纪昀：《云林诗钞序》，纪昀著，孙致中等校点：《纪晓岚文集》（第一册），河北教育出版社1991年版，第198—199页。

明代文坛流派纷呈，就其要者而言，主要为师古、师心之别。师古还是师心，多由持论者所禀受的哲学思想所决定。师古者多尚朱学，崇传统儒家的文学观，更多地在于一个“理”字。朱明立国，推崇程朱之学，科举亦以程朱之学为准，使得理学风气大盛。这种学术思潮辐射到文坛，导致了“专尚经术，不谈风雅，间有作者，皆尚理而不尚辞，入宋人窠臼”① 的现象。四库馆臣评述科举制艺亦有“立法之初，惟以明理为主”② 之论。前、后七子的文学复古虽然有矫治此种文学理气化弊端的主观愿望，要求以复古求革新，改变萎弱卑冗的文坛现状，但毕竟还是在复古的旗帜下进行的，所以“尚理”之风依然较盛。

师心者多崇王学，主要追求一个“情”字。肇其端者，当为陈献章。弘治元年（1488 年），陈献章在《送李世卿还嘉鱼序》中记述了自己与李承箕诗酒酬唱的一段经历，谓二人饮必醉，醉必诗，放情诗酒，前后“凡百余篇”，而且“其言皆本于性情之真，非有意于世俗之赞毁”。③

王学兴起后，受其“师心”之说影响，主情之说一时流布天下。王守仁曾说：“尔那一点良知，是尔自家的准则。尔意念着处，他是便知是，非便知非，更瞒他一些不得。”④ 自家的良知即为自家的准则，否定了经典的神圣地位。泰州学派代表人物罗汝芳则走得更远，他说：“解缆放船，顺风张棹，则巨浸汪洋，纵横任我，岂不一大快事也哉！”⑤ 由此“心”出发，为诗作文一抒己意，一泄个人私情成为必然。

---

① 徐熥：《黄斗塘先生诗集序》，《幔亭集》（卷十六），载《徐熥集》，广陵书社 2005 年版，第 848 页。

② 《四库全书》研究所整理：《钦定四库全书总目》（整理本），中华书局 1997 年版，第 2643 页。

③ 陈献章著，孙通海点校：《陈献章集》，中华书局 1987 年版，第 16 页。

④ 王守仁撰，吴光等编校：《传习录》，《王阳明全集》，上海古籍出版社 1992 年版，第 92 页。

⑤ 黄宗羲著，沈芝盈点校：《明儒学案》，中华书局 2008 年版，第 766 页。

受此影响，主张文学创作“独抒性灵”、抒写性情之说在晚明尤为流行。李贽“童心”说、汤显祖“至情”论、三袁的“性灵”“情至”说、冯梦龙“情教”说或并起呼应，或先后继起，其情状甚为可观。此种情形，使黄宗羲不由得发出“今之论诗者，谁不言本于性情”① 的感叹。

对于上述情形，黄道周有其自己的态度。如前所论，黄道周在程朱、陆王之间持一种和合会通之态度，这种学术态度直接影响到其在诗文主张上关于情、理问题的选择。一方面，受王学“师心”之说的影响，面对主情之说遍及宇内的文坛现状，黄道周亦颇受影响，故重情。前文论及，薛士彦与汤显祖的交往甚密，颇多诗文唱和，当会受其主情之说的影响。黄道周师事薛士彦，加上对王学的接受，故也不能不受主情之说的影响。另一方面，对于铺天盖地的主情之风，深受程朱理学熏陶的黄道周却颇担心，故有前文所言之“幻”“荡”之说，因而主张文本于六经，重新揭橥儒家以文教化的思想。表现在情、理问题上，即为“尚理”。

黄道周认为，文章不仅可以用于明理，也可以用于抒写个人怀抱。黄道周曾在给友人的信中说：“天下若无文章，谁复挽天河洗人怀抱者。”② 文章既可用于经世，又可用于抒怀，这就是黄道周的观点。因此，黄道周论诗文，既强调“理”，又不忽视“情”，表现出情、理兼重的取向。

关于文学创作当本于儒家之“理”的问题，前文所论述的黄道周文本于六经之说时已经多有涉及，此处就其论“情”以及情、理兼重一面稍做展开。黄道周在论唐诗演变的时候说：

自贞元而下，张籍、元结始本情性，练于典章，变为元、白，削

① 黄宗羲：《万贞一诗序》，《黄宗羲全集》（第十册），浙江古籍出版社 2012 年版，第 94 页。

② 黄道周：《答郭叔子文宗书》，《黄漳浦集》卷十六。

于孟、贾。虽气韵暂趋，而情、理洽畅。想在文章，宜有此境，无复中、晚之限。①

黄道周认为，文章高下，并不一定要以中、晚唐之时代别之，而要看其是否本于性情，是否情、理和畅美好，协和通达。如果“情、理洽畅”，即使气韵略显短促，文章境界亦自然不俗。

在榕坛讲学时，黄道周与门人多次谈及《诗经》，其中有多次涉及情、理问题。在谈论孔子删诗时，黄道周说：

夫子删定诸风，本其水土，以正宫商。如郑卫诸篇，极多羽调；雅颂正变，宫徵声兼。要以情、理相通，贞淫不溷，四声之间，遂生七律。嶰谷之竹，阳浊阴清；泗滨之磬，浮轻沈实，施于丝革，无适不然，何独人声乎？②

黄道周认为，孔子删诗是以“情、理相通”为其原则的。在谈论“二南”之义时，面对弟子的疑问，黄道周解释道：

圣贤学问，先以性情为本。性情变化，以和平为先。性情上不和平，虽有格天事业，犹之飘风掠过秋草而已。③

圣贤学问要求“以性情为本”，那么，承载圣贤之志的文章当然不可以无视性情。虽然这是一种中正平和的情绪，但毕竟看到并肯定了“情”字的存在。

黄道周的创作很好地实践了自己的这种理论。正是从这种文学观

① 黄道周：《书杜诗后》，《黄漳浦集》卷二十三。

② 《榕坛问业》卷四。

③ 《榕坛问业》卷十一。

念出发，黄道周重视文章体裁和文章所载之义都本于六经，所以有大量诠释六经之作；同时，也有不少情、理兼备的文章。在谈及自己的创作时，黄道周曾言：

> 仆始创为篇法，大则十余，小则数首，以错综事物，酌于情理、今古之间，其流连风月，泛滥觞彩者，概不得与。[①]

黄道周称自己为文，不以“流连风月，泛滥觞彩”为追求，而是以斟酌情理、出入今古为圭臬。

黄道周是一个理学家，强烈的历史使命感与社会责任感的驱使，使其常以直谏方式履行一个“帝王师”的责任。由黄道周等明代士人的言论方式，“不难感知其时的理学氛围。一时号称大儒者，更将‘师儒’这一传统角色演绎到了极致。儒者以‘革君心’为圣学实践。明末被视为大儒的刘宗周、黄道周，以朝堂为经筵，教训起皇上，用的正是‘圣学’的名义”，而“由明人章秦，随处可读出对皇上辞情慷慨，咄咄逼人的教训”。总之，“士的角色意识，其‘立言’冲动与议政传统，均在士的建言行为中发生作用”。[②] 黄道周的疏论文多属此类，系立言传统与现实政治诉求的激荡而为文，能够将一腔忠孝之情与精警的议论结合在一起，情、理兼具，这是一种典型的儒家之文。在这些文章中，黄道周将对时事的精辟议论与自己忧天悯人的救世热情融为一体。一方面，黄道周在文中分析朝政，剖析时事，指摘弊端，丝丝入理；另一方面，又在议论同时抒写怀抱，寄予对社会、苍生的关切之情。再配以其骈散结合的句式，故能以气使文而情词恳切。

黄道周曾称自己自“生年以来，未有一言一事内不可告于妻子，

---

① 黄道周：《书双荷庵诗后》，《黄漳浦集》卷二十三。

② 赵园：《明清之际士大夫研究》，北京大学出版社 1999 年版，第 196 页。

外不可告于朋友，幽不可告于鬼神，明不可告于黎献者”，[1] 可谓一个真实无妄之人。真人自有真性情，发而为文，当是不假修饰的情真辞切之文。这些文章，情感丰富，既有面对国是日非的沉痛和回天无力的无奈，又有因小人高居庙堂、贤人失路而激起的悲愤，更有家人、师友之间的深情。其中，黄道周于狱中寄给家人的多篇家书，更是悱恻感人。姜亮夫先生曾评价黄道周的骚体赋，谓其“大体以屈赋中语义，与个人遭遇及明季惨痛之事相结合而为此。故有真情悃志，非无病呻吟者比也”。[2] 黄道周骚体赋“有真情悃志，非无病呻吟者比也”，诗文何尝不是？

实际上，就传统来说，主张情、理并重的大有人在，且许多是儒学发展史上极为重要的人物。朱熹《论孟精义·论语精义》引“程门四先生”之一的谢良佐之语曰：“圣人于目见耳闻，无非妙道，而况论学之际，必有感于理而深发于性情者。”[3] 明初，情、理统一之说经宋濂、刘基、方孝孺等人的提倡，影响更为深远。方孝孺在论诗时说：

道之不明，学经者皆失古人之意，而诗为尤甚。古之诗，其为用虽不同，然本于伦理之正，发于性情之真，而归乎礼义之极，三百篇鲜有违乎此者。故其化能使人改德厉行，其效至于格神祇，和邦国，岂特辞语之工，音节之比而已哉。近世之诗大异于古，工兴趣者，超乎形器之外，其弊至于华而不实。务奇巧者，窘乎声律之中，其弊至于拘而无味。或以简淡为高，或以繁艳为美，要之皆非也。

人不能无思也，而复有言，言之而中理也，则谓之文，文而成音也，则谓之诗。苟出乎道，有益于教，而不失其法，则可以为诗矣。[4]

---

① 黄道周：《赴逮与兄书》，《黄漳浦集》卷十九。

② 姜亮夫：《绍骚隅录》，《楚辞书目五种》，中华书局1961年版，第451页。

③ 朱熹撰，朱杰人等主编：《朱子全书》（七），上海古籍出版社、安徽教育出版社2002年版，第109页。

④ 方孝孺：《刘氏诗序》，方孝孺著，徐光大点校：《方孝孺集》，浙江古籍出版社2013年版，第465—466页。

方孝孺批评“近世之诗”的“华而不实”“拘而无味”，赞扬“古之诗”的“本于伦理之正，发于性情之真，而归乎礼义之极”，认为“言之而中理”“文而成音”的有裨于教化者方可称为文、称为诗。

黄道周继承了明初宋濂、方孝孺等人的传统，不仅主张诗文既要本于义理，又要发乎性情，而且其诗文创作忠实地实践了这种思想。任昉曾有“其情不自知而形于辞，其辞不自知而合于理”①之语，这句话正可用以评述黄道周的创作。黄道周的诗文为时人及后来者所褒扬，情、理兼具正是其中的一个重要原因。

第三节　论作家修养：志高学茂，读书明理

文当根柢六经，有裨世用，体用结合，情理兼具才是好文章。要做到这一点，作家的修养至为关键。因此，黄道周对于作文一直非常谨慎，从不敢轻言为文。黄道周屡次和友人说自己并不以文章之事为业，也是出于此种考虑。黄道周曾云：“予斤斤守经六十年矣，自谓迂愚，言无枝叶，誓不执笔于文人之前。”②在黄道周看来，为文之道，首先在于修身立德，明了圣人之道，其次要读书知言，泛滥经史，旁及百家。唯有如此，落笔作文虽不以文为意，但下笔千言，自然闳肆气沛。

一、修身立德：修习仁义，明了圣人之道

中国古人有所谓“三不朽”的追求，其中“立德”居于首位，“立言”居于最后。据《论语·宪问》篇记载，孔子曾言：“有德者必有言，有言者不必有德。”可见，“德”之于“言”的重要性。正因为如此，中国古人论作家修养，多是从作家的道德修养入手，多把修身立德作为作

① 任昉：《文章缘起》，文渊阁四库全书本。
② 黄道周：《张烇叔集序》，《黄漳浦集》卷二十一。

家最基本的修养。王充在其《论衡·佚文篇》中曾有“立五文”之说，其中有“文德之操为文”一目。原文曰：

受天之文，文人宜遵五经、六艺为文，诸子传书为文，造论著说为文，上书奏记为文，文德之操为文。立五文在世，皆当贤也。①

王充所谓“文德之操为文”的“文”不是指文章体裁，而是专就作家的德性操守而言。钱钟书在其《管锥篇》中对此发挥道：“‘文德’之‘文’非著书作文之文，乃品德之流露为操守言动者，无‘德’不能见诸‘文’，有‘文’适足显其德。”② 德、文的关系可见一斑。

黄道周论作家修养也是如此。《榕坛问业》开章明义所讨论的“止”就是与此相关的一个重要问题。黄道周说：

千古圣贤学问，只是致知；此“知”字，只是“知止”。试问“止”字的是何物？象山诸家说向空去，从不闻空中有个止宿。考亭诸家说逐物去，从不见即事即物止宿得来。此“止”字，只是至善，至善说不得物。毕竟在人身中，继天成性，包裹天下，共明共新，不说物不得。此物粹精，周流时乘，在吾身中，独觉独知，是心是意；在吾身对照过，共觉共知，是家国天下。世人只于此处不明，看得吾身内外有几种事物，着有着无，愈去愈远。圣人看得世上只是一物，极明极亲，无一毫障碍。以此心意，澈地光明，才有动处，更无邪曲，如日月一般，故曰明明德于天下。学问到此处，天地皇王都于此处受名受象，不消走作，亦更无复走作、那移去处，故谓之“止”。③

① 王充著，张宗祥校：《论衡校注》，上海古籍出版社 2010 年版，第 411 页。

② 钱钟书：《管锥篇》，中华书局 1986 年版，第 1504 页。

③ 《榕坛问业》卷一。

“致知”是理学家争论颇多的一个重要问题，黄道周将其当作“千古圣贤学问”，并发挥李材的思想，将其解释为“止善”。这种“止善”是“独觉独知”个人修养的“内圣”工夫与“共觉共知”的齐家、治国、平天下“外王”事功的完美统一，是儒家思想的精神内核所在，或者说就是儒家之道的根本。学问达到此种地步，方为有成。

黄道周接着又说：

> 自宇宙内外，有形有声，至声臭断处，都是此物贯澈，如南北极作定盘针，不由人安排得住。继之成之，诚之明之，择之执之，都是此物。指明出来，则直曰“性”，细贴出来，则为心、为意，为才、为情。从未有此物不明，可经理世界，可通透照耀。说此话寻常，此物竟无着落。试问诸贤，家国天下与吾一身可是一物？可是两物？又问：吾身有心、有意、有知，梦觉形神可是一物？两物？自然谺然，摸索未明，只此是万物同原推格不透处。格得透时，麟凤虫鱼，一齐拜舞；格不透时，四面墙壁，无处藏身。此是古今第一本义，舍是本义，更无要说，亦更不消读书做文章也。①

在黄道周看来，宇宙之间，万事万物都为“止善”贯穿，文章之道也是如此。如果不能明白这一点，而是将“吾身”与“家国天下”二者割裂开来，就失却了“古今第一本义”，“更不消读书做文章也”。很明显，准确体认和把握圣人之道，才可以谈得上读书作文。因此，加强个人各方面的道德修养，准确理解和把握儒家之道或圣人之道的要义，才可以从事文章之事。

之所以必须这样，是因为黄道周认为文章“去尧舜之道不以为远”。对此，黄道周曾论述道：

① 《榕坛问业》卷一。

至于文章，晨餐夕簟，为性命之英华，纶经之杼轴，丽之为泽，携之曰益，何可废也。……唯文章一道，鹄素乌青，有目共别，会友辅仁。虽浑沌梼杌，不复以此限其子弟。人能除其胜气，黜其傲心，玄不入昙，佞不入庄，去尧舜之道不以为远。必于尊道一路，致尽温敦，似于过庭而外，尚有终日之言，不谓默成，而余更无笃述之事也。①

黄道周认为，文章之道非小，但如“晨餐夕簟”一般不可忽缺，它是性命修为的精华，是政事处理的关键，因而不可废弃。文章之道，要在以文会友、以友辅仁的相互切磋之中成就一己之仁。因此，只有加强修养，除争强好胜之气，去恃强傲慢之心，远佛、老之学，亲尧、舜之道，“于尊道一路”方可谈论著述之事。除此之外，“更无笃述之事也”。

黄道周强调对儒家之道的把握，也是针对当时“王畿、李贽之言满天下”，“不则不洁之言皆形于文章”的现实，是出于“以六经为文章”的需要。② 对此，黄道周论述道：

仁义之教衰，则文行之途塞；文行之途塞，则圣贤之言无以命的于天下。③

这里，黄道周建构了仁义之教—文行—圣贤之言的线性结构。在这当中，“仁义之教”是根本，“文行”居于中间地位。仁义之教兴，则文行之途畅；文行之途畅，则圣贤之言得以昭明于天下。个人的德行文章是宣扬圣贤之言的载体，而文章德行的优劣则取决于“仁义之教”的进行情况。黄道周曾高度评价姚希孟的文章，其中固然有文章本身的原因，但更主要的是在于姚希孟能“以风教自任”，故天下推之，“为天下文行

① 黄道周：《书示同学二十一则》，《黄漳浦集》卷三十。
② 黄道周：《冰天小草自序》，《黄石斋先生文集》卷八。
③ 黄道周：《冰天小草自序》，《黄石斋先生文集》卷八。

宗表”。对此，黄道周进一步评述道：

自有词翰以来，经纬道德，包通玄史，郁之以仁孝，卷之以礼乐，条干可寻，南雅不僭，未有如先生者也。①

正是有鉴于此，洪思在《姚文毅公集序》之前的按语中说：“黄子所以重文毅者，非以文，盖以学与行也。”

在此基础上，黄道周比较分析了“古之君子”与“今之君子”的不同。他说：

古之君子，本仁于身，修义以及人，然后布为文辞。其高者，系于清微；其坚者，以药石天下；其平易通晓，使治忽、善败循之共白也。其所未白者，以劝人静正，反之坟典，端居渊寻，疑难辨折，然后不逐于声色、嘲笑、僮姁、料得之事。故白者，以白其道，章其志。未之白者，以探其系，深其义，故学问之道不废也。今之君子，为利以考文，为文以饰行，苟取习俗以诬圣贤，以愚黔首，以诳天子。其稍有意义者，选妙征隽，自命而已。其平易通晓，则里巷之所周譬，揆于古今治忽善败，则蒙然末视，见之而喜，去之不思，自是而学问之道可废也。②

为文者首先要修习仁义之道，仁义之道修，则文章言辞自然可观。黄道周分析认为，古之君子修身以仁，修义以及他人，以仁义为本而发为文章，故文辞蔚然可观。其中，高明者可以当治理天下之药石，平易者可以借之使古今治乱成败之教训为天下人所共知。即使未能够使古今治乱之道晓谕于天下，也可以引导人们宁静心神，端正心志，在潜心坟

① 黄道周：《姚文毅公集序》，《黄石斋先生文集》卷七。

② 黄道周：《冰天小草自序》，《黄石斋先生文集》卷八。

典之中寻找治国之理，而不至流于追逐声色以及幼童、老妇所了解的一些俗事。今之君子则追逐利益，将文章之事作为文饰自己行为的手段，以达到“诬圣贤”“愚黔首”“诳天子”的目的。即使其中有稍有意义者，也不过是自命于文辞的高妙，而完全漠视古今治乱成败之道。

黄道周对自己的德性修为自律甚严，他曾于崇祯十年（1637年）六月上《三罪四耻七不如疏》。在这篇疏文中，黄道周虽有影射朝政和自谦之意，但也有对自己的深刻反省。文章说：

> 臣庸劣，最无比数，不敢上方古人，正如今日诸臣，品行高峻，卓出伦表，则臣不如刘宗周；至性奇情，不愧纯孝，则臣不如倪元璐；湛心大虑，远猷深计，有经世之器，则臣不如魏呈润；直言敢谏，贞心绝俗，则臣不如詹尔选、吴执御；雅尚高致，博学多通，足备顾问，则臣不如华亭茂才陈继儒、龙溪孝廉张燮；乃至圜土之下累絷诸臣，朴心醇行，臣犹不如李汝灿、傅朝佑；文章意气，轗轲拓落，臣犹不如钱谦益、郑鄤。①

黄道周的这种反省，体现了对自己的严格要求。在所论列的众人中，黄道周首先强调的就是品行，谓“品行高峻，卓出伦表，则臣不如刘宗周”。儒家讲修齐治平，而修身立德是其他几方面的基础。黄道周的这种反省就是基于此而进行的。

黄道周一生主要从事讲学和著述活动，培养人才、奖掖后进是其极为重视的。人才培养，以德为先。黄道周不仅本人德行修为素为天下人所仰慕，而且对其门人弟子也首先从德性上要求。据洪思记载，黄道周每逢讲学，都必然率领众门人拜祭先贤，以作为入门开讲的第一课，而这个第一课无疑就是以德为主的。在浙中大涤山时，虽然没有专门的

---

① 黄道周：《三罪四耻七不如疏》，《黄石斋先生文集》卷一。

神堂，但必定要去洞霄宫拜谒朱子；在漳州榕坛讲学时，也未有神堂，但必至坛西谒朱子庙；在江东，专门率门人筑“与善堂”于邺山之左，“列先圣贤见闻知之图于堂上，有宾客必谒焉”。①

黄道周强调修身立德，强调体认和把握儒家所言之圣人之道，是与其对晚明社会的现实关注和思考密切相关的。

晚明社会动荡，各种矛盾日益尖锐，人才问题成为关乎国运的一个重要因素。黄道周对此有较为清醒的认识。崇祯四年（1631 年）六月，黄道周上《辨仁义功利疏》，疏中明确指出：“天下衰弊生于人才，原于学术，决不在簿书刀笔之际。”又说：“天下之强弱视于人材，人材之邪正视于学术。”② 黄道周认为，人才关系国家兴衰，而人才邪正又由学术和学问所决定。

人才之于国家极为重要，但人才的培养却难度很大。黄道周说：“天下人材学术，培养甚难，摧拆（《黄漳浦集》作“折”）甚易。养一贤者，即文绣十年，雕镂十年，不成一贤者。欲养一不肖，但啗之以美官，怵之以鞭楚，不终食已为不肖矣。”③ 在崇祯十一年（1638年）二月所上的《补牍陈言疏》中，黄道周又一次重申了这个观点。他说：“臣言人才如树木，须养之数十年，始充一日之用。近来礼乐未修，教养未备，人才远不及古。又经霜雪摧残之后，元气未复，须十分培养，勿折其萌芽。譬如养火，亦要惜薪，然后光气完全发得透亮。”④

衡量人才的标准首先在于德，黄道周说：

陛下必欲振作人材，当敦尚风节，表章仁义，勿使猥琐小人挫辱文章廉隅之士。昔太祖品骘人材，以执古而不知变者为最下品，盖指诸

① 黄道周：《邺山讲仪记》，《黄石斋先生文集》卷九。
② 黄道周：《辨仁义功利疏》，《黄石斋先生文集》卷九。
③ 黄道周：《辨仁义功利疏》，《黄石斋先生文集》卷九。
④ 黄道周：《补牍陈言疏》，《黄石斋先生文集》卷二。

庸碌学究而已，非谓崇尚圣贤、规模先正之士也。①

蓄养人才，要“敦尚风节，表章仁义”，要“崇尚圣贤、规模先正”，这才是人才培养之首要标准。

黄道周关于人才问题的大量论述虽然不是直接论述作家的修养，但结合前文所论述的黄道周关于文本六经、文当有裨世用等观点可以看出，黄道周论人才问题与论作家修养具有内在的一致性。在黄道周看来，修身立德既关乎治道，又关乎文章，而著述之业亦事关治道，因此，修身立德可谓作家修养的第一要义。

二、读书知言：“渊澜经史，波及百氏”

据前文所言，黄道周主张文本六经，提倡经世致用的文学观，并将修身立德作为文章之道的首务，而这一切最终达成与否都与读书息息相关。在黄道周看来，读书既可以明理，明了圣人之道，又可以为诗文创作积累丰富的写作素材和经验。黄道周的诗文，前人评价很高，概言之，“奇崛古奥”是其主要特点。究其原因，这主要得力于黄道周的博览群籍。可以说，博观约取，读书知言，方可行文通达，这是黄道周关于作家修养的又一主要观点。

黄道周自幼苦读，时人有许多评述。《媚幽阁文娱》收录有黄道周《李冈甫制义序》一文，郑元勋所下评语曰：

先生嗜书成癖，手录盈笥。居长安，一切酬酢都绝，肆力诵读，几无遗编。明兴大儒应推第一，今人掇拾一二句字，辄自号为宏博，宜为先生所捧腹也。②

① 黄道周：《放门回奏疏》，《黄漳浦集》卷二。

② 郑元勋：《媚幽阁文娱》初集，《四库禁毁书丛刊》影印明崇祯刻本。

与晚明部分学者束书不观的空疏学风相比，黄道周的“肆力诵读，几无遗编”实为“掇拾一二句字，辄自号为宏博”者不可比。两者文章相比，自是一浑厚，一肤廓。黄道周说：

读书多则智识长，宅体静则福力坚。选言而存之，则浮藻不生；约理而行之，则尘情自落。故源本性道，亦文章之端务也。①

文章之要务在于性道，而性道之养成实有赖于读书。读书可以增长才智，涵养性情，因此，博观约取可以为文。但是，读书要先读圣贤之书，也就是儒家的经典，因为只有读圣贤之书才可以明了圣人之道，才可以做到“宅体静则福力坚”，这就是所谓的“读书知言”。如果舍弃周、孔等圣人之书而别求良方，则无异于“庸医之所反走也”。②

由于主张文本六经，经世致用，故读书当然首先读经，次之读史书、子书，而且以先秦、西汉的为着力点。黄道周曾在《书示同学二十一则》中专门谈及读书的内容和次序。

读书先看孔门人言论，如游、夏文辞见于《戴记》者最宜讽诵，其次则曾夫子数篇见于《小戴》，尤为深雅。左氏亲见仲尼，其言论一字不可轻置。其下者乃至刘向、董仲舒、贾谊于文章性道均有从入处，其余碌碌不足观也。司马《八书》有出入荀卿者，于时务上亦大略闳畅，过此则文人之游溪，托足无地矣。宋人书须至四五十时。家塾请老师谈话，要是绝华归根，披枝见果也。张横渠才高识地亦透，陆子静于孟子书上看得最有渊源。若先看宋人书以寻周、孔，虽脉络最亲，犹指鲁桧而辩峄碑，不复知其真补也。大抵此事亦看人才质，以为远近。舍

① 黄道周：《书示同学二十一则》，《黄漳浦集》卷三十。

② 黄道周：《答刘念台书》，《黄漳浦集》卷十七。

此二种，无复读书之法矣。①

一方面，黄道周认为，“凡学问自羲、文、周、孔而外，皆无复义味”，②另一方面又因孔子门人亲炙其教，故孔门人言论亦须先读。具体而言，读书范围从记载子游、子夏之言的《大戴礼记》、载有曾子数篇的《小戴礼记》《左传》，到“于文章性道均有从入处”的刘向、董仲舒、贾谊等人的文章，再到司马迁《史记》中“于时务上亦大略闳畅”的《八书》等。这些著述或为孔门真传，或出入于文章性道，或有裨于时务，都有其可观之处。至于宋人著述虽于周、孔脉络最亲，但非到四五十有较多的积累后方才可以，否则会无所收获。黄道周又说：

书未有不摹本而能佳者，如古人草法中有极嫩放而不堪观。细思之，乃不得不如此。数变屡反，复归其贯，乃知作者之精也。学圣贤人不可得，须取其论著详玩，于极粗处见其精细安妥，有不得不如此者，然后其行事进反可得而求也。③

黄道周此处由谈论书艺联想到为圣人之学。他认为，圣人已经离开世间了，但他们的思想还是记载在其论著之中，故学为圣人，必须取其论著反复体味，这才能“于极粗处见其精细安妥”，付诸行事则“可得而求”。同样，为文之道，只有先取圣人论著细加体味，落笔作文方可于“行事进反可得而求”。

同修身立德一样，读书知言也是一个长期积累、厚积薄发的过程。这一点在黄道周的家书中得到了集中体现。

黄道周下狱后，犹且不忘教导自己的子侄辈。在狱中寄给家人的

① 黄道周：《书示同学二十一则》，《黄漳浦集》卷三十。

② 黄道周：《书示同学二十一则》，《黄漳浦集》卷三十。

③ 黄道周：《题自书千字文帖后》，《黄漳浦集》卷二十三。

多封家书中，黄道周不时提及对于子侄们的教育问题。除了一般的修身为人的教导外，由于读书既关涉修身，又关乎作文，因此，谈论读书是其中另一个重要问题。从传世的黄道周家书看，其关于读书主要讲了三个方面的内容。

首先，在读什么书上，黄道周要求博览群书，“渊澜经史，波及百氏”①。黄道周曾说：“凡读书，先经，次传，次史，可以道古耳。诸纷纷者都费辨折，不烦推求。”②黄道周要求子侄们读书，首先依然是从读经入手，通过读“四书”“五经”了解圣贤之道。他说：“麑、麛子皆与读《易经》大文并《四书》、《诗》、《书》，温之，或《礼记》中数大篇。”除了“四书”“五经”之外，黄道周告诫子侄们，虽然读子书注疏“无益于事，反多一倍工夫”，但可“从丛书中取刘向《说苑》、《新序》并《韩诗外传》读之，可知故事，又有文气；并读《左传》、《国语》，可通于《春秋》，亦不至腐俗也”。③此外，尚可以“看关、闽、濂、洛诸理学家言”，“自有入手，乃渐看汉唐以下如张良、汲黯、董仲舒、刘向、第五伦、黄宪、管宁、诸葛亮、陶潜、王通、马周、韩愈、李泌、元德秀、韩琦、范仲淹、李沆、司马光、李纲、文天祥此数人者，写其全传，出入袖中，久之自然成人。如泛泛度日，常有醉饱之心，此朽木粪土终不可道矣”。④从黄道周所列的书目中可以看出，熟读经史是其首要要求，然后方可出入百家，以增广见识。

其次，在怎么读书这个问题上，黄道周认为读书必须先立志。黄道周在《书品论》中说：“人读书，先要问他所学何学，次要定他所定何志。”⑤志向如何，决定了一个人的成就如何。黄道周在给自己侄子的

---

① 黄道周：《书品论》，《黄漳浦集》卷十四。

② 黄道周：《榕坛问业》卷十四。

③ 黄道周：《寄家书》，《黄漳浦集》卷十七。

④ 黄道周：《京师与侄书》，《黄石斋先生文集》卷五。

⑤ 黄道周：《书品论》，《黄漳浦集》卷十四。

书信中说："汝辈读书不见长进，皆由志愿不大。自游、夏、高堂生、董仲舒作如许文章，或亲见圣人，或闻之于弟子，发心直上，便千古相等。"① 黄道周认为，"少年努力为圣贤，才得中人；如在中人下手，到底下流也"。② 因此，读书要立志，而立志须高，方有可能有所成就。这种情形，就是黄道周所说的"志高学茂"。

黄道周回忆自己早年的学习经历时说：

吾起于海滨，无尊长提诲、亲朋切磋，然见人一篇好文章，未常不思见其人，以是稍稍有所得。虽不敢与诸贤并驱，然于孔、颜路上，湛心拔理，较诸贤觉自不同，亦是诸贤之力也。汝辈只泛泛章句，如何得有出脱之日。③

黄道周以自己的亲身体会谆谆告诫自己的子侄们，如果只是泛泛读书而不知于圣贤路上立志，将终无"出脱之日"。

少年读书，立志为圣贤，此目标设定极高，但开始却可从日常伦理入手。因此，黄道周主张"读古人书当晓其道理"，这些道理既包括"人之邪正，事之可否"，也包括"事亲当孝，事君当忠，事长当顺，处友当信，接人待物当诚敬有礼"。④

黄道周一生以读书、讲学、著述为务，故对于读书方法深有体会，而且论述很多。此处略摘录数则如下：

凡读书，先因其明，后通其晦。如入暗室，久便分明也。⑤

---

① 黄道周：《京师与侄书》，《黄石斋先生文集》卷五。
② 黄道周：《京师与侄书》，《黄石斋先生文集》卷五。
③ 黄道周：《京师与侄书》，《黄石斋先生文集》卷五。
④ 黄道周：《杖后示儿书》，《黄石斋先生文集》卷五。
⑤ 黄道周：《榕坛问业》卷十七，文渊阁四库全书本。

凡读书须洞见本原。①

臣观圣贤读书，不在于多，在得其要领，立见施行，足致盛治而已。②

可见，在具体的读书方法上，黄道周主张要切己体察，循序渐进，渐次展开。读书不必贪多，而在于“洞见本原”“得其要领”。不仅如此，还需要学以致用，即所谓“立见施行，足致盛治”。这里的“施行”，是应当包括了文章之道在其中的。

第三，在读书与作文的关系上，黄道周认为作文不可太早，须在读书明理之后。黄道周在家书中回忆了自己少年时学习作文的情形，他说：

麑子、麚子幸读书，今年能读《礼记》诸大篇，并温习《诗》、《书》，粗晓大意，便好也。吾九岁十岁已作文章，但未成耳。麑、麚稍迟为之，须多读书识道理，久之下笔，自然成文矣。韩文公诸篇明白易晓者，亦令先生选教之。才心通，能动笔也。③

黄道周希望妻子能够督促儿子读书，不必像自己一样过早作文。必须在“多读书识道理”后，日积月累，自然可下笔成文。鉴于此，黄道周曾在寄家人书中反复告诫自己的妻子，要“督二儿读五经，令背诵上口，粗明讲说，未可动笔也”。④这样，黄道周就在立志、读书与作文之间建立起了一个联系，确立了读书对于作文的重要意义。

黄道周强调读书对于诗文创作的重要性，当是有感而发。明以举

---

① 黄道周：《榕坛问业》卷十七，文渊阁四库全书本。

② 黄道周：《申明掌故疏》，《黄漳浦集》卷二。

③ 黄道周：《与内书》，《黄石斋先生文集》卷五。

④ 黄道周：《与内书》，《黄石斋先生文集》卷五。

业取士，流弊所至，乃至于将五经束之高阁，一心留意于熟读科场之文。以当时与黄道周颇有渊源的蜚声文坛的云间诸子而论，他们就时时感到自己的不足。他们的相关论述，从一个侧面印证了黄道周关于作文须要先读书的思想。

崇祯十年（1637年），黄道周为当年会试房师，分考会试《诗》一房，得包括陈子龙、夏允彝等在内的士子21人。这其中，黄道周对陈子龙评价最高，以“有规简之叔夜，无锋棱之文举”①称之。虽然黄道周对陈子龙评价颇高，但陈子龙还是以“子龙浅陋，少时虽好词章，而于经传之学都无所窥”为憾，觉得自己“近读老师所著书，始慨然悔其学之无本”。②此处陈子龙所谓的“学之无本”，就是“于经传之学都无所窥”。对此，清人黄中也评价道：“卧子才大如海，而未精研于理学，先儒之堂奥，性命之渊源，概未之窥也。”③“云间三子”之一的李雯情形与此类似。虽然黄道周在与陈子龙的信中赞其“诗雅辔清稳，宛然唐人”，且“文名已播”④，但李雯自己却也时有“于经术之学未切磋究之，年过三十，悔其无本”⑤之叹。从这些言论可以看出，陈子龙、李雯对自己早年溺于词章却于经术之学不甚用力非常后悔。这种“学之无本”的悔意显然表明，他们已经认识到经传之学实为词章之学的根本。因此，少好词章之学的陈子龙，入黄道周门下之后，不仅多次与黄道周书信往来，谈论学问，而且数次随侍于黄道周身边，贴身聆听黄道周讲学。因此，陈子龙的成就无疑与黄道周的影响关系极大。

黄道周曾为陈子龙父亲陈所闻撰写墓志，极力称扬其“十余岁嗜

---

① 陈子龙：《与戴石房》，陈子龙著，王英志辑校：《陈子龙全集》，人民文学出版社2011年版，第1415页。

② 陈子龙：《上石斋师》，陈子龙著，王英志辑校：《陈子龙全集》，人民文学出版社2011年版，第1422页。

③ 黄中：《陈卧子稿题辞》，《黄雪瀑集》，清康熙泳古堂刻本。

④ 黄道周：《答陈卧子书》，《黄漳浦集》卷十五。

⑤ 李雯：《上黄石斋先生书》，《蓼斋集》卷三十五，四库禁毁书丛刊本。

古文词，善《左氏》及《史记》、《文选》，默识不遗一字”，同时感慨“今世无诵《史记》、《文选》者”。[①] 这些评价，不仅反映了黄道周对秦汉之文的重视，而且同样体现了其关于作文须先读书的思想。这种思想直接影响了黄道周对于文学史上尊唐与崇宋这一问题的取向。关于这一点的论述，将在下文相关章节中作具体展开。

三、追慕《骚》《雅》，崇尚雅正

黄道周主张文本六经，重视作家修养，强调修身立德与读书知言相结合，这表现在具体创作追求上就是对《骚》《雅》的追慕和雅正的崇尚。

黄道周于《诗经》《楚辞》用力极深，所受影响也极深。[②] 黄道周崇尚雅正诗风，其渊源即为《诗经》和《楚辞》。黄道周曾高度评价漳浦徐明彬的诗，谓“天下皆无诗也，徐晋斌独能为诗”，其原因就在于其诗雅正，“有国风之不淫而去其好色，有小雅之不怒而去其怨诽。陈辞引类，抑志扬芬，言者无咎而闻者足讽”。[③]

黄道周如此评价他人诗作，自己的诗歌创作也是如此。张溥《林天孙诗稿题词》云：

> 石翁诸诗，随手散布，风雅悃愊，正则之遗，其刻于南方者，群习而和之，张衡《四愁》，应奉《感骚》，不乏其徒，一体苟善，即命诗豪。

关于林天孙，沈德潜编《清诗别裁集》中收录有“云间三子”之一宋徵

---

① 黄道周：《陈绣林墓志》，《黄石斋先生文集》卷十一。

② 关于这一点，上编有专章论述黄道周的《诗经》学，本编最后则辟专章论述其骚体赋的创作。

③ 黄道周：《徐晋斌诗序》，徐明彬：《摩麟近诗》卷首，《四库未收书辑刊》影明崇祯建阳书坊刻本。

舆《林天孙自漳州来见访，天孙乃黄石斋先生弟子，时黄先生被逮》诗一首，诗曰：

燕市霜飞五月寒，投荒君子更南冠。谪同贾谊官仍夺，时异灵均死亦难。大涤春阴猿鹤怨，武夷秋雨薜萝残。（自注：大涤、武夷皆先生讲学处）凭君归报金鸡信，重扫先生旧讲坛。①

张溥此篇题词正为林天孙而作。此处的石翁，即黄道周。在张溥眼中，黄道周的诗歌“风雅悃愊”，究其原因，则在于“正则之遗”，也即屈原遗风余泽的浸染所致。“悃愊”，即至诚，后人每以之论屈原。如柳宗元《吊屈原文》：“矧先生之悃愊兮，滔大故而不贰。”张溥认为，为文当发自内心，出自至诚，辞藻自然可以质而不华。如此，“随手散布”自然为质朴古雅之作。苏轼“悃愊无华真汉吏，文章尔雅称吾宗”② 即将“悃愊无华”与“文章尔雅”对称并举。文章尔雅，不尚浮华，自然醇厚。

崇尚风雅，不事浮华是黄道周的一贯主张。如前所述，黄道周与张溥的关系非比一般，但二人在诗歌旨趣上还是微有不同。全祖望在《明太常寺卿晋秩右都御史茧庵林公逸事状》一文中有一段话，其曰：

公③ 论人物，不少假借。同里钱光绣尝讲学石斋黄公之门，其于翰林张溥、仪部周镳皆尝师之，而学诗于□□（谦益）。公曰：娄东朝华耳，金沙羊质而虎皮者也，皆不足师；□□（谦益）晚节如此，又岂可师？子师石斋先生，而更名他师乎？”光绣谢之。④

① 沈德潜选编：《清诗别裁集》卷二，河北人民出版社 1997 年版，第 36 页。

② 苏轼：《苏潜圣挽词》，清王文诰辑注，孔凡礼点校：《苏轼诗集》（第三册），中华书局 1982 年版，第 696 页。

③ 指杨时对，字殿扬，学者称茧庵先生。

④ 全祖望：《明太常寺卿晋秩右副都御史茧庵林公逸事状》，全祖望著，朱铸禹汇校集注：《全祖望集汇校集注》，上海古籍出版社 2000 年版，第 478 页。

《三国志·魏志·王昶传》有“朝华之草，夕而零落；松柏之茂，隆寒不衰”之语，杨时对在这里当为化用此语来评述诸人作品。这里，娄东指张溥，金沙指周镳。据全祖望文章可知，杨时对为人亢直，臧否人物常直截了当，决无容忍苟同之行为。在杨时对看来，张溥诗有丽词，类于朝花，虽然可以耀目于一时，但终有日暮而零落之时。周镳则“羊质而虎皮”，亦不足师。钱谦益虽为一时文坛宗师，但晚节不保，更不可为师。只有黄道周节操如松柏，其诗歌既不同于张溥的“朝花”，亦不是周镳的“羊质虎皮”，故大可以之为师。在与钱谦益、周镳、张溥的对比中，杨时对揭示出黄道周诗歌质而不华的雅正特色。

黄道周熟读经史，为诗作文喜引用或化用经史，运用典故，这是其诗文典雅风格形成的一个重要原因。以黄道周崇祯十五年（1642 年）所作的《倪文正公集序》为例，其中一段说：

修其文而不足以明天下，则不若蓬卷而处；修其质而不媲于天下，则不如椎髻而舂。皋、傅之为文，以视天下皆蓬卷而处；夷施之为质，以视天下皆椎髻而舂。信其言，则泾舟之侧无有誉髦，有嗌之田无有媚妇。不信其言，则狸斑与豹蔚争坐，陇廉与娵孟同宫。是两者，说之无定者也。①

此篇具有很浓的骈体文的韵味。文章用典繁密，裁取《诗经》《楚辞》中的语句，并适当加以改造，使之不仅适合对仗的需要，更符合表情达意的需要。“泾舟之侧无有誉髦”中，“泾舟”语出《诗经·大雅·棫朴》：“淠彼泾舟，烝徒楫之。”关于《棫朴》，《毛诗序》云：“文

① 黄道周：《倪文正公集序》，《黄漳浦集》卷二十一。此文《明文海》题作《应本序》。陈子龙亦有《应本序》（陈子龙著，王英志辑校：《陈子龙全集》，人民文学出版社 2011 年版，第 790 页），从其“吾师鸿宝先生，著述既富，复集其单篇杂辞，因人事酬对而为文者，凡若干卷，名之曰《应本》”等语可知黄道周此文创作的相关背景。

王能官人也。”意谓此诗主旨为赞颂文王善于选贤任能。“誉髦”语出《诗经·大雅·思齐》：“古之人无斁，誉髦斯士。”《思齐》的主旨，《毛诗序》认为“文王所以圣也”，也就是赞颂文王善于修齐治平所以为圣的原因。“有嗿之田无有媚妇”，化用了《诗经·周颂·载芟》中“有嗿其馌，思媚其妇，有依其士”数语。“豹蔚”语出《易·革》：“君子豹变，其文蔚也。”“豹蔚”后多用以喻君子、贤者或者喻其美好的风采姿容。“陇廉与娵孟同坐”典出严忌的楚辞作品《哀时命》：“璋珪杂于甑室兮，陇廉与孟娵同宫。”据王逸注：“陇廉，丑妇也；孟娵，好女也。”① 以世人不辨善恶美丑比喻君王昏聩不别贤愚。黄道周在这里化用了《诗经》《楚辞》《周易》中的语句，不仅剪裁得当，对仗工整，而且很好地表现了其本意，使文章呈现出典雅之韵。《史记·儒林列传》中公孙弘有“文章尔雅，训辞深厚”② 之论，此语用来评述黄道周的诗文是十分恰当的。结合前文的论述可以清楚地看出，黄道周追慕《骚》《雅》，崇尚雅正的创作取向正是其重视修身立德和强调读书知言的结果，故在此处一并讨论之。

第四节　黄道周文学思想形成的地域因素

黄道周文学思想的形成，不仅是其和合会通、淹博广通、以务世用的学术思想影响的结果，还与漳州地方历史文学传统的浸染和当时漳州浓郁的文学氛围的影响密不可分。

一、明代漳州文学传统的影响

就历史来说，漳州地处僻远的海滨，远离中原文化中心，开发较

① 黄灵庚：《楚辞章句疏证》，中华书局 2007 年版，第 2671—2672 页。

② 司马迁：《史记》，中华书局 1963 年版，第 3119 页。

迟。自陈元光开漳之后，文教始日盛，与中原文化的交流也日益频繁，文人学士遂渐起于东南。因此，讨论漳州文学发展的历史，往往只追溯至唐代。这种情况，不仅在讨论漳州文学发展时如此，而且研究整个福建文学的发展也大体如此。陈庆元先生在其《福建文学发展史》中，将唐前只是作为福建文学的准备时期，而将福建文学的生发时期定于唐五代，其原因就在于此。①

查考相关史志可知，漳州历史上第一个进士为唐代周匡物，②这在当时的漳州是一个破天荒似的人物。自此以后，漳州文人辈出。宋朱熹知漳州后，大兴文教，以致家弦户诵，俨然一派“海滨邹鲁”的景象。迨入朱明，文人墨客遂彬彬盛矣。关于明代漳州古文演进情形，以下两段话值得关注：

漳自周、潘③振藻，代有文人。明初渊源南宋诸老，文尚醇质。嘉、隆以降，崆峒、历下、弇州以奥博相高，立言非《左》、《国》、先秦、两汉之词弗善也。漳之文章又一变矣。其时泉郡王遵岩师法欧、曾，淳意高文，真六经之言也。顾舍近而求远，何欤？然自廷实④、敦

---

① 陈庆元：《福建文学发展史》，福建教育出版社 1996 年版，第 16—19、32—36 页。

② 周匡物，字几本，漳州龙溪人。少贫苦读，元和十一年（公元 816 年）进士及第，仕至高州刺史。诗文俱佳，有政绩，祀名宦乡贤祠。《漳州府志》卷二十八：“唐自翩圣开漳，百三十余年，登进士自匡物始。”何乔远的《闽书》卷二十八说：“漳人及第自匡物始也。”

③ 潘存实，字镇之，漳州漳浦人。尝与周匡物读书于天成山，时人称为“周潘二先生”。唐元和十三年（818 年）进士，累迁终官户部侍郎。著有《良山存稿》。他是漳浦县第一个由进士任京官的人。周匡物、潘存实二人诗均入选《全唐诗》，《全唐诗》卷四百九十收录周匡物诗五首、潘存实诗一首。

④ 黄文史，字廷实，长泰人。少颖悟，博览群书，以文学称。洪武二十二年（1369 年）应贡试南畿，“五经”义兼作，有司奏违式，太祖览其“天下一家论”，大异之，置第一，免会试，授刑部主事。以言事忤旨，贬江西抚州府推官。文史抚民以恩，而待所属官过严，竟为所陷，谪戍大同，后改漳州卫卒。生平著述甚富，轶不传。有学碑，见《南雍文集》。（参见（光绪）《漳州府志》（中国地方志集成本），上海书店出版社 2000 年版，第 634 页。）

声①已下，诸人其立身行己各有本末，非如世之操觚者沾沾自喜曰“吾文士也”，遂置他事于不问。以刘国征②之风流儒雅而神清气肃，不可以非义干，其视浅衷薄殖，挂名文苑，自夸墨妙笔精者倜乎，尚矣。③

龙溪（漳州属县）自唐、宋以来，文学日兴。明初犹尚宋学，文多醇质。嘉（靖）隆（庆）以降，追西京矣！兵火屡痛，子孙遂不保其先有所著述，全集多不传。然其散见于残编者，吉光片羽，已足辉映十五城矣。④

这两段话中可关注者有二：

其一，描述了明代漳州文学的发展脉络与特色。明初闽南如林弼⑤等人渊源南宋，文以醇质为尚。林弼由元入明，“盖明初闽南以明经学古、擅名文苑者，弼实为之冠也”。⑥当时，人们对林弼的诗文评价极

---

① 林震，字敦声，一字起龙，福建长泰人。事继母至孝，家贫力学，学问淹博，明代宣德五年（1430年）状元及第，授翰林院修撰。后以疾告归，文籍自娱，非公事不入郡邑，卒于家。（参见（光绪）《漳州府志》（中国地方志集成本），上海书店出版社2000年版，第634页）

② 刘庭兰，字国征，漳浦人，万历八年（1580年）进士。庭兰赋才隽颖，攻古文词，因与兄廷蕙、廷芥皆举进士，世称“漳浦三刘”。（张廷玉等：《明史》卷二百三十二，中华书局1974年版，第6059页。）刘庭兰与魏允中、顾宪成并为举首，负俊才，时人称‘三解元’”。（张廷玉等：《明史》卷二百三十二，中华书局1974年版，第6058页。）三人以气节相慕，同上书座主申时行，指画国家大计。丁父忧，卒于乡。时人爱其才华，惜其早逝，王世贞表其墓。（《明史》本传作“廷兰”，孰是孰非，待考。）

③ （光绪）《漳州府志》（中国地方志集成本），上海书店出版社2000年版，第636—637页。

④ 《文苑传论》，（康熙）《龙溪县志》卷八，漳州市图书馆2005年影印本。

⑤ 林弼，字元凯，龙溪人，元至正八年（1348年）进士，为漳州路知事。明初以儒士修《礼乐书》，授吏部主事，使安南，历官至登州府知府。著有《梅雪斋稿》、《使安南集》，汇为《登州集》二十三卷传于世。参阅《四库全书》研究所整理：《钦定四库全书总目》（整理本），中华书局1997年版，第2265—2266页。

⑥ 《四库全书》研究所整理：《钦定四库全书总目》（整理本），中华书局1997年版，第2266页。

高，宋濂称其“文辞尔雅”，① 王廉所作墓志称其“所为诗文皆雄伟逸宕，语或清峻，敻出尘表”。②《漳州府志》也称“吾乡文苑，有明一代必推梅雪（林弼号）为冠”，认为林弼“负异才，与同时青田（指刘基）、金华（指宋濂）、乌伤（即义乌，此指王祎）、括苍（今丽水，此指王廉）上下其议论”，并指出林弼“之所以擅名”者，是因为“其骨脉贵也”。③

嘉、隆以后，前、后七子先后继起，其影响所及，虽以闽南之僻远亦且不免，而且其影响大大超过了同属闽南的王慎中的师法唐宋之说，以至于“非《左》、《国》、先秦、两汉之词弗善”。如前所述，黄道周论文推崇《左传》《国语》《战国策》乃至汉魏，而且其论文学的思想亦多与明初诸家相通，当是与此相关。

其二，闽南文士接受前、后七子的复古主张，排斥王慎中的唐宋之说，其原因在于当地士人并不以操觚之文士自居，而是“立身行己，各有本末”。刘庭兰最为典型。史载，刘庭兰“弱冠以经义称，即已心薄之；胠其王父箧，悉得五经及《左》、《国》、《史》、《汉》诸大家书，皆成诵，为古文雄峭辨博以有声，又心薄之。谓此润身业耳，胡渠能济世安民”。④ 卒后，王世贞表其墓，谓其“负大志，不欲齷齪文士之集”，⑤ 为人“棱棱谡谡，不可以一毫非义干”⑥，因此“视挂名文苑，自夸墨妙笔精者”为“浅衷薄殖”，而立身行己，济世安民才是其追求。

① 宋濂：《使安南集序》，林弼：《登州集》附录，文渊阁四库全书本。

② 王廉：《中顺大夫知登州府事梅雪林公墓志铭》，林弼：《登州集》附录，文渊阁四库全书本。

③ （光绪）《漳州府志》（中国地方志集成本），上海书店出版社2000年版，第1157页。

④ 王世贞：《前进士刘君国征暨配林硕人墓表》，《弇州山人续稿碑传四》卷一百二十七，周骏富辑：《明代传记丛刊》第153册，台湾明文书局印行，第754页。

⑤ 王世贞：《前进士刘君国征暨配林硕人墓表》，《弇州山人续稿碑传四》卷一百二十七，周骏富辑：《明代传记丛刊》第153册，台湾明文书局印行，第753页。

⑥ 王世贞：《前进士刘君国征暨配林硕人墓表》，《弇州山人续稿碑传四》卷一百二十七，周骏富辑：《明代传记丛刊》第153册，台湾明文书局印行，第757页。

黄道周论文重视经世之文，论作家修养重视修身立德，既有儒家大传统的影响，也有这种地域文学传统的影响。

关于漳州诗歌的发展演进，《漳州府志》中同样有一段值得注意的论述：

漳郡风雅，始于周几本，继之者未能专家，至元凯而盛矣。其诗冲穆渊雅，当与青邱、幼文争鸣夏声于正始，虽子羽犹将逊之（二语本李公斯义序）。嗣元凯者，惟林白石自成一家。至于万历、天启间蔚然并兴，与三山曹能始、谢在杭、徐兴公、温陵何匪莪、黄太稚诸人旗鼓相当，亦文苑之洋洋国风也。黄文明晚出，学博才雄，浩乎莫穷，其际或骚或子，固当辟一诗宗。余如张小越摹杜工部，张凯甫学李长吉，陈子笃仿苏东坡，魏大千拟孟东野，王载卿学陆剑南，洪阿士似谢晞发，漳诗原委，大略如斯矣。①

从这段梳理漳州诗歌发展历史的论述可知，漳州诗歌之盛始自林弼（字元凯），时人谓其在高启等人之间。至万历、天启时，漳州诗歌进入鼎盛时期，诗人并出，一时与福州曹学佺、谢肇淛、徐𤊹和泉州何乔远、黄景昉等人旗鼓相当者众多。黄道周熏染在此种环境之中，加之其“学博才雄”，其诗“浩乎莫穷，其际或骚或子，固当辟一诗宗”。此种评价，虽然有表彰先贤的褒奖、溢美成分在内，但至少从一个侧面说明了晚明漳州诗坛之盛以及时人对黄道周诗歌的评价。

二、晚明漳州结社的影响

自唐代周、潘登第后，中间又经过朱子教化，漳州可谓是文人代出，至明代时习文之风尤盛。王世懋曾为闽学使，著有《闽部疏》，其

① （光绪）《漳州府志》（中国地方志集成本），上海书店出版社2000年版，第1156页。

中论及漳州云：

闽西诸郡人，皆食山自足。为举子业，不求甚工。漳穷海徼，其人以业文为不赀，以舶海为恒产，故文则扬葩而吐藻，几埒三吴；武则轻生而健斗，雄于东南夷，无事不令人畏也。

漳人既业文，尤多习射。民间儒童，每大比岁，都蝇集省下。觊所谓大续遗才者不得，复留以就武试。又材官多能操觚伸纸作经生语，故榜出五十人，大半是漳人也。①

从督学闽中的王世懋的记述看，相对于闽西可以“食山自足”，漳州地处海陬，谋生之路有二，一为读书，一为下海。闯荡海洋需要习武，习武固然也可以博取功名，但漳州人最重视的无疑还是读书习文，故有“几埒三吴”之誉和“榜出五十人，大半是漳人”的现象。漳州文风之盛由此可见一斑。

漳州文风之盛的一个重要表现，就在于当时的漳州文士热衷文社之事，即使身居困顿，也不放弃。《漳州府志》记载：

漳文儒多寒素，以舌耕为业，未尝客游居幕，老守一经，虽淡泊恬如也。同志重文社，多者数十人，少者十数人，按期拈题，呈能角胜，虽穷乡僻壤，亦汇集邮致，以证先辈，竟以此为乐事焉。②

参加文社者，既有致仕乡居的士大夫，又有舌耕为业的寒儒，当然还包括踌躇满志的乡里后进。文社虽大小不一，“多者数十人，少者十数人”，但都能正常开展活动，“按期拈题，呈能角胜”。即使僻居穷乡者，

① 王世懋：《闽部疏》，台湾成文出版社有限公司1975年影印明宝颜堂订正刊本，第49—50页。

② （光绪）《漳州府志》（中国地方志集成本），上海书店出版社2000年版，第1047页。

也积极参与，“汇集邮致，以证先辈”。结成文社者都为志同道合之士，他们于唱和中切磋诗文，砥砺士气，以为乐事。

在这些大大小小的文社中，最为著名且与黄道周往来最为密切的当属伭云诗社。《漳州府志》云：“周、潘、陈、林后，伭云韵社最著。”① 黄道周《张大夫墓表》记载：“大夫林居益嗜古，蒋少宰、高太史、郑司农、徐职方、戴侍御时与聘君为玄云之会，因就大夫所居侧度坛游焉。”此处，张福永注曰：“时汰沃已谢公车，蒋孟育、高克正、郑怀魁、徐銮、戴燝② 皆已休官归，结为吟社之游，而林深州德芬、陈宜兴元朋，陈伯畴、汪宗苏二山人亦与焉。”③

可见，伭云诗社系由张燮、蒋孟育④、王志远、林茂桂、高克正、戴燝、郑怀魁、郑爵魁、陈翼飞等在漳州组成的，是晚明漳州最著名的诗社。其中，张燮与郑怀魁、蒋孟育、林茂桂、高克正、王志远、陈翼飞七人并称为“七子”。七人相从甚密，于紫芝山麓诗酒酬唱，文名远播，其遗风余泽，沾溉乡梓。

进入清朝，漳州文社犹先后继起，藉藉有声，这与伭云诗社的影响是密切相关的。郑亦邹⑤《问月居》一诗道出了这种影响：

---

① （光绪）《漳州府志》（中国地方志集成本），上海书店出版社 2000 年版，第 916 页。

② 戴燝，字亨融，长泰人，万历十四年（1586）成进士，累官至西川按察使。好古文词，工吟咏，有诗文集行世。（参见（光绪）《漳州府志》（中国地方志集成本），上海书店出版社 2000 年版，第 587 页。）

③ 黄道周：《张大夫墓表》，《黄石斋先生文集》卷十一。

④ 蒋孟育（1558—1619），字道力，号恬庵，同安人，后迁居金门，万历己丑（1589）进士，选庶吉士，历官国子监祭酒、南吏部侍郎等职。能为古文词，著有《恬庵遗稿》等。于莉莉有《蒋孟育年谱》，参见《闽南跨文化学术研讨会论文集》，2012 年 10 月。

⑤ 郑亦邹，字居仲，漳州海澄人，康熙四十五年（1706 年）进士，官内阁中书。亦邹少能诗文，博览群书，子史百家皆丹铅数过，名满大江南北。无意仕途，经闽巡抚张伯行聘郑返乡讲学授徒。亦邹曾“浮江淮，历豫晋，下楚粤”，交游极广，与桐城方苞等论交甚契。归里后，键户著述，搜辑旧闻，欲成一家之言。著有《郑成功传》《明季辨误》《江闽事略》《明季遂志录》《明遗民录》等。结庐白云洞之麓，倡南屏文社，曾编辑黄道周文集，文 36 卷，诗 14 卷，为今传世最完备的陈寿祺《黄漳浦集》的主要来源之一。

久仰仫云社，来过问月堂。宝珠真陈牍，唾玉是文章。锦水看螭动，丹霞说雁行。门前书带草，犹作旧时香。①

正是在这种影响下，郑亦邹归乡后，在其故居倡南屏文社，四方同道者一时云集，实为当时漳州文坛一大盛事。《漳州府志》载：

郡中文社之盛，有南屏，世罕知之。南屏者，郑白麓亦邹居石溪时所主倡也。与会常三百余人，郑鹤斋溥有诗忆石溪简庐正则云：忆昔南屏会风雨，白麓先生实鼓舞。一时云集三百人，灿灿英光动眉宇。文风振起八代衰，简约清华与奇古。纵横万状无方物，丽藻离披亦各取。引商刻羽和者谁，卢子正则称最愈。其中仰山十三狂，与者云平与乙光。……与君投老相徜徉。②

黄道周长于东山岛上，孤悬海上，早年除远游广东外，与岛外学者交往极少。万历三十六年（1608 年），因生活所迫，外出教馆于漳浦卢维祯家，始有机会接触漳州当时的著名文士。据年谱载：

三十六年戊申，先生年二十有四。馆于卢司徒。日令从者给侍。久之，先生弗乐也。适孝廉张绍和（讳爕）至浦，与先生谈契如旧相得，既还郡，言于太史高公（讳克正），为书以迓先生。先生遂以是秋来居绍和之霏云居。绍和性通脱，先生竟夕危坐平居，未尝离衣冠。于是绍和不敢为宴见，命其弟烃叔（讳绍科）肃先生晨夕起居。绍和乃时间出，商略上下。故先生后有书云："某尝卧斋头近千日，盘盂庋阁，

① （光绪）《漳州府志》（中国地方志集成本），上海书店出版社 2000 年版，第 991 页。

② （光绪）《漳州府志》（中国地方志集成本），上海书店出版社 2000 年版，第 1161—1162 页。

半可勒铭也”。[①]

后来，黄道周在为张燮之子张于垒[②]所作的《张凯甫墓表》中亦有“凯甫生时，吾沐浴其家”之语。自此以后，黄道周与漳州较有声望的文人士大夫的交往日益密切，当次年移居漳浦东皋之后，更是“时时来郡中，诸先达竞延致如素交”。在黄道周与伭云诗社众人的交往中，有两点值得注意：

其一，这些人中有不少人比黄道周年长一二十岁，乃至四五十岁，黄道周与他们可算是忘年之交。其中，林茂桂是对黄道周影响比较重要的一位。

林茂桂，字德芬，号丹台，漳州漳浦人，万历十四年（1586 年）进士第四名。授深州知州，因一意为民，严惩豪绅，为人中伤罢归。晚年赁居水门，人称水门先生。茂桂能诗文，乡居与张燮、何乔远等文酒相娱，四壁萧然终。黄道周为作《林深州传》。在传文中，黄道周有这样一段记述：

公喜称诗，善属文，与蒋少宰、高太史、张聘君、郑观察、戴侍御为玄云之游，陶陶日夕，口未尝言贫。每云吾有诗千首，文百篇，恐太流丽，不合于道，又安必田数顷，官数考乎？[③]

---

① 庄起俦：《漳浦黄先生年谱》，侯真平、娄曾泉校点：《黄道周年谱附传记》，福建人民出版社 1999 年版，第 52—53 页。

② 张于垒，张燮之子，有“圣童”或“神童”之誉。惜早夭，卒时年仅十八。著有《麟角集》《山史》等。黄道周《张大夫墓表》：“聘君（张燮）有子名于垒，字凯甫，十岁能文章，十八而殇，大夫犹及见之。凯甫少小从余游，著《麟角篇》十卷，一时称圣童焉。侍父出览天下名山，归著《舒节篇》十卷，而圣童之名满天下矣。”陈庆元先生《列朝诗集·张童子于垒传发微——兼谈张燮难以承受之痛》（《中国典籍与文化》2011 年第 2 期）可资参考。

③ 黄道周：《林深州传》，《黄石斋先生文集》卷十。

从《林深州传》可知，林茂桂和前文提及的郑怀魁一样，他们在年轻的黄道周心目中都是“最为老师”辈的人物。林茂桂说自己“诗千首，文百篇”，可见对诗文的嗜好。在与林茂桂的交往中，喜好诗文的林茂桂自然会对少有文慧的黄道周产生较大影响。

其二，黄道周与伭云诗社诸子以文章气谊相鼓舞，诗文酬唱，并且贯穿其一生。这种交往，不仅扩大了黄道周的影响，而且开阔了黄道周的眼界，对其文学观念的形成及诗文创作也产生了巨大影响。对于早年的这些交往，黄道周印象极深，以至多年以后，其诗文中屡有忆及者。

予束发游梁山，与戴伯子交，渔畋于苏、李、范、班之言，四顾无外。既见张九一，独湛深冲融，招雕反素，谓文章事功、性命道术皆合同而契，予始憬然，还其初业。①

公时虽为一窭人子，未籍诸生，往来郡贤士大夫林公茂桂、高公克正、薛公士秀（当为“士彦”）、张公燮率严重，礼为上宾，罔敢齿易之者。②

伭云诸子中，以与张燮相识最早，也相知最深。黄道周尝曰：“张绍和文章炳蔚，言行清茂，相知三十年，风雨鸡鸣，怀抱不舍。”③在长期的交往中，二人诗文往来极其频繁，《黄漳浦集》中收录有多篇诗文系与张燮唱和、书信往来的作品。这种情形，以至于黄道周有“唯汰沃能容之，亦惟敢以此容于汰沃耳”之语。④张燮父亲张廷榜系赋归士绅，

① 黄道周：《张观察诗序》，《黄漳浦集》卷二十一。

② 黄景昉：《黄道周志传》，明计六奇著，任道斌、魏得良校点：《明季南略》，中华书局 1984 年版，第 314 页。

③ 黄道周：《张烃叔集序》，《黄石斋先生文集》卷八。

④ 黄道周：《与张绍和书》，《黄漳浦集》卷十七。

“历官不五载，林居三十年”，尤“娴于文章”。[①] 殁后，其墓志即由黄道周撰写。

张氏为当地望族，且数世为文。在与张燮的交往过程中，黄道周与张燮之父张廷榜、其弟张绍科（烃叔）、其子张于垒等都有交往。黄道周曾在《张大夫墓表》中回忆过张燮之父张廷榜对于自己诗文的影响：

> 张氏盖已数世为文章，以至于聘君也。余蚤岁及奉教于大夫，初晤，次述班、马之同异，杨、荀之优劣，河汉乎其言也！既出其所为文章，命余属之，则笔挢然……[②]

“挢然”，意指刚强的样子。从黄道周的回忆可知，张燮家“数世为文章”，其父在与青年黄道周的交谈中，所论及的文章多属秦汉之文，风格则多以雄肆为主。

张燮的行谊、文章均深受父亲熏陶，故黄道周谓其“凡聘君高蹈修古，与时俗殊尚，亦其禀受然也”。[③] 就张燮诗文创作而言，其“诗从建安以迄三唐，文从周汉六朝，旁及稗官琐语，无不具体、撮胜”，[④] 故黄宗羲谓“其文波澜壮阔，而佐以色泽。万历间一作手也”。[⑤]

张燮不仅著述宏富，而且编纂了《初唐四子集》（四十八卷）、《七十二家集》（三百四十六卷、附录七十二卷）[⑥]。其中，《七十二家

---

① 黄道周：《张大夫墓表》，《黄漳浦集》卷二十五。

② 黄道周：《张大夫墓表》，《黄漳浦集》卷二十五。

③ 黄道周：《张大夫墓表》，《黄漳浦集》卷二十五。

④ 蔡复一：《〈霏云居续集〉序》，蔡复一著，郭哲铭校释：《遁庵蔡先生文集校释》，金门县文化局2007年版，第25页。

⑤ 黄宗羲评，黄百家录：《明文授读评语汇辑》，《黄宗羲全集》（第十一册），浙江古籍出版社2012年版，第192页。

⑥ 此两种均存于国家图书馆善本部。关于张燮著述的具体情况，可参看陈庆元先生《张燮著述考》（《漳州师范学院学报》（哲学社会科学版）2010年第4期）。

集》，黄虞稷《千顷堂书目》卷三十一题作《汉魏七十二家集》，凡三百五十一卷，《漳州府志》亦记录其“有手定《汉魏七十二家集》”[①]。

关于《汉魏七十二家集》，其《凡例》中言道：

先代鸿编，岁久凋耗，一家之言，传播者寡。近所刻汉魏文集，各具一脔，然挂漏特甚，即耳目数习惯者，尚多见遗，因为采取而补之。又念代兴作者，岂惟数公，不宜录此弃彼，乃推广他氏。自宋玉而下讫隋薛道衡，大地精华，先辈典刑，尽于斯矣。[②]

由此可知，《七十二家集》所收录作家，起于宋玉，迄于薛道衡，“集中所载，皆诗赋文章，若经翼史裁，子书稗说，听其别为单行，不敢混收”。因此，仅以“汉魏”二字统括全书并不恰当，《七十二家集》之名更符合事实。

张燮的《汉魏七十二家集》在当时影响很大，学界历来认为张溥《汉魏六朝一百三家集》就是以此集为基础完成的。[③]从张燮致力于编辑《七十二家集》可以看出，张燮对汉魏文学的推崇与标举。

长黄道周十二岁的张燮称黄道周为“余畏友”，黄道周则在给皇帝的奏疏《三罪四耻七不如疏》中说：“雅尚高致、博学多通，足备顾问，则臣不如华亭布衣陈继儒、龙溪举人张燮”。[④]在与张燮终生交往的过程中，张燮的诗文主张和创作取向无疑会对黄道周产生潜移默化的影响。

---

① （光绪）《漳州府志》（中国地方志集成本），上海书店出版社2000年版，第585页。

② 张燮辑：《七十二家集》，续修四库全书影明末刻本。

③ 《四库全书总目提要》：“自冯惟讷辑《诗纪》，而汉魏六朝之诗汇於一编；自梅鼎祚辑《文纪》，而汉魏六朝之文汇於一编；自张燮辑七十二家集，而汉魏六朝之遗集汇於一编。溥以《张氏书》为根柢，而取冯氏、梅氏书中其人著作稍多者，排比而附益之，以成是集。”（《四库全书》研究所整理：《钦定四库全书总目》（整理本），中华书局1997年版，第2654页。）

④ 黄道周：《三罪四耻七不如疏》，《黄漳浦集》卷二。

第五节　黄道周古文创作论略[①]

关于黄道周的古文，前人评价颇高。清人蔡世远谓其“古文不循史、汉、八家”[②]，自成一体。陈寿祺谓其“学与文，在胜朝当与刘诚意（刘基）、方正学（方孝孺）上下驰骋，与国家相为终始，不可以成败兴亡言也”[③]。《漳浦县志》则直接以“黄体”称之，其言曰：

黄石斋书法，天下称曰“浦体”；黄石斋文法，天下称曰“黄体”。“黄体”与“倪体”并驱，而“浦体”径自独行。其见重于一时者如此。[④]

蔡世远、陈寿祺等人的评价可能有表彰乡贤的溢美成分在内，但黄宗羲的评价也很高，这就不是溢美之辞所能解释的了。黄宗羲曾言：

石斋之文不规规于史、汉、欧、曾，取法在先秦，而精神自与史、汉、欧、曾相合，自是天壤之奇气。[⑤]

可见，黄道周的古文创作成就确实值得重视。

从《黄漳浦集》收录的情况看，黄道周古文创作体裁、题材多样，

① 黄道周诗歌“崛奇独造”，于浴贤先生等已有相关论述，详见《绪论》之“研究现状”及第六章之“在尊唐与崇宋之间”相关内容。因此，本文在论述其古文理论基础上重点对其散文创作作一简要的讨论。

② 蔡世远：《黄道周传》，《二希堂文集》卷六，文渊阁四库全书本。

③ 陈寿祺：《重编黄漳浦遗集序》，《黄漳浦集》卷首。

④ （光绪）《漳浦县志》，（中国地方志集成本），上海书店出版社2000年版，第218页。

⑤ 黄宗羲评，黄百家录：《明文海评语汇辑》，《黄宗羲全集》（第十一册），浙江古籍出版社2012年版，第100页。

其既“能为秦、汉、魏、晋之文”，亦可“为应俗小品”。[①] 略而言之，既有议政论学的论说文，又有表彰忠孝的碑志传状文，更有别具一格的书牍小品。[②]

一、论说文：议政论学，理足气沛

在黄道周的各类古文作品中，成就最高者当属其论说文。黄道周的论说文，就其所论内容而言，约略可分为两大类，即议政和论学。由于黄道周一生以讲学著述为务，故撰有大量的论学之文。黄道周论学之文所论范围极广，所论之学包括了理学、史学、文学等诸多方面，黄道周的学术成就也比较集中地体现在这些论学之文中。这类论学之文，前文在讨论黄道周的学术思想、文学理论等问题时已多有论及，故此处不再赘述。本小节主要讨论其议政之文，也即政论文。

如前所言，黄道周对于国事极为关注，通经致用的思想贯穿于其讲学著述之中，黄道周的议政之文，尤其是其奏疏文更能够集中地体现这一点。黄道周一生立朝时间不多，但他积极参与政事，敢于直言，对当时朝中发生的众多事件和国家面临的诸多问题多有自己的思考和看法，并最终以奏疏的形式上奏朝廷，以求上达圣听，以资有用于时政。《黄漳浦集》凡50卷，其中仅《疏》就有6卷，凡68篇71章。[③] 相对

---

① 陈寿祺：《重编黄漳浦遗集序》，《黄漳浦集》卷首。

② 关于文章体裁分类，古人向来论述颇多，之所以如此，是因为“文章莫先于辨体，体立而经以周密之意，贯以充和之气，饰以雅健之辞，实以渊博之学，济以宏通之识，然后其文彬彬，各得其所”。（来裕恂著，高维国，张格注释：《汉文典注释》，南开大学出版社1993年版，第292页）徐师曾《文体明辨序》亦云：“夫文章之有体裁，犹宫室之有制度，器皿之有法式也。……苟舍制度法式，而率意为之，其不见笑于识者鲜矣，况文章乎？”（徐师曾著，罗根泽校点：《文体明辨序说》，人民文学出版社1998年版，第77页。）本文综合各家论述，结合黄道周古文创作的实际情形和行文的方便，按照论说、纪传、书牍小品三类分而论之。

③ 《黄漳浦集》所收黄道周的奏疏文中，《救钱龙锡疏》凡三章，《乞归疏》凡二章，均为对某一事反复申说而成。

于其短暂的立朝经历来说，数量是颇为可观的。

疏亦称奏，或奏疏连称，其目的在于“陈政事，献典仪，上急变，劾愆谬”，[①] 以使下情上达；其体制上要求“以明允笃诚为本，辨析疏通为首。强志足以成务，博见足以穷理，酌古御今，治繁总要，此其体也”。[②] 黄道周学有所本，其学问“渊澜经史，波及百家”，[③] 故其发为议论，无论是议论朝政得失，还是辨明学问、臧否人物，多能够旁征博引，辨析精微，理足气沛，具有战国纵横家和西汉初期政论文的风格。从《黄漳浦集》所收录的奏疏来看，的确如此。

崇祯五年（1632年），黄道周乞休归乡，在“束装携妻孥”将离开北京之前，上《放门陈事疏》，[④] 对崇祯即位以来的各种时弊进行了猛烈抨击。其文曰：

> 方陛下开承之始，外清逆党，内扫权珰，天下翕然，想望泰平。曾未四年，而士庶离心，寇攘四起，天下骚然，不复乐生，虽深识远虑之士，岂虞变动至此乎！……自臣入都来，所见诸大臣，举无远猷，动成苛细。治朝著者，以督责为要谈；治边疆者，以姑息为上策。序仁义道德，则以为不经；谈刀笔簿书，则以为知务。片言可折，则藤葛终年；一语相违，则株连四起。

此处，黄道周先扬后抑，首先回顾和肯定了崇祯继位之始“外清逆党，内扫权珰”的作为以及由此带来的天下太平的希望；接着，黄道周笔锋一转，对当时“士庶离心，寇攘四起”的内外交困的现实表示了极度的失望和痛惜。由此出发，黄道周深入分析了其中的原因，对朝中上下的

---

① 刘勰著，范文澜注：《文心雕龙注》，人民文学出版社1958年版，第421页。
② 刘勰著，范文澜注：《文心雕龙注》，人民文学出版社1958年版，第422页。
③ 黄道周：《书品论》，《黄漳浦集》卷十四。
④ 黄道周：《放门陈事疏》，《黄石斋先生文集》卷一。

种种弊端进行了激烈的批评。这段文字，骈散结合，句式整齐，显得极有气势，表现出黄道周论说文以气使文、理足气沛的重要特征。

不仅如此，黄道周在文中利用《易》理推测世运，提出“小人勿用”的主张。黄道周分析认为，小人不仅常“怀干命之心”，而且“凡小人见事，智恒短于事前，言恒长于事后”。因此，黄道周认为：“小人用，即无戎狄，亦足以致乱；小人不用，即有干戈，亦足以致理。”在议论当中，黄道周以“不救凌城，而谓凌城之必不可筑；不理岛民，而谓岛民之必不可用”等当时的重大事件为论据，有理有据，增强了文章的说服力。

在《放门陈事疏》中，黄道周不是仅仅停留在批评上，而是针对国是日非的事实提出了“收盐徒，防徐口，实津保，联淮济，辑岛民，厚宁锦，静济西之众，动兖东之师”① 等一系列措施。文章进一步分析道：

> 臣思曹濮愚民可以静镇，通泰盐徒必不可不收；津保近防可以酌往，淮济声援必不可不联。以静厝济西之民，则易动之方可定；以动鼓兖东之众，则震邻之力易专。移颍上之镇，出于徐州，则宿迁之上流可断；简蓟密之师，益于宁锦，则□□之西击可支。急理岛上之民，而不藉其援，则岛上登莱之势分；还塞胶莱之险，而速致其师，则青州扬兖之情合。

黄道周认为，上述措施如能得以贯彻，则“可省数年之功”。从整篇文章看，不仅有对现实朝政的透彻分析和尖锐批评，也有相应的具体解决措施，整篇文章在层层推进中浑然一体，具有很强的说服力。正因为如此，黄道周弟子李世熊赞道：“壬申出都一疏，关系十七年大业。”②

---

① 黄道周：《放门回奏疏》，《黄石斋先生文集》卷一。

② 李世熊：《答黎媿曾书》，《寒支二集》卷四，清初檀河精舍刻本。

壬申五年即崇祯五年（1632 年），李世熊所评说的正是这一篇《放门陈事疏》。

在黄道周的奏疏文中，还有一类是在陈述自己对国事看法的同时兼有弹劾的功能。在这类文章中，黄道周不仅如上所述般的议论朝政，指摘时事，而且具体针对某些人和事进行了弹劾。在弹劾的同时，黄道周不是简单地空发议论，更有主动请缨之慷慨担当。在《论陈新甲疏》中，黄道周写道：

臣虽懦孱，然自二十岁躬耕，手足胼胝，以养二人；四十余削籍，徒步荷担一二千里，不解屝屦。今虽逾五十，然非有妻子之奉，婢仆之累，所纂数卷书，已移月可毕，笔札干楯，均为报恩，何殊之有？天下即无人，臣愿解清华以执锁钥，何必使被棘负涂者被不祥以玷皇化哉！

臣荷恩再生，穷经垂老，幸持笔橐，俟一日佔毕细旃之前，奚忍遽自菲薄？然思古人经术，尽为纲常；圣贤治道，只归名教。使纲常不立，则古人安攘皆可马上不事诗书。况今天下驿骚，人情泮涣，非常之业，决不在乱常之人。诚不忍以陛下仁孝垂成之治，为诸臣权宜之所亏辱。语曰：奔车无仲尼，覆舟无伯夷。臣虽不才，受皇上殊恩，犹将安辔奔车之间，振衣覆舟之下。惟陛下垂察焉。臣无任激切之至，为此具疏。①

众所周知，弹劾之文在于“明宪清国”，“绳愆纠谬”，② 但应避免吹毛求疵，避免以谩骂为手段，而应该“辟礼门以悬规，标义路以植矩”，③ 即以礼义为标准，“理有典刑，辞有风轨”，“总法家之裁，秉儒家之文，不畏强御，气流墨中，无纵诡随，声动简外，乃称绝席之雄，直方之举

① 黄道周：《论陈新甲疏》，《黄漳浦集》卷三。

② 刘勰著，范文澜注：《文心雕龙注》，人民文学出版社 1958 年版，第 422 页。

③ 刘勰著，范文澜注：《文心雕龙注》，人民文学出版社 1958 年版，第 423 页。

耳”。[①] 黄道周这篇《论陈新甲疏》以礼义纲常为立论的基础，对陈新甲“夺情”启用进行了激烈的批评。同时，文中反复毛遂自荐，表明自己虽然年逾五十，为一“穷经垂老”的书生，但愿意在国家用人之际挺身而出，“愿解清华以执锁钥”，“犹将安辔奔车之间，振衣覆舟之下”。文章语言质直，不事雕琢，但读其文，自然可以感觉到其一腔忠义“气流墨中”，满怀激愤“声动简外”。

类似的，黄道周《论杨嗣昌疏》[②] 等亦有此种风格。文章开篇明义，表明自己的主张：

> 臣观古今治迹，其典章法度，虽受于先王，谊不敢改，至于事穷理极，亦时通变，以尽其神。惟纲常所系，为臣教忠，为子教孝，垂宪万世，本于民彝，不可易也。

黄道周认为，虽然典章法度在必要时刻可以“通变”，但是忠孝节义之纲常却不可变易。为此，黄道周引《礼》证说，认为“礼，三年之丧，君命不过其门；兵革凿凶门出，戎右不施于士大夫”，以表明父丧守制在家是礼制要求。接着，黄道周引用事实，以从宋代田况、岳飞到本朝太祖年间刘基、宋濂，再到嘉靖以下杨博、翁万达等人的一些重要史实作为佐证从正面论证其观点，以张居正“不守制，损其勋名”等史实从反面再次论说，慨叹“天下无无父之子，亦无不子之臣”，并将批判的矛头直指杨嗣昌：“今遂有不持两服，坐司马堂如杨嗣昌者!”从其行文看，既有其理论上的依据，又有事实上的正、反先例为证，具有很强的说服力。在此基础上，黄道周指出，“凡人遗其亲，必不利于君；坏于家，必无成于国”，违制者将为“千人所指”，遭人唾弃。最后，黄道周

---

① 刘勰著，范文澜注：《文心雕龙注》，人民文学出版社 1958 年版，第 423 页。

② 黄道周：《论杨嗣昌疏》，《黄漳浦集》卷三。

表明自己的态度，愿“为万世惜此纲常，为圣明惜此治化”，至于自己“一身进退”，则不足顾虑。文章论证有理有据，以一腔正气驱使文字，虽不刻意修饰，但读来自有义正辞严的感人效果。

黄道周本为词臣，并无谏言之责，但他却能于“人主以猜察防持天下，文网如荼，无敢撄鳞”之时屡次上疏，而且“每疏必有数言切中膏肓，使病者悚沮”。① 朱彝尊尝言：

> 词臣无言责，居无咎无誉之地，需次待迁而已。迨石斋先生入翰苑，与上虞同年倪文贞公俱自任天下之重，崇正去邪，尽忠补过，引裾折槛，九死不回。②

从《黄漳浦集》收录的疏文看，这些奏疏议论剀切，是黄道周“崇正去邪，尽忠补过”，以天下为己任的具体体现。正因为如此，故蔡世远赞黄道周“奏疏洵为百代之光”。对此，蔡世远分析道：

> 无鲠亮清忠之气，虽潘江陆海，仅供覆瓿；为天地河岳之锺，则琨玉灵珠，自当寿世。近代石斋黄先生者志存忠孝，学贯天人，了生死之一关，严忠佞之二字，明朝三百年养士之报，正学而后一人；漳浦九十峰积气所成，东溪之武堪接。生徒遍天下，仰宝座之春风；正气塞古今，留石坛之化雨。驱宣公于腕下，奏疏洵为百代之光……③

按蔡世远所言，黄道周学贯天人，志存忠孝，胸中自有一股“鲠亮清忠之气”，发而为文章自然有一种动人心魄的力量。蔡世远所言正是韩愈所谓的“气盛言宜”。因此，黄道周的论说文虽是以议政论学为主，但

① 李世熊：《答黎媿曾书》，《寒支二集》卷四，清初檀河精舍刻本。

② 朱彝尊著，黄君坦校点：《静志居诗话》，人民文学出版社 1990 年版，第 633 页。

③ 蔡世远：《募刻黄石斋先生遗书引》，《二希堂文集》卷十一，文渊阁四库全书本。

都是出于对现实的深切关注和报国救世的热情，“言言与时相牴牾，言言为人主药石”,[①] 故议论激切，自有一股忠贞耿介之气贯穿其中。诵读黄道周的这类古文，可以深深感受到跳动在字里行间的那种深沉的忧患意识与炽烈的救世热情，它所体现的是一个身处衰世的大儒救世济民的悲悯情怀。从这个角度看，黄道周的此类古文真可谓是情、理兼具的佳作。

二、纪传文：“阐发忠孝”，叙议结合

正如前文所论，黄道周具有强烈的史官意识和以文存史的自觉追求，故其撰写了篇目众多的碑志传状类文字。这些碑志传状包括了传、碑、墓碑、墓表、墓志铭、行状等，可统称为纪传文。[②]

黄道周“惇孝尚行”,[③] 乃一至孝之人，于六经中平生尤重《孝经》，对《孝经》大义多有阐发，留下了《孝经定本》《孝经本赞》《孝经辨义》《孝经颂》《圣世颁〈孝经〉颂》《孝经集传》等多种著作。[④] 即使在狱中身遭廷杖之刑，亦书《孝经》百部以弘扬孝之大义。在黄道周看来，《孝经》为“道德之渊源，始化之纲领”，“六经之本，皆出《孝经》”。[⑤] 黄道周传注《孝经》，其目的在于敦厚世风，砥砺士气，体现了其通过

---

① 李世熊：《答黎媿曾书》，《寒支二集》卷四，清初檀河精舍刻本。

② 曾国藩《经史百家杂钞·序例》云：“传志类：所以记人者。经如《尧典》、《舜典》，史则《本纪》、《世家》、《列传》，皆记载之公者也；后世记人之私者，曰墓志铭、曰行状、曰家传、曰神道碑、曰事略、曰年谱皆是。”（曾国藩纂，熊宪光、蓝锡麟主注：《经史百家杂钞今注》，西南师范大学出版社1995年版。）来裕恂《汉文典》云：“传纪类者，传、记，录、略、行述、行状、神道碑、墓志铭等是也。诸体与列传同，惟互为详略耳。”（来裕恂著，高维国，张格注释：《汉文典注释》，南开大学出版社1993年版，第296页）本文综合二家之说，将以记人为主的文字均归为纪传文中。

③ 卢维祯：《黄生续离骚序》，《醒后续集》，四库存目丛书影印明万历三十二年至三十三年刻、三十八年续刻本。

④ 黄道周此七部《孝经》类著述的具体情形侯真平先生考述甚详，可以参考（侯真平：《黄道周纪年著述书画考（下）》，厦门大学出版社1995年版，第525—541页）。

⑤ 黄道周：《孝经大传序》，《黄漳浦集》卷二十。

救人心而收救世道之效的追求。这一点，其弟子洪思体味颇深。洪思曾曰："念是经（按：《孝经》）为六经之本，今此经不讲，遂使人心至此，杨嗣昌、陈新甲皆争夺情而起。无父无君之言满天下，大可忧，乃退述是经，以补讲筵之阙。"①

在黄道周的思想中，"孝"是与"忠"联系在一起的，这是儒家自孔子以来"移孝作忠"的传统。洪思尝云："夫子之道，忠孝而已矣。"②与此相应，黄道周纪传文的传主多为忠孝节义之人，其传记文多为"阐发忠孝"③而作。从黄道周的纪传文看，其笔下所塑造的一个个人物形象，不仅是其内心所颂扬的对象，也是其平生仰慕的榜样。考察黄道周一生的行事，完全与此相吻合，金陵从容就义一节，则是这种思想最集中的展现。

对于这一点，前人看得极分明，也给予了很高的评价。王士祯评点黄道周《徐随州墓表》时尝曰：

> 漳浦黄先生气节、文章为有明第一人，人罕当其意者。独于是篇反复三叹，称为粹然儒者，岂有所私于徐随州者哉？古今之正气，如日月之经天，江河之行地；同道之相感，如宫商之互应：理固然耳！

这段话虽是针对《徐随州墓表》而发，但道出了黄道周纪传文创作的价值取向。在黄道周纪传文所塑造的人物中，既有与阉党不屈斗争而遇害的正直官吏，如《左忠毅公墓志》中的左光斗、《马忠简公墓志》中的马鸣起、④《周忠愍公墓志》中的周起元，也有为维护朱明王朝统治而殉难的忠节之士，如甲申之变中殉国的倪元璐（《倪文正公墓志》）、施

① 黄道周：《孝经大传序》，《黄漳浦集》卷二十。

② 洪思：《收文序》，《黄漳浦集》卷首。

③ 陈寿祺：《重编黄漳浦遗集序》，《黄漳浦集》卷首。

④ 马鸣起，字伯龙，漳州人，万历庚戌进士。

邦曜（《施忠介公墓志》），以及死于农民军的徐世淳[1]（《徐随州墓表》）、马如蛟[2]（《马和州墓志》）、王世琮（《王仲弢传》）等。

崇祯统治的十余年中，“天下多故，□躏于左，寇躏于右”[3]。在内忧外患中，涌现出一批为国殉难的节义之士，这正是黄道周所要竭力表彰的。黄道周在《刘侍御传》中言：“当时励行殷忧之士，世犹未能尽知者，因为刘御史著其行事云。”[4]此语虽是说明其作《刘侍御传》的起因，但亦可当作黄道周撰述碑志传状类文字的主要动机。黄道周固然有些应人之请而作的碑志文字，但通过“阐发忠孝”来砥砺士气、以挽颓波才是其撰述这类文章的主要目的。《王仲弢传》中，黄道周塑造了一位于危难之中蹈仁取义、虽死犹生的“王铁耳”形象。

……（王世琮）以副榜授汝宁理。莅任甫三日，贼猝至城下，公请为监纪，屡用奇却贼。先士卒，当矢石处，贼射之，贯耳不动，战倍力，贼惊为神，遁去。豫人因号为王铁耳。……汝南围既数匝，四顾援绝，城陷被执，不屈，骂贼死。[5]

《明史》未给王世琮专门作传，而是附于杨文岳传后，并且仅“世琮，字仲发，达州人……世琮尝为汝宁推官，讨土寇，流矢贯耳，不为动，时号王铁耳者也”[6]寥寥数语而已。黄道周《王仲弢传》则以近600字的篇幅记述了王世琮自幼年读书直至守汝南“四顾援绝，城陷被执，不

① 《明史》卷二百九十二《忠义四》有传（张廷玉等：《明史》，中华书局1974年版，第7501—7502页）。

② 马如蛟，字腾仲，和州人。天启二年（1622年）进士。死于李自成、张献忠军。《明史》卷二百九十二《忠义四》有传（张廷玉等：《明史》，中华书局1974年版，第7492—7493页）。

③ 黄道周：《王仲弢传》，《黄漳浦集》卷二十五。

④ 黄道周：《刘侍御传》，《黄漳浦集》卷二十五。

⑤ 黄道周：《王仲弢传》，《黄漳浦集》卷二十五。

⑥ 张廷玉等：《明史》卷二百六十二，中华书局1974年版，第6785页

屈骂贼死”的一生，实可补《明史》之疏略。在记述王世琮一生之后，黄道周以“史周”之名发表议论，称赞王世琮于“崇祯中年，豫、楚州县倒旗迎贼，如风靡草”之时的壮举可“皑皑折于霜雪”。以“史周”之名发表议论、评骘人物是黄道周对《史记》所开创的纪传体传统的继承，是其传记文叙议结合的手段之一。

不仅如此，在《王仲弢传》中，黄道周还借鉴《史记》合传的传统，在记述了王世琮的壮烈后，分别记述了刘振之、王世琇、陈兴言、萧汉等门人的壮烈事迹，赞其不仅“才性风格皆与王仲弢上下”，而且“相率赍尽，与睢阳、平原争光”。①

崇祯十五年（1642 年），黄道周在谪戍辰阳途中，应陈仁锡之子所请，作《陈祭酒传》。② 文中，黄道周首先以“实有浮于其名者谓之才，行有浮于其才者谓之德。求于天下，未见其人也。有之，其陈芝台祭酒乎”一语总领全文，接着围绕“才”“德”二字展开。就“德”而言，黄道周在文中以较多笔墨记述了陈仁锡的“孝”与“忠”。

> 父允坚，以进士为诸暨、崇德二令，有声，卒于官。公哀毁，几不欲生。以祖父、母在堂，勉进浆粥。侍祖父、母疾，衣不解带，经旬始一饭。祖父、母殁，亲营葬具，手足重茧。

这是“孝”。

> 辛酉浮西湖，方与诸子饮，顾西北黑云起，愀然曰：“吾万历所养士，今二酉矣。四海遏密，何觞咏为乎？”及闻贞皇帝遐升，辄治装别太夫人。泣曰：“儿为朝廷造士几三十年，虽未沾圭组，得优游色养谊

---

① 黄道周：《王仲弢传》，《黄漳浦集》卷二十五。

② 黄道周：《陈祭酒传》，《黄石斋先生文集》卷十。

> 不薄。今朝廷重有大故，羽书又日驰，诸孝廉裹足，朝绅遣家南归。儿当自朔风耳。”……公至京师，不数日携孝廉衣冠走安陵、庆陵，哭甚哀，声达于寝。或问曰：“公是举得毋过礼乎？”公曰：“吾世受恩，不能及两朝竖报，乃匆匆不逮，情至义起，何例之有？”

陈仁锡以国事为忧，在众人裹足不前、朝中官绅又遣家南归避难的时候，毅然赴京，这是“忠”。

《魏太君七十四序》虽为寿序，但其中实有大量关于魏呈润的传记文字。① 该文夹叙夹议，弥补了《明史》的缺漏，为读者展现了一个更为丰满的士人形象。魏呈润为黄道周姻亲，二人交谊深厚。黄道周诗文中多次提及魏呈润，《黄漳浦集》中亦收录有黄道周的《与魏中严书》。魏呈润卒于京师后，黄道周于狱中作五言古诗《哭魏倩石》悼之。黄道周对魏呈润评价很高，曾在《三罪四耻七不如疏》中极力称“湛心大虑，远猷深计，有经世之器，则臣不如魏呈润”。② 在《魏太君七十四序》中，黄道周首先发表议论，接着追叙三年前魏呈润谏垣“抗疏论王珰，救胡侍御”③ 的事实，然后又写其以侍养归三年后里居“有所得者四，无所失者五”的情况。文章在叙议结合中发挥了其关于事亲事君的主旨，体现了黄道周“阐发忠孝”的创作追求。

黄道周还撰有大量碑志类文字，此类文字“其序则传，其文则铭”，其韵文前的散行文字均可归为传记类文字。黄道周的碑志类文字，多以叙议结合的方式展开，通过“标序盛德”，“昭纪鸿懿”，④ 彰显死者

① 魏呈润，字中严、倩石，漳州龙溪人，崇祯元年（1628 年）进士，入翰林院为庶吉士，后改兵科给事中。魏呈润正直敢言，因直言被以“党比”之名降为光禄署丞。崇祯十四年（1641 年）六月望日卒于京师。《明史》卷二百五十八有传（张廷玉等：《明史》，中华书局 1974 年版，第 6650—6652 页）。

② 黄道周：《三罪四耻七不如疏》，《黄石斋先生文集》卷一。

③ 黄道周：《魏太君七十四序》，《黄石斋先生文集》卷八。

④ 刘勰著，范文澜注：《文心雕龙注》，人民文学出版社 1958 年版，第 214 页。

的美德，以为后来者之轨范。这类文字不是简单地叙写人物的一生行谊，而是在叙述中有所抉择，在取舍之间见作者的用意。从其内容看，其所叙写的多为忠孝节义之纲常，其中所体现的还是黄道周于衰世中救治世道人心的苦衷。

三、书牍小品：条畅任气，优柔怿怀

晚明时，小品文写作之风颇盛。小品文这一文体的确立并非纯粹就文章题材、体裁而言，而是指其篇制“短小精炼，与‘春容大篇’相区别”。[①] 如果从体裁看，小品文可以是序、记、跋、论，也可以是碑、志、赞、铭，当然还包含书牍在内；从题材看，小品文可以议政，可以论学，可以叙写友情、亲情，可以抒写个人怀抱。不论何种题材、体裁，均有属于小品文范畴的佳篇。这种情形，实际与古人所谓“随所著立名，而无一定之体”的“杂著”类似。[②]

晚明小品文的兴盛，一个重要表现就是出现了大量小品文选本。在明清之际的小品文选集中，多有收录黄道周文章情况的存在。郑元勋辑评的《媚幽阁文娱》在晚明影响很大，它同陆云龙的《皇明十六家小品》和卫泳的《冰雪携》合称为晚明三大小品选集。在《媚幽阁文娱》中，郑元勋秉“以文自娱”的原则，以“法外法，味外味，韵外韵”为其选文的标准，“搜讨时贤杂作小品而题评之”。其所选作品“皆芽甲一新，精彩八面”，[③] 其中收录黄道周序、书等各种体裁文章达 22 篇之多，且其中有《黄漳浦集》未收之佚文。黄道周的这些脍炙人口的文章既包括其与家人、师友的往来书牍，也包括一些短小精悍、情理兼具的议论之文。

---

① 袁行霈主编：《中国文学史》（第四卷），高等教育出版社 2014 年版，第 182 页。

② 吴讷著，于北山校点：《文章辨体序说》（为徐师曾著，罗根泽校点：《文体明辨序说》合印本），人民文学出版社 1998 年版，第 45—46 页。

③ 陈继儒：《文娱序》，郑元勋辑：《媚幽阁文娱》卷首，《四库禁毁书丛刊》影印明崇祯刻本。

黄道周在当时影响极大，交游极广，故其文集中留下了大量的书牍类文字。仅以《黄漳浦集》而言，其中“书”凡五卷，达219篇之多。这些作品内容极为丰富，或叙亲朋故交之情，或写山水优游之乐，或论军国天下大事。其中，抒写亲朋故交之情和表达山水优游之乐的书牍，不但篇制短小，而且语言平易清新，完全不同于黄道周文章古奥奇崛的一般语言风格。这类书牍小品，既不同于讨论军国大事的政论文，也有异于辨明学问的论学之文，而是主要着眼于日常生活片断的点滴记录和生活情调的自然表现，因而在黄道周的古文创作中显得别具一格。

黄道周性好山水，每次往返漳州与北京的途中，只要有机会就会携二三弟子或友人登山临水，徜徉其间。此时，黄道周真性情的另一面就表现得特别突出。弘光元年（1645年），黄道周疏请祭祀禹陵。祭祀完毕后，黄道周携其长子黄麑、倪元璐弟倪献汝、倪元璐子会鼎、元覃，以及部分漳浦、大涤弟子等一行人遍游绍兴附近诸名胜。黄道周此次出游，时间长达二十余日，留下了不少诗文。其中，《与倪献汝书》曰：

新诗戛然，精心别韵，出风尘之表，觉此晤之不寂寞也。今日拟与尔徵过阅诸名胜，为雨所尼，滞西施山，得毋使人有登徒子之疑乎。下午光老尚迟台驾，顷未有道遵命筵之事。明□欲诣何许，并为图之，谢谢。①

此次出游，适逢下雨，诸人为雨所阻，滞留西施山。此时国破不堪，弘光初立，黄道周应诏出山，“见用事诸臣措置乖方，不欲久厕朝班”，②遂疏请祭祀禹陵。在为国事日益不堪而忧患重重之余，黄道周寄情山水，

---

① 黄道周：《与倪献汝书》，《黄漳浦集》卷二十二。

② 庄起俦：《漳浦黄先生年谱》，侯真平、娄曾泉校点：《黄道周年谱附传记》，福建人民出版社1999年版，第87页。

本想能够暂时忘却纷扰的世事，以求得短暂的解脱。但是，因“为雨所尼，滞西施山”这一场景而触动情怀，只得以“得毋使人有丹徒子之疑乎”一语自我解嘲，颇见其活泼风趣的一面。① 这一点颇似苏轼。②

崇祯五年（1632年），黄道周书作《祉翁姻丈帖》，全文如下：

二疏奉，有纂集经书（书书）之旨，遂未能（拂拂拂拂）③ 拂衣，大抵勉强数月耳。主人虽不逐客，而厨子已散，烛火已竭，吠犬上堂，已无坐理。唯念山中梅花，小栽几本，林间竹笋，小算几行。令吾有溪南别墅，竹径月台，载酒其间，吾岂必亭官哉！祉翁姻丈不敢耑书，幸为致意，空函不敢取读，念不肖寥寥无一知己耳。此转覆实为公语所迫，亦自圣主欲留诸公，未敢出手。看夏秋抵舍，与诸亲串朝夕欢喜无差。正月三日，道周顿首。④

关于此篇文章的创作，需要从崇祯四年（1631年）说起。这一年，黄道周因疏救钱龙锡，被降三级调用，遂上三疏乞休。次年，即崇祯五年（1632年），将出都前，黄道周又上《放门陈事疏》，内有“士庶离心，寇攘四起，天下骚然，不复乐生”以及“小人柄用”⑤ 等语，触怒崇祯，遂以滥举、逞臆削籍归。黄道周自二月出京，是年冬抵达墓下。

① 邵廷采《黄道周传》载：“乙酉三月，（黄道周）奉命祭告禹陵……时左都御史刘宗周去国，道周祀陵，留连绍兴弥月，三谒宗周，固却不见，曰：‘际此乱朝，岂大臣徜徉山水之日？’道周闻之，即行。南都溃，马士英东奔钱塘，道周逢之江上，痛詈之，士英落靴走。及浙省降，宗周与门人前吏科都给事中章正宸等谋起兵，求道周计事，不获。悔曰：‘石斋夙有渊思，吾初不宜拒之太深。’”（邵廷采《东南纪事》卷三，台湾省文献委员会1995年印行，第52—53页。）

② 黄道周对于苏轼的仰慕可以参见附录《“两贤相映发，可以敌璠瑰”——黄道周断碑砚考论》。

③ 黄道周书法原件如此。

④ 黄道周：《祉翁姻丈帖》，故宫博物院藏。

⑤ 黄道周：《放门陈事疏》，《黄漳浦集》卷二。

沿途之中，黄道周“至曲阜，上孔林，谒周文公庙”，“下昌峄”，瞻孟林。后又将家小寄托在南京，自己僦舟溯江而上，“历黄山、白岳、九华、皖台、匡庐之胜”。至余杭，筑书院于大涤山，开坛讲学。“出都以来，自春徂秋，亦随意放浪山水，东西奥区，十尽七八。曰：‘何图杖屦，遂包斗牛之美’。”从这一段经历中可以看出，黄道周在削籍后，寄情山水，在山水间疏泄情意，似乎有得脱牢笼的轻松感觉，陶渊明因而成为其精神上的挚友。因此，抵达漳浦父母之墓后，黄道周诵陶诗曰：“徘徊丘陇间，依依昔人居。”①

黄道周对陶渊明、苏轼都较为欣赏。从现存文献看，黄道周对二人的欣赏更多在其人生态度上，在其身处逆境中的那份恬淡。陶渊明、苏轼二人所处时代不同，但心灵上多有相契之处。陶渊明诗歌价值的发现和肯定者，即首推苏轼。古代士人大多兼受儒、道的影响，这两种影响在其人生的不同状态中会有不同的比重。当身处逆境时，道家思想往往会成为失意者心灵的慰藉。陶渊明、苏轼的思想无疑融摄了儒、道两家。黄道周作为一代大儒，并非不受道家影响。相反，早在少年时代，黄道周即有学道寻仙之意。据年谱记载：

二十六年戊戌，先生年十有四。喜谈黄白术，有弃家腾举意。适江西二王子至，先生修刺伏谒，言丹砂可化为黄金，其说有验。而是时神宗静摄，颇好道家言，先生遂作书，将因王子上于朝。而又闻罗、浮二山有真人居焉，其上多明砂、曾青诸灵药物，意忻然欲往……藉其一马一力，遍游罗、浮，寻所谓朱明洞者，暮返朝往，冀有异人隐现其间，时时长啸以呼之。②

① 庄起俦：《漳浦黄先生年谱》，侯真平、娄曾泉校点：《黄道周年谱附传记》，福建人民出版社 1999 年版，第 61—62 页。

② 庄起俦：《漳浦黄先生年谱》，侯真平、娄曾泉校点：《黄道周年谱附传记》，福建人民出版社 1999 年版，第 49 页。

后来，黄道周在其父亲的督促和引导下，逐渐转向圣人之学，似乎将早年的这段经历和追求完全抛弃了。但是，细读黄道周的作品，不难发现其并非真的在内心完全摒除了这种影响。崇祯四年（1631 年）十一月九日，黄道周作《与刘鱼公书》，其中有这样一段：

……周出山来，虽无竖立于朝家，亦无所负早晚。冀得开笼，永矢空山，无复风幡之意。近乃悟诸丹诀，自希夷以还未有悟其款曲者。意欲借栖云一庵，自筑丹室，募亲友共铸丹井，不过费二三百金。假三年之力，仰视苍景，俯接龙鹤，不为远矣。世事悠悠，无一足语……①

与此类似，黄道周在其《徐晋斌诗序》文末自署为“时崇祯乙亥海上道民黄氏周书”。② 崇祯乙亥为崇祯八年（1635 年），此时黄道周正因崇祯五年（1632 年）的滥举、逞臆削籍乡居，守墓讲学。可见，黄道周内心深处的道家情怀并未泯灭，而是在其人生逆境时自然流露出来。黄道周对陶渊明、苏轼的欣赏和肯定正在于心灵上的遥相契合。

作于此种情境之中的《祉翁姻丈帖》，正是黄道周这一阶段投闲置散心境的写照。根据黄道周年谱记载，黄道周此次被贬，至二月方得以离开都城踏上返乡的路程，而此帖作于正月三日，故此时黄道周尚在京都。帖中流露出其落寞的心绪，以及落寞之中油然而起的思乡之感。其中“主人虽不逐客，而厨子已散，烛火已竭，吠犬上堂，已无坐理。唯念山中梅花，小裁几本，林间竹笋，小箄几行。令吾有溪南别墅，竹径月台，载酒其间，吾岂必亭官哉”数语，颇具晚明小品之神妙。读此文，不由让人联想到张岱《湖心亭赏雪》中“雾凇沆砀，天与云与山与水，上下一白。湖上影子，惟长堤一痕，湖心亭一点，与余舟一芥，舟

① 黄道周：《与刘鱼公书》，《黄漳浦集》卷十七。

② 黄道周：《徐晋斌诗序》，徐明彬：《摩麟近诗》卷首，《四库未收书辑刊》影明崇祯建阳书坊刻本。

中人两三粒而已”等语。二者异曲同工，确有“幅短而神遥，墨希而旨永”之妙。[①] 此种境界中，黄道周幽远脱俗的形象和其文字中流露出的闲情雅致为我们展现了黄道周血肉丰满的另一面。

类似情形，黄道周多次提及。在《赴逮与兄书》中，黄道周自道平生曰：

> 自以硁硁之守，澹泊宁静，与物无争，自图书数卷而外，有粟数石，松竹数株，为先人体魄之所安栖，稚子嬉游之所日涉，陶然自适，不知其它。[②]

这里，黄道周自述营墓林间、稚子绕膝，忘却纷扰俗务的陶然自得，抒写其澹泊宁静的心态，读之使人油然而生田园之思。

《文心雕龙·书记》篇关于书信一体的特点有过经典的概括，其言曰：

> 详诸书体，本在尽言，所以散郁陶，托风采，故宜条畅以任气，优柔以怿怀。文明从容，亦心声之献酬也。[③]

由此观之，黄道周的书牍小品或叙述，或议论，或抒情，或几者兼具，均随心而发，条贯畅达，以纡徐优裕的笔触抒写个人情怀，在与友人、家人的往来讯问中流露出其真性情。品味这些“条畅以任气，优柔以怿怀”的书牍小品，无疑可以获得对黄道周更为全面立体的印象。

---

① 唐显悦：《文娱序》，郑元勋辑：《媚幽阁文娱》卷首，《四库禁毁书丛刊》影印明崇祯刻本。

② 黄道周：《赴逮与兄书》，《黄漳浦集》卷十九。

③ 刘勰著，范文澜注：《文心雕龙注》，人民文学出版社1958年版，第456页。

第五章　黄道周的文学史观

所谓文学史，简而言之，主要指文学发展、演变的历史。文学史研究的目的在于还原文学发展过程中的种种现象，描述文学发展的脉络，揭示文学发展演变的规律。与此相应，文学史观则指关于文学发展演变的观点和看法。这种观点和看法，可以是零散的论述，也可以是系统化的理论。中国古代虽然没有现代意义上的系统的文学史理论，但关于文学发展的观点和论述还是存在的。这些关于文学史观的论述虽不成系统，但数量不少，主要散见于古代文人的诗文评、序跋、目录学著作等著述中。尽管这些论述与现代意义上的文学史理论有较大区别，但毕竟是对文学发展历史的一种描述和分析，是古人文学史观的一种表达。出于对自己史官身份的认同和由此而产生的史官意识的自觉，黄道周在其著述中也提出了自己的文学史观。

第一节　史官身份的认同与史官意识的自觉

黄道周早年读史，这对其一生学问影响很大。如前文所论，万历十九年（1591年），黄道周年仅七岁，其父利用去城里的机会，置买了朱熹的《通鉴纲目》，"躬负以归，手为点定"。黄道周"昕夕研阅，便

知忠良邪正之辨，人治王道之大”。[①] 此段经历，黄道周记忆极深，多年之后依然历历在目。他曾回忆道：

周为儿时，常阅曹子建诗，手自丹乙。公见之叱曰：“子建轻薄，出语蹶张，奈何效之？”比稍稍为诗，公益不喜。一日，周出，公尽焚架上所部书，陈诸性理书与朱子《纲目》。周归见，愸然感泣也。家久贫，箧中书漉漫不可读，公自入郡，买性理书与朱子《纲目》，装毕，使两人舁篮舆上行，公执盖随其后。安顿道傍，必端整侍立。或怪，问之。公曰：“此圣贤精神，天下性命所系。”比归，乃择日为周开读。[②]

天启二年（1622 年），黄道周会试及第，选庶吉士，入翰林院。天启四年（1624 年），散馆，授翰林院编修，参与修撰国史实录。崇祯三年（1630 年），《神宗实录》修成，黄道周因预其事晋右春坊右中允。

对于这些读史、修史的经历，黄道周颇为自得，后来在行文中每每以“史周”自称，体现了对其史官身份的高度认同。

对史官身份的认同，伴随而来的是史官意识的自觉。黄道周的这种认同和自觉，时时体现在其讲学、著述之中。庄起俦《漳浦黄先生年谱》记载：

（崇祯七年，1634 年）自抵家守墓，诸弟子相从讲论，皆在浦之北山。先生谈经之余，屡屡劝人读史。尝于历代史中，自汉迄宋取十二人，人自为传，二传为卷，每卷各以行事相比，曰《懿畜前编》。其编，则首诸葛侯，而终邺侯。是可以窥先生微意之所存也。又取明兴以来，杨文贞而下，得二十四人，所附见者若干人，曰《懿畜后编》。二编皆

① 庄起俦：《漳浦黄先生年谱》，侯真平、娄曾泉校点：《黄道周年谱附传记》，福建人民出版社 1999 年版，第 48 页。

② 黄道周：《乞言自序状》，《黄漳浦集》卷七。

综厥大家，或略或详，非复史臣之所能到矣。①

“懿畜”一语出自《小畜》《大畜》两卦的《象辞》。《小畜》的《象辞》说：“风行天上，‘小畜’；君子以懿文德。”② 意为和风行于天上，但尚“密而不雨”，“畜”而不发。对此，君子所要做的只是蓄养美德以待时机。《大畜》的《象辞》说：“天在山中，‘大畜’；君子以多识前贤往行，以畜其德。”③《大畜》更进一步强调要了解前贤的行谊，并以之蓄养自己的德性。黄道周讲学中不仅鼓励学生读史，而且著《懿畜》二编，皆寓意于史，旨在昭示后人应以史为鉴，以历代先贤为范，加强德行修养，蓄养待时，以尽为国分忧之责。

除了《懿畜》二编外，黄道周的历史著述还包括专记弘光朝轶闻的《兴元纪略（一）》《兴元纪略（二）》《三事纪略》；记述弘光政权灭亡之后，潞王在杭州监国时自己的亲身经历与见闻的《潞王监国记》；记述自己自弘光元年（1645 年）六月四日至十九日与潞王、唐王会晤经过和当时局势的《逃雨道人舟中记》等。这些著述，因为所记多为亲身经历，故或可考订晚明史乘之讹，或可补晚明史乘之缺。此外，据侯真平先生考证，黄道周还曾辑订明顾冲撰《纲鉴历朝捷录》10 卷、明张四知撰《元朝捷录》5 卷、明李良翰撰《国朝捷录》4 卷，增订明苏浚《纲鉴纪要》等史学著作。④ 钱谦益曾有文论及黄道周对于史学的重视。钱谦益在《启祯野乘序》中写道：

往予领史局，漳浦石斋先生过予扬搉，辄移日分夜。就义之日，

① 庄起俦：《漳浦黄先生年谱》，侯真平、娄曾泉校点：《黄道周年谱附传记》，福建人民出版社 1999 年版，第 62 页。

② 黄寿祺、张善文译注：《周易译注》，上海古籍出版社 2007 年版，第 63 页。

③ 黄寿祺、张善文译注：《周易译注》，上海古籍出版社 2007 年版，第 155 页。

④ 侯真平：《黄道周纪年著述书画考》（下），厦门大学出版社 1995 年版，第 559 页。

从容语其友曰："虞山尚在，国史犹未死也。"劫火之后，归老空门，每思亡友坠言，抱幽冥负人之痛。①

以诗文存一代之史，是中国古代固有的传统，黄道周的著述活动也具有此种特征。在黄道周的著述中，不仅有如上面所述的专门的史学著作，也有许多涉及晚明历史的诗文，这都体现了黄道周以文存史、以诗存史的自觉追求。在《〈晋传韵略〉序》中，黄道周明确提出了"诗能兼史"的观点。他说：

夫诗能兼史，然自吉甫而外，已绝清风。史不能兼诗，虽以孟坚之材，只尊奥府。②

尹吉甫为周宣王贤臣，是宣王中兴的重要大臣之一。《诗经·小雅·六月》篇记述了其率师北伐玁狁，直至太原的赫赫武功，并有"文武吉甫，万邦为宪"之颂词。据《毛诗序》载，尹吉甫曾作《嵩高》以美宣王，赞其"能建国亲诸侯，褒赏申伯"。③诗中有"吉甫作诵，其诗孔硕，其风肆好，以赠申伯"数句，其中"风"指"清风"，"肆好"指"极好"。《大雅·烝民》为尹吉甫美仲山甫而作，内有"吉甫作诵，穆如清风，仲山甫永怀，以慰其心"几句，诗中"备举其德性、学行、事业，以及世系、官守，无不极意推美"。④《嵩高》《烝民》均以赋为主，记述了宣王时申伯、仲山甫为中兴建立功勋的一段史实，有"诗史"之用。因此，黄道周引用此典故作为其"诗能兼史"观点的论据。

---

① 钱谦益著，钱曾笺注，钱仲联标校：《牧斋有学集》，上海古籍出版社1996年版，第687页。

② 黄道周：《晋传韵略序》，《黄漳浦集》卷二十二。

③ 毛亨传，郑玄笺，孔颖达疏，龚抗云等整理：《毛诗正义》，北京大学出版社1999年版，第1206页。

④ 方玉润撰，李先耕点校：《诗经原始》，中华书局1986年版，第556页。

不仅“诗能兼史”，文亦如是。翻检黄道周的文集可以发现，其为晚明忠孝节义之士所作的传记、行状、碑志、墓铭之类的文章很多，可见黄道周以文章保存一代之史的意识。在黄道周为传的人物中，有相当一部分属于主张抗清，甚至直接参与抗清战争的人物，后因为满清忌讳，他们的事迹及相关史实《明史》或多不采入，或极其简略。黄道周此类文章恰好可以弥补《明史》之阙，为今天保存了大量晚明和南明的研究史料。如果将黄道周的这类传记文章连缀起来，就可以为后人展现晚明时期一幅幅壮烈的历史场景。

例如，袁可立为晚明重要大臣，先后历万历、泰昌、天启、崇祯四朝。袁可立正直廉洁，有韬略，曾巡抚登莱，主持对清军事，颇有建树，但《明史》并未为其作传。黄道周以自觉的史官意识著《节寰袁公传》，以存其事迹，表彰其忠节。文章开端以“史周氏曰”发表议论，继而记述袁可立的事迹，内容详实可考，记述生动传神。其中，“智者不能谋，勇者不能断，慈者不能卫，义者不能决，赖圣人特起而后天下晏然”① 数语，从侧面赞扬了其师袁可立在魏阉权倾朝野、炙手可热之际持正守节、敢于斗争的精神和人格魅力。捧读文章，会油然而生“才节并见，斯为有立”② 之感。因此，此文确能对清人修撰之《明史》有纠偏补阙之功，成为明史研究者不可多得之资料。

第二节 “天地之道，一治一乱”

出于对自己史官身份的认同和由此而生发出的史官意识的自觉，黄道周十分注重历史发展规律的探讨。关于历史的发展，中国自古以来就形成了一治一乱的循环历史观。孟子认为：“天下之生久矣，一治

① 黄道周：《节寰袁公传》，《黄漳浦集》卷二十五。

② 郑元勋：《媚幽阁文娱》二集，《四库禁毁书丛刊》影印明崇祯刻本。

一乱。”按照儒家的道统观念，孟子梳理了其心目中的历史发展线索。他说：

当尧之时，水逆行，泛滥于中国。蛇龙居之，民无所定。下者为巢，上者为营窟……使禹治之，禹掘地而注之海，驱蛇龙而放之菹。水由地中行，江、淮、河、汉是也。险阻既远，鸟兽之害人者消，然后人得平土而居之。尧、舜既没，圣人之道衰。暴君代作，坏宫室以为污池，民无所安息；弃田以为园囿，使民不得衣食。邪说暴行又作。园囿、污池、沛泽多而禽兽至。及纣之身，天下又大乱。周公相武王，诛纣伐奄，三年讨其君，驱飞廉于海隅而戮之。灭国者五十，驱虎、豹、犀、象而远之。天下大悦……世衰道微，邪说暴行有作，臣弑其君者有之，子弑其父者有之……①

孟子在这里描绘的是儒家所提倡的圣人之道的兴衰隆替。从其描述可知，当有圣人出现时，圣人之道昌盛，天下大治；当“暴君代作”之时，圣人之道衰微，天下大乱。天下一治一乱，处于循环之中。不仅如此，孟子还进一步论述了这种治乱循环的历史周期。他说：

由尧舜至于汤，五百有余岁，若禹、皋陶，则见而知之；若汤，则闻而知之。由汤至于文王，五百有余岁，若伊尹、莱朱则见而知之；若文王，则闻而知之。由文王至于孔子，五百有余岁，若太公望、散宜生，则见而知之；若孔子，则闻而知之。由孔子而来至于今，百有余岁，去圣人之世，若此其未远也；近圣人之居，若此其甚也，然而无有乎尔，则亦无有乎尔。②

---

① 朱熹：《滕文公章句下》，《四书章句集注》，中华书局1983年版，第271—272页。

② 朱熹：《尽心章句下》，《四书章句集注》，中华书局1983年版，第376页。

这就是为后人经常论及的“五百年必有王者兴”之说。孟子“借历史的演变来宣扬道统的观念”，“借道统观念来解释历史”，[①] 最终形成了一治一乱的循环历史观。孟子的历史观影响深远，后来影响较大者，如董仲舒的“三统”循环论、邵雍的“元会运世”思想都是典型的历史循环论。

这种循环历史观并不是仅仅为中国古代所独有，而是在整个人类思想发展史上具有一定的普遍性。[②] 对此，英国著名历史学家汤因比（Arnold Joseph Toynbee，1889—1975）曾评述道：“这种历史进程的循环观点，甚至为最伟大的希腊和印度的圣人和智者——例如亚里士多德和释迦牟尼——所完全承认，他们明白地假定这种观点是正确的，不认为有必要加以证明。”[③]

中国古代历史循环论的形成，既是对历史治乱的感性经验所得，又与古老的《易》学思想息息相关。《周易》中有许多关于事物兴衰变化的论述，六十四卦的贯通组合正反映了《周易》对于自然、社会、人生发展规律的认识。例如，复卦的卦辞有“反复其道，七日来复”之语，即承认了事物发展返转回复的规律性[④]。前文所述的邵雍“元会运世”的思想即为其在《皇极经世》中以《周易》卦象推演兴亡治乱之迹而来。朱熹极为推崇邵雍的这种思想，谓“自《易》以后，无人做得

---

① 韦政通：《中国思想史》，上海书店出版社 2003 年版，第 198 页。

② “一治一乱”的历史循环论不是儒家所独倡。例如，战国后期阴阳家代表人物邹衍有“五德终始”说，借水、木、金、火、土五种物质德性相生相克以及终而复始的循环变化以推断王朝兴亡和历史发展的内在规律。成书于战国中、后期的《六韬》在其《盈虚》篇中也有文王和姜太公关于这个问题的讨论：“文王问太公曰：‘天下熙熙，一盈一虚，一治一乱。所以然者，何也？’”（曹胜高、安娜译注：《六韬·鬼谷子》，中华书局 2007 年版，第 10 页）《韩非子·诡使》：“今利非无有也而民不化，上威非不存也而下不听从，官非无法也而治不当名。三者非不存也，而世一治一乱者何也？夫上之所贵与其所以为治相反也。”（韩非著，陈奇猷校注：《韩非子新校注》，上海古籍出版社 2000 年版，第 987 页。）

③ 汤因比：《我的历史观》，张文杰编：《历史的话语：现代西方历史哲学译文集》，广西师范大学出版社 2002 年版，第 208 页。

④ 黄寿祺、张善文译注：《周易译注》，上海古籍出版社 2007 年版，第 143 页。

一物如此整齐，包括得尽”，① 并谓自己“看康节《易》了，都看别人底不得”。② 朱熹从《易》学思维出发解释道：“一治一乱，气化盛衰，人事得失，反复相寻，理之常也。”③ 朱熹在弟子讲问中曾多次论及这种观点。朱熹曾对弟子说：

周末文极盛，故秦兴必降杀了。周恁地柔弱，故秦必变为强戾；周恁地纤悉周致，故秦兴，一向简易无情，直情径行，皆事势之必变。但秦变得过了。秦既恁地暴虐，汉兴，定是宽大。④

朱熹又说：

气运从来一盛了又一衰，一衰了又一盛。只管恁地循环去，无有衰而不盛者。所以降非常之祸于世，定是生出非常之人。邵尧夫《经世吟》云：“义轩尧舜，汤武桓文，皇王帝霸，父子君臣。四者之道，理限于秦，降及两汉，又历三分。东西俶扰，南北纷纭，五胡、十姓，天纪几棼。非唐不济，非宋不存，千世万世，中原有人！”盖一治必又一乱，一乱必又一治。⑤

很明显，朱熹在这里表述的正是自孟子以来的“一治一乱”的历史循环论。朱熹的这种历史发展观，反映了其“易穷则变”的《易》学思想。

---

① 《朱子语类》卷第一百，朱熹撰，朱杰人、严佐之、刘永翔主编：《朱子全书》（第17册），上海古籍出版社、安徽教育出版社2002年版，第3346页。

② 《朱子语类》卷第一百，朱熹撰，朱杰人、严佐之、刘永翔主编：《朱子全书》（第17册），上海古籍出版社、安徽教育出版社2002年版，第3344页。

③ 朱熹：《滕文公章句下》，《四书章句集注》，中华书局1983年版，第271页。

④ 《朱子语类》卷二十四，朱熹撰，朱杰人、严佐之、刘永翔主编：《朱子全书》（第14册），上海古籍出版社、安徽教育出版社2002年版，第869页。

⑤ 《朱子语类》卷一，朱熹撰，朱杰人、严佐之、刘永翔主编：《朱子全书》（第14册），上海古籍出版社、安徽教育出版社2002年版，第118页。

朱熹认为，“易”的阴、阳之气的变化运转正是其“变”的具体表现形式。① 不仅如此，朱熹还继承邵雍“元会运世”的历史循环论，借助于象数推演的方式对社会历史的循环形式进行了具体的描述。②

黄道周一生精研《易》理，其《易》学思想深受汉代京房，宋代邵雍、朱熹的影响。关于黄道周《易》学代表作《易象正》，四库馆臣称：“此书及《三易洞玑》，皆邵氏《皇极经世》之支流也”，③ 而其《三易洞玑》更是与《皇极经世》同被四库馆臣著录于子部术数类中。郑玟曾言：

先生精于《易》数，……凡先儒所已言者不复述，大要以易准于天地。故以六十四卦上推天道，下验人事，历代治乱兴衰了如指掌。④

黄道周认为，《易》“本于日月”，“准于天地”，⑤ 因此，研究《易》学要“上推天道，下验人事”，由《易》理推知社会治乱和朝代兴替。此外，出于推导历代兴衰的需要，黄道周还将《易》理与天文历法结合起来，有《治历说》⑥ 等专门论文进行集中的讨论。

由《易》理出发，黄道周最终形成了一治一乱的循环历史观。对此，黄道周曾论述道：

---

① 关于朱熹历史观的探讨多见于各种论著，其中，汪高鑫、董文武：《朱熹的历史观及其易学思维特征》（《河北师范大学学报》（哲学社会科学版）2002 年第 4 期）一文着重讨论了朱熹历史观与其《易》学思想的关系。该文认为，朱熹从“《易》穷则变”的思想推演出自己的历史变易理论，并从气运“一盛一衰又一盛”的阴阳循环变易规律，导出人类社会“一治一乱又一治”的历史循环理论；他从形而上去看待阴阳变易，不承认阴阳之理本身能变易，从而推衍出三纲五常亘古亘今万世“定位不易”论。

② 此问题可以参阅张立文：《朱熹评传》（南京大学出版社 1998 年版，第 510—511 页）。

③ 《四库全书》研究所整理：《钦定四库全书总目》（整理本），中华书局 1997 年版，第 51 页。

④ 郑玟：《七十二卦对化序 · 跋》，《黄石斋先生文集》卷七。

⑤ 黄道周：《易象正序例》，《黄漳浦集》卷二十九。

⑥ 黄道周：《治历说》，《黄漳浦集》卷十四。

> 大象十二图何谓也？言夫悬象之大者也。天地悬象莫大于日月，有日月而后有水火，有水火而后有山泽，有山泽而后风雷。水火生于日月，风雷发于山泽。日月不明，山泽不灵。故易者，日月之谓也。天地之道，一治一乱；日月之行，一南一北。北至而赢，赢极则必消；南至而缩，缩极则必复。天地之仁，宝其阳光；日月之智，尊其往复。有往复而后有交会，有交会而后有薄食，有薄食而后治乱见焉。①

黄道周以《易》理推论社会治乱，认为“天地之道，一治一乱；日月之行，一南一北”。在他看来，日月的运行“赢极则必消”，“缩极则必复”，盛极必衰，物极必反，处于往复循环之中。在运行过程中，日月会因相互交会而发生日食、月食，这种现象反映了社会的治乱。由于日月为天地之大象，其往复循环的运行规律是“天地之道，一治一乱”的具体表现，因此，人们通过观察日月运行的具体状况可以推断社会治乱，而这种治乱是处于“往复”循环之中的。

由此出发，黄道周认为：

> 天下之道，非治必乱，其治之必有圣贤之文，乱之必有奸雄之才。奸雄之与圣贤，皆希觏而可怪，其中相见目串口了者如负蚁子也。天地谓是众溷，目串口了，日避日逃，不理不止，故为奸雄以乱之，又为圣贤豪杰以治之。豪杰圣贤之出，必多不屑而少当人意。②

在黄道周看来，社会历史处在治乱循环之中，治取决于“圣贤之文”，乱则决定于“奸雄之才”。“奸雄以乱之”与“圣贤豪杰以治之”二者交替作用，天下就呈现出一治一乱的循环状态。这种观点可谓与孟子的历

① 黄道周：《大象十二图序》，《黄漳浦集》卷二十。

② 黄道周：《倪鸿宝制义序》，《黄漳浦集》卷二十二。

史循环论在精神内核上完全一致，是一种典型的唯心史观，只是黄道周运用《易》理将它变得更为精致。

需要提及的是，因济世救衰的需要，黄道周还喜用《易》理推步世运，以证朱明气运未尽，国事尚有可为，在一定程度上对治乱循环的历史观有所突破，显现了其重视人的能动性的一面。

正是受这种思想的影响，在明亡之际，黄道周屡屡致书友人，表达了自己这种"吾道屯亨，虽系之天，亦由乎人"① 的思想。"屯亨"，语出《周易·屯卦》，为困顿和通达之义。黄道周认为，世运兴衰隆替，人生穷达与否，虽系之于天，但更决定于人自身的努力。在《与陈无涯、无技书》中，黄道周虽然流露出一丝"造船放海""坐岸啸歌"的归隐之意，但又推步国运以砥砺士气。黄道周对二位弟子说："我明与周室同历，非唐季所望，衰铁而后，犹为战国春秋。今天子英武聪明，同符高祖，又有四同与南阳相媲。"② 与此类似，在《与金将军书》中，黄道周说：

人生驹隙，藉竹帛以自老，既有竹帛之荣，又有钟鼎之实，虽有道仁人，犹或为之。隗嚣、公孙述有何足师？天下垂平□□已极，明家之祚，尚二百余年，仆不惮出山，起而佐之。先生何惮不用反手之力，成千秋之业耶？仆辈书生，百不足谈，所用区区布其伊郁者，非独黎献共仰和平，亦执手追欢，出明太子意也。③

黄道周这种言论不少，尤其在甲申之变后的书函中更为常见，其目的就在于用此种方法鼓舞士气，振奋精神，以挽救、延续朱明王朝的气数。

① 黄道周：《答赖太史书》，《黄漳浦集》卷十八。
② 黄道周：《与陈无涯、无技书》，《黄漳浦集》卷十七。
③ 黄道周：《与金将军书》，《黄漳浦集》卷十七。

第三节 “文章之治，一盛一衰”

黄道周的这种历史发展观投射到文学领域，就是对文学发展历史的关注，并最终形成了自己的文学史观。

崇祯六年（1633年），黄道周返乡守墓时曾说：

> 汉唐而下，斗分自赢趣缩，文章自盛而衰。崔、蔡之文，不及班、扬；韩、柳之诗，不及沈、宋。至元而来，斗分自缩而赢，文章自衰而盛，陶、刘之继而有徐、何，徐、何之继而有王、李。又先辈诗盛而制艺未昌，近者诗衰而制义始盛，皆于情理有关至极，不在繁约之间。①

黄道周这段话涉及文学史上多位作家，其中，“崔、蔡”系指东汉崔骃、蔡邕，因二人皆以文章名世，故有此并称，后人亦每以“崔蔡”为典评议他人诗文。欧阳修在其五言古诗《答梅圣俞寺丞见寄》中盛赞梅尧臣，即谓其“词章尽崔蔡，论议皆歆向”。②“沈、宋”指初唐诗人沈佺期和宋之问，他们以南朝“永明体”为基础，最终完成了律诗的定型。《新唐书·宋之问传》云：“魏建安后迄江左，诗律屡变。至沈约、庾信，以音韵相婉附，属对精密。及之问、沈佺期，又加靡丽，回忌声病，约句准篇，如锦绣成文。学者宗之，号为‘沈宋’。”③韩愈不

---

① 庄起俦：《漳浦黄先生年谱》，侯真平、娄曾泉校点：《黄道周年谱附传记》，福建人民出版社1999年版，第62页。该书此处标点有误，引文已作改正。另，黄景昉《黄道周志传》亦有此段言论，但文字略有出入。《志传》：“公尝云：‘汉、唐而下，斗分自赢趋缩，文章自盛趋衰，崔、蔡之文不及班、扬，韩、柳之文不及沈、宋。至元以来，斗分自缩趋赢，文章自衰趋盛，陶、刘之纵而有徐、何，徐、何之继有王、李。又先辈诗盛而制艺未昌，今诗衰而制义始盛。’理各关至极远，若近蓍奉焉”。（计六奇：《明季南略》卷八，中华书局1984年版，第317页）

② 欧阳修著，李逸安点校：《欧阳修全集》，中华书局2001年版，第745页。

③ 欧阳修、宋祁：《新唐书》，中华书局1975年版，第5751页。

满大历以来的平庸诗风，主张“以文为诗”，并竭力避免平庸，而多用奇字、险韵，形成奇崛险怪之风。柳宗元仕途坎坷，屡次被贬至僻远之地，其诗也以作于贬官期间为多。因此，其诗内容多为抒写抑郁不平之气和远谪蛮荒而激起的思乡之情，其风格亦显孤寂忧伤。“陶、刘”当分别指陶安和刘基二位学士。陶安，字主敬，元至正举浙江乡试。吴元年（1367 年），朱元璋初置翰林院，首召陶安为学士。陶安“声价亚于宋濂，然学术深醇，其词皆平正典实，有先正遗风。一代开国之初，应运而生者，其气象固终不侔也”。因其素“文章宿望”，时人咸以得其赠言为荣。① 朱元璋曾御赐其“国朝谋略无双士，翰苑文章第一家”之美誉。② 刘基为朱明开国重臣，后叙功封诚意伯。刘基为弘文馆学士，“其诗沉郁顿挫，自成一家，足与高启相抗。其文闳深肃括，亦宋濂、王祎之亚”。③

如前所述，黄道周精研《易》学，且其《易》学的一个最大特点是将易、历、律结合，以天道推演人事，从而推步历史的盛衰兴亡。这种思想渊源甚久，司马迁“究天人之际”的著述追求就是其中最著名的表现和实践。在这里，黄道周运用天文历法中的赢缩之说描绘了汉唐到明代以来的文学发展脉络，并分别以上述诸人为不同发展时期的典型人物。

所谓赢缩，本为中国古代天文学术语，也因常被用以推导人事而成为星占用语。汉人以恒星二十八宿为测量基准，认为五星运行的快慢顺逆都是有规律的，是可以预先推算其运行所到达的宿次的。当五星实际运行与根据历法进行计算的结果不相符合时，如果运动较快超过推算

① 《四库全书》研究所整理：《钦定四库全书总目》（整理本），中华书局 1997 年版，第 2263—2264 页。

② 张廷玉等：《陶安传》，《明史》卷一百三十六，中华书局 1974 年版，第 3926 页。

③ 《四库全书》研究所整理：《钦定四库全书总目》（整理本），中华书局 1997 年版，第 2263 页。

位置而达到下一宿的就叫赢；反之，如果运行速度较慢未达到推算应该到达的位置从而落后一宿叫作缩。正因为如此，所以《史记・天官书》说："岁星赢缩，以其舍命国……其趋舍而前曰赢，退舍曰缩"，[①]"蚤出者为赢"，"晚出者为缩"。[②]司马贞《索隐》案："《天文志》曰'凡五星早出为赢，赢为客；晚出为缩，缩为主人。五星赢缩，必有天应见杓也'。"[③]古人认为赢缩的出现，"必有天应见于杓星"，[④]即五星运行过快或者过慢就必然会有天象应验于杓星。杓星，指北斗第五、六、七颗星，亦称"斗柄"。赢缩现象不仅会出现在杓星，岁星（即木星）等五星也会出现。例如，《汉书・律历志》引《左传・襄公二十八年》曰："岁弃其次而旅于明年之次，以害鸟帑，周、楚恶之。"[⑤]这本是《左传》记载的郑国大夫裨灶之语，孔颖达《正义》解释道："岁星常行之度，此年当在星纪。星纪是其所居之次也。今岁星弃其所居星纪之次，乃客处在于明年所居之次。言其未应往，而往向彼玄枵之次，为客寄也。"这里所说的就是前文所谓"早出为赢，赢为客"的意思。因为岁星失去了其应有的位置（星纪），提前运行到了明年的位置（玄枵），据此，裨灶推论出周、楚将有灾祸发生。[⑥]因此，《汉书・历律志》说："过次者殃大，过舍者灾小，不过者亡咎。"[⑦]古人正是通过观测天象来推断军国大事的祸福吉凶。

黄道周此处用斗分赢缩进退来解释文学的兴衰。在他看来，斗分赢缩进退反映了世运的盛衰变化，世运盛衰则决定了文学的兴败。自

---

① 司马迁：《史记》，中华书局 1963 年版，第 1312 页。

② 司马迁：《史记》，中华书局 1963 年版，第 1321 页。

③ 司马迁：《史记》，中华书局 1963 年版，第 1312 页。

④ 司马迁：《史记》，中华书局 1963 年版，第 1321 页。

⑤ 班固：《汉书》，中华书局 1962 年版，第 1005 页。

⑥ 关于这一问题的讨论，具体参阅左丘明传，杜预注，孔颖达正义，浦卫忠、龚抗云等整理：《春秋左传正义》，北京大学出版社 1999 年版，第 1075—1076 页。

⑦ 班固：《汉书》，中华书局 1962 年版，第 1005 页。

汉、唐以下，斗分由赢趋缩，世运渐衰，故文学由盛而衰，其表现就是东汉崔、蔡之文不及西汉班、扬，中唐韩、柳之诗不及初唐沈、宋。自元迄明，斗分由缩趋赢，世运渐盛，故文学逐渐由衰转盛，其表现就是“陶、刘之继而有徐（徐祯卿）、何（何景明），徐、何之继而有王（王世贞）、李（李攀龙）”。就明代文学体裁而言，黄道周认为，诗歌与制义二者之间也有一个兴衰隆替的过程，“诗盛”则“制艺未昌”，“诗衰”则“制义始盛”。

黄道周的这种文学发展观点是一种典型的循环文学史观，它是黄道周循环历史观在文学史观上的具体表现。在今天看来，这种盛衰循环的文学史观固然有其局限性，但黄道周看到了文学发展与时代盛衰的关系，这是特别值得注意的。

文学发展与时代的关系非常密切，古人早有论述。在《文心雕龙·时序》篇中，刘勰描述了文学发展“十代九变”的情形，论述了文学发展与时代的关系，提出了“时运交移，质文代变”，“歌谣文理，与世推移”，[①]“文变染乎世情，兴废系乎时序”[②]的著名论断。有明一代，注意并论述文学与时代关系的也大有人在，其中较早者当为刘基。刘基认为，“言生于心而发于气，气之盛衰系乎时”，[③]“文之盛衰实关时之泰否”，[④]并在其《王师鲁尚书文集序》和《苏平仲文集序》等序文中较为详细地描绘了三代以下文学的发展状况。黄道周能够认识到时代与文学的关系，的确很有价值，这是其文学史观中极为有价值的内容。

从这种文学史观出发，黄道周具体论述了中、晚明文学的盛衰兴替。他在为姚希孟文集所作的《姚文毅公集序》中说：

---

① 刘勰著，范文澜注：《文心雕龙注》，人民文学出版社 1958 年版，第 671 页。

② 刘勰著，范文澜注：《文心雕龙注》，人民文学出版社 1958 年版，第 675 页。

③ 刘基：《王师鲁尚书文集序》，《诚意伯文集》卷六，文渊阁四库全书本。

④ 刘基：《苏平仲文集序》，刘基撰，何镗编校：《诚意伯文集》，商务印书馆 1936 年版，第 126 页。

文章之治，一盛一衰；星汉之施，或朝或莫。方嘉靖之初年，议臣鹜起，文章之道散于曹僚，王弇州、李历下为之归墟。历下不尽其年，弇州跻于大耋。虽丰俭殊收，而峨渤比茂。迨万历之初年，阁臣鹜起，文章之道复归词林，李大泌、姚吴门为之归墟。吴门不尽其年，大泌跻于大耋。先后数十载间，轨轨相差，而堂堂一致。呜呼！此岂人之所能为哉！①

明代文学发展有一个非常值得注意的现象，就是台阁文学与郎署文学两者之间的俯仰浮沉。所谓台阁，不仅包括内阁，也包括翰林院、詹事府。明初，文学之坛坫在于台阁，“词赋之业，馆阁专之，诸曹郎皆尠习”。② 至李梦龙、何景明等前七子和李攀龙、王世贞等后七子出现，文学之坛坫又转为在于郎署。所谓郎署，指的是进士出身的各部司曹，当时李、何、李、王等人初都为郎署官员。正因为如此，所以陈田在总结明代文坛风尚的转变时说：“成、弘之间，茶陵首执文柄，海内才俊，尽归陶铸。空同出而异军特起，台阁坛坫，移于郎署。”③

对于明代文学发展呈现出的这种现象，后来论述者不少，朱彝尊也曾说：

成、弘间，诗道傍落，杂而多端，台阁诸公，白草黄茅，纷芜靡蔓，其可披沙而拣金者，李文正（李东阳）、杨文襄（杨一清）也。④

《四库全书总目》在《明诗综》的提要中则对有明一代二百七十年的诗坛发展进行了全面的概括：

---

① 黄道周：《姚文毅公集序》，《黄石斋先生文集》卷七。

② 何乔远：《文苑记》，《名山藏》，福建人民出版社 2009 年版，第 2615 页。。

③ 陈田：《明诗纪事》，上海古籍出版社 1993 年版，第 1135 页。

④ 朱彝尊著，黄君坦校点：《静志居诗话》，人民文学出版社 1990 年版，第 260 页。

明之诗派，始终三变。洪武开国之初，人心浑朴，一洗元季之绮靡，作者各抒所长，无门户异同之见。永乐以迄弘治，沿三杨台阁之体，务以春容和雅，歌咏太平，其弊也冗沓肤廓，万喙一音，形模徒具，兴象不存。是以正德、嘉靖、隆庆之间，李梦阳、何景明等崛起于前，李攀龙、王世贞等奋发于后，以复古之说递相唱和，导天下无读唐以后书。天下响应，文体一新。七子之名，遂竟夺长沙之坛坫。渐久而摹拟剽窃，百弊俱生，厌故趋新，别开蹊径。万历以后，公安倡纤诡之音，竟陵标幽冷之趣，么弦侧调，嘈囋争鸣。佻巧荡乎人心，哀思关乎国运，而明社亦於是乎屋矣。大抵二百七十年中，主盟者递相盛衰，偏袒者互相左右。①

黄道周出身翰林，自然对于明代文坛“主盟者递相盛衰”的发展情形非常熟悉。在这篇序文中，黄道周首先标明其“文章之治，一盛一衰”的文学史观，接着重点论述了明代文学自嘉靖至万历的演变。他认为，嘉靖初年，诸曹僚以声气相呼应，再次崛起于文坛，故文章之道归于诸曹僚，其执文柄者为“后七子”的王世贞、李攀龙。此种情形一直延续到隆庆年间，以至“嘉、隆之际，风雅擅于名流，台阁之间，徒存位廓。见元美诸贤歌讴显者，殷少保、王文肃日与周旋，不以为恧也”。②

殷少保即殷士儋，济南人，字正甫，嘉靖二十六年（1547 年）进士，选庶吉士。尝先后掌翰林院、詹事府事，后为文渊阁大学士、武英殿大学士，进少保。殷士儋与李攀龙、王世贞等往来密切，曾为同乡李攀龙作墓志，“称文自西汉以来，诗自天宝以下，若为其毫素污者，辄不忍为，故所作一字一句，摹拟古人。骤然读之，斑驳陆离，如见秦汉

① 《四库全书》研究所整理：《钦定四库全书总目》（整理本），中华书局 1997 年版，第 2662 页。

② 黄道周：《书示同学二十一则》，《黄漳浦集》卷三十。

间人，高华伟丽，如见开元、天宝间人也”。[①] 殷士儋在当时诗坛颇负盛名，嘉靖间历下诗人号称“边（贡）、李（攀龙）、殷（士儋）、许（邦才）”，但从其《金舆山房稿》来看，“其诗文，盖直以乡曲之谊相周旋耳，其投契不在文章也”。[②] 黄道周所谓“日与周旋”之论当由此而发。

王文肃指王锡爵，锡爵字元驭，太仓人，嘉靖四十一年（1562 年）进士，万历五年（1577 年）掌翰林院，先后为文渊阁大学士、建极殿大学士，卒谥文肃。[③] 王锡爵著有《王文肃集》《王文肃奏草》等，其中《王文肃奏草》二十三卷“乃其纶扉进御之词，自万历十三年讫三十八年，以岁月先后编次，其子衡所辑，其孙时敏所刊也”。[④] “纶扉”即指内阁，明、清时人对宰辅所在之处的习称。王锡爵与王世贞亦为同乡，二人亦“日与周旋”，交往颇多。黄道周认为，嘉靖、隆庆之际，位居馆阁的殷士儋、王锡爵等人已经完全没有能力主盟文坛，足见郎署文学的影响之大。

黄道周指出，这种情形到了万历初年开始发生变化，阁臣起而文章之道复归于翰苑，这以李维桢和姚希孟——也即黄道周文中所说的李大泌和姚吴门——为代表。李维桢，字本宁，隆庆二年（1568 年）进士，由庶吉士授编修，历南京礼部尚书。《明史·文苑传》谓“其文章，弘肆有才气”，“碑版之文，照耀四裔”，“负重名垂四十年”，“然文多率意应酬，品格不能高也”。[⑤] 姚希孟，字孟长，吴县人，举万历四十七年（1619 年）进士，改庶吉士，崇祯年间曾掌南京翰林院。姚希孟

---

① 《四库全书》研究所整理：《钦定四库全书总目》（整理本），中华书局 1997 年版，第 2324 页。

② 《四库全书》研究所整理：《钦定四库全书总目》（整理本），中华书局 1997 年版，第 2458 页。

③ 殷士儋、王锡爵事迹分别具《明史》卷 193、卷 218 本传。

④ 《四库全书》研究所整理：《钦定四库全书总目》（整理本），中华书局 1997 年版，第 785 页。

⑤ 张廷玉等：《明史》卷二百八十八，中华书局 1974 年版，第 7386 页。

“为文章，博大雄杰，略如其人；而诗春容雅丽，有馆阁风度”。[①] 姚希孟与黄道周过从甚密，除《姚文毅公集序》外，黄道周还作有《姚文毅公碑》。[②] 李维桢、姚希孟二人出身翰林，诗文具有馆阁之风，在万历年间具有重要影响，故黄道周以其为万历年间台阁体的代表。黄道周看到了中、晚明文风的变化，并以这种转变为例证，论述了其“文章之治，一盛一衰”的文学史观。这里，黄道周再次强调了文学发展的这种现象，并不完全是人力所为，而是与时代相关。这就是黄道周发出“此岂人之所能为哉”感叹的原因所在。

黄道周这种循环文学史观在明清之际颇为流行，其门人陈子龙有“国家右文之化，几三百年。作者间出，大都视政事为隆替”[③] 之论，黄宗羲亦曾有类似论述。在给友人郑禹梅所作序中，黄宗羲论述道：

吾友郑禹梅，深于经术，而取材于诸子百家，仁义之言，质而不枯，博而不杂，如水之舒为沦涟，折为波涛，皆有自然之妙。其于震川，有不期合而合者矣。

嗟夫！文章之在古今，亦有一治一乱。当王、李充塞之日，非荆川、道思与震川起而治之，则古文之道几绝。逮启、祯之际，艾千子雅慕震川，于是取其文而规之、而矩之，以昔之摹仿于王、李者摹仿于震川。盖千子于经术甚疏，其所谓经术，蒙存浅达，乃举子之经术，非学者之经术也。今日时文之士，主（按：原文误为“王”字，此据别本改）于先入，改头换面而为古文，竞为摹仿之学，而震川一派，遂为黄茅白苇矣。古文之道，不又绝哉！使禹梅之文大行于世，吾知又为一

① （清）陈济生：《启祯两朝遗诗小传》，周骏富辑：《明代传记丛刊·学林类⑩》，台湾明文书局影印本，第202页。

② 黄宗羲编《明文海》卷四百五十二收录，题作《姚现闻墓铭》。

③ 陈子龙：《答胡学博》，陈子龙著，王英志辑校：《陈子龙全集》，人民文学出版社2011年版，第1408页。

治，故余叙禹梅之文，不仅为禹梅言也。[①]

可见，黄道周“文章之治，一盛一衰”的文学史观在晚明具有相当的代表性。这种文学史观的形成，首先是基于对历史的思考，是循环的历史观投射在文学发展领域的反映。就唯物史观来看，这种观点虽然在一定程度上反映了古代文学发展的某些事实，但无疑具有较大的片面性。值得肯定的是，将文学发展与历史发展、时代兴衰结合起来加以讨论，这本身就具有其合理性。文学发展固然有其自身内在的逻辑，但外部的因素同样不可忽略，社会历史发展的巨大惯性对文学发展具有极大的推动作用。黄道周注意到文学发展与时代盛衰的联系，并将其结合起来加以讨论，这种思路即使对于今天的文学史研究来说也依然具有一定的启发意义。

第四节　在尊唐与崇宋之间

论及明代文学发展史，其中有一个极为重要而又影响深远的问题，那就是诗歌创作中的尊唐与崇宋之争。在中国古代诗歌的发展演变中，以“唐音”“宋调”相标举的唐、宋之争是历代学者所关注的重要论题。从南宋严羽、明代杨慎到今人缪钺、钱钟书，对此都有过精彩的论述。例如，钱钟书先生曾言：“唐诗、宋诗，亦非仅朝代之别，乃体格性分之殊。天下有两种人，斯分两种诗，唐诗多以丰神情韵擅长，宋诗多以筋骨思理见胜……非曰唐诗必出唐人，宋诗必出宋人也。”[②] 各人的具体论述虽然有异，但钱钟书所言：“唐诗多以丰神情韵擅长，宋诗多以筋骨思理见胜”则是各家所共通的。

① 黄宗羲：《郑禹梅刻稿序》，《黄宗羲全集》（第十册），浙江古籍出版社 2012 年版，第 66—67 页。

② 钱钟书：《谈艺录》（补订本），中华书局 1984 年版，第 1—4 页。

本来，唐诗、宋诗都是在各自背景下产生的，各有其价值，“唐宋皆伟人，各成一代诗”。[①] 但是，考诸宋代以后的中国诗歌发展史，不同时代、不同背景的诗人对于二者的取舍却差别很大。论诗者或者宗唐抑宋，或者宗宋抑唐，唐、宋诗之争遂成诗学史上的一大公案。

追本溯源，这种争论实滥觞于南宋张戒的《岁寒堂诗话》，至严羽《沧浪诗话》尊唐绌宋之论出，唐、宋诗之争遂逐渐全面展开。就明代诗坛而论，崇尚唐诗一直是其主流。

明代文坛尊唐之风的盛行，既有其文学发展自身内部的原因，也有外在的政治原因。就其后者而言，朱明王朝的建立，在汉族士人的心目中不仅仅是一般的朝代更迭，更是汉民族文化传统得以重新确立的重要契机。明之前，蒙古骑兵席卷天下，入主中原，建立起了元帝国，其时国力不可谓不强盛。但是，蒙古统治者实行民族歧视政策，对汉民族的传统文化持一种极端蔑视态度，甚至要“悉以胡俗变易中国之制”。[②]

明王朝建立后，开始实行一系列恢复汉民族文化传统的政策，以“悉复中国之旧”，不仅“悉命复衣冠如唐制”，[③] 而且官制亦“沿汉、唐之旧而损益之”。[④] 从历史上看，由于汉、唐国力强盛，文化发达，因此一直是人们心中所向往的盛世。明代的汉文化复兴，主要也是以汉、唐风范为追求。与此种追求相联系，明人对宋、元以来卑弱的文风颇为不满，当需要重新确立其诗文标准的时候，自然选择了强汉盛唐的盛世之音，并将其作为标榜和尊崇的对象。对此，四库馆臣在为《唐诗品汇》撰写的提要中的一段论述，大体反映了这种情况。

宋之末年，江西一派与“四灵”一派并合而为江湖派，猥杂细碎，

① 蒋士铨：《辨诗》，《忠雅堂诗集》卷十三，清嘉庆刻本。

② 《明太祖实录》卷三十，北京大学图书馆藏书，第525页。

③ 《明太祖实录》卷三十，北京大学图书馆藏书，第525页。

④ 张廷玉等：《明史》卷七十二《职官志》，中华书局1974年版，第1729页。

如出一辙，诗以大弊。元人欲以新艳奇丽矫之，迨其末流，飞卿、长吉一派与卢仝、马异、刘义一派并合而为纤体，妖冶俶诡，如出一辙，诗又大弊。百馀年中，能自拔于风气外者落落数十人耳。明初闽人林鸿始以规仿盛唐立论，而棅实左右之，是集其职志也。①

闽人林鸿、高棅标榜盛唐之举，影响深远，故《明史·文苑传》谓高棅“所选《唐诗品汇》、《唐诗正声》，终明之世，馆阁宗之”。②

有明一代，闽地受以林鸿、高棅为代表的闽中十子的影响，尊崇唐诗一时蔚然成风，其影响直达晚明。对于这种情况，清人论述者众多。四库馆臣在《闽中十子诗》的提要中说：

闽中诗派，多以十子为宗，厥后辗转流传，渐成窠臼。其初已有唐摹晋帖之评，其后遂至有诗必律，有律必七言，而晋安一派乃至为世所诟厉，论闽中诗者，尝深病之。③

清人汪沆在《榕城诗话序》④中也有类似的论述。一方面，汪沆肯定了闽地诗歌所取得的成就和影响，认为满清入关百年以来，“风声所被，月异岁迁”，“就闽人诸诗以观，以雅以南，可登明堂清庙”；另一

① 《四库全书》研究所整理：《钦定四库全书总目》（整理本），中华书局1997年版，第2639页。

② 张廷玉等：《明史》卷二百八十六，中华书局1974年版，第7336页。另，对于“规仿盛唐”之论何以产生于闽中，陈庆元先生有相关论述，可以参阅陈庆元：《福建文学发展史》，福建教育出版社1996年版，第295—298页。

③ 《四库全书》研究所整理：《钦定四库全书总目》（整理本），中华书局1997年版，第2641页。

④ 《榕城诗话》，三卷，清杭世骏撰。此书为雍正十年（1732年）世骏以举人充福建同考官时所作，故以“榕城”为名。杭世骏论诗，以王士祯为宗。该书欲仿王士祯诸杂著，虽取舍不如王士祯之精当，但其“凡山川之丽崎，人物城郭之隐赈，风土物产之异尚，朋友宴饮之往来赠答，三月中，见闻所及，或因诗以存事，或因事以存诗，甄录不遗，掇拾必广，洵艺圃之新闻，词林之佳构矣”（汪沆：《榕城诗话序》，《榕城诗话》，清乾隆知不足斋本）。

方面，汪沆对闽地诗歌受林鸿、高棅等影响而一味尊唐的倾向提出了批评，同时也对因此而产生的消极影响表达了惋惜。他批评道："闽中诗派，前明一代，自林子羽、高廷礼而下，互相承袭，举以律调圆稳为宗。磨砻沙荡，如出一手，故卒未能争长诸夏。"类似的，杭世骏《榕城诗话自序》"宋诗在闽，独无支派"之语同样道出了闽地诗人尊唐抑宋的取向。

但是，进入晚清之后，闽地诗风大变，宗宋之风一时盛行，并形成了"同光体"中的闽派。此种变化，经历了一个渐进的发展过程，黄道周在其中起了"导夫先路"的作用。陈庆元先生说：

> 终明一代，闽中诗派的诗风占有主导地位。这一诗风，到了晚明，开始受到陈第、董应举等人的冲击，谢肇淛、徐𤊹等人则张起复振风雅的旗号，使之延续到明亡。南明时期，地位高、影响大的黄道周为诗，"语必惊人，字忌习见"，已与闽派分廷抗礼。明遗民李世熊，与黄道周走的是同一路子。清初，闽西的黎士弘、闽南的丁炜、福州的张远出，风行近 300 年的明代闽派诗风终于告寝。①

从明代闽地诗风来看，"规模唐音"是其主流，但"其流也肤弱而无理"，② 所以后来批评者不少。迨至晚明，社会动荡，内交外困，晚明学术开始发生由虚而实的转向。伴随这种转向，文学创作中经世致用的思想逐渐高涨，"肤弱而无理"的闽诗律调圆稳的诗风与此种社会现实的不协调充分显现出来，重学重理的宋诗在闽人的思想中开始受到重视。何乔远《郑道圭诗序》云：

① 陈庆元：《福建文学发展史》，福建教育出版社 1996 年版，第 403—404 页。

② 钱谦益：《列朝诗集小传》，上海古籍出版社 1983 年版，第 89 页。

今世称诗者，云唐诗唐诗云尔，余恨不宋，又乌唐也……有宋诸公，业挺然以文章自命，其有不竭一生心力，思维结撰，出前人所未尝有，而徒袭其影响迹象以相师者耶？且夫既唐矣，胡不汉魏矣？既汉魏矣，胡不三百矣？且夫一唐矣，自分初、盛、中、晚，而何独宇宙之间，不容有一宋也？宋亦一代之人，凡前辈今日所以不喜宋诗者，目皆未尝见宋，如瞽人随人而言日月耳……予友郑道圭……而今读其诗，有唐之气，有宋之骨，有先辈大方之度，予喜其有合于予心也。予也少而称诗最笃，老则废而返求之学问，而名为知诗，则予不敢辞也。予也与道圭无为唐诗，无为宋诗，为一代明诗，不亦可乎？①

何乔远从建设“一代明诗”的高度批评了“今世称诗者，云唐诗唐诗云尔”的现象，认为所谓“前辈”不喜欢宋诗的原因在于其“目皆未尝见宋”，没有领略到宋诗的真精神。何氏认为，唐诗有其“气”，宋诗有其“骨”，宋诗与唐诗一样也可为一代之诗。不仅如此，在《吴可观诗草序》中，何乔远甚至发出了“世之人谓宋而不好焉，甚哉耳食也”②的感叹。

类似的，黄道周论诗、作诗“与闽派分廷抗礼”，与“凡闽人言诗者，皆本于鸿”③的传统不同，也具有鲜明的崇宋的倾向，并以其在闽人心目中的巨大影响而成为闽地崇宋之风的开风气者。计东④曾回忆自己少年时与黄道周的一次见面，其中记述了黄道周的一段论诗之言，是

① 何乔远：《郑道圭诗序》，黄宗羲编：《明文授读》卷三十七，四库全书存目丛书影清康熙三十六年张锡琨味芹堂刻本，齐鲁书社 1997 年版。

② 何乔远：《吴可观诗草序》，黄宗羲编：《明文授读》卷三十七，四库全书存目丛书影清康熙三十六年张锡琨味芹堂刻本，齐鲁书社 1997 年版。

③ 钱谦益：《列朝诗集小传》，上海古籍出版社 1983 年版，第 143 页。

④ 计东，字甫草，号改亭，吴江人，顺治丁酉（1657 年）举人，以“江南奏销案”被黜。有《改亭文集》十六卷、《诗集》六卷传世。生平详见《清史稿·文苑一》（赵尔巽等撰：《清史稿》，中华书局 1977 年版，第 13337 页）、《清史列传·文苑传一》（王钟翰点校：《清史列传》，中华书局 1987 年版，第 5739—5740 页）及其诗文集卷首所附尤侗所作传记。

今天了解黄道周诗学取向的一篇重要文献。全文如下：

昔漳浦黄先生与其友涂德公以戍至浙江，讲学大涤山中。予年十六七，奉几杖从先生，间与言诗。先生曰："予闽人之论诗也，与尔吴人异。三唐诸诗家，我闽独欧阳詹一人，宋、元无论矣。洪武、永乐间，乃有张志道、王孟阳（按：当为"孟扬"，王偁字）、林子羽、赵景哲诸君子，闽人自此称能诗，然未尝与中原诸诗家争雄长也。迨郑善夫出，始与李、何、边、徐齐名，世谓其循循规摹少陵，犹以此少之。今及予之身，而予之门人陈大樽与予论诗且不合，尔辈无不宗式大樽者，予又何以诗为也？夫从大樽之教者，但相率而求工于声华格律之间，其真意销亡久矣。"予时虽识其言于《尊闻录》中，窃以为非定论也。再十年，与侯官许天玉论诗京师，复不合，其大指本于黄先生。盖予自幼熟闻大樽氏之教，以为指归寄托即在声华格律之中，犹华实之均发于干，高深之均丽于地，未可区之为二，而有所畸轻畸重也。又且年少气盛，坚守一说，谓天下之诗必如是然后工耳。穷愁阨塞，彷徨困顿，复十年而向之所谓声华者剥落矣；向之所谓格律者，颓唐矣。独此羁孤菀结之气，有所感触，遂不复能选言而出卷然达之，乃已然后知向者漳浦先生之言果有当于轻重之势也。丙午冬，予留京师，与闽县同年王尔玉数数往返论诗。王子筮仕得邑令，冀蚤遂禄养，不复从事公车。其性情有过人者，同舍生言其能苦吟，以诗自娱。予尽读之，寄托深厚，而亦不陋于声华；指归凄恻，而亦不诡于格律，与我漳浦先生之诗相似。予且爱之不能释也。因追叙今昔师友之怀，以志予摇落焉。①

根据《年谱》等资料，此次论诗在崇祯十五年（1642年）。该年二月，黄道周出都赴戍所，四月到达大涤，在此驻留一月左右，为第三

① 计东：《王尔玉诗集序》，《改亭诗文集》文集卷二，清乾隆十三年计瑸刻本。

次在大涤书院讲学。此次讲学，问业弟子众多，而计东以一少年得以与黄道周论诗。此处黄道周论闽诗，重点论述了明代闽诗的发展和特点。黄道周指出，明代闽地诗歌自明初张以宁（字志道）、王偁（字孟扬，即文中所谓“孟阳”）、林鸿（字子羽）、赵迪（字景哲）等开始崛起于东南，其时虽不能与中原诸家一较短长，但已初具面目。至郑善夫出，影响渐大，可以与李梦阳、何景明、边贡、徐祯卿等齐名，但犹不脱“循循规摹少陵”之习，因而为人所轻视。就黄道周所论及的这几位明代闽地诗人而言，张以宁“格兼唐宋，诸体皆清刚隽上，一洗元季纤缛之习”；① 王偁诗“恬和安雅”，其《虚舟集》中“《感遇》诸作，规模拾遗，《咏史》数篇，步趋记室，《将进酒》、《行路难》等亦颇出入于太白”；② 林鸿“其论诗惟主唐音，所作以格调胜”；③ 赵迪为“鸿之弟子”，④ “国初与林鸿其名”；⑤ 郑善夫则“规模杜甫”。⑥ 因此，这里黄道周实际上指出了明代闽诗尊唐的特点，这与吴地明显不同。关于明代不同地域诗风的差异，胡应麟指出：“国初吴诗派昉高季迪。越诗派昉刘伯温。闽诗派昉林子羽。岭南诗派昉于孙蕡仲衍。江右诗派昉于刘崧子高。” ⑦ 闽、吴之诗渊源不同，流别自然有异。

在指出闽诗尊唐的风尚之后，黄道周明言自己论诗异于门人陈子龙的“求工于声华格律之间”，并谓如此论诗则“真意销亡久矣”，体

---

① 汪端：《明三十家诗选》二集卷一下。转引自陈庆元：《福建文学发展史》，福建教育出版社 1996 年版，第 281 页。

② 《四库全书》研究所整理：《钦定四库全书总目》（整理本），中华书局 1997 年版，第 2288—2289 页。

③ 《四库全书》研究所整理：《钦定四库全书总目》（整理本），中华书局 1997 年版，第 2274 页。

④ 钱谦益：《列朝诗集小传》，上海古籍出版社 1983 年版，第 143 页。

⑤ 钱谦益：《列朝诗集小传》，上海古籍出版社 1983 年版，第 144 页。

⑥ 《四库全书》研究所整理：《钦定四库全书总目》（整理本），中华书局 1997 年版，第 2315 页。

⑦ 胡应麟：《诗薮》，中华书局 1958 年版，第 327 页。

现了其崇宋的倾向。陈子龙论诗，类于前、后七子，重视体、格、音、调，强调归于雅正，符合“古者九德六诗之旨”。这一切，较集中地体现在其《〈皇明诗选〉序》[①] 中。

据计东此处的记述，黄道周的这种论诗取向在闽地影响深远。十年之后（1652年），侯官许天玉[②] 论诗犹“大指本于黄先生”，其诗歌创作“沉雄富厚，组练雕饰，一归于老成，于闽中诗派稍为变化，不甚规模唐人，而骨格坚凝，精光迸露”，[③] 深为时人王士祯、施闰章等所推许。丙午冬（即康熙五年，1666 年），计东在京师与闽县王尔玉论诗，谓其诗既“不陋于声华”，“亦不诡于格律”，大体与黄道周相似。黄道周论诗的影响并不局限于闽诗诗人，连“自幼熟闻大樽氏之教”的计东在经历“穷愁阨塞，彷徨困顿”之后也终于有所感触，知道“向者漳浦先生之言果有当于轻重之势”，并最终逐渐改变了当初的诗学观点。这其中，黄道周的影响无疑是明显而深远的。

关于黄道周论诗重学重理的崇宋取向，尚可结合其对《沧浪诗话》的评论做进一步的展开。论及宋诗的特点，人们最熟悉的莫过于严羽“以文字为诗，以才学为诗，以议论为诗”的批评了。关于学与诗的关系，严羽曾提出“诗有别材”[④] 之说，对此，黄道周批评道：

---

① 陈子龙：《〈皇明诗选〉序》，陈子龙著，王英志辑校：《陈子龙全集》，人民文学出版社 2011 年版，第 779 页。

② 许珌，字天玉，号铁堂、天海山人，福建侯官人，万历四十二年（1614 年）生，崇祯十二年（1639 年）举人。康熙四年（1665 年）选授甘肃安定知县，六年（1667 年）被免，贫不能归，十年（1671 年）客死陇上。许珌负有诗名，与王士祯、施闰章等相交颇深，王士祯谓其诗“沉雄孤峭”，“百余年来，未见此手”（《铁堂诗草自序》引）。有《铁堂诗草》二卷存世，周亮工等为之序。付永正、杨齐《清代康熙朝许珌宦寓陇中事略述评——兼论《许铁堂诗稿》的史料价值》（《甘肃高师学报》2009 年第 3 期）对许珌的生平、诗作版本与内容等多有评述，可以参阅。

③ 阎介年：《铁堂诗草序》，许珌：《铁堂诗草》卷首，四库未收书辑刊影清乾隆五十五年兰山书院刻本。

④ 严羽著，郭绍虞校释：《沧浪诗话校释》，人民文学出版社 1983 年版，第 26 页。

此道关才关识，才识又生□由于学，而严沧浪以为诗有别才，非关学也，此真瞽说以欺诳天下后生，归于白战打油钉铰而已。①

根据上下文，“此道”即作诗之道。黄道周认为，作诗之道既与才相关，又与识相关，而才、识都来自于学。换言之，不学则无才、识，无才、识，则不能作诗。这种论断不仅与前面章节所论述的黄道周关于作家修养的思想是一致的，体现了黄道周文学主张的一贯性，而且较为典型地体现了黄道周崇宋的论诗倾向。

据郭绍虞先生在《试测沧浪诗话的本来面貌》中的考证，通行的《沧浪诗话》各种版本都是源自明刻本，而明刻本实际上是一个经过篡改的本子。在明刻本中，将“非关书也”误为“非关学也”，二者一字之差，涵义别于天壤。宋魏庆之《诗人玉屑》几乎将《沧浪诗话》全文收入，据《诗人玉屑》可知，当作“非关书也”为是。郭绍虞先生注曰：

“书”字，后人称引或误作“学”，非。②

按照这种解释，严羽本意并不排斥学问，他所反对的是“多务使事”的堆砌书籍。因此，郭绍虞先生说：

即此一字，可知沧浪用字之有分寸。沧浪虽反对以才学为诗，却并不反对“学”；假使反对“学”，那就和他的学古主张根本矛盾。所以用一“书”字，正说明不要填塞书本，以“书”为诗的意思。《诗法》中所谓“不必多使事”，“用字不必拘来历”云云，也是这个意思。如用

---

① 黄道周：《书双荷庵诗后》，《黄漳浦集》卷二十三。

② 严羽著，郭绍虞校释：《沧浪诗话校释》，人民文学出版社 1983 年版，第 27 页。

“学”字，那么断章取义，只就这两句来讲，好似比较明显，但是对于沧浪整个论诗宗旨，反而看不出来了。①

可知，严羽此处虽然强调了诗歌创作的“别材”，但并不废“学”，即重“别材”但不废“学”。明王鏊也说：“世谓诗有别才，是固然矣。然亦须博学，亦须精思。唐人用一生心于五字，故能巧夺天工。今人学力未至，举笔便欲题诗，如何得到古人佳处？”②

正是这一字之误，招致了包括黄道周在内的众多诗论家对严羽的批评。③抛开这种批评不说，黄道周主张作诗之道关乎才、学的表述是非常明确的。他在《徐晋斌诗序》中亦云：“国风、小雅正变之间，藻士韵人或有与焉，而学问久疏，意虑不远。”④“学问久疏”，则“意虑不远”，这里表达的正是重学的思想。同样博学的其弟子方以智也曾论述道：“读书深，识力厚，才大笔老，乃能驱使古今，吞吐始妙。”⑤

从这种诗学观点出发，黄道周作诗著文具有明显的以才学为尚的倾向。从《黄漳浦集》所收录的黄道周传世诗歌看，其诗歌的特点非常典型：一是作诗多组诗，往往一题数章，甚至十几章；二是其诗好用僻典奇字，“语必惊人，字忌习见”，独造崛奇，故后人谓“黄诗险奡钩棘，天性所钟，流传者人尽识之”。⑥黄道周本人曾称颂倪元璐的诗文“一字动有千峰势”，“董贾韩苏失位置”，⑦说的是倪元璐的诗文，但亦

① 郭绍虞：《试测〈沧浪诗话〉的本来面貌》，《照隅室古典文学论集》下卷，上海古籍出版社1983年版，第132页。

② 王鏊：《震泽长语》卷下，文渊阁四库全书本。

③ 郭绍虞：《试测〈沧浪诗话〉的本来面貌》，《照隅室古典文学论集》下卷，上海古籍出版社1983年版，第131页。

④ 黄道周：《徐晋斌诗序》，徐明彬：《摩麟近诗》卷首，《四库未收书辑刊》影明崇祯建阳书坊刻本。

⑤ 方以智：《诗说》，《通雅》卷首三，文渊阁四库全书本。

⑥ （清）宋长白：《二石》，《柳亭诗话》卷十，清康熙天茁园刻本。

⑦ 黄道周：《寄别卧子兼怀鸿宝》，《黄漳浦集》卷三十八。

颇有夫子自道的意味。黄宗羲论诗有“古来论诗有二，有文人之诗，有诗人之诗。文人由学力所成，诗人从锻炼而得”之语，黄道周的诗歌正属于由学力而成的“文人之诗”，“正复读书万卷，岂能采拾”。①

不仅诗歌创作如此，黄道周的古文、辞赋创作也具有逞才使气的特征，体现了一个博学多识者诗文创作的取向。正是在这个基础上，当时即有人在评点其《郑都甫石室制义序》时发出“有才无学，有学无识，都为短气”② 的感慨，可谓抓住了黄道周诗文的特点。

黄道周崇宋的论诗取向影响不小，故有研究者将其看作晚清闽地宋诗复兴的先驱者。③ 陈衍论清诗，认为前清道光以来诗学大略可以区别为“清苍幽峭”和“生涩奥衍”派，后者“自《急就章》、《鼓吹词》、《铙歌十八曲》以下，逮韩愈、孟郊、樊宗师、卢仝、李贺、黄庭坚、薛季宣、谢翱、杨维桢、倪元璐、黄道周之伦，皆所取法。语必惊人，字忌习见”，④ 并进而论述了包括黄道周在内的“生涩奥衍”派对晚清宋诗派的影响。因此，如果结合黄道周在明清之际的巨大影响，结合黄宗羲、钱谦益等人的崇宋主张来看，则黄道周的这种诗学主张影响的不仅仅是闽地一处，而是对整个清代宋诗的复兴具有深刻影响。

---

① 黄宗羲：《后苇碧轩诗序》，《黄宗羲全集》（第十册），浙江古籍出版社 2012 年版，第 8 页。

② 郑元勋：《媚幽阁文娱》初集，《四库禁毁书丛刊》影印明崇祯刻本。

③ 除了前文所引陈庆元先生的论述外，贺国强在其《近代宋诗派研究》（苏州大学 2006 年博士学位论文）中亦有所论述，参见“绪论”之“研究现状”部分相关内容。

④ 陈衍：《石遗室诗话》卷三，人民文学出版社 2004 年版，第 41—42 页。

第六章 黄道周骚体赋研究

第一节 概 述

辞赋是中国古代文学创作中的一种重要文体。其发轫于先秦，兴盛于两汉。后经唐、宋、金、元的发展，辞赋至明清虽然进入了“发展的停滞和衰落时期”，但这种“所谓停滞和衰落，是说辞赋在体制上已没有什么新的发展，并不是说没有产生优秀的作品和作家。”① 的确，在辞赋创作和研究方面，明人给后人留下了大量的著作。据马积高先生统计，其编辑《历代辞赋总汇》时，搜集的明赋达五千余篇，作者一千一百余人，而且这还不是明赋的全部。② 在这些传世的作品中，不乏优秀作家的优秀作品，黄道周的骚体赋就是其中颇为重要的部分。

骚体赋为辞赋之一种，主要由祖述屈原等人的楚辞作品而来。因楚辞作品中以《离骚》最为杰出，故将这种带有明显骚体特点的赋称之为骚体赋。骚体赋以楚辞为模拟对象，虽经后世仿作而渐趋泛化成为一种独立的文体，但体制上与屈、宋等人的楚辞作品并没有什么差异：就其内容而言，骚体赋以咏物抒情为主，而且抒发的多为哀怨沉痛之情；

① 马积高：《历代辞赋研究史料概述》，中华书局2001年版，第140页。

② 马积高：《历代辞赋研究史料概述》，中华书局2001年版，第141页。

就其形式而言，语句当中带有“兮”字，具有典型的楚辞特征。

黄道周骚体赋作品数量很多，仅《黄漳浦集》卷三十六《骚赋》就收录有《謇骚》（九章）、《续招魂》（三章）、《续离骚》（两章）、《九绎》（十一章）、《九盭》（十一章）、《九诉》（九章）、《刘招》、《丛骚》（十五章）、《续〈天问〉》等九篇六十二章，实属罕见。另外，在其碑铭之类的文章中也有不少是以骚体赋为铭的。①

黄道周的赋体作品在当时具有较高的影响，论者有“续骚直逼屈宋”之语。② 张明弼曾因黄道周的知遇之情而作《感知赋》，其序文中赞曰：“今代有黄石斋先生，其才拔出二千余年，与长卿分毫，子云对席。东京以后，未见其敌也。”③ 此种评价不可谓不高。

关于黄道周骚体赋的研究，在本论文撰写过程中陆续有学者发表了几项重要成果，其中既有对黄道周骚体赋的全面、概括研究，也有对单篇作品的深入解读。④ 鉴于此，本章将着重解决两个问题：一是黄道周创作骚体赋的原因探讨，二是对《黄漳浦集》中收录的部分骚体赋作品如《刘招》等进行考证、论述，以期进一步加深对黄道周骚体赋的理解，揭示解读黄道周骚体赋的门径，推动黄道周骚体赋研究的不断深入。

第二节　黄道周骚体赋创作原因考论

众所周知，明代科举不试辞赋，只是在某些特定场合需要辞赋文

---

① 郑晨寅《论黄道周拟骚之作》（《中州学刊》2012 年第 2 期）较为全面地清理了《黄漳浦集》中收录的黄道周存世拟骚作品的基本概况，可资参看，此处不再赘述。

② 郑玟：《黄石斋先生文集·凡例》，《黄石斋先生文集》卷首。

③ 张明弼：《感知赋》，《琴张子蛍芝集》卷一，明天启五年书林段君定刻本。

④ 前者以郑晨寅《论黄道周拟骚之作》（《中州学刊》2012 年第 2 期）为代表，后者以辞赋研究专家于浴贤《论黄道周骚体赋》（《漳州师范学院学报》2009 年第 1 期）、《黄道周〈续离骚〉〈续招魂〉新探》（《泉州师范学院学报》2011 年第 5 期）为代表。（参见本书“绪论”相关内容）另外，周建忠、汤漳平主编的《楚辞学通典》（湖北教育出版社 2003 年版，第 130—133 页）对黄道周九篇六十二章骚赋均有概括分析，可资参看。

体的创作，比如皇帝在某些场合下的特别要求和入翰林院庶吉士的课试作赋。在此种环境下，黄道周还能创作如此多的骚体赋，除了弥漫明代文坛的复古之风的影响外，以下几方面也是促使黄道周创作骚体赋的重要原因。

一、闽地楚辞学传统的熏陶

闽地具有深厚的楚辞学传统，在朱熹之前，最为著名者为黄伯思。黄伯思为北宋后期福建邵武人，学问淹通，“自《六经》及历代史书、诸子百家、天官地理、律历卜筮之说无不精诣”。① 黄伯思著述颇多，有文集五十卷、《翼骚》一卷。其子集其平日所为议论题跋成《东观余论》。其中《校定楚辞序》曾云：

> 屈、宋诸骚，皆书楚语，作楚声，记楚地，名楚物，故可谓之楚辞。若“些”、“只”、“谇”、“蹇”、“纷”、“侘傺”者，楚语也。悲壮顿挫，或韵或否者，楚声也。沅、湘、江、澧、修门、夏首者，楚地也。兰、茝、荃、药、蕙、若、芷、蘅者，楚物也。②

这段言论揭示了楚辞的地域特征，为后来治楚辞者反复引用，对楚辞稍有了解者都会熟悉它。

但是，真正开创闽地楚辞学传统的是朱熹。朱熹一生主要功业在发扬儒学，表彰圣贤。从理学在闽地的发展来看，二程理学最先由杨时传入闽地，历经罗从彦、李侗等人的发扬，最终由朱熹集大成而形成了闽学。朱熹在“致广大而尽精微”的理学构建过程中，致力于儒家经典的整理、诠释与义理发挥是情理之中的事，也是其重要的手段。让时人

① （元）脱脱等撰：《宋史》，中华书局1977年版，第13106页。

② 黄伯思：《校定楚辞序》，《东观余论》（卷下），文渊阁四库全书本。

意外的是，一生精力尽在儒学经典的朱熹，在其晚年却倾心力于《楚辞》的研究，完成了在楚辞学史上具有里程碑意义的《楚辞集注》。

朱熹一生的追求和遭遇颇似屈原，读《楚辞》极其容易在其情感上产生共鸣。不仅如此，屈原忠君爱国的思想与其理学追求也是一致的。除了《楚辞集注》外，朱熹还有《楚辞协韵》一卷，并且交时守漳州的傅伯寿刊刻于漳州。此外，朱熹在漳州期间还作有《书楚辞协韵后》《再跋楚辞叶韵》和《题屈原天问后》等文。“朱熹笺注、刊刻、研究《楚辞》，高张屈原‘虽九死其犹未悔’的忠君爱国思想，这对于皇帝昏庸、权臣执柄、党祸不绝的南宋王朝来说，无疑具有补救时弊，振奋人心的作用。从这个角度看，朱熹在漳州刊刻《楚辞协韵》与其敦风俗，播儒教的毕生努力是一致的。”①

朱熹在闽地的影响是巨大的，李光地曾说：“吾闽僻在天末，然自朱子以来，道学之正为海内宗。”② 此语正道出了漳州士人以家乡为朱熹过化之地而自豪的真实心态。以朱熹在闽地的影响，其《楚辞集注》一出，影响巨大，研究楚辞及借屈骚以写志遂成为闽地士子的传统。

朱熹之后，闽地学者治楚辞者代有人出，而且其中多为在楚辞学史上颇具影响的。有学者统计，现存传世的一百余种楚辞研究专著中，闽地学者所著即多达十三种，其中较著名者有宋末谢翱《楚辞芳草谱》，明陈第《屈宋古音义》、林兆珂《楚辞述注》、黄文焕《楚辞听直》，清林云铭《楚辞灯》、李光地《离骚经九歌解义》等。③ 按照游国恩《楚辞概论》的观点，历代的楚辞注家大体可分为训诂派、义理派、考据派、音韵派四派。这四种派别的研究，闽地都有好的成果。例如，万历进士莆田人林兆珂撰有《楚辞述注》十卷，其书虽因“好以时文开合承

① 陈良武：《朱熹漳州刻书的文献学追求》，《佳木斯大学社会科学学报》2008年第6期。

② 李光地：《重修蔡虚斋先生祠引》，《榕村集》卷十三，文渊阁四库全书本。

③ 对此，汤漳平先生论述颇详（参阅汤漳平：《闽学视野下闽地的楚辞研究与骚体文学创作》，中国屈原学会编：《中国楚辞学》（第19辑），学苑出版社2013年版，第366—373页）。

接之法，评论古人之文，不知楚骚之体自与时文不同”而为人所诟病，但其“训诂字义，悉有依据，其就诸本字句异同，参互考证，订伪补遗，亦颇谨严，是则终异于同时诸人之穿凿附会，恣情窜乱古书也”。①可见，该书俨然为闽地楚辞学训诂派的代表性成就之一。

在与黄道周同时代的闽南士人中，研究《楚辞》者亦不少，其好友张燮即为其中著名者。张燮关于辞赋的研究，除了其在《汉魏七十二家集》中通过序、引、题词等形式对于屈原②、宋玉、贾谊等骚体作家的评述外，其《刻杨氏天解序》亦为重要的一篇。序文如下：

邹衍谈天，诡谲于天以外者也，时主慕之，高开碣石之宫；屈平问天，抖搜于天以内者也，时主狂之，终沉汨罗之水。夫邹氏闳衍不经，推至无所垠，始滥而归于节俭，意在扩其道术，使人瞿然耳。屈平原本忠爱，用写其侘傺无聊之感，而警采绝艳，奋飞辞前。《天问》一篇，大率穷宇宙之所始，就中取类虽杂，其于兴衰成败，有余恫焉，钩颐抉隐，藉以竖义，非必斤斤焉事理所有，沿其垢囊也。子厚之对、盖亦牢愁自放，故托天口，与屈子相酬酢。擢茧成丝，端竟自在、亦若经著而传随耳。③

这里所谓的“杨氏天解”是指杨万里的《天问天对解》。该书系“取屈原《天问》、柳宗元《天对》比附贯缀，各为之解”④而成，其创作原因

① 中国科学院图书馆整理：《续修四库全书总目提要（稿本）》(19)，齐鲁书社 1996 年版，第 485 页。

② 张燮《七十二家集》从宋玉开始，虽未专门选辑屈原作品，但在《宋大夫集》等的序中多有涉及评述屈原的言论。如《宋大夫集序》评述道：“骚以屈平浚源，赋以荀卿导基，遂开万祀词人之始……宋玉为三闾高弟，所为骚能衍其师绪而弘播徽音”等语。

③ 张燮：《刻杨氏天解序》，转引自李诚、熊良智主编：《楚辞评论集览》，湖北教育出版社 2003 年版，第 318 页。

④ 《四库全书》研究所整理：《钦定四库全书总目》（整理本），中华书局 1997 年版，第 1977 页。

是杨万里“每病于《天对》之难读”，“因取《离骚》、《天问》及二家旧注释文，而酌以予之意以解之，庶以易其难”。[①] 张燮这篇序文即为杨万里该书而作，对屈原《天问》篇的创作及其题旨进行了令人信服的评述。

闽地学者不仅研究《楚辞》，而且积极从事拟骚作品的创作实践，出现了一批有影响力的作家和作品，[②] 黄道周就是其中的杰出者。

黄道周深受闽地楚辞学传统影响，自幼好读《楚辞》，当其修齐治平的政治理想与纷扰的社会现实发生激烈碰撞的时候，进退失据，悲愤抑郁，骚赋自然成为其抒写个人理想抱负，寄予人生感慨的重要手段。

二、少年成长环境的影响

黄道周生于东山岛，自幼生活在海边。黄道周于山海之中，听松涛阵阵，观海波荡漾，读书其间，胸中气象为之开阔。庄起俦年谱记载：

(万历二十年，年八岁) 即能为比偶文。顾独喜挟册走最高峰，倚松欹石，踽踽忘返。先生虽恂焉髫稚，然修敕翘上，冠履济楚，稍不如意，即弃去，雅不乐与侪俗等夷。故独从伯兄讲业于渔鼓溪之顿坑者凡数年。[③]

黄道周《书嵇康〈琴赋〉后》亦有洪思注曰：

子少而多能，十岁辄善属文，亦辄善琴。时家在海外，读书渔鼓

① 杨万里：《天问天对解引》，《诚斋集》卷九十六，文渊阁四库全书本。

② 可参阅汤漳平：《闽学视野下闽地的楚辞研究与骚体文学创作》，中国屈原学会编：《中国楚辞学》（第19辑），学苑出版社2013年版，第366—373页。

③ 庄起俦：《漳浦黄先生年谱》，侯真平、娄曾泉校点：《黄道周年谱附传记》，福建人民出版社1999年版，第48页。

溪。每属文，或先狂走，寻岛中最高峰，对怪石长松踽踽移时，归而插弦，然后落笔，顷刻辄数千言，若有神授也。岂所谓山水移情者乎？①

从以上记述可知，黄道周少从其兄黄道琛耕读于渔鼓溪顿坑，行事作为颇具魏晋士人之风范，更具潇洒放任的文士性格。少年黄道周不仅已经显露出非同一般的文学才华，而且其内心深处也是有做一文士的愿望的。很显然，较之格律谨严的近体诗，楚辞这种自《诗经》之后而郁起的奇文，其较为自由灵活的诗歌样式，恰好与特定环境中这个少年意气风发的心性相一致，显然更适合其突破律诗形式规范而淋漓尽致地抒写其性情。黄道周对楚辞的青睐，显然与此相关。

万历二十六年（1598 年），年仅十四岁的黄道周游学于博罗，尝“振笔作《罗浮山赋》，无停思而多奇字”。又与当地士人共登观海楼，酒酣晨起，为《观海楼赋》，“疾书数千言”，“由是，神异之称，遍博罗焉”。②

黄道周创作如此多的拟骚作品，还与其自幼对楚辞的阅读和之后的楚辞研究是分不开的。黄道周少好楚辞，尝言“周之少也，溺于骚雅”。③不仅阅读，黄道周也进行过楚辞的评品。从目前留存下来的极少的黄道周论楚辞的资料中，可以看出这一点。蒋之翘《七十二家评楚辞》中，辑司马迁以下七十二家评论楚辞之语，黄道周即为其中一家。其评品曰：“屈宋而下，以至班、扬、左、马之流而及张、蔡，嶰谷之竹递宣，楚泽之蓝互蒨，莫不铿其巨响，树为弘标。”④日本江户时期的学者芦东山（1696—1776）在其纂著的《楚辞评园》中，汇录了自汉司

① 黄道周：《书嵇康〈琴赋〉后》，《黄漳浦集》卷二十三。

② 庄起俦：《漳浦黄先生年谱》，侯真平、娄曾泉校点：《黄道周年谱附传记》，福建人民出版社 1999 年版，第 49 页。

③ 《答曾叔祁书》，《黄漳浦集》卷十八。

④ 杨金鼎主编：《楚辞评论资料选》，湖北人民出版社 1985 年版，第 116—117 页。

马迁、班固、扬雄、王逸以下至明代的四十九家的《楚辞》评语，其中亦有黄道周的评点之语。①

三、闽地淫祀风俗的浸染

楚地多淫祀。《汉书·地理志》认为“楚人信巫鬼，重淫祀”。在巫风盛行的楚地，上自朝廷贵族，下迄普通百姓，无不浸淫其中，这是楚辞产生的重要文化土壤。祭祀神灵的仪式活动中，常伴有歌舞，故王逸说：“其俗信鬼而好祠，其祠必作歌乐鼓舞，以乐诸神。”② 屈原《九歌》明显就是以楚地民间的祭祀娱神之歌为基础而作的，《招魂》则是源自民间招魂词。具体以《九歌》来说，朱熹在《楚辞集注》卷二中指出：“九歌者，屈原之所作也。昔楚南郢之邑，沅、湘之间，其俗信鬼而好祀，其祀必使巫觋作乐，歌舞以娱神。蛮荆陋俗，词既鄙俚，而其阴阳人鬼之间，又或不能无亵亵衣漫淫荒之杂。屈原既放，见而感之，故颇为更定其词，去其泰甚，而又因彼事神之心，以寄吾忠君爱国眷恋不忘之意。是以其言，虽若不能无嫌于燕呢，而君子反有取焉。”③ 不仅如此，楚辞作品中大量巫的形象、浓郁的神话色彩，都折射出淫祀巫风对楚辞的影响。正因为如此，日本学者滕野岩友将楚辞称为“巫系文学”。④

在淫祀这一点上，闽地与楚地非常相似。

“闽俗好巫尚鬼，祠庙寄闾阎山野，在在有之。”其中，既有“祀典所载，及礼所宜祀者无容议”者，亦有“肇自古昔，功业虽不甚著

---

① 蒋之翘也是《楚辞评园》所辑录的四十九家之一。可以推测，《楚辞评园》的内容很可能来自蒋之翘的《七十二家评楚辞》。

② 王逸：《楚辞章句·九歌序》，黄灵庚：《楚辞章句疏证》，中华书局2007年版，第742—743页。

③ 朱熹：《楚辞集注》，上海古籍出版社、安徽教育出版社2001年版，第31页。

④ 滕野岩友：《巫系文学论》，重庆出版社2005年版。

而载之旧志者”，甚至还有“妖妄不经，悉在所当去”者。① 此种习俗，以闽南地区尤甚。据《福建通志》记载，漳州“俗尚淫祀，多以他邦非鬼立庙。此邦陋俗，常于秋收之后，优人互凑，诸乡保作淫戏及弄傀儡”。② 朱熹知漳，敦化民俗，所面对的问题之一就是淫祀。其弟子陈淳有《与赵寺丞论淫祀书》《与傅寺丞论淫戏书》，前者开篇即曰：

淳窃以南人好尚淫祀，而此邦之俗为尤甚。自城邑至村墟，淫鬼之名号者至不一，而所以为庙宇者亦何啻数百。所逐庙各有迎神之礼，随月送为迎神之会。自入春首，便措置排办迎神财物……③

陈淳作此书的目的正与乃师一样，当在禁淫祀淫戏，以绝不法之徒借此敛财、惑乱民心之祸，以收移风易俗之效。但是，这客观上给后人留下了关于闽南尚淫祀的历史资料。

对于闽南淫祀盛行的原因，过去多以为是受古百越文化的影响，但最新研究成果表明，“闽南人信巫鬼，未必是源于越”，“信巫鬼，重淫祀”的“楚文化的影响可能远远大于百越文化的影响”。④ 受其影响，闽南的尚淫祀之风至今犹存。走在今天的闽南大地，无论是村头地尾，还是大街小巷，各种说不出来历的大小神灵的祭祀场所无处不在，伴随着歌舞仪式的各种祭祀活动时见举行。

黄道周生活在这样的环境中，耳濡目染，自然会对其接受和创作楚辞具有潜移默化的影响。黄道周尝言：“诗者，鬼神之吟咏歌啸其事也。”⑤ 说的是诗，楚辞何尝不是如此？

① 黄仲昭：《八闽通志》（下），福建人民出版社 1991 年版，第 365 页。
② 《福建通志》卷九，文渊阁四库全书本。
③ 陈淳：《与赵寺丞论淫祀书》，《北溪大全集》卷四十三，文渊阁四库全书本。
④ 汤漳平：《关于闽南文化研究的几点思考》，《闽台文化研究》2014 年第 1 期。
⑤ 黄道周：《历年十二图序》，《黄漳浦集》卷二十。

四、楚辞体式的独特

“诗三百”之后，楚辞作为一种具有浓郁地域特色的新的诗歌样式勃然兴起。它善于运用丰富的想象力和奇特的构思，借助比喻、夸张等修辞方法和神话故事，呈现出强烈的浪漫主义特征。同时，楚辞句式参差，形式自由富有变化，多用“兮”“些”等楚语，不仅使其可以表达更为丰富的内容，而且情感的抒发更显委婉而有情致。因此，与《诗经》相比，楚辞的表现力更强，更适合抒发复杂、激烈的感情，尤其是可以曲尽哀怨悲愤之情。

传统的儒家文艺观强调“乐而不淫，哀而不伤”的“中道”原则，主张情感的抒发要恰到好处，大喜大悲的极端情感宣泄是不符合温柔敦厚的要求的。骚“为贤人失志之赋”，按照儒家传统的诗学观念，当然不如诗的纯正，更“不可以登清庙”，但其“长于言幽怨之情”，① 可以在光怪陆离的世界中以诡异谲怪之内容抒发哀怨沉痛之情绪。对此，明人陆时雍说：“诗道雍容，骚人凄惋。读其词，如逐客放臣，羁人嫠妇，当新秋革序，荒榻幽灯，坐冷风凄雨中，隐隐令人肠断。”② 这种特色，可以突破儒家温柔敦厚的传统，抒写某种比较极端的情感。

关于骚体赋的这种特征，明人论述不少，可见其已成为研究骚体赋者的共识。除了前面所引陆时雍之说外，王世贞亦有一段为辞赋研究者广为引用的话。其言曰：

> 骚赋虽有韵之言，其与诗文，自是竹之与草木，鱼之与鸟兽，别为一类，不可偏属。《骚》辞所以总杂重复，兴寄不一者，大抵忠臣怨夫惨怛深至，不暇致诠，亦故乱其叙，使同声者自寻，修隙者难

---

① 程廷祚：《骚赋论上》，《青溪集》卷三，蒋氏慎修书校印《金陵丛书乙集》本。

② 引自蒋之翘编：《七十二家评楚辞》。

摘耳。[①]

又曰：

作赋之法，已尽长卿数语。大抵须包蓄千古之材，牢笼宇宙之态。其变幻之极，如沧溟开晦，绚烂之至，如霞锦照灼，然后徐而约之，使指有所在……拟骚赋，勿令不读书便竟。《骚》览之须令人裴回循咀，且感且疑；再反之，沉吟歔欷；又三复之，涕泪俱下，情事欲绝。赋览之，初如张乐洞庭，褰帷锦官，耳目摇眩；已徐阅之，如文锦千尺，丝理秩然；歌乱甫毕，肃然敛容；掩卷之余，傍徨追赏。[②]

王世贞的这段话在比较中论述了散体赋与拟骚赋创作和鉴赏的不同，而黄道周辞赋创作的情形，正好可以从一个侧面印证了这种区别。

明代文学发展过程中呈现出很浓重的复古特征，其表现之一就是大量辞赋作品的出现。在明代的辞赋创作中，散体大赋数量居多，而拟骚赋相对较少。与此不同的是，黄道周的辞赋创作则以骚体赋的数量所占比例为高。[③] 之所以如此，是与黄道周创作时的具体情境和心境相关联的。从黄道周的骚体赋看，此类作品多数是在其处于某种极端情绪之下而创作的。处于这些境地，不仅近体格律诗的形式不足以承载其此种情感，散体大赋也不适合此种情绪的宣泄，唯有"长于言幽怨之情"的骚赋才可以成为其宣泄情感的最好选择。郑玟《黄石斋先生诗集原序》云：

《续骚》、《丛骚》、《续招魂》、《九诉》、《九盭》、《九绎》、《续天

① 王世贞著，罗仲鼎校注：《艺苑卮言校注》，齐鲁书社 1992 年版，第 30 页。

② 王世贞著，罗仲鼎校注：《艺苑卮言校注》，齐鲁书社 1992 年版，第 31 页。

③ 于浴贤《辞赋文学与文化学探微》以专门章节论述了黄道周散体赋的创作情况，参阅"绪论"之研究现状综述部分。

问》，皆衰其尊人青原公时作。削籍守墓，作《号招》一篇。《謇骚》九章，将殉难作于尚食监中。约四卷。比事属词，虽各不同，大旨归于忠孝。①

郑玟与黄道周弟子洪思志同道合，亦以收录、整理、刊刻黄道周遗著为务，曾于康熙五十三年刊《黄石斋先生文集》，后又刊《黄石斋先生诗集》，对黄道周的生平、思想及其创作自是非常熟悉。同时，郑玟序文中所提及的这些作品内容本身以及黄道周的年谱记载都与郑玟所论相符，三者亦可相互印证。因此，郑玟此处所言当属事实。

万历三十五年（1607 年），黄道周甫二十三，父亲故去。黄道周"念其亲侘傺未能自直，负奇以死；又值艰难，委命于空山，亲戚乖离，无以自振，穷至不能为丧，虽欲自比湘累，又何过焉？故忧愁愤郁，而续《离骚赋》，作《离疚经》。既殡，作《九盭传》。"②

《续离骚》《九盭》都是黄道周在父亲去世时所作。黄道周少负奇节，年始及冠而父亲亡故，孤苦无依，"穷至不能为丧"，此时孝子失怙之痛、"世俗的冷酷、穷居下层的屈辱和困厄中坚操自守的艰难"③交织在一起，不由忧愁愤郁而续《离骚》。此外，其《续招魂》第三章《礼魂》写日暮迎神而未至，不由悠悠伤感。此种伤感之情，用"兮"字尾韵收到了哀婉绵细的抒情效果。④

《续离骚》系现存黄道周骚赋中创作时间最早的，而《謇骚》则是可考的黄道周传世骚体赋中创作时间最晚的作品。据邵懿辰《题黄忠端公〈謇骚〉卷》：

① 郑玟：《黄石斋先生诗集原序》，转引自崔富章：《楚辞书目五种续编》，上海古籍出版社 1993 年版，第 382—383 页。

② 庄起俦：《漳浦黄先生年谱》，侯真平、娄曾泉校点：《黄道周年谱附传记》，福建人民出版社 1999 年版，第 52 页。

③ 周建忠、汤漳平主编：《楚辞学通典》，湖北教育出版社 2003 年版，第 131 页。

④ 周建忠、汤漳平主编：《楚辞学通典》，湖北教育出版社 2003 年版，第 130 页。

> 所书《謇骚》九章，草于南京尚膳监中，去授命旬日耳。悲感杂沓，灵爽倏忽，与三闾大夫为朋，而“高皇”二宗，相为上下。其中抑轖缪戾，有古今同慨者。使后人揽观，蠹然心伤，不知涕泪之流落焉。[①]

正命前夕，黄道周思虑平生，百感交集。在《謇骚》中，黄道周反复申论屈原《离骚》《远游》《天问》《大招》《招魂》等篇章章句之意，以表达自己情志。黄道周生于衰世，“固知鼎之将覆兮，无与之更载”，但更明了“人臣视君，惟力是视；力竭身枯，则安所济”[②]的道理，报国之志与现实窘境的矛盾所激起的悲愤都通过其骚体赋作品得以宣泄。此类骚体赋作品，其“大体以屈赋中语义，与个人遭遇及明季惨痛之事相揉合而为此。故有真情悃志，非无病呻吟者比也”，[③]因而具有“古今同慨”的艺术感染力。

可见，楚辞独特的体制特点是黄道周选择其作为抒写情感、宣泄激烈情绪的主要因素。这一点，当时流行的近体诗是很难胜任的。

除了以上几方面原因的共同作用外，黄道周倾心骚体赋还出于对屈原、贾谊的钦慕，以及与他们因遭遇相似在心灵上激起的异代同慨的共鸣。

崇祯十一年（1638年），黄道周因弹劾杨嗣昌等人而与崇祯发生激烈的辩论，被以“朋串挠乱”之罪降级使用，贬为江西布政司都事，遂乞假归乡。次年三月，黄道周针对去年“朋串挠乱”之罪名，在其父母庐墓旁建十朋轩和九串阁，列历代事迹类似的先贤二十八对，凡五十六人。五十六人，“皆异代同风，韵实殊致，道鼎侪辈，递为宾师”，[④]以表其无私之心迹。九串阁壁间位置所列的第一对先贤就是屈原、贾谊，

---

① 邵懿辰：《题黄忠端公〈謇骚〉卷》，《半岩庐遗集》卷二，续修四库全书影光绪戊申三月刊本。

② 黄道周：《謇骚》，《黄漳浦集》卷三十六。

③ 姜亮夫：《绍骚隅录》，《楚辞书目五种》，中华书局1961年版，第451页。

④ 庄起俦：《漳浦黄先生年谱》，侯真平、娄曾泉校点：《黄道周年谱附传记》，福建人民出版社1999年版，第70页。

可见屈、贾在其心中的地位和影响。不仅如此，在仕途颠簸、宦海沉浮之时，黄道周多次言及屈、贾，或以屈、贾自喻，或以二人自励。崇祯十四年（1641 年）冬，黄道周在刑部狱中有“上不避讥于游、夏，下不分哀于屈、贾”① 之语。崇祯十五年（1642 年），黄道周得脱牢狱之灾，在赴贬所途中，又一次到大涤山，又有“今幸不死，将排衡云，陟君山，访怀沙之渚，探吊湘之窟，不复与朱、李周旋，宁当舍旧交与屈、贾少年同佛勃乎”之论。②

隆武元年（1645 年）底，黄道周抗清兵败被俘。隆武二年（1646 年），被押解到南京囚于尚膳监中。二月初九日适逢其诞辰，乃作七绝《蒿里十章》以自吊。诗后自跋云：“以上诗三十首，皆用秃笔挥之。鸿宝已死，觉斯埋尘，世莫宗予，开颜何用？而此道水流何可绝也？防风虽倒，犹留一节，以问尼山。不知百年后此纸魂销归谁蚁首耳！”③ 此时，面对山河沦陷，故国沦丧，故交凋零殆尽，曾经的“三珠树”④ 中，倪元璐已死，王铎降清，自己则身陷囹圄。虽然如此，但黄道周早已坚定了殉国的意念，《蒿里十章》正作于距其殉国一月不到。《蒿里十章》其十有“搴无神禹饕餮铸，犹得余生吊汨罗”⑤ 之句，这是吊屈原，但也是自吊，是借吊屈原以明其决死的心志。

黄道周曾称“贾谊有经世才，文章皆其余事”，对其遭遇深表同情。在评点《吊屈原赋》时，黄道周尝言：“贾之与屈，大略相似，其吊屈，实自吊也。”⑥ 从中不难看出，黄道周《蒿里十章》组诗对贾谊创

---

① 黄道周：《书孝经颂后》，《黄漳浦集》卷二十三。

② 黄道周：《大涤书院三记》，《黄漳浦集》卷二十四。

③ 《蒿里十章》，《黄漳浦集》卷五十。

④ 黄道周《题王觉斯初集》（王铎《拟山园选集》序言，顺治十年王鑨刻本。）：“曩壬戌庶常之简，凡六六人，惟王觉斯、倪鸿宝与我最乳合，盟肝胆，孚意气，砥砺廉隅，又栖止同笔，研为文章。爱焉者呼‘三珠树’；妒焉者呼‘三狂人’，弗屑也。”

⑤ 《蒿里十章》，《黄漳浦集》卷五十。

⑥ 黄道周评选：《古文备体奇钞》卷六，发祥堂藏版。

作精神的继承。可见，当黄道周与屈、贾因遭遇相似而在心灵上遥相契合并诉诸文字时，屈骚的体裁也就成了其最好的仿拟形式。

黄道周对骚体赋的接受和创作，其原因是多方面的。这启示我们，当我们研究某种文学样式的传播时，必须综合考虑各方面的因素，既要考虑到文学本身的因素，又要关注文学外部的生态影响。这种文学生态涵盖极广，包括一地的文化和文学传统、民风民俗、作家的成长经历等。只有这样，才能够较好地揭示出文学传播和接受的内在规律。

第三节　黄道周骚体赋考论——以《刘招》为例

黄道周的骚体赋作品不仅是形式上模拟屈原作品，内容上更是与屈原精神相贯通。无论是述屈原章句之意以抒抑郁不平之志，还是借题发挥以表示对时事的担忧，抑或是宣泄困窘失时的个人情绪，都具有古今同慨的艺术感染力。正因为黄道周“非曲意为骚，实直抒血性”，所以他的骚体赋“读之不觉摹仿，直如听其倾诉”。[①] 但是，与黄道周的其他诗文创作的“博奥黝深”[②] 一样，黄道周的骚体赋“取象深幽，象下之义隐曲，过于屈骚”，[③] 这就给后人的理解带来了困难。

研究黄道周的骚体赋，首先面对的就是对其相关作品的解读。这种解读，不是仅仅凭借语言文字的训诂就可以解决的，而是要结合黄道周的生平遭际，广泛阅读黄道周师友的诗文，才可以抽丝剥茧，逐渐接触到其隐含在文本背后的真正用意。黄道周的《刘招》就是需要这样做的一篇作品。

楚辞中以“招”字为题之作亦有多篇，并且因其恢弘阔大的体制规模、光怪陆离的奇幻世界、感人肺腑的真情悃志而影响深远。这种影

① 周建忠、汤漳平主编：《楚辞学通典》，湖北教育出版社 2003 年版，第 132 页。

② 蔡世远：《黄道周传》，《二希堂文集》卷六，文渊阁四库全书本。

③ 周建忠、汤漳平主编：《楚辞学通典》，湖北教育出版社 2003 年版，第 132 页。

响表现之一，就是屈、宋之后，历代不乏以“招”为题的拟骚之作，其中颇有流传深远的佳作。略而言之，自《招魂》《大招》《招隐士》之后，则有范缜《拟招隐士》、柳宗元《招海贾文》、皮日休《反招魂》、吕大临《拟招》、朱熹《招隐操》二阕、卢柟《放招赋》、尤侗《反招魂》、汪琬《反招隐词》。这些拟作，或续衍屈原之意，或反其意而为，体制规模大体相似，成就高下各有区别。仿照“七体”得名旧例，此类作品不妨称之为“拟《招魂》体”。从现在流传下来的历代楚辞作品看，晚明漳海黄道周无疑是“拟《招魂》体”创作的代表性人物。

黄道周拟《招魂》类作品计两篇，凡四章，包括《续招魂》三章(《号招第一》《广招第二》《礼魂第三》）和《刘招》一章。《楚辞学通典》谓《续招魂》三章“文意似非姜亮夫所言‘申《招魂》之意而扩大之’(《绍骚隅录》)，无甚所指，依第一章《号招》末句‘予母予子，易以为恃，魂尚归来号’之意，当为招其父魂”。① 在此基础上，于浴贤结合黄道周一生的追求，多有发明，指明《续招魂》三章同《续离骚》两文并非“无甚所指”，而是借抒写失怙之痛，将孝子事亲与忠臣事君二者统一在贯穿于黄道周一生的孝道观上。②

《刘招》是黄道周拟《招魂》作品中较为独特的一篇，载《黄漳浦集》第36卷。《刘招》由序文、正文、乱辞三部分组成。序文首先设想楚国遭乱，“将逐诸宗之服美者”，景差与其事，而其时屈原未死，遂与巫涓共招之。正文中，屈原、巫涓分别设辞以招其归来。巫涓虽“从故土亲情、他乡孤苦、独行无依等人事方面切切以劝”，③ 但屈原以为其“辞縏而不旷”，故又“外陈四方之恶，内崇楚国之美”④，反复呼号以招

① 周建忠、汤漳平主编：《楚辞学通典》，湖北教育出版社2003年版，第130页。

② 于浴贤：《黄道周〈续离骚〉〈续招魂〉新探》，《泉州师范学院学报》(社会科学版)2011年第5期。

③ 周建忠、汤漳平主编：《楚辞学通典》，湖北教育出版社2003年版，第132页。

④ 黄灵庚：《楚辞章句疏证》，中华书局2007年版，第1953页。

之。乱辞反复申说招魂之意，收束全篇。

从文本本身看，作品仿《招魂》体制，从人物设置、内容安排、结构形式、遣词造句均为模拟《招魂》，故《楚辞学通典》结合序文“楚将逐诸宗之服美者”几句，认为其系“招贤之辞”。[①] 仅从《刘招》文本本身看，“招贤”之说也可说通，但是，细细深究，却有一个问题无法解释。《楚辞学通典》虽谓《刘招》为“招贤之辞”，但对于所招者何人，却未曾言明。如此，则此篇似乎成了纯属模拟之作。由前对《续招魂》等作品的分析可知，黄道周的诗文多有为而作，《刘招》同样应该不会是“无甚所指”，应该别有寄托才对。遗憾的是，黄道周身后著述散佚严重，其“文章欲坠于地，犹秋蓬耳”。[②] 文献不足征的现实使后人很难了解黄道周创作《刘招》的初衷。因此，只有爬梳文献，揭示黄道周创作《刘招》的相关背景，才有可能准确而全面地把握该篇的主旨倾向。

细读《刘招》，可以发现一个颇令人费解的现象，即作品题名《刘招》，但除了在题目中着一“刘”字外，通篇模拟《招魂》而未及“刘”字。因此，明了这个“刘”字无疑是解读这篇作品的关键。

由于《刘招》本身没有提供明晰的内证材料，因此，要解决这个问题只能由搜集外证的途径进行。其中，搜检黄道周知交、师友文集中的相关材料不失为一条可靠的路径。

黄道周好友文震亨《文生小草》有《题黄孝翼盟丈浮园》一首，诗云：

倦游聊结小团蕉，筇屐萧闲已挂瓢。姬媵但容梅作诗，尊罍时与竹相邀。皇居云物瞻双开，名士风流慕六朝。却笑尔家玄太史，漫从千

① 周建忠、汤漳平主编：《楚辞学通典》，湖北教育出版社 2003 年版，第 132 页。

② 洪思：《收文序》，《黄漳浦集》卷首。

里寄《刘招》。①

黄孝翼系闽地篭溪（即漳州龙溪）人，为黄道周同乡好友。钱谦益曾称：“篭溪黄孝翼氏，少而好学，六经三史诸子别集之书，填塞腹笥，久之而有得焉。作为诗文，文从字顺，弘肆贯穿，如雨之膏也，如风之光也，如川之壅而决也。”②此种评价不可谓不高。“玄太史”即指黄道周。黄道周字幼玄，进士及第后选庶吉士，散馆后授翰林院编修，预修国史实录，故文震亨以“玄太史”称之。又因同为黄姓，文震亨才有“却笑尔家玄太史”之言。对于结句“漫从千里寄《刘招》”，诗人自注云：“黄幼玄先生赋《刘招》以规渔仲之游。时同寓南中，皆闽人也，故及之。”由自注可知，黄道周赋《刘招》的目的是“以规渔仲之游”。据《皇明四朝成仁录·嘉兴起义诸臣传》《漳州府志》等文献可知，渔仲即刘履丁，闽漳州人，黄道周之高弟，“聪明绝人，字画篆刻皆极其妙，博物好古，诗深□自成一家”。③崇祯间以诸生应召辟，除郁林州知州，兴学除弊，颇有政声。渔仲是刘履丁的字，这恰好对应了《刘招》之“刘”。因此，《刘招》实为“招刘”之倒文，《刘招》之“刘”即为刘履丁。

关于刘履丁与黄道周《刘招》之关系，钱谦益的诗文集为我们提供了更多的佐证材料。钱谦益跋文《书黄宫允石斋所作〈刘招〉后》一文中有“漳浦刘渔仲挟策游吴，经年未归。黄宫允石斋作《刘招》以招

① 文震亨：《文生小草》，明崇祯刻本。《苏州府志》：“文震亨，震孟弟，字启美。能诗，善书画，由贡生官中书舍人。国亡后，寓阳城，忧愤病卒。”另《明史·黄道周传》：“江西巡抚解学龙荐所部官，推奖道周备至。……大学士魏照乘恶道周甚，则拟旨责学龙滥荐。帝遂发怒，立削二人籍，逮下刑部狱，责以党邪乱政，并杖八十，究党与。词连编修黄文焕、吏部主事陈天定、工部司务董养河、中书舍人文震亨，并系狱。”

② 钱谦益：《黄孝翼〈蟫窠集〉序》，《牧斋初学集》，上海古籍出版社1985年版，第934页。

③ 屈大均撰，叶恭绰校：《皇明四朝成仁录》，《明代传记丛刊·名人类》，明文书局1991年版，第516页。引文中“□”为原文无法辨认的字。

之”① 数语，可作为文震亨诗歌自注的注脚，从另一个侧面表明了《刘招》所招的对象。

这里，黄宫允石斋正是黄道周，因黄道周曾于崇祯三年（1630年）晋右春坊右中允，故钱谦益以宫允称之。钱谦益与刘履丁的相识，源自黄道周，钱谦益《漳浦刘府君合葬墓志铭》中“余之识履丁以其师”② 之语是为明证。刘履丁“挟策游吴”，其相关情形同样可以从钱谦益的诗文中找到许多材料。试举两例：

其一，《牧斋初学集》有《丙子中春日茂苑相公谢政遄归招邀宴赏余与其仲启美张异度徐九一刘渔仲追陪信宿游虎丘支硎诸山记事四首》③ 及《次刘渔仲留别韵》④ 二首。从留别的两首诗看，钱谦益对刘履丁评价与期望颇高，如第一首的“兰台好献雄风赋，莫漫微词及宋邻”，第二首的“早办枚皋传檄手，莫夸词赋似相如”。

其二，《列朝诗集·丁集》关于另一位漳州人董养河有段记载：

养河，字叔会，漳州人。以诸生受辟召，官户部主事。丁丑岁，待诏长安，与黄孝翼、刘渔仲偕游于吾门。闽人而吴学者，三子也。孝翼、渔仲皆就官州邑，渔仲死于兵；叔会、孝翼皆未知其存否。录叔会诗，为之三叹。⑤

董养河系黄道周同乡宿友，曾于崇祯十三年（1640年）黄道周遭谗言

---

① 钱谦益著，钱曾笺注，钱仲联标校：《牧斋初学集》，上海古籍出版社1985年版，第1793页。

② 钱谦益著，钱曾笺注，钱仲联标校：《牧斋初学集》，上海古籍出版社1985年版，第1346页。

③ 钱谦益著，钱曾笺注，钱仲联标校：《牧斋初学集》，上海古籍出版社1985年版，第343页。

④ 钱谦益著，钱曾笺注，钱仲联标校：《牧斋初学集》，上海古籍出版社1985年版，第347页。

⑤ 钱谦益：《列朝诗集小传》，上海古籍出版社1983年版，第650页。

下诏狱时词连入狱，与黄道周、叶廷秀三人于刑部狱中互为酬唱，抒写情怀，后以《西曹秋思》传世。联系上文所引文震亨《题黄孝翼盟丈浮园》，不难推知，当时与刘履丁同时优游吴下的，当还有董养河、黄孝翼等同乡好友。同乡知交，流连吴下，经年不归，故黄道周作《刘招》以招之。

《刘招》系为招刘履丁而作，不仅有如上所述之文献材料为证，而且有传世碑刻资料为证。苏州网师园藏有黄道周书《刘招》石刻，笔者曾于 2011 年夏委托友人拍摄到其照片若干幅。① 经与《黄漳浦集》所录《刘招》对校，二者文字略异，可为《黄漳浦集》的整理提供校勘资料。尤为值得注意的是，《刘招帖》石刻文末有一段未见于《黄漳浦集》的文字，其署曰："右《刘招》为刘鱼公作也。鱼公既远出，久而不归，念其才行之美，室人怀思，因作是篇云。乙亥秋九月道周书。"

这里的乙亥年为崇祯八年（1635 年），"刘鱼公"即刘履丁，因刘履丁字渔仲，故黄道周以鱼公尊称之。此时，黄道周正讲学于漳州榕坛（即漳州芝山之正学堂），而刘履丁则优游于千里之外的吴下，并于次年（丙子年）秋与冒襄等 4 人歃血于金陵顾楼。冒襄辑《同人集》卷五有《五子同盟诗》，汇辑了陈梁（则梁）、张明弼（公亮）、吕兆龙（霖生）、刘履丁（渔仲）吟咏此事的诗作。其中，陈梁所咏《丙子桂月之朔，同公亮、霖生、渔仲、辟疆盟于眉楼即席放歌》② 载明了 4 人盟誓的确切时间。关于刘履丁与冒襄等 4 人歃血盟誓一事，冒襄《往昔行跋》亦有记载：

"……适余与陈则梁、张公亮、吕霖生、刘渔仲四兄，刑牲顾楼。"③

① 之后，《闽台文化交流》2012 年第 3 期发表了徐明《记苏州网师园内黄道周〈刘招〉碑》一文，文章对于这四块石碑作了较为详细的考述，可资研究者参考。

② 冒襄：《同人集》卷五，冒氏家藏原刻本。

③ 冒襄：《同人集》卷九，冒氏家藏原刻本。

因此，当黄道周得知刘履丁近况而“念其才行之美”，兴“怀思”之情，作《刘招》以招之是极其可信的。唯有如此，前引文震亨“漫从千里寄《刘招》”之语才真正落到了实处。

综上，黄道周师友诗文和黄道周书《刘招帖》碑刻“二重证据”互相印证，相互发明，缺一不可。《刘招》确系黄道周因刘履丁远游吴下“久而不归”而作，而且就作于崇祯八年（1635年）于榕坛讲学之际。此外，据钱谦益《书黄宫允石斋所作〈刘招〉后》文末自署“崇祯九年三月”数语看，正在《刘招》作后一年。黄道周于漳州作《刘招》，再寄至吴下，这从时间上也正相吻合。

黄道周作《刘招》以招刘履丁，其良苦用心不是后人都可以洞察的。刘履丁游于吴下，交结包括钱谦益在内的吴地文人，本是游学方式之一种，也是当时士人生活常态之一种，黄道周何以招之？前引文震亨诗“却笑尔家玄太史，漫从千里寄《刘招》”，一“笑”，一“漫”，流露的虽是调侃的语气，但其自注“黄幼玄先生赋《刘招》以规渔仲之游”一个“规”字表明了其对黄道周真实意图的理解。以文震亨的理解，黄道周作《刘招》，不仅是“招”，更是“规”。规者，规劝、规谏。《诗·卫风·淇奥序》谓武公“能听其规谏，以礼自防”。《疏》曰：“正圆以规，使依度，犹正君以礼，使入德，故谓之规谏。”① 可见，所谓“规”字，其体现的深层内涵就在于“以礼使入德”，换言之，即以礼约束，使能“非礼勿视，非礼勿听，非礼勿言，非礼勿动”②，最终成就仁者之德。

刘履丁游历江南，不仅游学，也出入秦淮风月场所。对于刘履丁出入烟花之地的具体情形，文献中虽未见有详细记述，但从相关零星记载来看，这绝不是杜撰之词。除了前引《同人集》外，余怀《板桥杂

① 毛亨传，郑玄笺，孔颖達疏，龚抗云等整理：《毛诗正义》，北京大学出版社1999年版，第214—215页。

② 朱熹：《四书章句集注》，中华书局1983年版，第132页。

记》同样记载了这则轶事：

岁丙子，金沙张公亮、吕霖生，盐官陈则梁，漳浦刘渔仲，如皋冒辟疆，盟于眉楼。则梁作盟文甚奇，末云："牲盟不如臂盟，臂盟不如神盟。"①

此丙子为崇祯九年（1636年）。是年，刘履丁等人盟于眉楼，而眉楼是秦淮八艳之一顾媚的居室，即前文所谓"顾楼"。《板桥杂记》说顾媚"家有眉楼，绮窗绣帘，牙签玉轴，堆列几案；瑶琴锦瑟，陈设左右；香烟缭绕，檐马丁当"，并戏称为"迷楼"。接下来的记述值得关注：

当是时，江南侈靡。文酒之宴，红妆与乌巾紫裘相间，座无眉娘不乐。而尤艳顾家厨食，品差拟郇公、李太尉，以故设筵眉楼者无虚日。②

金陵为都会之地，其"衣冠文物盛于江左，文才风流甲于海内。白下青溪，桃叶团扇，其为艳冶也多矣。"③在这里，公侯、富商云集，佳丽粉黛，歌舞升平。士人放浪形骸，流连其中，意志往往消磨于温柔乡中。此种情形，尤以晚明为甚，连当时的一批复社名士也难以免俗。全祖望《记石斋先生批钱蛰庵诗》云：

明人放浪旧院，名士多陷没其间，虽以范质公、吴次尾、方密

① 余怀著，李金堂校注：《板桥杂记》（外一种），上海古籍出版社2000年版，第57页。

② 余怀著，李金堂校注：《板桥杂记》（外一种），上海古籍出版社2000年版，第29—30页。

③ 余怀著，李金堂校注：《板桥杂记》（外一种），上海古籍出版社2000年版，第3页。

之、姜如须、冯跻仲、黄太冲亦不免焉。王玄趾为蕺山先生门下，尤狎于此。①

对于“江南侈靡，文酒之宴”，黄道周是有亲身体验的，只是他持身谨严，“造次必于礼法”，② 真正做到了“以礼使入德”。方苞《石斋黄公逸事》所记述的正是如此。极为巧合的是，方苞文中的那个青楼女子有人推测可能正是后来嫁给龚鼎孳的顾媚。那么，刘履丁呢？他能否做到以礼持身呢？这可能正是黄道周所担心的。

黄道周有此种担心，不是毫无缘由的。钱谦益《秋日杂诗二十首》，其第十九首有助于了解刘履丁之为人。

吾徒刘渔仲，漳海一怪民。尊己卧百尺，藐人直半文。但求一人知，不顾举世嗔。石斋礼法人，天刑戒谆谆。洒泣作《刘招》，未死招其魂……③

根据《牧斋有学集》总目可知，此诗作于康熙元年（1662 年），距石斋就义已 16 年，距刘履丁死难则为 15 年。此时的钱谦益风烛残年，两年之后溘然离世。诗为追忆刘履丁等人而作，并因忆及黄道周作《刘招》而生发出为刘履丁等人招魂之意。从诗中可以看出，刘履丁为人拓落，不拘礼法，言行颇异于时人，故钱谦益目之为“漳海一怪民”。

刘履丁在眉楼之盟上，有《五交行》一首，分咏与于其事的五人，从诗中最后对自我的描述中亦可以想见其为人：

---

① 全祖望著，朱铸禹汇校集注：《全祖望集汇校集注》，上海古籍出版社 2000 年版，第 1819 页。

② 方苞著，刘季高校点《方苞集》，上海古籍出版社 1983 年版，第 239 页。

③ 钱谦益：《牧斋有学集》，上海古籍出版社 1996 年版，第 593 页。

汝何男子须眉蚪，海外流民传姓刘。模糊说剑不可酬，佣书卖鬼非道谋。吁嗟乎！为我师者，天皇之贤侯；为我友者，海翁之白鸥。尔何相重未弃置，犹云大海宽□鲰。大海之大何所试，精卫衔山木石碎。特恐鼍背弱，八柱频欲坠。勿为人喜炫伪功，勿为人恶改吾志。不愁幽兰死空林，但愁桐爨难为音。若使钟期犹可寻，请传一曲酬我诸同心。如我同心难屈指，大兄老聃小彭祖。中为张平八老公，忘机委志结渔夫。醩□同啜有尽时，明珠在里叮咛须。记取若使暗投人，不如仍归之海贾。①

这段文字几乎可以看作刘履丁的自画像。刘履丁以“海外流民”自居，以“天皇之贤侯”为师，以“海翁之白鸥”为友，以老聃、彭祖、张平等为兄，志趣高远，“勿为人喜炫伪功，勿为人恶改吾志”，率性而为，不谐流俗，有遗世独立之意。

作为刘履丁的畏友兼师长，黄道周当然了解刘履丁的性情，更清楚当时金陵的奢靡风气，这可能正是黄道周担心之一端。在立身端正、严于礼法的黄道周看来，刘履丁虽具“才行之美”，其交往的也多为慷慨国事的复社名士，但久居金陵奢华之地，则难免不能自拔而消磨意志，故作《刘招》以招之。正因为如此，钱谦益才有“洒泣作《刘招》，未死招其魂”之语。此“魂”，非死后之魂魄，盖指活者之精神；招魂，盖指以礼法收其心性，使一归于正。这颇类于孟子所谓的“求放心”，《刘招》所招当为招其“放心”，谓值国家多事之秋，当收束心性，以谋国事。

此种主旨，极类吕大临《拟招》。朱熹《楚辞后语》曾序《拟招》曰：“吕大临受学程、张之门，其为此词，盖以寓夫求放心、复常性之微意，非特为词赋之流也。故附张子之言，以为是书之卒章，使游艺者

① 冒襄：《同人集》卷五，冒氏家藏原刻本。

知有所归宿焉。”① 吕大临《拟招》末附张载之言，故其用意颇为显豁，是借拟骚体式表达其“求放心、复常性之微意”。这是理学家的“招魂”。黄道周创作《刘招》有无受《拟招》启发，我们不得而知，但黄道周作为一个大儒，立身守正、道德完善是其一生的追求，关注国事、致君尧舜则是其现实诉求。由此出发，黄道周借《刘招》呼吁刘履丁复归正道，以天下为己任，这也就不难理解了。这当是《刘招》深隐于文本背后的题旨意蕴。

黄道周作《刘招》规劝刘履丁也符合其一贯的行事风格。全祖望曾云：“黄忠烈公见诸弟子有与女校书诗者，辄戒之。”② 黄忠烈公即指黄道周，女校书典出唐代女诗人薛涛，此借指栖身青楼而有文才的女子。黄道周对弟子门人与青楼女子的诗书往来一定是极力反对，甚至是深恶痛绝的，这才有“辄戒之”之说。当钱光秀（蛰庵）以所作诗求黄道周点定时，黄道周虽然肯定其“诗甚可观”，但更批评“其中有赠女校书作，近来此等习气，皆元规之尘也”。③

明了以上诸问题之后，再读《刘招》文本，就有可能全面而深刻地把握其主旨倾向。由《刘招》之序文可知，黄道周继承屈骚“招魂体”驰骋想象、四方呼号以招魂的体制特点，设想楚之将乱，欲寻“诸宗之服美者”以纾解国难，从中不难体会出黄道周影射现实的用意。当时的朱明王朝内忧外患，世风浇漓，士风颓靡，黄道周对此深以为忧。每感于此，黄道周常思教养人才以挽大厦之将倾。刘履丁为黄道周同乡高弟，亦为其畏友，聪明绝人，博物好古，黄道周将其誉为“草莽之鸾、麟，人伦之侨、肸”。④ 在黄道周心目中，刘履丁本可堪当大任，

① 朱熹：《楚辞集注》，上海古籍出版社、安徽教育出版社 2001 年版，第 295 页。

② 全祖望著，朱铸禹汇校集注：《全祖望集汇校集注》，上海古籍出版社 2000 年版，第 1427 页。

③ 全祖望著，朱铸禹汇校集注：《全祖望集汇校集注》，上海古籍出版社 2000 年版，第 1819 页。

④ 黄道周：《与杜郡伯书》，《黄漳浦集》卷十六。

不料此时却流连于江南佳丽之地，经年不归，不能不为之叹惜，故拟《招魂》作《刘招》以招，“冀其觉悟而还之”①，以应国事之用，以尽臣民之忠。黄道周本人正是如此。此时，黄道周虽在榕坛讲学，但未尝一日忘记国事，每每与人谈论国事，辄“悲愤涕泗不已”。② 在以《刘招》招刘履丁的次年（崇祯九年，1636 年）九月，清兵入侵京畿重地，黄道周于此神州板荡之际毅然出山勤王，并于年底到达北京。

可见，《刘招》借屈原、巫涓为景差招魂，将朋友之情与君臣之义结合起来，拳拳之心，殷殷之意，颇有动人心魄之效。此实为《刘招》一大特色。后人由于缺乏《刘招》创作缘起等相关背景资料，故对其主旨的解读语焉不详。对此，时人钱谦益看得极分明，他在《书黄宫允石斋所作〈刘招〉后》中云：“其文仿《大招》、《招魂》，而其缠绵恻怆，起兴于朋友，而托喻于君臣之间，则亦屈、宋之遗也。”③

至此，《刘招》主题当清楚了。黄道周以朋友之情与君臣之义相感召，刘履丁终于离开金陵，于崇祯十一年（1638 年）以辟召任郁林知州，并颇有政绩。1645 年，嘉兴军民举义，刘履丁预于其事，城破死难。刘履丁没有辜负师友黄道周的良苦用心，在抗清斗争中尽了大明臣子的一份责任，践履了儒家杀生成仁的人生理念。

从《刘招》篇来看，黄道周的骚体赋作品因其善于比事属词，寄托遥深，所以作品的主旨确实要经过细致的考辨方可把握。通过上面对《刘招》篇的考辨可以知道，黄道周的骚体赋形式上虽多为仿屈原而作，但都能够联系自己的切身遭际有感而发，非无病呻吟、徒具形式的模仿者可比。黄道周骚赋所抒发的情感多与忠、孝二字相关，其“诗骚皆抒写其忠孝苦心，可以感天地，泣鬼神……虽各不同，大旨归于忠

---

① 黄灵庚：《楚辞章句疏证》，中华书局 2007 年版，第 1953 页。

② 庄起俦：《漳浦黄先生年谱》，侯真平、娄曾泉校点：《黄道周年谱附传记》，福建人民出版社 1999 年版，第 63 页。

③ 钱谦益：《牧斋初学集》，上海古籍出版社 1985 年版，第 1793 页。

孝”。[1] 这可谓解读黄道周骚体赋的一把钥匙。

最后需要提及的是，从少年时代耕读海岛时的溺于楚骚，到殉节前夕于尚膳监中作《謇骚》九章，骚体赋创作贯穿了黄道周一生。但是，从相关文献看，其对楚辞的态度是有变化的。黄道周有《答洪尊光山居书》四章，其第二章曰：

以尊光远器而当昌时，遽发其《离骚》乎？空山了无所睹，比来熟见《离骚》，乃稍稍开眼，始知屈左徒之外，别有一段情深理至之言。宋西邻辈只可为见作奴也。仆栾棘之音，久已焚却。日在墓下，一意灰槁，以蚯蚓为师。每值秋风，空对长松，挥其酸涕耳。[2]

“栾棘”语出《诗·桧风·素冠》：“棘人栾栾兮。”《毛传》：“棘，急也。栾栾，瘠貌。”孔颖达疏曰：“身服孝服，情急哀戚者，其人必瘦，故以栾栾为瘦瘠之貌。”[3] 孝子因哀痛而瘦瘠，后遂以“栾棘”喻孝子之哀痛。信中，“栾棘之音”谓其早年父亲故去时所作的《续离骚》等拟骚作品。黄道周的拟骚作品许多作于早年，但从“久已焚却”却可看出其晚年对楚辞创作有所保留。殉节前所作的《謇骚》诸作，实因正命前夕百感交集的复杂情绪而起。这种态度上的变化，从黄文焕《楚辞听直》的自序中可见一斑：

其见余作，而太息于天人之际者，石斋先生也。正值研注《骚经》，石斋偶相过，頞蹙曰：“是殆不祥之书哉！少喜读是，动辄拟之，

① 郑玟：《黄石斋先生诗集原序》，转引自崔富章：《楚辞书目五种续编》，上海古籍出版社 1993 年版，第 382 页。

② 黄道周：《答洪尊光山居书》，《黄漳浦集》卷十八。

③ 毛亨传，郑玄笺，孔颖达疏，龚抗云等整理：《毛诗正义》，北京大学出版社 1999 年版，第 463 页。

以此不谐于皆浊，迄今为宜岸魁，子又矻矻注之耶？”余叹曰：“既同入狱矣，夫何讳何避焉？五经均劝人以忠孝，凡书举非祥也，安所得阿世之祥书而读之？”石斋颔之而去。①

崇祯十三年（1640年），黄道周下狱。黄文焕坐钩党，与黄道周同下诏狱。在狱中时，黄文焕初为遣愁而注《楚辞》，后在方以智的鼓励下完成《楚辞听直》一书，凡八卷。此编“盖借屈原以寓感。其曰‘听直’，即取原《惜诵》篇中‘皋陶听直’语也”。②《惜诵》为屈原《九章》首篇，屈原在篇中“发愤以抒情”，以悼惜的心情抒发自己忠而被谤、遭谗被疏的郁闷和进退不得的矛盾心理。黄文焕以此“听直”一语命题，实寓有为黄道周和自己的冤狱鸣不平之意，即所谓“大抵借抒牢骚，不必尽屈原之本意”。③对于黄文焕的读骚注骚，此时的黄道周是有不同看法的。在血气未定的少年时代，黄道周不仅喜欢骚体赋，而且经常拟作，但今天在狱中，却将其视为不祥之书。

黄道周有赠黄文焕诗二章，其词曰：

其一

心可知无怨，途穷未倒行。阴晴随小鸟，毒痛共苍生。故事经开眼，留人别点睛。江河终日计，岂有不澄清。

其二

瘴遁无清啸，通途得雅春。旧冠谁合度，扁带若为容。蹙国看元

---

① 黄文焕：《楚辞听直序》，《楚辞听直》卷首，《四库全书存目丛书》影明崇祯十六年刻清顺治十四年续刻本。

② 《四库全书》研究所整理：《钦定四库全书总目》（整理本），中华书局1997年版，第1978页。

③ 《四库全书》研究所整理：《钦定四库全书总目》（整理本），中华书局1997年版，第1978页。

兔，游师态赤松。惊心非一事，旦晚又秋蛩。①

从诗歌内容看，这两首诗当作于狱中。联系这两首诗所传递出的黄道周的心境，再来细细体会黄道周对于楚辞态度的变化，其中实在有不少值得玩味的地方。

① 这两首诗引自清黄任著《秋江集》（《四库全书存目从书》影印吉林大学图书馆藏清乾隆刻本）卷三《拜石斋先生墓下》一诗后的附录。

结　语

黄道周一生以著述、讲学为务，故人有“自通籍至尽节，中间下狱谪戍，未尝一日废著书、讲学”[①]之论。在长期的学术实践中，黄道周取得了多方面的成就。正因为如此，蔡世远赞其“志存忠孝，学贯天人”，[②]蔡衍鎤谓其“文章气节炳耀千秋，学问事功辉煌四表”，[③]郑玟则更称“其人为千秋不朽之人，文为千秋不朽之文”[④]。不仅黄道周同乡士人交口称赞，黄宗羲也谓其学问如“森森武库，霜寒日耀”。[⑤]

由于种种条件的限制，故本书主要选取了黄道周学术思想与文学作为研究内容，分“黄道周学术思想研究”“黄道周文学研究”两大部分渐次展开。首先，本文简要分析了晚明学术与学风的特点，揭示了黄道周学术活动的学术语境。在此基础上，将黄道周置于晚明闽南特定的学术语境和地理环境中，深入探讨了黄道周学术思想的渊源和由此而形成的和合会通、以务世用的学术品格。接着，以黄道周《诗经》学为中心对黄道周的学术思想进行了具体剖析，使上文所论述的黄道周学术思想的特点得到了具体展开和进一步的落实。最后，以上述对黄道周学术

---

① 郑玟：《黄石斋先生文集序》，《黄石斋先生文集》卷首。

② 蔡世远：《募刻黄石斋先生遗书引》，《二希堂文集》卷十一，文渊阁四库全书本。

③ 蔡衍鎤：《募刻黄石斋先生遗书序》，《操斋集》卷三，清康熙刻本。

④ 郑玟：《黄石斋先生文集序》，《黄石斋先生文集》卷首。

⑤ 黄宗羲：《传是楼藏书记》，《黄宗羲全集》（第十册），浙江古籍出版社2012年版，第135页。

思想的研究为背景，观照、分析了黄道周根柢六经、体用结合的经世致用的古文理论、文学史观、古文与骚体赋创作的成就。

在构思和行文中，本书有一个贯穿全文的内在线索，即晚明学术转型中黄道周会通诸种思想资源、以务世用的学术追求。在晚明这个各种学术思想激荡的转型期，黄道周以救治人心、经世致用为追求，对于各种思想资源能够兼容并蓄而会通，从中可以看到明末清初儒学转向的端倪。这种转向，后经同样经历了明清鼎革的顾炎武、黄宗羲、王夫之等人的努力基本完成。

言及明清之际的学术转向，学界每以顾炎武、黄宗羲、王夫之并论。的确，顾、黄、王三人为明清之际的学术转向贡献极大，但是，黄道周在其中对他们的影响却往往被忽视了。据目前所能看到的文献，以对黄宗羲的影响最为显著。邵廷采曾说："（黄宗羲）尝示余《乾坤凿度》、《象数》等书，望而不敢即。盖弘览博物，多得之黄漳浦。"① 不仅黄宗羲的《易》学等学问得自黄道周，而且黄宗羲还是黄道周学术思想的积极传播者。据《黄宗羲年谱》记载，康熙十七年（1678 年），黄宗羲以近古稀之年（时年 69 岁）至海昌向许西三等传授黄道周易学。② 可见，黄宗羲的学术受黄道周影响不小。因此，当我们讨论明清之际的学术转型时，不可不注意黄道周在其中的影响。当然，由于本书所论只是黄道周学术思想的冰山一角，因此，仅凭本书相关内容的论述还不足以完全揭示这种影响。随着今后对黄道周研究的全面展开和逐步深入，黄道周在明清之际学术转型过程中的作用会越发凸显出来。

首先，黄道周弟子众多，交游极广，而且所交游者多为活跃于明

① 邵廷寀：《遗献黄文孝先生传》，《黄宗羲全集》（第十二册），浙江古籍出版社 2012 年版，第 66—67 页。

② 黄炳垕《黄梨洲先生年谱》："（康熙）十七年戊午，公六十九岁。……至海昌，许公西三从，受漳海黄忠端公《三易洞玑》及《授时》、《西洋》、《回回》三历。"（《黄宗羲全集》（第十二册），浙江古籍出版社 2012 年版，第 47 页。）

清之际政治和学术舞台的重要人物。本书在行文中对黄道周的交游多有论及，但这只是其交游的极少一部分。黄道周的交游非以专门著述不能概其全。全面考察黄道周的交游，不仅可以进一步揭示黄道周在当时的影响，而且可以借此绘制出一幅晚明纷繁复杂的社会现实和学术图谱。

其次，黄道周于儒家诸种经典都有其注解之作，因此，研究其经典诠释思想并将其置于经学史上加以考察，也是黄道周研究的一个重要内容。在此研究过程中，不仅黄道周的经学成就和特点会得到进一步的揭示，而且其在经学史上的地位和贡献亦可得到准确的定位。

第三，在处于王朝更迭之际的儒家士人中，黄道周的遭际极有代表性。明季神州板荡，黄道周既思历朝良臣名将，希望自己能如他们一样立身庙堂之上，挽大厦之将倾；又于仕途坎坷之际屡屡致仕，与门生、友人讲学著述，啸傲于江湖之间。最终，黄道周以一介书生率“三五秀才”决然出关，给后人留下了无限的辛酸和感慨。“用其非材”的悲哀，出处抉择的艰难，生死选择的决绝，衰世易代之际士人心灵的挣扎展现无疑。黄道周身后，士人题咏极多，其内容即多为此种感慨。加强这方面的研究，可以将黄道周的遭际作为一面镜子，从而折射当时士人艰难抉择的痛苦心路历程。

以上略举数例，已可见本论题进一步延伸、拓展的巨大空间以及黄道周研究的价值。

此外，黄道周著述宏富，文字古奥，素称难读，但至今其著作尚无理想的整理本，这无疑给黄道周研究带来了诸多不便。① 笔者在本书撰写过程中曾对所阅读的黄道周著述做了一些点校，但毕竟不是专门点校而尚显粗疏。进行黄道周著述整理是黄道周研究进一步深入的前提，但这种整理应是包括辑佚、校勘、注释等各项文献学工作在内的系统工

① 目前，黄道周的著述中仅有《易象正》（中华书局 2011 年版）、《三易洞玑》（中华书局 2014 年版）两种由翟奎凤整理出版。

程，而不是简单的文章标点。此项工程，任务巨大，绝非一时之功，也非一人之力所能完成。虽然如此，但这是今后必须做的一项极有意义的工作。

黄道周学如武库，无所不备，以吾辈之学力而从事其研究，无异于“以指测河”。虽然如此，但正如黄道周一样，既然做出了选择，那就唯有决然前行。

附录 “两贤相映发，可以敌璠瑰”

——黄道周断碑砚考论

文房四宝是古代文人随身携带的必备物品，其中尤以砚最为文人所重，故陈继儒有“文人之有砚，犹美人之有镜也，一生之中最相亲傍”[1]之论。治砚的材料来源多样，材质上乘的砚石固然为文人所乐道，但是残碑断碣，因其上所附着的历史掌故、人文积淀，可使文人兴发思古之幽情，因而也成为文人治砚的重要材料。黄道周断碑砚就是利用墨妙亭苏轼《孙莘老求墨妙亭诗》碑残片雕琢而成。

黄道周（1585—1646），字幼玄，号石斋，漳浦铜山（现东山县）人。天启二年（1622 年）进士，历官翰林院编修、右春坊右中允等。隆武朝时，晋吏部尚书、武英殿大学士，抗清兵败婺源，被俘殉节。黄道周幼孤好学，博通经史，一生讲学、著述不辍，“文章风节高天下”，[2]其所遗留之断碑砚亦为后人所珍视。

---

① 陈继儒：《妮古录》，四库存目丛书影印明万历绣水沈氏刻宝颜堂秘籍本。

② 张廷玉等：《黄道周传》，《明史》卷二百五十五，中华书局 1974 年版，第 6595 页。

一

墨妙亭为北宋孙觉所建。孙觉，字莘老，高邮人，苏轼好友，《东坡全集》中有多首诗歌系为孙觉而作。[①] 孙觉建墨妙亭之事，苏轼《墨妙亭记》有详细说明：

> 熙宁四年十一月，高邮孙莘老自广德移守吴兴。其明年二月，作墨妙亭于府第之北，逍遥堂之东，取凡境内自汉以来古文遗刻以实之……是岁十二月，余以事至湖，周览叹息，而莘老求文为记。[②]

由文中可知，孙觉建墨妙亭于吴兴府第之中，以藏境内自汉以来古碑刻法帖，事在熙宁五年（1072 年）二月。亭成，孙觉致函苏轼求诗题咏，《孙莘老求墨妙亭诗》当作于此时不久。[③] 据孔凡礼《苏轼年谱》，苏轼于熙宁四年（1071 年）自乞外补，除杭倅，十一月二十八日到杭州通判任上。"（熙宁五年）八月，与刘撝等监试中和堂。试院中，应孙觉（莘老）之请，作墨妙亭诗。"[④] 结合诗中"书来乞诗要自写"句可知，此诗确系苏轼应孙觉之请而作，由苏轼亲自书写寄与孙觉，并被刻石

---

① 如《苏东坡全集》（上册）（中国书店 1986 年版）卷四《元日次韵张先子野见和七夕寄莘老之作》《将之湖州戏赠莘老》，卷九《和孙莘老次韵》等。

② 苏轼：《墨妙亭记》，《苏轼文集》（第一册），中华书局 1986 年版，第 354 页。

③ 苏轼《孙莘老求墨妙亭诗》："兰亭茧纸入昭陵，世间遗迹犹龙腾。颜公变法出新意，细筋入骨如秋鹰。徐家父子亦秀绝，字外出力中藏棱。峄山传刻典刑在，千载笔法留阳冰。杜陵评书贵瘦硬，此论未公吾不凭。短长肥瘠各有态，玉环飞燕谁敢憎。吴兴太守真好古，购买断缺挥缣缯。龟趺入座螭隐壁，空斋昼静闻登登。奇踪散出走吴越，胜事传说夸友朋。书来乞诗要自写，为把栗尾书溪藤。后来视今犹视昔，过眼百年如风灯。他年刘郎忆贺监，还道同时须服膺。"（《苏东坡全集》（上册），中国书店 1986 年版，第 70 页）此诗非惟道古，乃是自道其论书大旨。

④ 孔凡礼：《苏轼年谱》，中华书局 1998 年版，第 228 页。

后藏诸亭内。熙宁五年（1072年）十二月，苏轼因奉转运司檄至湖州，得以周览墨妙亭所藏历代碑刻，品味颜、李、二徐诸家书法妙处。苏轼感慨叹息之余，应孙觉之请，遂作《墨妙亭记》一文。

岁月流逝，物是人非，墨妙亭也逐渐榛芜破败。① 据清人钱泳记载，墨妙亭碑刻最后“惟存东坡诗一石而已”，“后此石亦断缺不全”，其中一片嘉靖中为王阳明谪龙场驿丞时得之，琢为“驿丞署尾砚”；“一片天启初黄石斋道周得之”，② 雕琢为砚，就是这方断碑砚。如钱氏所记属实，则可推知，黄道周断碑砚当是得之于其天启初年会试前后。

但是，此条文献记载毕竟语焉不详，因此，黄道周究竟具体于何时何地如何得到苏轼墨妙亭诗残刻并琢石为砚的，其具体情形后人却不得而知，常常引以为“阙典”之憾。清人周中孚《郑堂札记》云：

> 东坡墨妙亭诗云：“书来乞诗要自写，为把栗尾书溪藤。”予见张孝廉《金石契》中载黄石斋断碑砚，背文尚存“吴越胜事、书来乞诗、要、尾书溪藤、视昔过眼”十七字，洵属坡公自书。盖当年曾刻石于郡斋，不知何日断裂，流散于外耳。胡、李二《郡志》俱不著录，真阙典也。③

虽然黄道周得砚的具体情形已不可详考，但可以肯定的是，至少在其下狱前就已经拥有了这方断碑砚。朱辰应《记黄石斋断碑砚后》载：

> ……太傅文孙上舍（讳茂旸）阐德录疏其事，且云行笈中止断碑一砚，则是物盖早与石斋周旋矣。石斋谪戍下狱，备尝艰苦，庄烈帝终

① 后明人张维枢重修之，并有《重修墨妙亭记》（《明文海》卷三百六十二，文渊阁四库全书本）。

② 钱泳：《履园丛话》卷九，续修四库影印清道光十八年述德堂刻本。

③ 周中孚：《郑堂札记》卷三，清光绪刻仰视千七百二十九鹤斋丛书本。

以儒者优容之，则所云“曾从霹雳推车去，又得滂沱自在春”，是砚亦患难中一友也。①

此处太傅系朱国祚（朱彝尊曾祖），为黄道周天启二年（1622年）会试的总裁官，其少子尚宝司卿朱大定曾赠朱国祚藏米芾砚山给黄道周，黄道周不受，题断句四章于上。朱茂旸为朱国祚孙、朱彝尊叔父，朱辰应则为朱彝尊孙辈。因其家先人与黄道周渊源颇深，故朱辰应对黄道周断碑砚知之甚详，所记当极可信。

“明命既倾，石斋致命。”② 黄道周殉国后，作为其“患难中一友”的断碑砚也散落世间，辗转流传。笔者虽无机缘见到这方砚台，但根据曾燠等人的诗文，还是可以进一步知道这方断碑砚的一些细节。清两淮盐运使曾燠曾于扬州市上购得黄道周断碑砚，并作有《黄石斋先生断碑砚歌》，其序曰：

坡公《题墨妙亭诗》断碑一片，广三寸七分，长三寸四分。存十六字，凡四行，一行曰“吴越胜事”，一行曰“书来乞诗”，一行曰“尾书溪藤”，一行曰“视昔过眼”。以背面作砚，右偏之上刻“断碑”二隶字，下刻“道周”二字印篆。左偏刻竹垞铭曰：“身可污，心不辱，藏三年，化碧玉。”为八分书。予得之广陵市上。③

清梁绍壬《黄石斋断碑砚》亦有类似记载：

曾宾谷方伯于广陵市上得一砚，系坡公题墨妙亭诗断碑一片。广

① 朱辰应：《记黄石斋断碑砚后》，《黄漳浦文选》，大通书局1987年版，第386页。

② 朱辰应：《记黄石斋断碑砚后》，《黄漳浦文选》，大通书局1987年版，第386页。

③ 曾燠：《黄石斋先生断碑砚歌·序》，《赏雨茅屋诗集》卷四，清嘉庆二十四年刻增修本。

三寸七分，长三寸四分，存十六字，[①] 凡四行。一行曰“吴越胜事”，一行曰“书来乞诗”，一行曰“尾书溪藤”，一行曰“视昔过眼”。以背面作砚，右偏之上刻“断碑”二隶字，下刻“道周”二字印篆，左刻竹垞铭曰：“身可污，心不辱。藏三年，化碧玉。”为八分书。[②]

从曾燠的诗序和梁绍壬的随笔可知，黄道周断碑砚确是利用苏轼题墨妙亭诗断碑制成，上面既残留了苏轼诗歌中的少量文字，又有黄道周的印篆。后来，朱彝尊（号竹垞）题刻铭文于上。曾燠生于1760年，卒于1831年[③]，其主要活动年代离黄道周金陵就义仅仅百年时间，购砚的扬州又是黄道周北上南下途经之地，门人故旧颇多，黄道周断碑砚流落于此也极有可能。再则，以曾燠之见识学问，以曾燠幕中人才之盛，亦当不至于出现以赝品当真品的笑话。据此推测，曾燠所购的这方砚当是真品，上述记述应该是可信的。

二

同古代其他文人一样，黄道周爱砚，但更爱这方断碑砚，以至于出入“行笈中止断碑一砚”，后更成为其“患难中一友”。黄道周何以钟爱这方残石制成的断碑砚呢？细细分析，大体有以下几方面的原因。

首先，以古代碑刻残石为砚，是文士崇尚古雅、尚友古人的风尚

---

① 黄道周断碑砚亦有谓存十七字者，如前引清人周中孚《郑堂札记》卷三文。此外，近年网上有拍卖黄道周断碑砚的公告，所附照片也是十七字，多出一个“要”字。笔者在未见真品之前，不敢遽下断言，只能姑存待考。

② 梁绍壬：《黄石斋断碑砚》，《两般秋雨庵随笔》卷三，清道光十七年王氏振绮堂刻本。

③ 曾燠（1760—1831），字庶蕃，号宾谷，江西南城人，晚号西溪渔隐，乾隆辛丑进士，曾两仕两淮盐运使，在扬州前后15年。曾燠为清叶颇具影响的诗人、骈文名家，著有《赏雨茅屋诗集》，编有《江西诗征》《国朝骈文正宗》。曾燠扬州任上，广招宾客，幕中人才济济，备受时人称道，其幕府因而成为干嘉时期著名的艺文幕府。《清史列传》有传。

使然。古代碑刻，历经岁月风雨的洗礼，给人以古朴典雅之感。更重要的是，古代碑刻，即使是残碑碎碣，其中也往往凝聚着前辈文人的风操德业。用断碑为砚，正好满足了古代文人尚友古人的精神追求。孟子“以友天下之善士为未足，又尚论古之人”①之说对古代士人影响深远，在他们看来，尚友古人，正是追求与古人心灵上的遥相契合。周敦颐对所尚何人做了具体的展开，即“圣希天，贤希圣，士希贤”。从此，“士希贤”“贤希圣”“圣希天”成为有宋以来士人安身立命的自觉追求。②爱屋及乌，因尚友古人，所以对古人之物倍加珍视。

用断碑为砚，前已有之。如前所引，在黄道周之前，王守仁亦有墨妙亭断碑一片，题曰“驿丞署尾砚”，系谪贬龙场时所得。由纪昀《断碑砚歌为裘漫士先生作》前序可知，此砚“存十二字，凡四行，行三字，曰‘灯他年’，曰‘忆贺监’，曰‘时须服’，曰‘孙莘老’。高、广各三寸，长四寸。王文成公得之，以背面作砚，左刻‘守仁’二楷字，右刻篆书‘阳明山人’四字，侧刻分书‘驿丞署尾砚’五字。”③

此砚后为清裘日修④所得，并撰有《断碑砚铭》：

断碑砚，宋熙宁四年苏文忠公为孙吴兴作墨妙亭诗石刻也。不知毁于何时，王文成公何自得之，用以为砚，存字凡十二。其面作分书，曰“阳明山人”，曰“守仁”。盖文成自识左方，曰“驿丞署尾砚”，则明正德元年文成谪贵州龙场驿时也。端溪片石，附两公遗迹，以传迄今，且七百余年矣。古泽寒光，对之肃然起敬。尚友者宜有取焉，不独

① 朱熹：《四书章句集注》，中华书局 1983 年版，第 324 页。

② 周敦颐：《周元公集》卷一，文渊阁四库全书本。

③ 纪昀：《断碑砚歌为裘漫士先生作 · 序》，《纪文达公遗集》之《诗集》卷十，清嘉庆十九年刻本。

④ 裘日修，字叔度，一字漫士，新建人，乾隆己未进士，历官礼、刑、工部尚书。学品端醇，才猷练达，尤善治水。卒谥文達，入祀乡贤祠。修亦为名重一时的学者，曾任《四库全书》总裁，有《裘文达公文集》传世。

几席之供而已。既为之赞，复铭于其匣曰：块然一石，琢之磨之，东坡取之泐字，阳明用以临池。吾于东坡，不重其经济而爱其文章之达；吾于阳明，不宗其学术而叹其功业之奇。於戏！每一援笔悠悠我思。①

王守仁的这方断碑砚因为其“附两公遗迹”，即使七百年后依然令人“对之肃然起敬”，而“不独几席之供而已”。正因为如此，裘日修得到这方砚后，欣喜异常，绘图题赞，一时名人咏之如潮，雅韵风流，蔚为大观，遂成文坛一大雅事。当时著名者，纪昀有《断碑砚歌为裘漫士先生作》《漫士先生绘断碑砚图敬题其后》，曾燠有《题裘文达公断碑砚图》②，沈初有《题王文成断碑砚二首有序》③等。其中，彭元瑞“漫同文字无情物，都是湖山远谪时……摩挲石丈还相问，进学姚江退学苏”④、钱陈群“苏王相去五百载，借石结契如宾朋……平生尚友存臭味，吾所畏者皆服膺”⑤抒发的正是文人们尚友古人的幽思。

同样，黄道周对断碑砚的珍视，绝不在于砚石本身，而在于其上凝聚的先贤遗泽，是黄道周尚论古人，以古人为师为友思想的具体体现。

我们现在没有文献证明黄道周以墨妙亭碑刻残石为砚是否受到王守仁断碑砚的启发，但有一点可以肯定，黄道周对王守仁道德、事功推崇有加，甚至认为在某些方面远迈孟子（此一论题将另文专门论述）。即使黄道周制断碑砚没有受到王守仁的影响，但也可看作是二人同声相应、同气相求的表现。

其次，具体到黄道周的这方断碑砚，黄道周尚友苏轼，体现的不

① 裘日修：《断碑砚铭》，《裘文达公文集》卷四，清嘉庆刻本。

② 曾燠：《题裘文达公断碑砚图》，《赏雨茅屋诗集》卷十四，清嘉庆二十四年刻增修本。

③ 沈初：《题王文成断碑砚二首有序》，《兰韵堂诗文集》之《诗集》卷七，清乾隆刻本。

④ 彭元瑞：《裘漫士先生所藏断碑砚》，《恩余堂辑稿》卷四，清道光七年刻本。

⑤ 钱陈群：《题裘叔度尚书断碑砚图卷用东坡韵》，《香树斋诗文集》之诗续集卷三十三，清乾隆刻本。

仅是黄道周对苏轼书法艺术的认同，更体现了对其人格和人生志趣的仰慕。

黄道周善书，其书法理论与实践颇受苏轼的影响。黄道周论书主“遒媚”之说，恰与苏轼“端庄杂流丽，刚健含婀娜”① 的书法主张相一致。从黄道周传世的书法作品看，其因平台抗辩而归乡守墓后所作的《赠无涯答诸友诗卷》尤为明显，结体、笔意颇得东坡之韵。

苏、黄二人虽然书法成就极高，但苏轼只是将其视为“余事”之“余事”，黄道周亦将其视为“学问中第七、八乘事”，明确表示“余素不喜此业……若使心手余闲，不妨旁及。”②。相对于书法，家国大事、天下苍生，才是他们真正关注的对象。

黄道周以苏轼墨妙亭诗断碑为砚，不仅是因为上面残存有苏轼的墨迹，更因为其上凝聚着苏轼的人格品行、人生志趣。后者才是深层次的原因所在。

1. 苏轼立朝守正，忠直敢言，黄道周恰与其一致。

苏轼的谏诤敢言，历来为人所称。熙宁四年（1071 年），司马光知许州，曾上章赞苏轼敢言。司马光云：

> 臣之不才，最出群臣之下，先见不如吕诲，公直不如范纯仁、程颢，敢言不如苏轼、孔文仲，勇决不如范镇。

又曰：

> 轼与文仲皆疏远小臣，乃敢不避陛下雷霆之威，安石虎狼之怒，上书对策指陈其失，隳官获谴，无所顾虑，此臣不如轼与文仲远矣。③

① 苏轼：《和子由论书》，《苏东坡全集》（上册），中国书店 1986 年版，第 42 页。

② 黄道周：《书品论》，《黄漳浦集》卷十四。

③ 孔凡礼：《苏轼年谱》，中华书局 1998 年版，第 197 页。

苏轼敢于谏诤，黄道周何尝不是？黄道周虽谓自己“直言敢谏，贞心绝俗，则臣不如詹尔选、吴执御”，① 但其屡逆龙鳞，直言敢谏之声为当时士人所钦慕。平台抗辩一节，更是悚动天下。直言谏诤的结果，古今一致。苏轼一生屡遭贬谪，黄道周一生更是“通籍二十载，历俸未三年”，② 虽有济世之心，但无请缨之路。相似的遭遇，异代而同悲，使得黄道周在奏疏言事中屡引苏轼为证：

昔苏轼临行，欲陛辞不得，乃上书言：“极泰之世，小民皆得上通；极否之世，近臣不能自达。”臣今值尧舜之朝，虽乞枯骸，犹荷明问，臣死且不朽。至于愚迂不能明切，如好丑定于肌肤，不可复易。谨昧死具奏，唯陛下少垂察焉！③

苏轼“陛辞不得”乃上书直言，黄道周则“昧死具奏”，可见二者精神的一致。

2. 苏轼“知命”的人生志趣，亦是黄道周所推崇并积极践履的。

苏轼、黄道周二人屡遭挫折，但是对命运的态度非常相似。敢为危言，痛陈时政，可能会结知主上，但更可能招来当政者的嫉怨。苏轼一生虽屡处于逆境，但依然豁达开朗，这与其“知命”的人生态度是分不开的。《墨妙亭记》云：

余以为知命者，必尽人事，然后理足而无憾。物之有成必有坏，譬如人之有生必有死而国之有兴必有亡也。虽知其然，而君子之养身也，凡可以久生而缓死者无不用；其治国也，凡可以存存而救亡者无不

① 黄道周：《三罪四耻七不如疏》，《黄漳浦集》卷二。

② 黄道周：《感恩疏》，《黄漳浦集》卷三。

③ 黄道周：《放门回奏疏》，《黄漳浦集》卷二。

为，至于不可奈何而后已。此之谓知命。①

对此，黄震评价道："《墨妙亭记》'知命者，必尽人事，然后理足而无憾'，真理到之言，可以发明孟子不立岩墙之说"。② 苏轼所谓的"知命"，乃是"必尽人事"，"至于不可奈何而后已"。这里发挥的正是孟子所说的"尽其道而死者，正命也"③ 之意。

黄道周生活的时代，朱明王朝内忧外患，已如同风雨飘摇之舟，倾覆只在早晚之间。身处其间的黄道周精通易理，善推理世运，对此种局势不可谓不了解。按照一般人的理解，当应顺其自然之势而为之。但是，黄道周明知事已不可为而为之，最后以一介书生请缨出征，从容就义，正是其"尽人事""尽其道而死"的"知命"思想的表现。只有从这个角度，才可以合理地解释黄道周最后的抉择。

苏轼作于密州任上的《超然台记》，抒发了其因为能"游于物之外"，而"无所往而不乐者"的人生态度。对于此文，黄道周评曰：

此篇不惟文思温润有余，而说安遇顺性之理极为透彻，此坡翁生平实际也。故其临老谪居海外，穷愁颠倒，无不自得，真能超然物外者矣。④

黄道周于仕途坎坷中多次流露希望归乡田居、超然物外的思想，而且其一生实际上也以居乡讲学为多。但是，每当国家有事，他选择的都是毅然出山，直至最后决死赴难。可见，黄道周虽然欣赏苏轼超然物外的生活态度，但真正能引起其心灵上共鸣的还是苏轼"必尽人事"的

① 苏轼：《墨妙亭记》，《苏轼文集》（第一册），中华书局 1986 年版，第 354 页。
② 黄震：《黄氏日抄》卷六十二，文渊阁四库全书本。
③ 朱熹：《四书章句集注》，中华书局 1983 年版，第 351 页。
④ 《御选唐宋文醇》卷四十四，文渊阁四库全书本。

“知命”思想。①

正是因为对苏轼的推崇，黄道周才有“每读子瞻《寄钱道人诗》，为之中夜起而顿足”② 之举。综上可知，出于尚友古人的文化传统，出于对苏轼人格节操的企慕，黄道周才以墨妙亭碑刻残石为砚，并须臾不离左右。个中原委大体如此。

三

文人爱砚、藏砚，更于其上题咏诗句，镌刻铭文，为我们留下了大量寄寓其情感、志趣、人生理想的咏砚之作。透过这些作品，后人不仅可以了解某方砚的材质、形制和流传情况，而且可以一窥古代文人尚论古人的情怀。

黄道周金陵殉节后，其断碑砚辗转流传，几易其主。每一次的发现，都会引起时人的惊喜，都会有相关的诗文吟咏。综合笔者目前所掌握的文献，结合收藏者、记录者的生卒年月等推断可知，黄道周断碑砚在清代曾先后辗转于姚世钰（约 1703—1757）、桐溪汪氏、曾燠（1760—1831）、淮安黄氏等人之手。③ 钱泳记载道：

其一片天启初黄石斋道周得之，亦琢为砚，存十七字，为吴兴姚玉裁（姚世钰）所藏，后归桐乡汪氏，当时如厉樊榭（厉鹗）、丁龙泓（丁敬）、蒋心余（蒋士铨）诸公亦各有诗纪之，载吾友张艺堂（张燕

① 苏轼对于黄道周的影响是多方面的，笔者正拟撰专文讨论之。

② 黄道周：《答陈太史书》，《黄漳浦集》卷十八。

③ 民国邓之诚著《骨董琐记》一文中曾提及此砚，并谓其“同光间归潘郑盦，今不知在何人手”。今人王贵忱《记苏渊雷所藏黄道周断碑砚》（《家庭》1983/11）文谓其藏于苏渊雷氏。另外，网上有 2004 年 12 月 26 日断碑砚的拍卖记录，并附有实物图片。文物收藏与拍卖市场，鱼龙混杂，因笔者无缘得见实物，故不敢对这几处所提及的断碑砚真伪妄下断语。本文的著力点不在此，故此问题姑待日后留意之。

昌）征君《金石契》中。①

关于黄道周断碑砚后归桐溪汪氏之事，厉鹗（1692—1752）也有记载并赋诗：

东坡先生墨妙亭诗残刻十七字，石斋黄公得之，琢其背以受墨，名曰“断碑砚”。今归桐溪汪氏，拓其文，装于册来索诗：

吴兴太守珠湖客，缮亭蒐碑聚名迹。谁其诗者长帽翁，钩勒溪藤上乐石。后来乌台有追勘，蔡奴之兄未捃摭。众碑零落一碑存，又复缺断真可惜。谁知此碑为此砚，世间物化等儿剧。漳浦黄公署名在，箕尾中天映奎壁。文章气节两不亏，汪子宝之永无斁。②

从桐溪汪氏收藏之后，不知何故又流散于扬州，为曾燠所得。曾燠当时有诗题咏，其幕府成员中亦有记载、题咏。曾燠《黄石斋先生断碑砚歌》云：

衢州尺土非其有，湖州片石藏谁手。此是黄公不转心，百年未与秦灰朽。残砖断碣公摩抄，爱他妙墨存东坡。东坡文字得迁谪，公亦危言婴祸罗。抱璞区区成一哭，墨花深染蛮烟绿。幕府勤劳玉带生，孤臣心迹桥亭卜。公之前辈王文成，一段碑曾题驿丞。盘错偶然成利器，鼎钟因得共勋名。石友遭逢亦何定，乌乎经济需时命。我朝褒谥黄忠端，当日平台斥为佞。③

① 钱泳：《履园丛话》卷九，续修四库影印清道光十八年述德堂刻本。

② 厉鹗：《樊榭山房续集》卷一，四部丛刊影清振绮堂本。

③ 曾燠：《《黄石斋先生断碑砚歌》，《赏雨茅屋诗集》卷四，清嘉庆二十四年刻增修本。

后又为淮安黄氏所得。黄钧宰[1]《金壶七墨·断碑砚》云：

家兄仲勤以千钱购断碑砚一方，背□十六字，书法遒劲，平列四行。第一行曰"吴越胜事"，次行曰"书来乞诗"，再次曰"尾书溪藤"，曰"视昔过眼"，即售者亦不辨为何语。他日读坡公墨妙亭诗，适与前字相合，心焉疑之。及阅《秋雨庵随笔》，乃知为黄公石斋之砚所刻，果是苏诗。曾宾谷都转尝得之广陵市上，并载右偏有道周篆印，左有竹垞铭语，均剥蚀不可辨。以黄氏故物，历今二百余年，仍归吾家，可喜也。[2]

《金壶七墨》是黄钧宰记录其自道光十四年（1834年）至同治十二年（1873年）四十年间耳目闻见、可惊可愕之事的一部笔记，抒写的是悲欢离合之情。从上面所引之文可以看出，断碑砚辗转流传至黄氏手上时，虽然砚上款识已经"剥蚀不可辨"，但其惊喜之情依然溢于言表。

之后，黄道周断碑砚又辗转为孙楫所得，张之洞有《咏砚》《黄忠端墨妙亭断碑砚歌为孙给事楫赋》吟咏其事。[3] 其后一首咏道：

苌叔沦精化为碧，不如石斋有片石。此石来自苕溪头，春波照影玻璃色。手写孝经一百通，龙尾凤咮皆逃匿。[4] 墨妙之亭今榛芜，当年运石烦千夫。汉碑聚散人不道，诗刻独惜眉山苏。不因砚材收断壁，焚

---

① 黄钧宰（约1826—1895），一名振钧，字宰平，钵池山农，别号天河生，淮安人。他"性好词赋而不乐制艺"，"一生偃蹇不遇"。著有《比玉楼传奇四种》《金壶七墨》，又有《比玉楼遗稿》《谈兵录》等。

② 黄钧宰：《金壶七墨·金壶逸墨》卷一，清同治十二年刻本。

③ 孙楫，字济川、子舟，号驾航。山东济宁人。咸丰二年进士，官给事中。事迹详见乔晓军著：《清代翰林传略》，陕西旅游出版社2002年版，第345页。

④ 苏轼《龙尾砚歌引》："余旧作《凤咮石砚铭》，其略云：'苏子一见名凤咮，坐令龙尾羞牛后'。"

烬亦与峄山俱。任城给事独妮古，涤砚草疏笔如杵。为访余石装百衲，莫令东坡辱砧础。①

《左传·哀公三年》载有“苌弘化碧”的典故，苌叔遂成为忠贞之士蒙冤罹难的代称。但在张之洞看来，苌弘的事迹精神远不及黄道周。崇祯十三年（1640年），黄道周因解学龙荐举而被“责以党邪乱政”入狱。在狱中，黄道周遭遇酷刑，“卧病八十余日，抱足扶首，仅能起立”②，险些毙命狱中，但犹自“手写孝经一百通”。陈子龙《寄献石斋先生》“带血晨兴写《孝经》，和枷夜卧编《周易》”之语，可谓实录。③

历经战乱，物是人非；睹物思人，感慨万千。在黄道周身后，关于断碑砚的吟咏之作多是由此而发。朱辰应《记黄石斋断碑砚后》：

后死尚论者即以先太傅海岳研山拟王氏校士之砚，而石斋之断碑以之并文山玉带生，夫何歉哉？是日既展阅吾友张艺堂所摹拓本，适拜扫先太傅赐墓暨尚宝碧血埋藏之所，仰见松柏烈烈，不啻亲聆石斋鬼门相候云云也。④

展阅拓本，面对松柏涛声，恍惚如亲耳聆听“石斋鬼门相候”之语。将黄道周断碑砚与文天祥玉带生砚相提并论，体现了在士人心目中，黄道周与文天祥二人的道德风范实可并垂不朽。

黄道周的道德、文章影响所及，不仅在于士人，而且及于闺中。

---

① 张之洞：《黄忠端墨妙亭断碑砚歌为孙给事楫赋》，《张文襄公诗集》卷二，民国十七年刻张文襄公全集本。

② 庄起俦：《漳浦黄先生年谱》，侯真平、娄曾泉整理：《黄道周年谱附传记》，福建人民出版社 1999 年版，第 77 页。

③ 陈子龙著，施蛰存、马祖熙标校：《陈子龙诗集》，上海古籍出版社 2006 年版，第 290 页。

④ 朱辰应：《记黄石斋断碑砚后》，《黄漳浦文选》，大通书局 1987 年版，第 386 页。

对于黄道周断碑砚，闺中女子亦有吟咏。林昌彝《射鹰楼诗话》载：

长乐梁蓉菡孺人韵书，侯官许莲叔明经濂室也，著有《影香窗诗草》。其诗之名篇可咏者，如《孝子烈妇歌》、《齐烈女歌》、《题颜鲁公多宝塔碑文搨本后》、《黄石斋先生断碑砚题词》、《石榴花歌》、《荔支香歌》诸作，皆风雅宜人，《秋望》一诗，极见秀健。①

黄道周的人格为士人所重，其断碑砚后也有效法者。光绪乙未（1895 年）六月，李宗颢游西安碑林，于廊下偶得一片残石，乃唐景龙三年（709 年）李为仁所书冯氏墓志残石，后将其拓片收入《十二紫芝山馆所藏金石》中。李宗颢以此残石为砚，“原非供实用，意亦效石斋故事耳”。②

“两贤相映发，可以敌璠瑰。”③ 后人珍视黄道周断碑砚，既是因为苏轼的学问、人格，更是因为黄道周“文章气节两不亏”。世事沉浮，黄道周断碑砚流传不绝，士人尚友古人的文化心理可见一斑。

---

① 林昌彝：《射鹰楼诗话》卷二十，清咸丰元年刻本。

② 王贵忱：《记景龙三年断碑砚》，《岭南文史》1983 年第 5 期。

③ 张之洞：《还砚》，《张文襄公诗集》卷二，民国十七年刻张文襄公全集本。

参考文献

一、基本文献

（以四部分类法为序）

经部

（汉）郑玄注，（唐）孔颖达疏，龚抗云等整理：《礼记正义》，北京大学出版社1999年版。

（汉）毛亨传，（汉）郑玄笺，（唐）孔颖达疏，龚抗云等整理：《毛诗正义》，北京大学出版社1999年版。

（汉）郑玄注，（唐）贾公彦疏：《周礼注疏》，上海古籍出版社2010年版。

（唐）李鼎祚：《周易集解》，九州出版社2003年版。

（宋）朱熹：《诗集传》，中华书局2011年版。

（宋）朱熹：《四书章句集注》，中华书局1983年版。

（明）蒋悌生：《五经蠡测》，文渊阁四库全书本。

（明）何楷：《诗经世本古义》，文渊阁四库全书本。

（明）黄道周：《易象正》，文渊阁四库全书本。

（明）黄道周撰，翟奎凤整理：《易象正》，中华书局2011年版。

（明）黄道周：《表记集传》，文渊阁四库全书本。

（明）黄道周：《坊记集传》，文渊阁四库全书本。

（明）黄道周：《缁衣集传》，文渊阁四库全书本。

（明）黄道周：《儒行集传》，文渊阁四库全书本。

（明）黄道周：《孝经集传》，文渊阁四库全书本。

（明）黄道周：《石斋先生经义四种》，清道光五年刻本。

（明）张次仲：《待轩诗记》，文渊阁四库全书本。

（明）郑尚玄、熊九岳：《新刻黄石斋先生诗经琅玕》，清醉耕堂刻本。

（清）钱澄之著，朱一清校点：《田间诗学》，黄山书社 2005 年版。

（清）胡煦：《周易函书别集》，文渊阁四库全书本。

（清）阮元校刻：《十三经注疏》，中华书局 1980 年版。

（清）崔述：《读风偶识》，道光四年陈履和刻崔东壁遗书本。

（清）方玉润撰，李先耕点校：《诗经原始》，中华书局 1986 年版。

（清）王先谦：《诗三家义集疏》，中华书局 1987 年版。

（清）孙希旦撰，沈啸寰、王星贤点校：《礼记集解》，中华书局 1989 年版。

（清）皮锡瑞著，周予同注释：《经学历史》，中华书局 1959 年版。

史部

（汉）司马迁：《史记》，中华书局 1959 年版。

（元）脱脱等：《宋史》，中华书局 1977 年版。

（汉）班固：《汉书》，中华书局 1962 年版。

（唐）刘知几著，浦起龙通释：《史通通释》，上海古籍出版社 2009 年版。

（宋）欧阳修，（宋）宋祁：《新唐书》，中华书局 1975 年版。

（宋）郑樵：《通志》，文渊阁四库全书本。

（明）王世懋：《闽部疏》，台湾成文出版有限公司 1975 年影印明宝颜堂订正刊本。

（明）何乔远：《闽书》，福建人民出版社 1995 年版。

（明）黄仲昭：《八闽通志》，福建人民出版社 1991 年版。

（明）庄起俦：《黄忠端公年谱》，清道光九年刻本。

（明）徐宏祖著，褚绍唐、吴应春整理：《徐霞客游记》，上海古籍出版社 1987 年版。

（清）洪思：《黄子年谱》，清道光二十四年刻本。

（清）洪思等著，侯真平、娄曾泉校点：《黄道周年谱附传记》，福建人民出版社 1999 年版。

（清）王懋竑著，何忠礼校：《朱熹年谱》，中华书局 1998 年版。

（清）张廷玉等：《明史》，中华书局 1974 年版。

（清）谷应泰：《明史纪事本末》，中华书局 1977 年版。

（清）查继佐：《罪惟录》，四部丛刊三编影手稿本。

（清）计六奇：《明季南略》，中华书局 1984 年版。

（清）王夫之：《永历实录》，清船山遗书本。

（清）谈迁撰，汪北平点校：《北游录》，中华书局 1960 年版。

（清）徐松辑：《宋会要辑稿》，中华书局 1957 年版。

（清）黄宗羲著，沈芝盈点校：《明儒学案》，中华书局 2008 年版。

（清）李清馥著，徐公喜、管正平、周明华点校：《闽中理学渊源考》，凤凰出版社 2011 年版。

（清）张夏：《洛闽源流录》，清康熙二十一年黄昌衢彝叙堂刻本。

（清）邹钟泉：《道南渊源录》，清道光刻本。

（清）陆世仪：《复社纪略》，续修四库全书本。

（清）陈鼎：《东林列传》，文渊阁四库全书本。

（清）徐鼒：《小腆纪传》，中华书局 1958 年版。

（清）屈大均：《明四朝成仁录》，民国影广东丛书本。

（清）孙奇逢：《孙征君日谱录存》，清光绪十一年刻本。

《福建通志》，文渊阁四库全书本。

（光绪）《漳浦县志》（中国地方志集成本），上海书店出版社 2000 年版。

（光绪）《漳州府志》（中国地方志集成本），上海书店出版社 2000 年版。

（康熙）《龙溪县志》，漳州市图书馆 2005 年影印本。

《广东通志》，文渊阁四库全书本。

《浙江通志》，文渊阁四库全书本。

（清）朱彝尊：《经义考》，文渊阁四库全书本。

（清）永瑢等：《四库全书总目》，中华书局 1965 年版。

《四库全书》研究所整理：《钦定四库全书总目》（整理本），中华书局 1997 年版。

中国科学院图书馆整理：《续修四库全书总目提要（稿本）》，齐鲁书社 1996 年版。

（清）赵翼撰，曹光甫校点：《廿二史札记》（《赵翼全集》本），凤凰出版社 2009 年版。

赵尔巽等撰：《清史稿》，中华书局 1977 年版。

王钟翰点校：《清史列传》，中华书局 1987 年版。

子部

（汉）贾谊撰，阎振益、钟夏校注：《新书校注》，中华书局 2000 年版。

（汉）汪荣宝撰，陈仲夫点校：《法言义疏》，中华书局 1987 年版。

（汉）王充著，张宗祥校：《论衡校注》，上海古籍出版社 2010 年版。

（北齐）颜之推：《颜氏家训》，上海古籍出版社 2006 年版。

（宋）黄伯思：《东观余论》，文渊阁四库全书本。

（宋）程大昌：《考古编》，文渊阁四库全书本。

（宋）黎靖德辑，王星贤点校：《朱子语类》，中华书局 1986 年版。

（宋）陈淳：《北溪大全集》，文渊阁四库全书本。

（明）黄道周：《榕坛问业》，文渊阁四库全书本。

（明）顾宪成：《顾端文公遗书》，续修四库全书本。

（明）郎瑛：《七修类稿》，续修四库全书影明刻本。

（明）孙承泽：《庚子销夏记》，文渊阁四库全书本。

（明）孙承泽：《春明梦余录》，文渊阁四库全书本。

（明）李之藻：《浑盖通宪图说》，守山阁丛书本。

（清）顾炎武著，黄汝成集释：《日知录集释》，上海古籍出版社 2006 年版。

（清）李光地：《榕村语录》，文渊阁四库全书本。

（清）方浚顺：《梦园书画录》，清光绪本。

（清）王士祯：《池北偶谈》，文渊阁四库全书本。

（清）王士祯：《居易录》，文渊阁四库全书本。

（清）余怀著，李金堂校注：《板桥杂记》（外一种），上海古籍出版社 2000 年版。

（清）李慈铭：《越缦堂读书记》，辽宁教育出版社 2001 年版。

（清）查慎行：《得树楼杂钞》，民国适园丛书本。

（清）王先谦撰，沈啸寰、王星贤点校：《荀子集解》，中华书局 1988 年版。

集部

（宋）程颢、程颐著，王孝鱼点校：《二程集》，中华书局 2004 年版。

（宋）洪兴祖：《楚辞补注》，吉林出版集团有限公司（影印四库荟要本）2005 年版。

（宋）朱熹撰，朱杰人、严佐之、刘永翔主编：《朱子全书》（第 1—27 册），上海古籍出版社、安徽教育出版社 2002 年版。

（宋）朱熹著，郭齐、尹波点校：《朱熹集》，四川教育出版社 1996 年版。

（宋）朱熹：《楚辞集注》，上海古籍出版社、安徽教育出版社 2001 年版。

（宋）真德秀：《文章正宗》，文渊阁四库全书本。

（宋）严羽著，郭绍虞校释：《沧浪诗话校释》，人民文学出版社 1983 年版。

（明）黄道周著，（清）陈寿祺编：《明漳浦黄忠端公全集》，道光十年刻本。

（明）黄道周：《黄石斋先生文集》，续修四库全书影印清康熙五十三年郑玟刻本。

（明）黄道周：《咏业近集》、《焦桐山诗集》、《焦桐山文集》、《明诚堂诗集》、《浩

然堂诗集》，续修四库全书影印国家图书馆藏明末刻本。

（明）黄道周：《黄漳浦集》，1920年铅印本。

（明）黄道周：《骈枝别集》，台北学生书局1979年影印明大来堂刻本。

（明）黄道周：《黄石斋未刻稿》，郑振铎辑：《玄览堂丛书续集》，1947年国立中央图书馆影印本。

（明）蔡玉卿：《蔡夫人未刻稿》，郑振铎辑：《玄览堂丛书续集》，1947年国立中央图书馆影印本。

（明）叶廷秀、董养河、黄道周：《西曹秋思》，清钞本。

（明）黄道周：《黄漳浦文选》，台湾大通书局1987年版。

（明）黄道周评选：《古文备体奇钞》，发祥堂藏版。

（明）刘基撰，（明）何镗编校：《诚意伯文集》，商务印书馆1936年版。

（明）方孝孺著，徐光大点校：《方孝孺集》，浙江古籍出版社2013年版。

（明）陈献章著，孙通海点校：《陈献章集》，中华书局1987年版。

（明）王守仁撰，吴光等编校：《王阳明全集》，上海古籍出版社1992年版。

（明）王守仁原著，施邦曜辑评，王晓昕、赵平略点校：《阳明先生集要》，中华书局2008年版。

（明）邹元标：《愿学集》，清文渊阁四库全书补配清文津阁四库全书本。

（明）王畿：《龙溪王先生全集》，四库全书存目丛书影印明万历十五年萧良榦刻本。

（明）叶春及：《石洞集》，文渊阁四库全书本。

（明）杨慎：《升庵集》，文渊阁四库全书本。

（明）胡应麟：《诗薮》，中华书局1958年版。

（明）高攀龙：《高子遗书》，文渊阁四库全书本。

（明）王世贞著，罗仲鼎校注：《艺苑卮言校注》，齐鲁书社1992年版。

（明）张燮：《霏云居续集》，明万历刻本。

（明）张燮辑：《七十二家集》，续修四库全书影明末刻本。

（明）徐熥：《徐熥集》，广陵书社2005年版。

（明）丁绍轼：《丁文远集》，明天启刻本。

（明）黄文焕：《楚辞听直》，明崇祯十六年刻清顺治十四年续刻本。

（明）蔡复一著，郭哲铭校释：《遁庵蔡先生文集校释》，金门县文化局 2007 年版。

（明）张溥：《七录斋续刻》，明末崇祯刻本。

（明）陈子龙：《安雅堂稿》，明末刻本。

（明）陈子龙：《湘真阁稿》，明末刻本。

（明）陈子龙著，施蛰存、马祖熙标校：《陈子龙诗集》，上海古籍出版社 2006 年版。

（明）陈子龙著，王英志辑校：《陈子龙全集》，人民文学出版社 2011 年版。

（明）刘宗周：《刘蕺山集》，文渊阁四库全书本。

（明）刘宗周：《刘宗周全集》，浙江古籍出版社 2007 年版。

（明）卢维祯：《醒后集五卷、续集一卷》，四库存目丛书影印明万历三十二年至三十三年刻、三十八年续刻本。

（明）倪元璐：《倪文贞集》，文渊阁四库全书本。

（明）范景文：《范文忠集》，文渊阁四库全书本。

（明）费元禄：《甲秀园集》，明万历刻本。

（明）汤显祖：《玉茗堂全集》，明天启刻本。

（明）伍袁萃：《林居漫录》，明万历刻本。

（明）许弘纲：《群玉山房文集》，清康熙百城楼刻本。

（明）郑元勋辑：《媚幽阁文娱初集》《媚幽阁文娱二集》，四库禁毁书丛刊影明崇祯刻本。

（明）徐明彬：《摩麟近诗》，四库未收书辑刊影明崇祯建阳书坊刻本。

（明）张明弼：《琴张子萤芝集》，明天启五年书林段君定刻本。

（清）王夫之：《船山全书》，岳麓书社 2011 年版。

（清）李雯：《蓼斋集》，四库禁毁书丛刊本。

（清）计东：《改亭诗文集》，清乾隆十三年计瑸刻本。

（清）李世熊：《寒支集》，清初檀河精舍刻本。

（清）蔡衍鎤：《操斋集》，清康熙刻本。

（清）方苞：《望溪集》，清咸丰元年戴钧衡刻本。

（清）方苞著，刘季高校点：《方苞集》，上海古籍出版社 1983 年版。

（清）程廷祚：《青溪集》，蒋氏慎修书校印《金陵丛书乙集》本。

（清）钱澄之：《藏山阁集》，清光绪三十四年本。

（清）钱澄之：《田间诗文集》，清康熙刻本。

（清）钱谦益：《列朝诗集》，清顺治九年毛氏汲古阁刻本。

（清）钱谦益：《牧斋初学集》，四部丛刊影明崇祯本。

（清）钱谦益著，（清）钱曾笺注，钱仲联标校：《牧斋初学集》，上海古籍出版社 1985 年版。

（清）钱谦益：《牧斋有学集》，四部丛刊影清康熙本。

（清）钱谦益著，（清）钱曾笺注，钱仲联标校：《牧斋有学集》，上海古籍出版社 1996 年版。

（清）吴伟业：《梅村家藏稿》，四部丛刊影印清宣统武进董氏本。

（清）吴伟业著，李学颖集校评注：《吴梅村全集》，上海古籍出版社 1990 年版。

（清）冒襄辑：《同人集》，冒氏家藏原刻本。

（清）黄宗羲：《南雷集》，四部丛刊本。

（清）黄宗羲：《明文海》，文渊阁四库全书本。

（清）黄宗羲著，吴光主编：《黄宗羲全集》，浙江古籍出版社 2012 年版。

（清）许珌：《铁堂诗草》卷首，四库未收书辑刊影清乾隆五十五年兰山书院刻本。

（清）张际亮：《思伯子堂诗集》，清刻本。

（清）陈衍：《石遗室文集》，清刻本。

（清）蔡新：《缉斋诗稿》，清乾隆刻本。

（清）蔡世远：《二希堂文集》，文渊阁四库全书本。

（清）李光地：《榕村集》，文渊阁四库全书本。

（清）蓝鼎元：《鹿洲初集》，文渊阁四库全书本。

（清）黄任：《秋江集》，四库全书存目丛书影印吉林大学图书馆藏清乾隆刻本。

（清）王士祯：《带经堂集》，清康熙五十年程哲七略书堂刻本。

（清）朱珪：《知足斋集》，清嘉庆刻增修本。

（清）全祖望：《鲒埼亭集》，四部丛刊影清刻姚江借树山房本。

（清）全祖望：《续耆旧》，清槎湖草堂钞本。

（清）全祖望著，朱铸禹汇校集注：《全祖望集汇校集注》，上海古籍出版社2000年版。

（清）邵懿辰：《半岩庐遗集》，续修四库全书影光绪戊申三月刊本。

（清）袁翼：《邃怀堂全集》，清光绪十四年袁镇嵩刻本。

（清）储大文：《存研楼二集》，清乾隆九年存研楼刻本。

（清）陈子龙等：《皇明经世文编》，四库禁毁书丛刊本。

（清）贺复征：《文章辨体汇选》，文渊阁四库全书本。

《御选唐宋文醇》，文渊阁四库全书本。

《御选宋金元明四朝诗》，文渊阁四库全书本。

（清）王夫之著，戴鸿森笺注：《薑斋诗话笺注》，上海古籍出版社2012年版。

（清）朱彝尊：《明诗综》，清康熙四十四年刻本。

（清）朱彝尊：《静志居诗话》，清嘉庆扶荔山房刻本。

（清）朱彝尊著，黄君坦校点：《静志居诗话》，人民文学出版社1990年版。

（清）沈德潜：《明诗别裁集》，中华书局1975年版。

（清）沈季友：《槜李诗系》，文渊阁四库全书本。

（清）郑方坤编辑，陈节、刘大治点校：《全闽诗话》，福建人民出版社2006年版。

（清）朱彝尊：《曝书亭集》，四部丛刊本。

（清）林昌彝：《射鹰楼诗话》，清咸丰元年刻本。

（清）裘君弘：《西江诗话》，清康熙本。

（清）宋长白：《柳亭诗话》，清康熙天茁园刻本。

（清）陶元藻：《全浙诗话》，清嘉庆元年怡云阁刻本。

（清）沈涛：《匏庐诗话》，清刻本。

（清）叶矫然：《龙性堂诗话续集》，清稿本。

（清）杭世骏：《榕城诗话》，续修四库全书影清乾隆四十年刻知不足斋丛书本。

（清）陈田：《明诗纪事》，上海古籍出版社 1993 年版。

（清）梁章钜著，陈居渊校点：《制义丛话　试律丛话》，上海书店出版社 2001 年版。

陈衍：《石遗室诗话》，人民文学出版社 2004 年版。

徐世昌辑：《晚晴簃诗汇》，中国书店 1989 年版。

二、研究专著

［美］艾尔曼著，赵刚译：《从理学到朴学——中华帝国晚期思想与社会变化面面观》，江苏人民出版社 1995 年版。

蔡景康：《明代文论选》，人民文学出版社 1993 年版。

陈鼓应等主编：《明清实学思潮史》，齐鲁书社 1989 年版。

陈国球：《文学史书写形态与文化政治》，北京大学出版社 2004 年版。

陈来：《古代宗教与伦理——儒家思想的根源》，三联书店 1996 年版。

陈良运：《中国诗学批评史》，江西人民出版社 1995 年版。

陈良运：《中国诗学体系》，中国社会科学出版社 1992 年版。

陈平原：《中国散文小说史》，上海人民出版社 2004 年版。

陈庆元：《福建文学发展史》，福建人民出版社 1996 年版。

陈书录：《明代诗文的演变》，江苏教育出版社 1996 年版。

陈文新：《明代诗学的逻辑进程与主要理论问题》，武汉大学出版社 2007 年版。

陈柱：《中国散文史》，东方出版社 1996 年版。

陈祖武：《清初学术思辨录》，中国社会科学出版社 1992 年版。

成复旺：《新编中国文学理论史》，中国人民大学出版社 2010 年版。

崔富章：《楚辞书目五种续编》，上海古籍出版社 1993 年版。

邓绍基、史铁良主编：《20 世纪中国文学研究·明代文学研究》，北京出版社 2001 年版。

方豪：《中国天主教史人物传》，中华书局 1988 年版。

方豪：《李之藻研究》，台湾商务印书馆 1966 年版。

方彦寿：《建阳刻书史》，中国社会出版社 2003 年版。

冯浩菲：《历代诗经论说述评》，中华书局 2003 年版。

冯天瑜：《明清文化史散论》，华中工学院出版社 1984 年版。

冯小禄：《明代诗文论争研究》，云南人民出版社 2006 年版。

傅武光等：《高攀龙·刘宗周·黄道周·朱之瑜·黄宗羲·方以智》，台湾商务印书馆 1999 年版。

高洪钧编著：《冯梦龙集笺注》，天津古籍出版社 2006 年版。

高令印、蒋步荣：《闽学概论》，香港易通出版社 1990 年版。

葛荣晋：《中国实学文化导论》，中共中央党校出版社 2003 年版。

葛兆光：《中国思想史》，复旦大学出版社 2000 年版。

龚笃清：《明代八股文史探》，湖南人民出版社 2006 年版。

龚鹏程：《晚明思潮》，商务印书馆 2005 年版。

郭绍虞：《中国文学批评史》，上海古籍出版社 1979 年版。

郭绍虞：《中国历代文论选》，上海古籍出版社 1980 年版。

郭绍虞：《照隅室古典文学论集》，上海古籍出版社 1983 年版。

郭英德：《明清文学史讲演录》，广西师范大学出版社 2005 年版。

郭预衡：《中国散文史》，上海古籍出版社 1999 年版。

何冠彪：《生与死：明季士大夫的抉择》，台湾联经出版事业股份有限公司 1997 年版。

何沛雄：《赋话六种》，香港三联书店 1982 年版。

何宗美：《明末清初文人结社研究》，南开大学出版社 2003 年版。

洪湛侯：《诗经学史》，中华书局 2002 年版。

洪湛侯：《楚辞要籍解题》，湖北人民出版社 1984 年版。

侯外庐、邱汉生、张岂之主编：《宋明理学史》，人民出版社 1997 年版。

侯真平：《黄道周纪年著述书画考》，厦门大学出版社 1995 年版。

侯真平、娄曾泉校点：《黄道周年谱附传记》，福建人民出版社 1999 年版。

华人德等主编：《明清书法史国际学术研讨会论文集》，上海古籍出版社 2008 年版。

黄剑岚主编：《黄道周学术研讨会论文集》，崇文书局 2006 年版。

黄灵庚：《楚辞章句疏证》，中华书局 2007 年版。

黄强：《八股文与明清文学论稿》，上海古籍出版社 2005 年版。

黄寿祺、张善文：《周易译注》，上海古籍出版社 2007 年版。

黄寿祺：《群经要略》，华东师范大学出版社 2000 年版。

黄卓越：《明永乐至嘉靖初诗文观研究》，北京师范大学出版社 2001 年版。

黄卓越：《佛教与晚明文学思潮》，东方出版社 1997 年版。

黄卓越：《明中后期文学思想研究》，北京大学出版社 2005 年版。

嵇文甫：《晚明思想史论》，东方出版社 1996 年版。

江灏、钱宗武译注，周秉钧审校：《今古文尚书全译》，贵州人民出版社 1992 年第 2 版。

蒋见元、朱杰人：《诗经要籍解题》，上海古籍出版社 1996 年版。

姜亮夫：《楚辞书目五种》，中华书局 1961 年版。

蒋国保：《方以智与明清哲学》，黄山书社 2009 年版。

李诚、熊良智主编：《楚辞评论集览》，湖北教育出版社 2003 年版。

李圣华：《晚明诗歌研究》，人民文学出版社 2002 年版。

李泽厚：《中国古代思想史论》，人民出版社 1986 年版。

李泽厚：《中国近代思想史论》，人民出版社 1979 年版。

梁启超著，吴松等点校：《饮冰室文集点校》，云南教育出版社 2001 年版。

梁启超：《清代学术概论》，东方出版社 1996 年版。

梁启超著，张圣洁校点：《中国近三百年学术史》，河北人民出版社 2004 年版。

梁启超：《论中国学术思想变迁之大势》，上海古籍出版社 2001 年版。

廖可斌：《明代文学复古运动研究》，上海古籍出版社 1994 年版。

廖名春等：《周易研究史》，湖南出版社 1991 年版。

林金水主编：《福建对外文化交流史》，福建教育出版社 1997 年版。

林庆彰：《明代考据学研究》，台湾学生书局 1986 年版。

刘麟生：《中国骈文史》，东方出版社 1996 年版。

刘勇刚：《云间派文学研究》，中华书局 2008 年版。

刘毓庆：《从经学到文学——明代诗经学史论》，商务印书馆 2001 年版。

刘毓庆、郭万金：《从文学到经学——先秦两汉诗经学史论》，华东师范大学出版社 2009 年版。

刘毓庆：《历代诗经著述考（先秦—元代）》，中华书局 2002 年版。

刘毓庆，贾培俊：《历代诗经著述考（明代）》，中华书局 2008 年版。

陆侃如、冯沅君：《中国诗史》，山东大学出版社 2000 年版。

罗根泽：《中国文学批评史》，上海古籍出版社 1984 年版。

罗建新、梁奇编撰：《楚辞文献研读》，广西师范大学出版社 2011 年版。

马积高：《清代学术思想的变迁与文学》，湖南人民出版社 2002 年版。

马积高：《宋明理学与文学》，湖南师范大学出版社 1989 年版。

马积高：《赋史》，上海古籍出版社 1987 年版。

马积高：《历代辞赋研究史料概述》，中华书局 2001 年版。

马银琴：《两周诗史》，社会科学文献出版社 2006 年版。

蒙培元：《理学范畴系统》，人民出版社 1989 年版。

孟森：《明清史讲义》，中华书局 1981 年版。

[美] 牟复礼，[英] 崔瑞德编，张书生等译：《剑桥中国明代史》，中国社会科学出版社 1992 年版。

彭迎喜：《方以智与〈周易时论合编〉考》，中山大学出版社 2007 年版。

钱穆：《中国近三百年学术史》，九州出版社 2011 年版。

钱钟书：《谈艺录》（补订本），中华书局 1984 年版。

钱钟书：《管锥篇》，中华书局 1986 年版。

瞿冕良：《中国古籍版刻辞典》，齐鲁书社 1999 年版。

容肇祖：《明代思想史》，上海开明书店 1941 年版。

商传：《明代文化史》，东方出版社 2007 年版。

束景南：《朱熹年谱长编》，华东师范大学出版社 2001 年版。

孙立：《明末清初诗论研究》，广东高等教育出版社 1999 年版。

孙英龙：《黄道周研究文集》，福建教育出版社 1997 年版。

谭家健：《中国古代散文史稿》，重庆出版社 2006 年版。

谭德贵：《多维文化视野下的周易——中国易文化传统研究》，齐鲁书社 2005 年版。

唐明邦：《邵雍评传》，南京大学出版社 1998 年版。

[日] 滕野岩友：《巫系文学论》，重庆出版社 2005 年版。

王水照编：《历代文话》，复旦大学出版社 2007 年版。

王小盾：《扬州大学中国文化研究所集刊》（第一辑），江苏古籍出版社 1998 年版。

王运熙、顾易生主编：《中国文学批评史新编》，复旦大学出版社 2001 年版。

王运熙、顾易生主编，袁震宇、刘明今著：《中国文学批评通史（明代卷）》，上海古籍出版社 1996 年版。

韦政通：《中国思想史》，上海书店出版社 2003 年版。

吴艳红：《明代充军研究》，社会科学文献出版社 2003 年版。

邬国平，王镇远：《清代文学批评史》，上海古籍出版社 1995 年版。

吴文治：《明诗话全编》，江苏古籍出版社 1997 年版。

吴相湘：《天主教东传文献》，台湾学生书局 1964 年版。

吴志达：《明代文化与文学》，武汉大学出版社 2010 年版。

奚彤云：《中国古代骈文批评史稿》，华东师范大学出版社 2006 年版。

萧萐父：《吹沙集》，巴蜀书社 1991 年版。

萧萐父：《吹沙二集》，巴蜀书社 1998 年版。

谢国桢：《明清之际党社运动考》，上海书店出版社 2004 年版。

谢国桢：《明末清初的学风》，上海书店出版社 2006 年版。

徐复观：《中国艺术精神》，春风文艺出版社 1987 年版。

许建中：《明清传奇结构研究》，中州古籍出版社 1999 年版。

徐晓望：《福建思想文化史纲》，福建教育出版社 1996 年版。

徐宗泽编著：《明清间耶稣会士译著提要》，中华书局 1989 年版。

杨金鼎：《楚辞评论资料选》，湖北人民出版社 1985 年版。

杨晋龙：《明代诗经学研究》，台湾大学中国文学研究所博士论文。

余英时：《士与中国文化》，上海人民出版社 2003 年版。

余英时：《宋明理学与政治文化》（《余英时文集》第十卷），广西师范大学出版社 2006 年版。

于浴贤：《辞赋文学与文化学探微》，中国社会科学出版社 2010 年版。

袁行霈：《中国文学史》（第四卷），高等教育出版社 2003 年版。

袁震宇、刘明今：《明代文学批评史》，上海古籍出版社 1991 年版。

[英] 约翰·洛克著，徐诚、杨汉麟译：《教育漫话》，河北人民出版社 1998 年版。

翟奎凤：《以易测天——黄道周易学思想研究》，中国社会科学出版社 2012 年版。

张岱年：《中国古典哲学概念范畴要论》，中国社会科学出版社 1989 年版。

张健：《清代诗学研究》，北京大学出版社 1999 年版。

张立文：《朱熹评传》，南京大学出版社 1998 年版。

张文杰编：《历史的话语：现代西方历史哲学译文集》，广西师范大学出版社 2002 年版。

张修龄：《清初散文论稿》，复旦大学出版社 2010 年版。

张学智：《明代哲学史》，北京大学出版社 2000 年版。

赵园：《明清之际士大夫研究》，北京大学出版社 1999 年版。

中国屈原学会编：《中国楚辞学》（第 19 辑），学苑出版社 2013 年版。

钟肇鹏：《谶纬论略》，辽宁教育出版社 1991 年版。

周建中、汤漳平：《楚辞学通典》，湖北教育出版社 2003 年版。

周延良：《诗经学案与儒家伦理思想研究》，学苑出版社 2005 年版。

周寅宾：《明清散文史》，湖南人民出版社 2004 年版。

周振甫：《周易译注》，中华书局 1994 年版。

朱东润：《中国文学批评史大纲》，上海古籍出版社 1983 年版。

诸伟奇等辑校：《所知录》，黄山书社 2006 年版。

朱维铮编校：《周予同经学史论》，上海人民出版社 2010 年版。

左东岭：《王学与中晚明士人心态》，人民文学出版社 2000 年版。

三、期刊文章及学位论文

陈来：《黄道周的生平与思想》，《国学研究》（第十一卷），北京大学出版社 2003 年版。

陈庆元：《张燮著述考》，《漳州师范学院学报》2010 年第 4 期。

陈庆元：《列朝诗集·张童子于垒传发微——兼谈张燮难以承受之痛》，《中国典籍与文化》2011 年第 2 期。

贺国强：《近代宋诗派研究》，苏州大学 2006 年博士学位论文。

黄寿祺、张善文：《试论〈周易〉对〈文心雕龙〉的影响》，《文心雕龙学刊》第 4 辑，齐鲁书社 1986 年版。

林庆彰：《何楷〈诗经世本古义〉析义》，《中国文哲研究集刊》1994 年第 4 期。

刘明强：《明季端溪书院创始人李材考》，《韶关学院学报》（社会科学）2011 年第 9 期。

陆林：《周亮工参与刊刻金圣叹批评〈水浒〉、古文考论》，《社会科学战线》2003 年第 4 期。

石云里：《从黄道周到洪大容——17、18 世纪中期地动学说的比较研究》，《自然辩证法通讯》1997 年第 4 期。

石云里：《十七世纪中国的准哥白尼学说——黄道周的地动理论》，《大自然探索》1995 年第 2 期。

王文径：《明户、工二部侍郎卢维桢墓》，《东南文化》1989 年第 3 期。

吴承学：《对“文本于经”说的文体学考察》，《学术研究》2006 年第 1 期。

吴建华：《科举制下进士的社会结构和社会流动》，《苏州大学学报》1994 年第 1 期。

夏德靠：《黄道周〈诗表〉的诗学观及其意义》，《安徽理工大学学报》（社会科学版）2012 年第 3 期。

于浴贤：《忧患的诗魂——黄道周诗歌评述之一》，《漳州师范学院学报》（哲学社会科学版）1996 年第 1 期。

于浴贤：《论黄道周骚体赋》，《漳州师范学院学报》（哲学社会科学版）2009 年第 1 期。

于浴贤：《黄道周〈续离骚〉〈续招魂〉新探》，《泉州师范学院学报》（社会科学）2011 年第 5 期。

张先清：《官府、宗族与天主教——明清时期闽东福安的乡村教会发展》，厦门大学 2003 年博士学位论文。

郑晨寅：《论黄道周拟骚之作》，《中州学刊》2012 年第 2 期。

衷尔矩：《黄道周与刘宗周哲学思想比较》，《社会科学》1989 年第 5 期。

后　记

本书是以我的博士论文为基础修订而成的。选择黄道周为研究对象，固然有在闽南工作的地理原因，但更主要的还是黄道周的学术成就吸引使然。在确定这一研究对象之后，根据黄道周学术活动的特点，最初所确定的目标不仅是对于黄道周本身的学术活动进行研究，还希望通过黄道周这一个案研究对明清之际学术转向有所反映。因此，本书撰写过程中，时刻注意将黄道周的学术思想与文学活动放在学术史和文学史的背景下加以讨论，以凸显这一目标追求。现在看来，有些方面做到了，有些方面距离最初的目标还有差距。

这里，对于本书撰写中的一些问题作些补充说明。

第一，黄道周著述虽然散佚严重，但流传于世的也非常可观，只是至今未能进行全面的整理。本书在使用黄道周著述文献过程中，主要依据明、清刻本，自己加以点断。刻本中的异体字较多，一般在不影响意思表达的前提下，径自改为通行的规范汉字。个别异体字因影响意思表达的，则一仍其旧。此外，本书引用明人别集较多，而这些别集中不少尚未有点校本，也难得其早期刻本，故只能以文渊阁四库全书本作为引用的依据。虽然学界对文渊阁本诟病不少，但本书所引用的多属于学术方面，一般遭到删改的不多，因此影响不大。即使对于已有校点本的文献，也往往将校点本与原刻本进行比较，斟酌取舍，不当处则自行

改正。

第二，专人研究，一般都有专门章节研究其人生平。鉴于黄道周身后传记、年谱等较多，且记述亦颇详细，故无再赘述的必要。本书中未设此一章节，而是在黄道周学术渊源考论中将其生平经历与其学术活动紧密结合起来加以讨论，这样避免了重复，突出了研究重点。

第三，本书脚注中对于与黄道周关系较密切或与黄道周研究关涉较大者做了或详或略的注释，以作为正文的必要补充。这些注释虽然篇幅都不大，但考订的过程却耗去了我相当多的时间和精力。鉴于篇幅限制和行文的需要，注释中没有列出详细的考证过程和征引文献，只给出基本结论。黄道周交游颇广，将来完全可以做一部专门的交游考。这是我正着手开展的一项工作。这一点，“结语”部分已有说明。

第四，本书修订过程中，一些黄道周研究成果陆续发布，其中还包括几部黄道周研究专著。这是非常令人欣喜的，它不但体现了黄道周研究的不断拓展，而且从不同侧面进一步展现了黄道周研究的学术价值。但是，“绪论”部分的研究现状所概述的成果基本止于毕业论文完成的 2012 年，2012 年之后的成果在修订时未做补入。对此，李金梅有《近三年黄道周研究述评》（《闽南师范大学学报》（哲学社会科学版）2014 年第 3 期）进行了较为全面的综述，可以参考。

避免重复，自始至终是本书撰写的一个基本原则。再如，黄道周的散体赋于浴贤先生已有较为全面的研究，故本书只在研究现状中加以说明，正文未再做专门阐述。

经过前后长达五年时间的努力，这本《黄道周学术思想与文学研究》终于得以呈现在读者面前。此时此刻，面对眼前这部书稿，回想自己多年来的学习经历，不由感慨万千。

1986 年，我中师毕业，以未满弱冠之年走上讲台，开始了被称为“孩子王”的乡村教师的工作。我工作虽早，但也因此失去了接受正规大学教育的机会。在之后的岁月里，我一边工作，一边自学，先后于

1990年、1994年取得了安徽师范大学汉语言文学专业的专、本科学历，并获得文学学士学位。虽然如此，进入大学学习依然是我挥之不去的梦想。终于，在再三权衡之后，我于2003年离开工作近十八年的讲台，奔赴彩云之南，于云南师范大学攻读硕士学位。2006年硕士毕业后，我进入漳州师范学院工作。2009年，我以逾不惑之年来到瘦西湖畔求学，师从许建中先生攻读博士学位。

这么多年，我一路跌跌撞撞走来，之所以能够坚持到今天，是因为有许多关心、帮助我的人。此时此刻，我最需要做的是对所有关心和帮助过我的人道一声："谢谢!"

我首先要感谢我的博士导师许建中教授。许老师不以我的愚钝和浅陋为嫌，将我收入门下，再次圆了我继续深造的梦想。许老师诲人不倦的师者胸怀，严谨的治学态度，精益求精的学术追求，使我终生受益。在论文撰写过程中，无论是选题确定、文献收集、提纲拟定，还是草稿撰写之后的反复修改，许老师都付出了大量的心血。师恩难忘，今后的加倍努力才是最好的报答。

感谢我的硕士导师王兴国教授，是他最初将我引入学术的殿堂。感谢扬州大学文学院王小盾老师、董国炎老师、田汉云老师、钱宗武老师、黄强老师、柳宏老师、王永平老师。诸位先生严谨的学风，渊博的学识，睿智的见解，拓宽了我的学术视野，启迪了我的思路。借此机会，向诸位先生表示衷心的感谢。

感谢顾国华、范秀君、张宇、陈胤、赵林平、闵永军等诸位同门，同门之间的这份情谊将是我珍藏一生的财富。

感谢我的家人，尤其是我的妻子周孝进。这么多年，她随着我漂泊他乡，无怨无悔地支持我，使我能够安心读书。没有她的支持和付出，要完成这样一部书稿是不可想象的。

在书稿最后修订的过程中，根据我的工作单位闽南师范大学社科处的要求，曾邀请部分校内、外专家召开了一次专家论证会。论证过程

中，专家们再次审读了书稿全文，既充分肯定了书稿在黄道周研究上所取得的突破，又提出了不少十分中肯的建议和意见，这于我而言实在是又一次极其难得的学习与提高机会。此次论证，我的导师许建中先生远赴漳州，再次对书稿的修改和我将来的研究给出了具体的意见。感谢参加论证会的全体人员，感谢汤漳平研究员、黄金明教授、张则桐教授、郑礼炬副教授、郑晨寅副教授。

本书的出版得到了闽南师范大学学术著作专项出版基金的资助，人民出版社宰艳红老师则为本书出版做了大量工作，在此一并致以衷心的感谢。

陈良武

2015 年 5 月 28 日于漳州九龙江畔

责任编辑:辛艳红
封面设计:林芝玉
责任校对:白　玥　虹雨校对

图书在版编目(CIP)数据

黄道周学术思想与文学研究/陈良武 著. -北京:人民出版社,2015.12
ISBN 978-7-01-015366-7

Ⅰ.①黄…　Ⅱ.①陈…　Ⅲ.①黄道周(1585~1646)-学术思想-思想评论
②黄道周(1585~1646)-文学研究　Ⅳ.①B248.99②I206.2

中国版本图书馆CIP数据核字(2015)第241680号

黄道周学术思想与文学研究
HUANG DAOZHOU XUESHU SIXIANG YU WENXUE YANJIU

陈良武　著

人民出版社 出版发行
(100706　北京市东城区隆福寺街99号)

北京汇林印务有限公司印刷　新华书店经销

2015年12月第1版　2015年12月北京第1次印刷
开本:710毫米×1000毫米 1/16　印张:23.5
字数:300千字

ISBN 978-7-01-015366-7　定价:58.00元

邮购地址 100706　北京市东城区隆福寺街99号
人民东方图书销售中心　电话 (010)65250042　65289539

本书获闽南师范大学学术著作出版基金资助